Marketing: modellen en berekeningen

2e editie

AFGESCHREVEN

Ook verschenen bij Pearson:

Marian Burk Wood, *Het marketingplan*
Patrick De Pelsmacker, Maggie Geuens en Joeri Van Den Bergh, *Marketingcommunicatie*
Svend Hollensen, *Internationale marketing*
Huub Jansen, Marenna van Reijsen en Theo Zweers, *Interactieve marketing*
Robert Kok, *Sportmarketing*
Philip Kotler en Gary Armstrong, *Principes van marketing*
Philip Kotler en Gary Armstrong, *Marketing, de essentie*
Michael R. Solomon, Greg W. Marshall en Elnora W. Stuart, *Marketing, een reallife-perspectief*
Dave Chaffey, *Principes van internetmarketing*

Marketing: modellen en berekeningen

2e editie

Ton Borchert
Loes Vink

Hogeschool Utrecht
HU Bibliotheek
FEM

PEARSON

ISBN: 978-90-430-3310-7
NUR: 163
Trefw.: marketing, commerciële calculaties, marketingmodellen

Dit is een uitgave van Pearson Benelux BV,
Postbus 75598, 1070 AN Amsterdam
Website: www.pearson.nl – e-mail: amsterdam@pearson.com

Binnenwerk: Novente, Barneveld
Omslag: Kok Korpershoek, Amsterdam

Vakinhoudelijke beoordeling:
Dimitri Wulfers, student Hogeschool Utrecht

Dit boek is gedrukt op een papiersoort die niet met chloorhoudende chemicaliën is gebleekt. Hierdoor is de productie van dit boek minder belastend voor het milieu.

© Copyright 2014 Pearson Benelux

Alle rechten voorbehouden. Niets uit deze uitgave mag worden verveelvoudigd, opgeslagen in een geautomatiseerd gegevensbestand, of openbaar gemaakt, in enige vorm of op enige wijze, hetzij elektronisch, mechanisch, door fotokopieën, opnamen, of enige andere manier, zonder voorafgaande toestemming van de uitgever.

Voor zover het maken van kopieën uit deze uitgave is toegestaan op grond van artikel 16B Auteurswet 1912 j° het Besluit van 20 juni 1974, St.b. 351, zoals gewijzigd bij Besluit van 23 augustus 1985, St.b. 471 en artikel 17 Auteurswet 1912, dient men de daarvoor wettelijk verschuldigde vergoedingen te voldoen aan de Stichting Reprorecht. Voor het overnemen van gedeelte(n) uit deze uitgave in bloemlezingen, readers en andere compilatie- of andere werken (artikel 16 Auteurswet 1912), in welke vorm dan ook, dient men zich tot de uitgever te wenden.

Ondanks alle aan de samenstelling van dit boek bestede zorg kan noch de redactie, noch de auteurs, noch de uitgever aansprakelijkheid aanvaarden voor schade die het gevolg is van enige fout in deze uitgave.

Actief leren online
www.pearsonxtra.nl

Wat is **Pearson XTRA?**

Pearson XTRA is de naam van de studiewebsites van Pearson. Ook bij deze uitgave is aanvullend materiaal beschikbaar via Pearson XTRA. Je kunt de website gebruiken om de lesstof nader te bestuderen, je kennis te verdiepen en te testen of je de lesstof al beheerst.
Registreer je snel en ontdek de voordelen!

Pearson XTRA voor studenten

Waaruit bestaat **Pearson XTRA?**

XTRA **eText**

De digtale versie van je boek

XTRA **vragen**

Test je kennis!

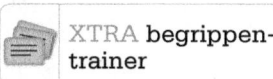
XTRA **begrippen-trainer**

Oefen de belangrijkste begrippen

XTRA **beeldbank**

Alle afbeeldingen beschikbaar voor eigen gebruik

Extra bij **Pearson XTRA**

Daarnaast is er in veel gevallen nog specifiek op jouw boek toegespitst studie- en oefenmateriaal beschikbaar.

Gedetailleerde informatie over de inhoud van Pearson XTRA voor deze uitgave vind je verderop in het boek.

Hoe krijg je toegang tot **Pearson XTRA?**

Dit boek wordt nieuw geleverd met een registratiekaartje met een eenmalige toegangscode.

Vragen, feedback en voorwaarden

Ga voor aanvullende informatie en feedback op Pearson XTRA naar **www.pearsonxtra.nl/studenten**

Pearson XTRA voor docenten

Voor docenten biedt Pearson exclusief XTRA lesmateriaal aan. Dit materiaal kan worden gebruikt ter ondersteuning van colleges of opdrachten. Docenten die toegang wensen tot het XTRA docentmateriaal kunnen op **www.pearsonxtra.nl/docenten** een speciale toegangscode aanvragen. Deze code geeft dan toegang tot zowel het XTRA studenten- als het docentmateriaal.

Inhoudsopgave

Voorwoord   12

    Over de auteurs   13

Inleiding   14

    Het marketingplanningsproces   14
    Benodigde competenties   15
    Doel van het boek   16
    Supplementair materiaal   17
    Structuur van het boek   17
    Pearson XTRA – actief leren online   20
    Voor docenten   20

Hoofdstuk 1 Interne analyse   22

    1.1   **Strategische uitgangspositie**   24
        1.1.1   Missie en visie   24
        1.1.2   Model van Abell   26
        1.1.3   Model van Treacy en Wiersema   28
        1.1.4   Strategische doelstellingen   30
    1.2   **Portfolioanalyses**   32
        1.2.1   BCG-matrix   33
        1.2.2   MABA-analyse   36
    1.3   **De value chain van Porter**   40
    1.4   **Het 7S-model**   43
    1.5   **Financiële analyse**   44
        1.5.1   Kengetallen voor de liquiditeitspositie   45
        1.5.2   Kengetallen voor de vermogenspositie   48
        1.5.3   Du Pontmodel   50
        1.5.4   Kengetallen voor het werkkapitaalbeheer   52
        1.5.5   Liquiditeitenanalyse   54
    1.6   **Marketinganalyse**   57
        1.6.1   Productanalyse   57
        1.6.2   Klantanalyse   60
        1.6.3   Customer lifetime value   67

Hoofdstuk 2 Externe analyse 72

2.1	Het vijfkrachtenmodel van Porter	74
2.2	De marktvraag	78
	2.2.1 Penetratiegraad	79
	2.2.2 Totale effectieve markt	82
	2.2.3 Totale potentiële markt	86
	2.2.4 Marktontwikkeling	88
	2.2.5 Voorspellen van de marktvraag	92
	2.2.6 Marktaandelen	96
	2.2.7 Formule van Parfitt-Collins	98
	2.2.8 Relatief marktaandeel	98
2.3	De afnemer	99
	2.3.1 Het model van Maslow	100
	2.3.2 Stimulus-responsmodel	101
	2.3.3 Communicatiemodellen	102
	2.3.4 Het adoptiemodel van Rogers	104
	2.3.5 De klantenpiramide van Curry voor B2B-markten	106
2.4	De concurrent	108
	2.4.1 Benchmark	108
	2.4.2 Positioneringsschema	110
2.5	De leverancier: vendorrating	111
2.6	Macro-omgevingsanalyse: DESTEP	112

Hoofdstuk 3 Strategie: van SWOT naar marketingplan 122

3.1	SWOT-analyse en confrontatiematrix	124
	3.1.1 SWOT-analyse	124
	3.1.2 Confrontatiematrix	125
3.2	Het formuleren van strategische opties	127
	3.2.1 Strategische opties	127
	3.2.2 Porters concurrentiestrategieën	129
	3.2.3 Model van Treacy en Wiersema	131
	3.2.4 Groeistrategieën (Ansoff)	133
	3.2.5 Doyle: strategische focus	135
	3.2.6 Blue Ocean Strategy	136
	3.2.7 Business Model Canvas	137
	3.2.8 Overige aandachtspunten	139

3.3	**Toetsen van opties**	**141**
3.4	**Marketingplanning**	**143**
	3.4.1 Strategisch en operationeel marketingplan	143
	3.4.2 Model digitale marketing	144
	3.4.3 Deelplannen	147
3.5	**Internationale marketingstrategie**	**149**
	3.5.1 Stappenplan internationale marketing	149
	3.5.2 Internationaal marketingplan	152

Hoofdstuk 4 Product/dienst 154

4.1	**Producten en assortimenten**	**156**
	4.1.1 Productniveaus	156
	4.1.2 Assortimentsdimensies	157
	4.1.3 De long tail	159
4.2	**Productlevenscyclus**	**160**
4.3	**Conjoint analysis voor productontwikkeling**	**165**
4.4	**Merken**	**167**
	4.4.1 Merkwaarde	167
	4.4.2 Merkwaardepiramide	168
	4.4.3 Brand report card	170
	4.4.4 Merkwisselmodel	171
4.5	**Diensten**	**173**
	4.5.1 Het dienstenconcept	173
	4.5.2 Dienstencontinuüm	174
	4.5.3 Dienstencategorieën	175
	4.5.4 Het dienstenmarketingsysteem	177
	4.5.5 Gap-model van servicekwaliteit	178
	4.5.6 Vraag en aanbod afstemmen	179

Hoofdstuk 5 Prijs 182

5.1	**Factoren bij prijsbepaling**	**184**
5.2	**Prijsberekeningen met kostprijsoriëntatie**	**185**
	5.2.1 Berekening kostprijs	185
	5.2.2 Kostprijs-plusmethode	187
	5.2.3 Margeketen	188
	5.2.4 Break-evenanalyse	189

5.3	**Prijsgevoeligheid**	**194**
	5.3.1 Vraagcurve	194
	5.3.2 Prijselasticiteit van de vraag	196
	5.3.3 Inkomenselasticiteit	198
	5.3.4 Kruisprijselasticiteit	199
5.4	**Prijsberekeningen met afnemersoriëntatie**	**201**
	5.4.1 Totale kosten voor de afnemer	201
	5.4.2 Inverse prijszetting	202
	5.4.3 Prijsbepaling op basis van yieldmanagement	203
5.5	**Prijsberekeningen op basis van concurrentieoriëntatie**	**205**
5.6	**Prijsbepaling bij productintroductie**	**207**
	5.6.1 Penetratieprijsstrategie	207
	5.6.2 Afroomprijsstrategie	208
5.7	**Prijsdifferentiatie versus prijsdiscriminatie**	**209**

Hoofdstuk 6 Distributie 212

6.1	**Distributiekanalen**	**214**
6.2	**Distributiekengetallen**	**215**
	6.2.1 Formules	215
	6.2.2 Onderlinge relaties	216
	6.2.3 Distributiekengetallen voor de distributiepunten	217
	6.2.4 Distributiekengetallen voor de positie van het merk	219
	6.2.5 Het marktaandeel vergroten	221
6.3	**Detailhandelskengetallen**	**222**
	6.3.1 Vloerproductiviteit	222
	6.3.2 Retailwaterval	224
	6.3.3 Omzetformule	224
	6.3.4 Online omzetformule	226
	6.3.5 Brutomarge en opslagfactor	228
	6.3.6 Direct product profitability	230
6.4	**Importance-performancematrix**	**231**
6.5	**E-commerce**	**233**
	6.5.1 Internetstrategie: bricks en/of clicks	233
	6.5.2 E-business maturity model	234

Hoofdstuk 7 Promotie — 236

7.1 Inleiding — 238
- 7.1.1 Het communicatiemodel — 238
- 7.1.2 Stappen in marketingcommunicatie — 239

7.2 Mission: communicatiedoelstellingen en -strategie — 240
- 7.2.1 Doelstellingen — 240
- 7.2.2 De strategie van geïntegreerde communicatie — 241

7.3 Money: het communicatiebudget — 243
- 7.3.1 Budgetmethoden — 243
- 7.3.2 Drempeleffecten — 244
- 7.3.3 Communicatie-elasticiteit — 245
- 7.3.4 Carry-overeffect — 245

7.4 Message, mix en media — 247
- 7.4.1 Boodschap — 247
- 7.4.2 Reclame — 247
- 7.4.3 Sponsoring en events — 249
- 7.4.4 Public relations — 250
- 7.4.5 Sales promotion — 251
- 7.4.6 Push en pull — 252
- 7.4.7 Digitale communicatie — 253
- 7.4.8 Direct marketing en e-mail — 254
- 7.4.9 Sales funnel — 255
- 7.4.10 Persoonlijke verkoop — 256
- 7.4.11 Communicatieplanner — 259

7.5 Measurement: communicatieonderzoek — 260
- 7.5.1 Evaluatie digitale communicatiecampagne — 263

Hoofdstuk 8 Controle, evaluatie en bijsturing — 266

8.1 Investeringsbeslissingen — 268
- 8.1.1 Geprognosticeerde cashflow — 268
- 8.1.2 Pay-backperiode — 269
- 8.1.3 Break-evenanalyse — 269
- 8.1.4 Netto contante waarde — 270

8.2	**PDCA-cyclus**	270
8.3	**EFQM-model**	273
8.4	**Balanced scorecard**	274
8.5	**Werken met prestatie-indicatoren**	276
	8.5.1 Marketingscorecard	277
	8.5.2 Variantieanalyse	279
	8.5.3 ROMI – return on marketing investment	281
8.6	**Toekomstgerichte analyses met big data**	284
8.7	**De ambitie waarmaken**	285

Overzicht van gebruikte modellen/berekeningen 288

Noten 306

Literatuurlijst 310

Index 314

Voorwoord

In de dagelijkse praktijk zien wij dat studenten aan het hoger (beroeps)onderwijs vaak moeite hebben om zelf marketingplannen te schrijven. De meeste marketingliteratuur biedt daarvoor namelijk te weinig houvast. Het probleem is enerzijds om het juiste model voor een plan te vinden, en anderzijds om het plan met concrete cijfers uit te werken en te onderbouwen. We hebben dit boek geschreven om studenten voor deze twee aspecten handvatten aan te reiken.

In deze geactualiseerde tweede editie introduceren we de business model-benadering en besteden wij nog meer aandacht aan diverse vormen van digitale marketing. Het boek is op verschillende niveaus te gebruiken. Ten eerste bestaat de doelgroep uit *eerstejaarsstudenten* Marketing of een andere financieel-economische opleiding (hbo of wo). Zij vinden in deze uitgave een nadere uitleg van de modellen en berekeningen die in de theoretische standaardwerken van bijvoorbeeld Kotler (*Principes van marketing* en *Marketing, de essentie*) en Solomon et al. (*Marketing, een reallife-perspectief*) minder of geen aandacht krijgen.

Maar ook *ouderejaars, stagiairs en afstudeerders* kunnen goed gebruikmaken van dit boek. Zij hebben vaak behoefte aan een duidelijk stramien en een overzicht van bruikbare modellen en berekeningen waarmee zij hun kennis kunnen opfrissen en de theorie in de praktijk kunnen brengen. Voor deze doelgroep is het boek een praktische handleiding, die náást de gangbare marketingliteratuur gebruikt kan worden. Bovendien kunnen *marketingprofessionals* dit boek als naslagwerk gebruiken.

Marketing: modellen en berekeningen, 2e editie is dus vooral toepassingsgericht. Studenten en professionals kunnen direct aan de slag met de voorbeelden. Het overzicht achterin helpt een juiste keuze te maken uit de modellen. Reacties zien we graag tegemoet. Stuur deze naar ton.borchert@hu.nl en loes.vink@hotelschool.nl.

Ton Borchert en Loes Vink
September 2014

Over de auteurs

Ton Borchert MBA is als hogeschooldocent Marketing verbonden aan Hogeschool Utrecht, HU Business School. Daarnaast doet hij promotieonderzoek op het gebied van dienstverleningsprocessen aan de Maastricht School of Management. Ton is coauteur van onder andere *Dienstenmarketing Management, Services Marketing, An Introduction* en het *Basisboek Entertainmentmarketing*. Na het 'with honours' afronden van zijn bachelor aan HEAO Eindhoven behaalde hij zijn master aan de Warwick Business School, Warwick University (Groot-Brittannië). Ton heeft ruime marketing- en managementervaring opgedaan in binnen- en buitenland, onder meer bij Philips Nederland, Sharp (Europe) en de Koninklijke Nederlandse Jaarbeurs / VNU Exhibitions & Media.

Loes Vink MBA MEd behaalde haar BBA en MBA aan Nyenrode Business Universiteit, gevolgd door het NIMA-C-diploma en een Master of Education in de Engelse taal. Loes heeft ervaring opgedaan in verschillende marketing-, marktonderzoeks- en consultancyfuncties bij HEMA, Koninklijke Bijenkorf Beheer KBB, Markon Marketing Consultants, Intres Retail en Zwolsche Algemeene Verzekeringen. In 2004 is zij overgestapt naar het onderwijs. Zij werkte gedurende tien jaar bij Hogeschool Utrecht, Faculteit Economie en Management, eerst als hogeschooldocent en programmaleider van diverse marketingvakken, daarna als opleidingsmanager propedeuse. Samen met Ton is zij bewerker van de toonaangevende marketinguitgave *Principes van marketing*. Sinds 2014 werkt ze bij Hotelschool The Hague als onderwijsspecialist. Binnen de marketing heeft Loes een voorliefde voor retailmarketing.

Inleiding

Het marketingplanningsproces

Marketingplanning is te vergelijken met het voorbereiden van een reis. Net als bij een reis gaat het er in de bedrijfsvoering om te bepalen waar je je nu bevindt (dat is het punt 0 in onderstaande figuur) en vast te stellen waar je heen wilt gaan (de gedachtewolk met het woord 'Doel'). Dat kan zijn: marktleider worden, een nieuw klantsegment ontwikkelen, een product succesvol introduceren enzovoort.

Vervolgens plan je de wegen waarlangs dat zou moeten gebeuren. Dit is de strategie, die in de figuur wordt weergegeven door de pijl. Onder strategie vallen ook timing (wanneer je het doel wilt bereiken) en de hulpmiddelen die je in gaat zetten. Later kun je de resultaten afzetten tegen de geplande doelen en nagaan in hoeverre deze bereikt zijn.

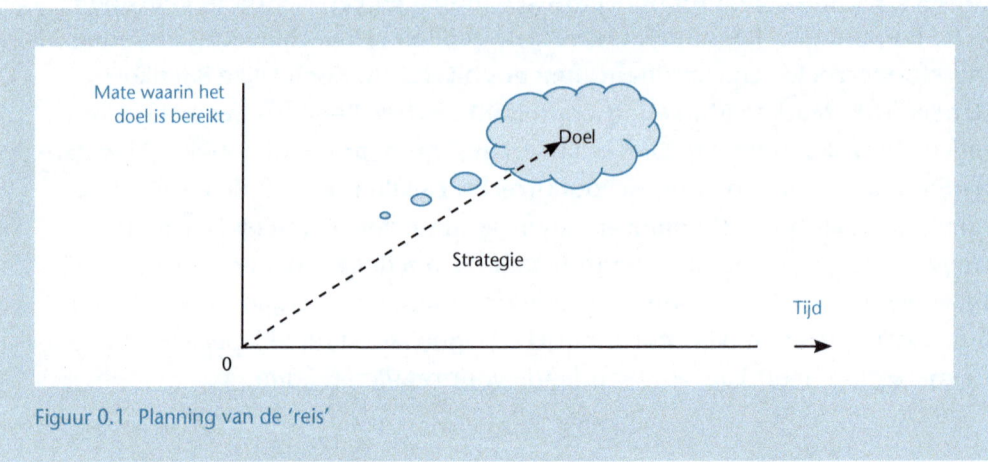

Figuur 0.1 Planning van de 'reis'

De parallel tussen het plannen van een reis en het marketingplanningsproces zie je ook terug in de stappen die bij beide processen worden genomen. Dat begint bij het formuleren van het doel en eindigt bij de evaluatie, waarna een nieuwe planningscyclus begint.

Inleiding

Reisplanning	Stappen	Marketingplanning
Waar gaat de reis naartoe?	Doel formuleren ↓	Wat wil de onderneming in de markt bereiken?
Hoeveel geld heb ik beschikbaar? Wat zijn mijn wensen? Welk vervoer is mogelijk? Hoe ziet het land van bestemming eruit en waar moet ik rekening mee houden?	Situatieanalyse ↓	Wat is de huidige positie van de onderneming in de markt? Wat is de financiële situatie? Hoe ontwikkelt de markt zich? Wat willen de klanten? Met welke concurrenten moeten we rekening houden?
Wat voor soort reis wordt het? (Luxe, trekken, survival, cultureel, sportief, alleen, met een groep...)	Strategie bepalen ↓	Hoe spelen we, gegeven onze mogelijkheden, in op de markt? Op welke producten/markten gaan we inzetten en hoe?
Aankomstdatum bepalen, reisplan opstellen, tickets boeken, reserveringen maken, bepalen wat er mee moet, afspraken maken met reispartners.	Planning en implementatie ↓	Productspecificaties opstellen, prijs bepalen, zorgen voor de juiste distributie, reclame en promotie inzetten, timing en budget beheren.
Foto's selecteren en ordenen, vaststellen of het doel is bereikt, ervaringen delen, leren wat een volgende keer beter kan.	Evaluatie	Omzet, winst, marktaandeel en andere maatstaven bepalen en vergelijken met de doelstellingen, leren wat een volgende keer beter kan en dat toepassen in de nieuwe plannen.

Tabel 0.1 De stappen in het planningsproces

Benodigde competenties

Wat heb je nodig om de 'reis' tot een succes te maken? Het marketingplanningsproces omvat veel activiteiten en de marketeer moet daarom van veel markten thuis zijn. Hieronder staat een aantal van de benodigde competenties. Competenties zijn een combinatie van kennis, vaardigheden en beroepshouding.

- analytisch vermogen
- ondernemende houding
- communicatief, daadkrachtig, resultaatgericht
- creatief kunnen denken
- mensen, projecten, externe partners kunnen aansturen
- up-to-date blijven met nieuwe mogelijkheden om de markt te bewerken

- conceptmatig denken
- visie ontwikkelen
- cijfermatig inzicht hebben
- plannen cijfermatig onderbouwen
- consequenties op gestructureerde wijze doordenken
- effecten meten van beleid

Inleiding

De auteurs, beiden werkzaam geweest in de marketingpraktijk en actief als docent in het hoger onderwijs, hebben ondervonden dat studenten/marketeers-in-spe heel goed in staat zijn om marktanalyses te maken, ideeën te ontwikkelen voor marktbenadering en daadkrachtig op te treden (het eerste groepje competenties). Maar ze hebben vaak meer moeite met het denken in concepten en modellen, het cijfermatig onderbouwen van plannen en het meten van de effecten van hun beleid (het tweede groepje competenties). Dat is de reden waarom wij in dit boek focussen op het gebruik van modelmatige benaderingen en cijfermatige uitwerkingen/onderbouwingen.

Doel van het boek

Het doel van dit boek is je hulpmiddelen aan te reiken die je kunt gebruiken bij elk van de stappen in tabel 0.1. Die hulpmiddelen bestaan ten eerste uit modellen. Een model is een abstracte benadering (bijvoorbeeld een schema of een stappenplan) die structuur biedt en waarmee je een situatie beter kunt doorgronden. Ten tweede bestaan de hulpmiddelen uit berekeningen, kengetallen en formules. Deze helpen je om zaken concreet te maken en keuzes te onderbouwen met behulp van cijfers.

Op het eerste gezicht lijken modellen en berekeningen misschien twee totaal verschillende benaderingen. Het een kan echter niet zonder het ander. Zonder model weet je niet welke berekeningen je moet uitvoeren, en zonder berekening blijft een model abstract en dus onbruikbaar.

Marketing: modellen en berekeningen, 2e editie is bedoeld als aanvulling op bestaande standaardwerken over marketing, waarin de theorie weliswaar uitgebreid wordt behandeld, maar waarin modelmatige en rekenkundige toepassingen onderbelicht blijven. Dit boek vult het gat op: we concentreren ons niet zozeer op de theorie, maar op de toepassing van modellen en berekeningen. We raden aan dit boek te gebruiken in combinatie met een standaardwerk zoals *Marketing, de essentie*[1], *Principes van marketing*[2] of *Marketing, een reallife-perspectief*[3].

De praktische toepassing staat centraal in dit boek. We gaan in op vragen die vanuit de praktijk rijzen: welke modellen en berekeningen gebruik je, wanneer gebruik je ze en hoe pas je ze toe? De antwoorden op die vragen worden steeds gegeven onder de kopjes 'Uitleg', 'Wanneer te gebruiken' en 'Praktische voorbeelden'. Onder de praktische voorbeelden bevindt zich een doorlopende casus over fietsenfabrikant Cyclo.

Achter in het boek vind je een kernachtig overzicht van de gebruiksmogelijkheden van de behandelde modellen en berekeningen. Dit overzicht kan je

Inleiding

helpen om in een praktijksituatie een weloverwogen keuze uit de modellen en berekeningen te maken.

Supplementair materiaal

Op de website www.pearsoneducation.nl/borchertvink zijn powerpoints met de figuren uit het boek beschikbaar.

Docenten die *Marketing: modellen en berekeningen, 2e editie* voorschrijven kunnen via docent@pearson.com een uitgebreide powerpointpresentatie per hoofdstuk aanvragen.

Structuur van het boek

Bij de opzet van dit boek zijn globaal de stappen uit tabel 0.1 gevolgd. Deze stappen worden normaliter bij het schrijven van een strategisch marketingplan gebruikt. Wij gebruiken deze structuur echter vooral als kapstok, om de verschillende modellen en berekeningen een logische plaats te geven in het boek, zodat ze gemakkelijk zijn terug te vinden. In onderstaande figuur is dit verder uitgewerkt.

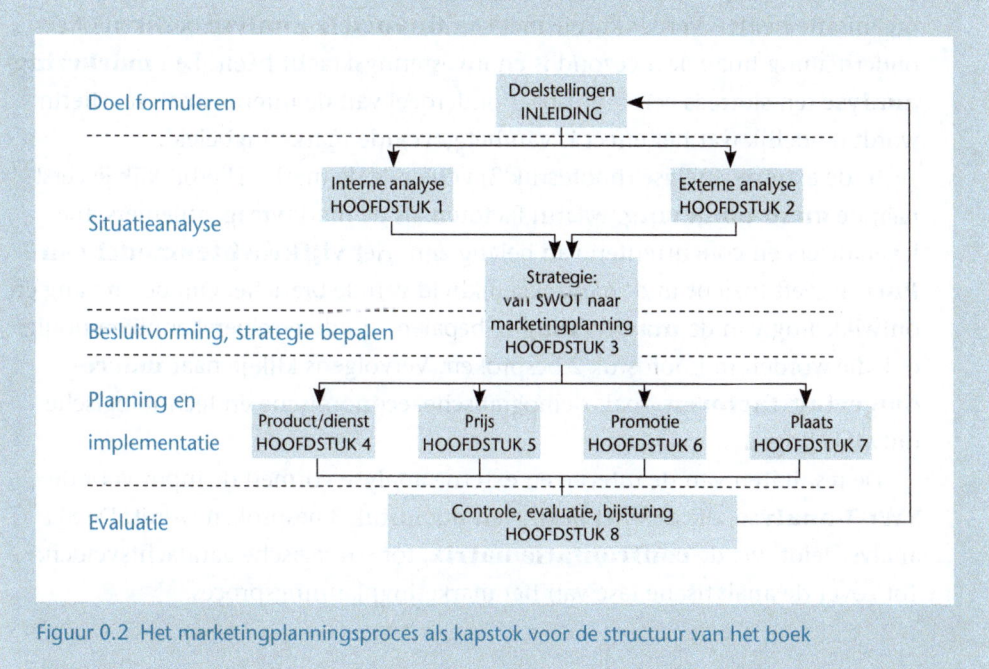

Figuur 0.2 Het marketingplanningsproces als kapstok voor de structuur van het boek

Doel formuleren (inleiding)

In de eerste paragraaf van deze inleiding werd al besproken wat zoal het doel van een onderneming kan zijn. Ook gaven we aan dat dit doel het uitgangspunt is voor de strategievorming en het bijbehorende planningsproces.

Situatieanalyse (hoofdstuk 1, 2 en deels 3)

De situatieanalyse bestaat uit een interne en een externe analyse. Bij de interne analyse (hoofdstuk 1) wordt de strategische uitgangspositie van de onderneming in kaart gebracht. Zo kun je de **visie** van de onderneming op de markt formuleren, ook wel het wereldbeeld genoemd. Met de visie hangt ook de **missie** samen, de bestaansreden van een onderneming. De missie is mooi te illustreren met het **model van Abell**[4], een driedimensionaal hulpmiddel om het werkterrein mee weer te geven. Het geeft antwoord op de vraag: *what business are we in?*

Verder kun je voor een interne analyse **portfolioanalysemodellen** gebruiken (zoals de Bostonmatrix en de MABA-analyse). Deze modellen helpen bepalen welke businessunits van een bedrijf prioriteit moeten krijgen; dit gebeurt op basis van hun marktpositie en de marktaantrekkelijkheid. Ook is het interessant om te kijken naar de **value chain van Porter**, waarmee je na kunt gaan in hoeverre alle onderdelen van de organisatie bijdragen aan waardecreatie voor de klant. Met behulp van het **7S-model** krijg je eventuele knelpunten binnen de organisatie helder. Verder kun je met een **financiële analyse** bekijken of een onderneming financieel gezond is en investeringskracht heeft. Een **marketinganalyse** ten slotte is een onmisbaar onderdeel van de interne analyse. Hierin wordt duidelijk wat het effect is van het gevoerde marketingbeleid.

In de externe analyse (hoofdstuk 2) verken je de markt. Hierbij kijk je eerst naar de **meso-omgeving**, waarin factoren als de marktvraag, afnemers, toeleveranciers en concurrenten van belang zijn. Het **vijfkrachtenmodel van Porter** geeft inzicht in de aantrekkelijkheid van de branche. Om de omvang en ontwikkeling van de **marktvraag** te bepalen zijn diverse berekeningen nodig; ook die worden in hoofdstuk 2 besproken. Vervolgens kijk je naar **macro-omgevingsfactoren**, zoals demografische, economische en technologische ontwikkelingen.

De resultaten van de interne en externe analyse vormen de input voor de **SWOT-analyse**, die aan het begin van hoofdstuk 3 besproken wordt. De SWOT-analyse leidt, via de **confrontatiematrix**, tot strategische aandachtsvelden. Tot zover de analytische fase van het marketingplanningsproces.

Besluitvorming, strategie bepalen (hoofdstuk 3)

Na de SWOT-analyse bespreekt hoofdstuk 3 hoe je de strategische aandachtsvelden kunt vertalen naar **opties**. Daarvoor staan je een aantal modellen ter beschikking die een spectrum aan mogelijke strategieën opleveren (**Porter**, **Treacy en Wiersema**, **Ansoff**, **Doyle**, **Blue Ocean** en **Business Model Canvas**). Ook onlinemarketing wordt daarbij overwogen. Je **toetst** alle opties aan de hand van een aantal criteria en kiest de meest toepasselijke. Daarna formuleer je de **marketingdoelstellingen** en geef je het **marketingplan** vorm. In een aparte paragraaf behandelen we wat de aandachtspunten zijn wanneer je de marketingstrategie in een buitenlandse markt moet bepalen.

Planning en implementatie (hoofdstuk 4 tot en met 7)

Wanneer de strategie is bepaald, volgt de planning en uitwerking daarvan met betrekking tot de belangrijkste marketingtools, de vier standaard-p's: **product**, **prijs**, **plaats** en **promotie**. In de hoofdstukken 4 tot en met 7 gaan we uitgebreid in op een scala aan modellen en rekentechnieken die je hierbij kunt gebruiken. Aan de orde komen bijvoorbeeld de **productlevenscyclus**, de **merkwaardepiramide** en modellen die specifiek van toepassing zijn op diensten; prijsberekeningen vanuit verschillende invalshoeken en **prijselasticiteiten** als maatstaf voor prijsgevoeligheid; de bekende **distributiekengetallen**, maar ook diverse **detailhandelskengetallen**; het **communicatiemodel**, het concept van **geïntegreerde communicatie** en diverse berekeningen op het vlak van (digitale) communicatie.

Evaluatie (hoofdstuk 8)

In hoofdstuk 8, ten slotte, besteden we aandacht aan controle, evaluatie en bijsturing. De **PDCA-cyclus**, de **balanced scorecard** en het **EFQM-model** zijn concepten die je daarbij kunt gebruiken. Binnen de marketing wordt, naast meer algemene maatstaven als omzet, winst en return on investment, in toenemende mate gelet op **performance-indicatoren** op klant- en instrumentniveau. In dit hoofdstuk laten we zien hoe, met behulp van een zogenoemde **marketingscorecard**, deze maatstaven gevolgd kunnen worden. Door terug te koppelen naar de doelstellingen die eerder in het proces zijn opgesteld, wordt de cirkel van het marketingplanningsproces rond gemaakt.

 **Pearson XTRA – actief leren online**

Dit boek wordt geleverd met een toegangscode tot Pearson XTRA: een studiewebsite met studie- en lesmateriaal voor zowel studenten als docenten. Op www.pearsonxtra.nl vind je onder andere het volgende materiaal:

 XTRA eText
De eText is een digitale versie van je boek. Je kunt het boek online lezen, maar je kunt het boek ook gemakkelijk doorzoeken, aantekeningen in de tekst maken en belangrijke tekstdelen markeren.

 XTRA beeldbank
In de beeldbank zijn alle figuren en tabellen uit het boek opgenomen. Je kunt ze gebruiken in bijvoorbeeld presentaties en verslagen.

XTRA begrippentrainer
De begrippentrainer is een handige tool waarmee je alle kernbegrippen uit het boek kunt leren. Je kunt zowel de begrippen als de betekenissen oefenen.

 XTRA figuren en tabellen
Studenten kunnen hier powerpointpresentaties vinden met daarin de figuren, tabellen en formules uit het boek.

Voor docenten

Voor docenten biedt Pearson exclusief XTRA lesmateriaal aan. Dit materiaal kan worden gebruikt ter ondersteuning bij colleges of opdrachten. Docenten die toegang wensen tot het XTRA docentmateriaal kunnen via www.pearsonxtra.nl/docenten een speciale docententoegangscode aanvragen. Deze code geeft dan toegang tot zowel het XTRA studenten- als het docentmateriaal. Dit docentenmateriaal bestaat bij Marketing: modellen en berekeningen, 2e editie uit:

 XTRA powerpoints
Deze powerpoints bevatten een overzichtelijke samenvatting van elk hoofdstuk, inclusief alle figuren en tabellen die in het boek staan.

Hoofdstuk 1

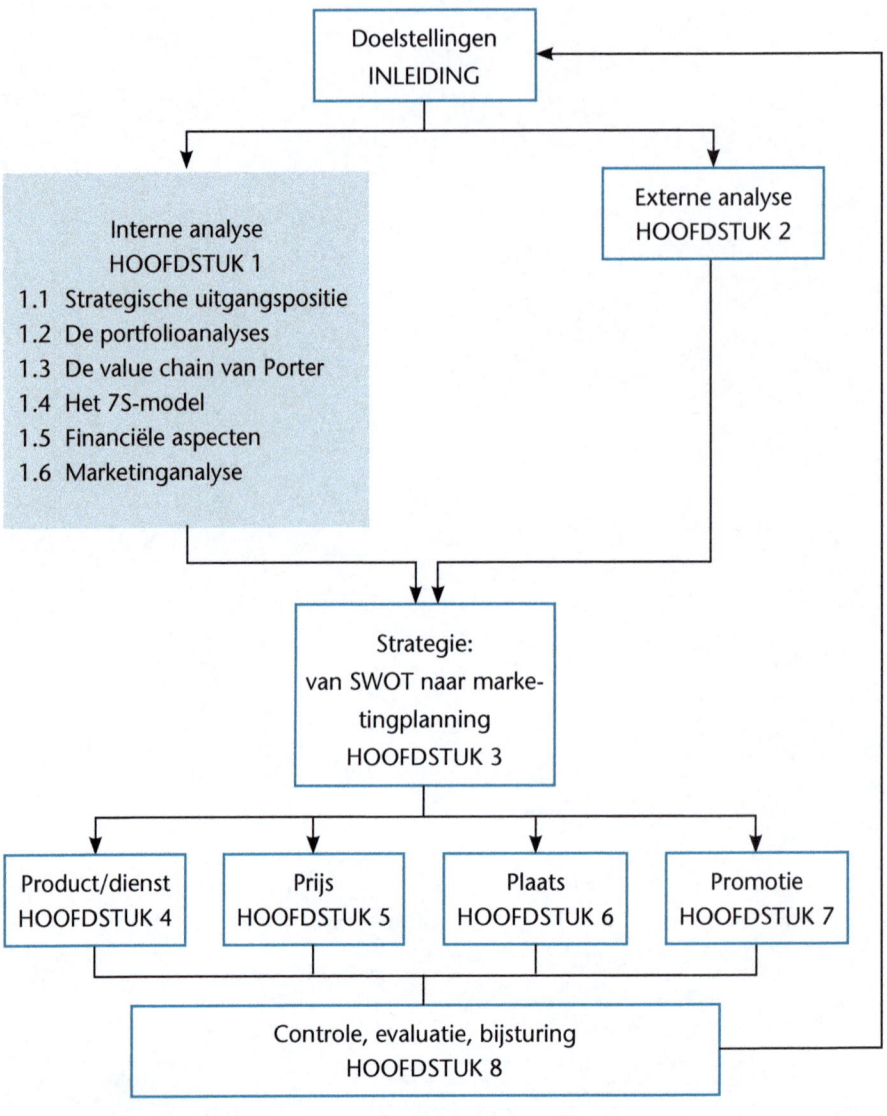

Interne analyse

We starten dit boek met de interne analyse, omdat een bedrijf pas op de juiste manier naar de omgeving kan kijken wanneer de eigen situatie bekend is. Bij een interne analyse richt een onderneming de blik naar binnen; de analyse vindt plaats op het microniveau.

Allereerst kijken we naar de strategische uitgangspositie van een onderneming. Als de onderneming verschillende divisies heeft, of *strategic business units* (SBU's), is een portfolioanalyse aan te bevelen om de positie van de verschillende SBU's ten opzichte van elkaar in kaart te brengen.

Verder bekijken we in de interne analyse hoe de organisatie functioneert en hoe het bedrijf er financieel voor staat. Onmisbaar is ten slotte de marketinganalyse, waarmee de effectiviteit van het marketingbeleid wordt geanalyseerd.

De interne analyse dient om vast te stellen wat de uitgangspunten zijn en welke competenties de organisatie heeft om haar doelstellingen te bereiken. Deze analyse resulteert in een overzicht van de sterke en de zwakke punten van de organisatie, de SW (strengths en weaknesses) van de SWOT-analyse in hoofdstuk 3.

1.1 Strategische uitgangspositie

Voor de strategische uitgangspositie van een onderneming bepalen we eerst de **missie** en **visie** (§ 1.1.1). Daarna bakenen we het werkterrein af, waarvoor het **model van Abell** een goed hulpmiddel is (§ 1.1.2). Vervolgens dient zich de vraag aan welke strategische focus de onderneming hanteert. Met het **model van Treacy & Wiersema** kun je voor alle typen ondernemingen bepalen waar de strategische focus tot nu toe heeft gelegen (§ 1.1.3). Dit model komt bij de strategiebepaling in hoofdstuk 3 weer terug. Ten slotte vormen ook de **strategische doelstellingen** van de onderneming een ander belangrijk onderdeel van de strategische uitgangspositie (§ 1.1.4).

1.1.1 Missie en visie

Uitleg missie
Voor een ondernemer is het van belang te weten wie de klanten zijn, welke wensen die klanten hebben, waar hij/zij zich op moet richten. Het antwoord op deze vragen is de bestaansreden van de onderneming en wordt geformuleerd in de **missie**. De missie geeft aan wie de onderneming is, wat die doet en wat die wil bereiken. Een missie geldt voor vele jaren en geeft richting aan de onderneming. Belangrijk is dat de medewerkers zich verbonden voelen met de missie, erin geloven en zich erdoor gestimuleerd voelen om er in hun werk aan bij te dragen.

Een missie moet aan een aantal voorwaarden voldoen:
- Ze is niet te vaag geformuleerd, maar ook niet te sterk afgebakend.
- Ze is realistisch en past bij het bedrijf.
- Ze neemt de behoefte van de klant als uitgangspunt.
- Ze is gebaseerd op onderscheidende competenties.
- Ze motiveert, moet medewerkers en klanten een positief gevoel geven.

Uitleg visie
Missie en visie hangen met elkaar samen. Terwijl de missie vooral focust op de identiteit van de onderneming, waar de onderneming voor staat, geeft de **visie** een inspirerend beeld van de gewenste toekomstige positie van de organisatie in de omgeving, rekening houdend met toekomstige ontwikkelingen. Een visie is visionair en ambitieus.

Strategische uitgangspositie

Wanneer te gebruiken
Niet alle bedrijven werken met een aparte missie en visie. Soms worden beide samengevoegd en wordt alleen een visie of een missie opgesteld. In ieder geval dient dit te gebeuren voordat de onderneming strategische plannen gaat opstellen. Een heldere missie en/of visie vormt het kader voor het ondernemings- en marketingplan en staat dus aan het begin van het planningsproces.

Praktijkvoorbeelden

Philips heeft missie en visie als volgt geformuleerd:
Missie: 'Het leven van mensen verbeteren met zinvolle innovaties.'
Visie: 'Philips streeft ernaar middels innovaties de wereld om ons heen gezonder en duurzamer te maken. Ons doel is om in 2025 de levens van drie miljard mensen te hebben verbeterd. Wij bieden de beste werkomgeving voor mensen die onze passie delen en samen bieden we onze klanten en aandeelhouders ongekende meerwaarde.' [1]

Randstad heeft missie en visie geïntegreerd:
'De wereld van werk is volop in beweging. De grote trends die achter die beweging zitten, zijn overal om ons heen te zien. Vergrijzing, globalisering, technologische ontwikkelingen en social media. Mensen denken tegenwoordig heel anders over werk en carrière dan vorige generaties. Niet iedereen wil een vaste baan voor het leven. Bovendien heeft de overheid een steeds kleinere rol bij het bepalen van de persoonlijke werksituatie. Als gevolg hiervan neemt de behoefte aan flexibele oplossingen voor werk en werken verder toe. Dit geldt voor lager en hoger opgeleiden, tijdelijke en vaste banen, grote en kleine bedrijven. De markt voor HR-dienstverlening blijft op langere termijn sterk groeien.
Randstad is een pionier in de HR-dienstverlening. Sinds de oprichting in 1960 zijn wij uitgegroeid tot de op één na grootste HR-dienstverlener in de wereld. Onze missie is om de wereld van werk te ontwikkelen. Dit doen wij voor iedereen die met werk te maken heeft: onze klanten, kandidaten, medewerkers en de maatschappij als geheel. In de hele wereld, en zeker ook in onze thuismarkt Nederland.'[2]

De missie en visie geven globaal aan waar de onderneming voor staat en waar zij zich op richt. Om het werkterrein concreter te maken en het te visualiseren wordt vaak een Abelldiagram gebruikt.

1.1.2 Model van Abell

Uitleg

Met behulp van een **Abelldiagram**[3] kunnen managers het werkterrein van een onderneming (ook wel **business domain** genoemd) in kaart brengen. In een driedimensionaal assenstelsel worden de activiteiten van de onderneming weergegeven in termen van klantbehoeften (wat?), klantgroepen (wie?) en technologieën (met welke producten of diensten, ofwel hoe?). Dit is weergegeven in figuur 1.2. De kubus bakent de huidige activiteiten af. Dit is de **business scope**.

In plaats van het Abelldiagram spreekt men ook wel van het **PMT-model**, waarbij een iets andere terminologie met dezelfde betekenis wordt gebruikt. PMT staat voor probleemoplossing, marktgroepen en technologieën.[4]

Tezamen bepalen de drie dimensies het werkterrein van de organisatie en geven zij antwoord op de vraag: *what business are we in?*

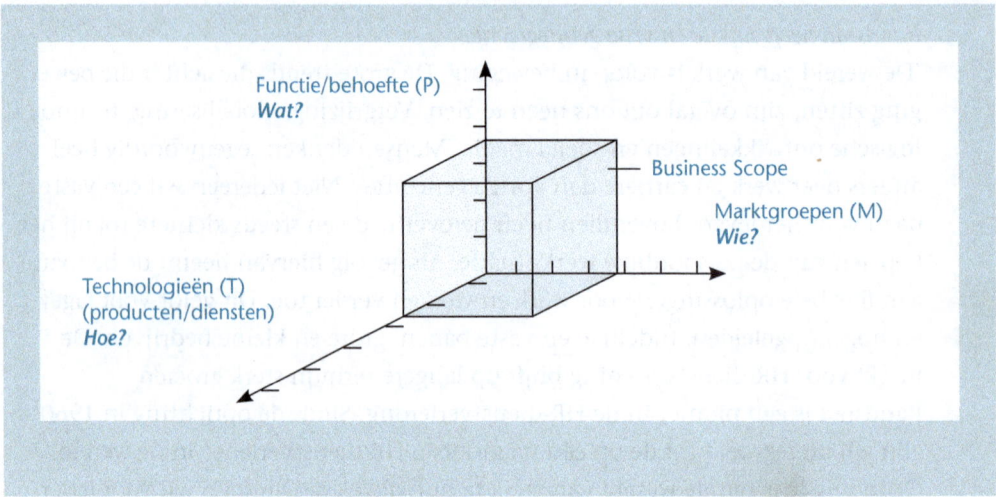

Figuur 1.2 Model van Abell: What business are we in?

Wanneer te gebruiken

Net als de missie wordt het model van Abell aan het begin van het strategische planningsproces opgesteld. Een groot voordeel van het model van Abell is zijn communicatieve kracht: door het werkterrein op deze manier te visualiseren wordt het voor iedereen duidelijk waar de onderneming voor staat in de markt.

Strategische uitgangspositie

Zorg er bij het opzetten van het diagram voor dat je op de assen begint bij de kerncompetenties. Meer naar buiten toe staan de (mogelijke) toevoegingen aangegeven.
Het Abelldiagram is dus goed te gebruiken om een groeirichting te bepalen langs een van de drie assen.

Deze groeimogelijkheden kunnen op de assen worden uitgezet. Alles wat zich binnen de ingetekende kubus bevindt, behoort tot het huidige werkterrein. Alles wat zich op de assen buiten de kubus bevindt, geeft groeimogelijkheden aan. Groeimogelijkheden worden vaak in combinatie met het Ansoffmodel verkend, dat we verderop in dit boek behandelen (§ 3.2). Eventueel kan ook het werkterrein van een concurrent in de figuur worden geplaatst om verschillen in de marktbenadering inzichtelijk te maken.

Het Abelldiagram is minder geschikt als er klantgroepen zijn met sterk verschillende behoeften, zoals detaillisten die het product weer doorverkopen, en consumenten. In dat geval kun je voor deze groepen verschillende Abelldiagrammen maken. Primair maken we echter het model voor de finale afnemer, omdat daar het werkterrein vooral op gebaseerd is.

Voorbeeld Cyclo

Cyclo fietsen is een fictieve fietsenfabrikant die als een rode draad in elk hoofstuk terugkomt. Marketingmanager Mark Snel van Cyclo laat zien hoe diverse modellen en berekeningen kunnen worden toegepast voor zijn organisatie.
Cyclo opereert op de Nederlandse markt met vier typen fietsen. Deze productgroepen vormen de dimensie 'hoe'. Bij de klantgroepen (wie?) onderscheidt Mark Snel volwassenen (18-50) en senioren (50+). De segmenten kinderen en sporters worden door Cyclo niet bediend en vallen daarom buiten de kubus. De belangrijkste consumentenbehoeften die Cyclo volgens Mark vervult (wat?) zijn de behoefte aan transport, aan recreatie en aan lichaamsbeweging. De zakelijke afnemers (zelfstandige detaillisten) hebben andere behoeften, zoals de behoefte aan marge en assortiment. Voor deze groepen kan het best een apart Abellmodel getekend worden.
Als Cyclo buiten het huidige werkterrein wil groeien, kan men een nieuwe klantengroep aanboren (dimensie 'wie'), bijvoorbeeld kinderen, die met de toenemende welvaart steeds vaker een nieuwe fiets krijgen. Ook kan men een nieuwe productlijn aan de bestaande toevoegen (dimensie 'hoe'). Driewielers, tandems en racefietsen behoren dan tot de mogelijkheden. Ten slotte kan men ervoor kiezen om in een andere behoefte te voorzien (dimensie 'wat'), bijvoorbeeld de behoefte om te sporten. Mark heeft een aantal groeimogelijkheden buiten de kubus op de assen geplaatst.

Hoofdstuk 1 Interne analyse

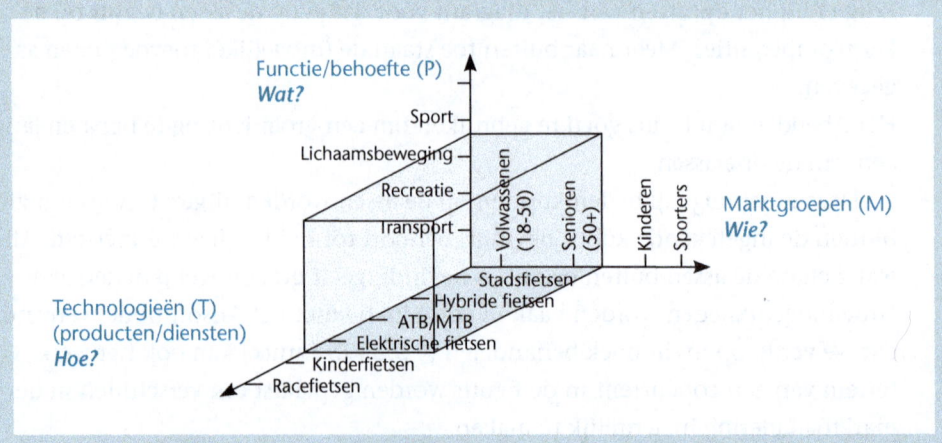

Figuur 1.3 Het Abelldiagram voor fietsenfabrikant Cyclo

Zodra het werkterrein van de onderneming duidelijk is, moet je nagaan welke strategische keuzes er in het verleden zijn gemaakt. Een eenmaal ingezette strategie wordt namelijk niet elk jaar gewijzigd; meestal geldt die voor een langere termijn. Om de strategie te typeren kun je strategische modellen en concepten uit hoofdstuk 3 gebruiken. Hier lichten wij het model van Treacy en Wiersema eruit, omdat dit op inzichtelijke wijze het accent in een strategie aangeeft.

1.1.3 Model van Treacy en Wiersema

Uitleg
Een bedrijf moet keuzes maken. Het kan immers niet alle mogelijke producten leveren aan alle mogelijke doelgroepen. Een hulpmiddel daarbij is het **waardedisciplinemodel van Treacy en Wiersema**[5], dat in figuur 1.4 is weergegeven. Volgens dit model kan een organisatie waarde leveren door een van drie algemene waardedisciplines te kiezen:
- **Operational excellence** of kostenfocus, waarbij de organisatie relatief goede producten of diensten levert tegen lage prijzen, door middel van het beheersen van kosten en efficiënte processen;
- **Productleadership** of productfocus, waarbij de organisatie het beste product of de beste dienst levert en sterk innovatief is;
- **Customer intimacy** of klantfocus, waarbij de beste oplossing voor de klant centraal staat

Het gaat erom dat een organisatie de focus legt op een van de drie waardedisciplines, zonder daarbij de beide andere uit het oog te verliezen. De buitenste cirkel in het model geeft het niveau van de marktleider weer, de middelste cirkel symboliseert het minimale niveau dat in de betreffende bedrijfstak acceptabel is. Als de driehoek ongeveer gelijke zijden heeft, heeft de strategie een gebrek aan focus. In figuur 1.4 is wel sprake van focus, namelijk kostenfocus. Dit bedrijf is sterk in het beheersen van de kosten en kan zich daardoor met lage prijzen profileren. De klantfocus is minimaal voor de bedrijfstak en de productfocus ligt net iets boven het minimale niveau.

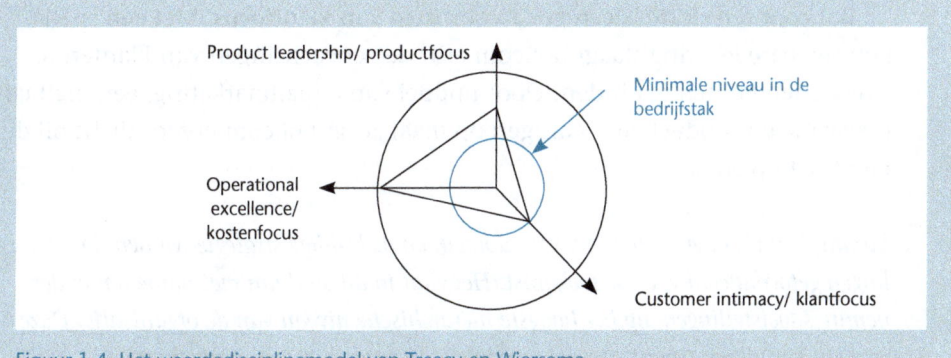

Figuur 1.4 Het waardedisciplinemodel van Treacy en Wiersema

De keuze van de focus hangt natuurlijk sterk samen met de kerncompetenties van de organisatie. Waar is het bedrijf goed in?

Wanneer te gebruiken
In de interne analyse is dit model een waardevol hulpmiddel om de huidige strategische richting van het bedrijf vast te stellen. Het model is toepasbaar op alle soorten bedrijven. Het is belangrijk om na te gaan of de focus voldoende onderbouwd wordt door de kerncompetenties. Later, bij de strategiebepaling (§ 3.2), komt dit waardedisciplinemodel weer aan de orde. Dan wordt het gebruikt om nieuwe strategische opties te bepalen.

Voorbeeld
Lidl is een goed voorbeeld van een bedrijf met een operational excellence strategie. Deze supermarktketen is geen gewone discounter meer met een allesoverheersende focus op lage prijzen. Men richt zich op bewuste kopers, op mensen die meer waar voor hun geld willen. Lidl heeft een kostenfocus en biedt nog

steeds lage prijzen, maar benadrukt in haar marketing ook dat zij goede kwaliteit biedt en inspeelt op trends, waarmee zij een onderscheidend aanbod levert.[6]

Een ander voorbeeld van kostenfocus vinden we in de dienstensector bij de Franse hotelketen Formule 1, die hotelovernachtingen voor een lage prijs aanbiedt. De kamers zijn zeer eenvoudig: ze hebben geen extra's en de service is laag. Efficiency en kostenbeheersing zijn de succesfactoren.

De iPhone van Apple is een voorbeeld van productfocus. Met het accent op innovatie en ontwerp heeft de iPhone een leidende en toonaangevende positie in het segment van smartphones.

Bol.com ten slotte is een goed voorbeeld van klantfocus. Met een snelle, betrouwbare levering slaagt bol.com erin de verwachtingen van klanten te overtreffen en hen te binden. Door middel van e-mailmarketing, een digitaal magazine en productaanbiedingen op maat zorgt bol.com ervoor dicht bij de klant te blijven.

Vanuit de missie, visie, het business domein en de huidige strategie worden doelstellingen geformuleerd voor de toekomst. Het gaat in dit stadium met name om ondernemingsdoelstellingen, op het hoogste hiërarchische niveau van de organisatie. Deze vormen het uitgangspunt voor de toekomstige strategie en het marketingplan.

1.1.4 Strategische doelstellingen

Uitleg
De missie van een onderneming wordt vertaald in strategische doelstellingen voor diverse niveaus: ondernemingsdoelstellingen, marketingdoelstellingen en doelstellingen per marketinginstrument. De missie leidt zo tot een hiërarchie van doelstellingen. Doelstellingen moeten voldoen aan de eisen van een **SMART**-formulering: specifiek, meetbaar, actueel, realistisch en tijdgebonden.

Ondernemingsdoelstelling worden over het algemeen geformuleerd in termen van omzetgroei, winst als percentage van de investeringen (return on investment) of winst als percentage van de omzet. Marketingdoelstellingen worden geformuleerd in termen van bijvoorbeeld marktaandeel, merkbekendheid, imago of distributiepositie.

Wanneer te gebruiken
Elk bedrijf moet aan het begin van een planningsperiode doelstellingen formuleren. Alleen dan kan achteraf worden geëvalueerd of het bedrijf het goed heeft

gedaan, namelijk of de doelstellingen zijn gehaald. Zonder doelstellingen is het bovendien niet goed mogelijk om een strategische focus aan te brengen en een effectief beleid te voeren.

Voorbeelden
Voorbeelden van goed SMART geformuleerde **ondernemingsdoelstellingen** zijn:
- Het behalen van een wereldwijde omzetstijging van 5% in het jaar 2015.
- Het behalen van 8% return on investment over de komende 3 jaar.
- Het vergroten van de winst als percentage van de omzet tot 5% in 2015.

Voorbeelden van goed geformuleerde **marketingdoelstellingen** zijn:
- Vergroting van het marktaandeel in de Nederlandse fietsenmarkt van 8% tot 10% binnen twee jaar tijd.
- Uitbreiding van het klantenbestand door retentie van ten minste 90% van het huidige klantenbestand en acquisitie van ten minste 15% nieuwe klanten binnen 1 jaar.

Voorbeelden van goed geformuleerde **doelstellingen voor marketinginstrumenten betreffende de vier P's** zijn:
- Een spontane naamsbekendheid van 50% binnen de doelgroep aan het eind van 2015 (communicatiedoelstelling).
- Lanceren van een nieuwe productvariant, waardoor de totale omzet binnen één jaar met 15% stijgt (productdoelstelling).
- Uitbreiding van de distributiespreiding tot 25% aan het eind van 2015, door ten minste 5 nieuwe filialen te openen (distributiedoelstelling).
- In 2015 een gemiddeld prijsniveau realiseren dat niet hoger ligt dan dat van de grootste concurrent (prijsdoelstelling), en een imago van *voordelig* en *goede value-for-money* bereiken bij de doelgroep binnen 1 jaar (communicatiedoelstelling).

Voorbeelden van verkeerd geformuleerde doelstellingen zijn:
- Verhoging van de winst (niet specifiek genoeg, niet tijdgebonden).
- Behalen van een marktaandeel van ten minste 25% op de foodmarkt binnen één jaar na introductie (niet realistisch).
- Vergroten van de merkbekendheid (niet specifiek genoeg: gaat het om spontane of geholpen bekendheid, om welk merk gaat het, wat is de tijdsperiode, en wat is het streefcijfer?).

> **Voorbeeld Cyclo**
>
> Fietsenfabrikant Cyclo heeft de volgende doelstellingen opgesteld voor de jaren 2014 en 2015:
> - Een jaarlijkse omzetgroei van 3%.
> - Nettowinst handhaven op 5% van de netto omzet.
> - Marktaandeel minimaal handhaven.
>
> De eerste twee zijn ondernemingsdoelstellingen, de derde is een marketingdoelstelling. Op het niveau van de marketinginstrumenten heeft Cyclo nog geen concrete doelstellingen geformuleerd. Marketingmanager Mark Snel wil dat in de toekomst wel doen, zodat gerichtere plannen kunnen worden gemaakt en de effecten daarvan beter kunnen worden beoordeeld, omdat hij dan kan nagaan in hoeverre de doelstellingen zijn gehaald.

In het voorgaande is de strategische uitgangspositie van een onderneming bepaald. De interne analyse gaat nu verder met een analyse van de behaalde resultaten. De uitkomst daarvan zal als input dienen voor de SWOT-analyse.

1.2 Portfolioanalyses

Een activiteitenportfolio is de verzameling activiteiten en producten die samen het bedrijf vormen. Vaak vormt een verzameling activiteiten een **strategic business unit (SBU)**, een onderdeel van het bedrijf met een eigen missie en eigen doelstellingen, onafhankelijk van andere SBU's. Een SBU kan een divisie zijn, een productlijn binnen een divisie of soms één enkel product of merk. In dat laatste geval spreken we ook wel van een product-marktcombinatie. Een portfolioanalyse geeft inzicht in de relatieve posities van de SBU's of product-marktcombinaties ten opzichte van elkaar, wat betreft positie in en aantrekkelijkheid van de markt waarin zij opereren. Op basis hiervan kan besloten worden in welke activiteiten meer, minder of helemaal niet geïnvesteerd hoeft te worden. Hierna bespreken we twee bekende portfolioanalyses: de BCG-matrix en de MABA-analyse.

1.2.1 BCG-matrix

Uitleg

SBU's kun je op twee belangrijke punten analyseren: de aantrekkelijkheid van de markt waarin de SBU opereert, en de positie die de SBU in die markt inneemt. De zogenaamde BCG (Boston Consulting Group)-methode plaatst alle SBU's van een bedrijf in een **groei-marktaandeelmatrix**, ook wel **BCG-matrix** genoemd. Langs de verticale as van de matrix is het **groeitempo van de markt** uitgezet. Dit is een maatstaf voor de aantrekkelijkheid van de markt. Langs de horizontale as is het **relatieve marktaandeel** uitgezet. Dit is een maatstaf voor de positie van de SBU in de markt. Het relatieve marktaandeel geeft de verhouding aan van het eigen marktaandeel ten opzicht van dat van de grootste concurrent. Meer informatie hierover is te vinden in § 2.2.8.

In de BCG-matrix worden vier soorten SBU's onderscheiden:
- **Question marks**. Dit zijn activiteiten of producten met een (nog) ge150 ring marktaandeel in markten met een snelle groei. Er moet veel geld in gepompt worden om hun marktaandeel te behouden, laat staan het te vergroten. Het management moet zich goed afvragen welke question marks zich tot stars kunnen ontwikkelen en welke afgebouwd moeten worden.
- **Stars**. Dit zijn activiteiten of producten met een snelle marktgroei en een groot marktaandeel. Vaak hebben ze hoge investeringen nodig om hun snelle groei te financieren. Uiteindelijk neemt het tempo van de marktgroei af en veranderen ze in cash cows.
- **Cash cows**. Dit zijn activiteiten of producten met een trage marktgroei en een groot marktaandeel. Deze gevestigde, succesvolle SBU's hebben minder investeringen nodig om hun marktaandeel te behouden. Ze brengen veel geld in het laatje, waarmee het bedrijf zijn rekeningen betaalt en andere SBU's ondersteunt.
- **Dogs**. Dit zijn activiteiten of producten met een trage marktgroei en met een klein marktaandeel. Ze genereren voldoende contanten om zichzelf te bedruipen, maar zullen verder niet veel bijdragen.

Hoofdstuk 1 Interne analyse

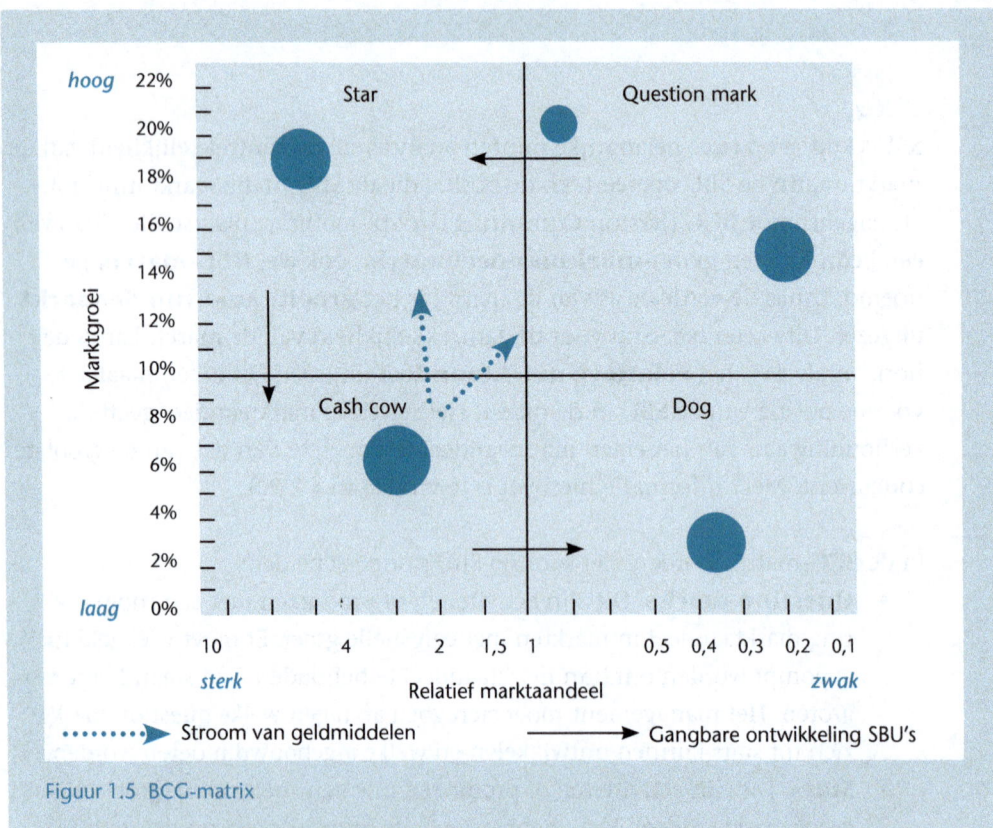

Figuur 1.5 BCG-matrix

Zodra een bedrijf zijn SBU's heeft geclassificeerd, moet het bepalen welke rol elke SBU in de toekomst gaat spelen. Voor iedere SBU zijn vier strategieën mogelijk. Het bedrijf kan meer in de businessunit investeren om het marktaandeel op te **bouwen**. Het kan ook net genoeg investeren om het actuele niveau te **handhaven**. Verder kan het bedrijf besluiten niet meer te investeren, maar de opbrengst van de SBU te **oogsten** zonder te letten op de lange termijn. Tot slot kan besloten worden om te **desinvesteren** door de SBU te verkopen of geleidelijk af te bouwen en de middelen elders te gebruiken.

De positie van SBU's in de matrix verandert in de loop van de tijd. Elke SBU heeft een levenscyclus (die loopt vaak parallel aan de productlevenscyclus, zie hiervoor § 4.1.) Veel SBU's beginnen als een question mark en worden bij succes een star. Later veranderen ze in een cash cow wanneer de marktgroei terugloopt. Uiteindelijk sterven ze of eindigen ze hun leven als een dog. Het bedrijf moet voortdurend nieuwe producten en units toevoegen in de hoop dat een aantal daarvan stars zullen worden en op den duur cash cows die weer andere SBU's financieren.

Wanneer te gebruiken
Wanneer een bedrijf meerdere SBU's of verschillende product-marktcombinaties heeft, is de BCG-matrix een goed hulpmiddel om de posities van de verschillende SBU's ten opzichte van elkaar in kaart te brengen. Deze informatie kan vervolgens worden meegenomen bij de strategievorming.

De achterliggende gedachte van de BCG-matrix is dat bij een evenwichtig verdeeld portfolio de cash cows geld opleveren om de positie van de question marks of stars te kunnen ondersteunen en ook nieuwe activiteiten te kunnen ontwikkelen.

Vanwege zijn eenvoud en objectiviteit is het BCG-model een handig denkraam. Het management kan het model gebruiken om de huidige situatie te analyseren, maar ook om toekomstige verwachte posities van de SBU's erin te tekenen. In dat laatste geval kan het BCG-model gebruikt worden bij de strategische planning.

Het model heeft echter ook tekortkomingen. Zo ligt een sterke nadruk op de marktleiderspositie, terwijl een nichemarktbenadering ook succesvol kan zijn. Dat komt in dit model echter niet tot uitdrukking, aangezien een SBU in een nichemarkt als dog zal worden aangemerkt. Dit is overigens wel afhankelijk van hoe breed of hoe smal je de markt definieert. Verder beschouwt het model slechts twee factoren (marktgroei en relatief marktaandeel) en geeft daardoor maar een beperkte afspiegeling van de realiteit. Het MABA-model in de volgende paragraaf biedt hier een oplossing voor.

Voorbeeld – model
In figuur 1.5 is een portfolioanalyse volgens de BCG-methode te zien. De vijf stippen in de matrix vertegenwoordigen de vijf bestaande SBU's van een bedrijf. Dit bedrijf heeft een star, een cash cow, twee question marks en een dog. De grootte van de stippen geeft de hoeveelheid liquide middelen aan die ze opbrengen. Het bedrijf is redelijk gezond, maar niet echt in topvorm. Het management wil in ieder geval investeren in de meest veelbelovende question mark en die transformeren tot star. Ook wil men de huidige star handhaven zodat deze een cash cow wordt zodra de markt volwassen is. Gelukkig heeft het bedrijf een flinke cash cow. Met de inkomsten daaruit zal het een question mark en de star kunnen financieren. Het bedrijf moet wel bepalen wat het precies met de andere questionmark wil doen. Het totale portfolio is evenwichtig verdeeld. De situatie zou erger zijn als het bedrijf geen star had, als het te veel dogs had of een zwakke cash cow.

Voorbeeld – berekening

Over een bepaalde markt is de informatie in tabel 1.1a en tabel 1.1b verzameld. In welk kwadrant van de BCG-matrix bevindt de SBU Zuivel van bedrijf A zich?

Marktaandelen zuivelmarkt

	2013
Bedrijf A/SBU Zuivel	40%
Bedrijf B	20%
Bedrijf C	15%
Overige bedrijven	25%
Totaal	100%

Omzet zuivelmarkt (× 1000 euro)

2013	2014
1570	1700

Tabel 1.1a   Tabel 1.1b

Uitwerking

De groei van de markt in 2014 bedraagt $(1700 - 1570)/1570 \times 100\% = 8{,}3\%$
Het relatieve marktaandeel van de SBU Zuivel van bedrijf A is $40/20 = 2{,}0$ (zie ook § 2.2)

Aangezien de marktgroei minder dan 10% is en het relatieve marktaandeel groter dan 1, is deze SBU een cash cow. Overigens dient wel opgemerkt te worden dat de vaste grens van 10% marktgroei voor scheiding van de kwadranten discutabel is. In veel markten ligt de gemiddelde marktgroei aanzienlijk lager en is de grens van 10% niet reëel. Afhankelijk van het soort producten en markten kan een lagere grens worden vastgesteld.

De MABA-analyse is een verfijning van de BCG-matrix. Deze portfolioanalyse houdt namelijk rekening met meer factoren dan alleen marktgroei en relatief marktaandeel; de onderliggende factoren worden als het ware expliciet gemaakt en uitgebreid geanalyseerd

1.2.2 MABA-analyse

Uitleg
Een gedetailleerdere portfolioanalyse dan de BCG-matrix is de **MABA-analyse**. MABA staat voor Market Attractivity and Business Assessment. Hierbij worden de aantrekkelijkheid van de markt en de concurrentiekracht van het bedrijf on-

derzocht. In tegenstelling tot het BCG-model gaat men ervan uit dat hier veel verschillende factoren voor verantwoordelijk kunnen zijn.

Factoren die invloed hebben op de **aantrekkelijkheid van de markt**, zijn bijvoorbeeld de marktgrootte, de marktgroei, de structurele rentabiliteit, de concurrentie-intensiteit en technologische ontwikkelingen. Welke factoren je meeneemt in de berekening, hangt af van de missie en strategische doelstellingen van het bedrijf. Aan elke factor ken je nu een gewicht toe (de gewichten tellen op tot 1) en een score (bijvoorbeeld op een schaal van 1 tot 5). Door het gewicht met de score te vermenigvuldigen bereken je voor iedere factor een waarde. De som van deze waarden levert een gewogen eindscore op voor de aantrekkelijkheid van de markt.

Op dezelfde manier kies je factoren die de **concurrentiekracht van het bedrijf** bepalen, bijvoorbeeld op basis van de kritische succesfactoren in de markt. Ook deze voorzie je van een gewicht en een score (op dezelfde schaal als je gekozen hebt bij de aantrekkelijkheid van het bedrijf), waarmee je uiteindelijk de gewogen eindscore voor de concurrentiekracht berekent.

Dimensie	Factoren	Gewicht	Score (1-5)	Waarde (gewicht x score)
Aantrekkelijkheid bedrijfstak	Marktomvang	0,20	4	0,80
	Marktgroei	0,20	4	0,80
	Winstmarges	0,20	3	0,60
	Concurrentie-intensiteit	0,15	3	0,45
	Technologische vereisten	0,15	4	0,60
	Milieuaspecten	0,10	3	0,30
	Totaal	1,00		3,55
Concurrentiekracht van het bedrijf	Concurrentiepositie	0,20	5	1,00
	Relatief marktaandeel	0,20	4	0,80
	Merkwaarde	0,20	3	0,60
	Productkwaliteit	0,10	4	0,40
	Kennis klanten en markten	0,20	4	0,80
	Verkoopeffectiviteit	0,15	2	0,30
	Geografische voordelen	0,05	1	0,05
	Totaal	1,00		3,95

Tabel 1.2 Voorbeeld van berekeningen voor een MABA-analyse

Beide gewogen eindscores geef je vervolgens aan in de MABA-matrix. Op de y-as van deze matrix is de marktaantrekkelijkheid uitgezet; op de x-as staat de concurrentiekracht. De gewogen eindscores in tabel 1.2 komen overeen met de positie van SBU A in figuur 1.6. De overige SBU's van het bedrijf worden op dezelfde

Hoofdstuk 1   Interne analyse

manier in de matrix geplaatst. De grootte van een cirkel geeft de omvang van de betreffende markt aan, en de taartpunt is representatief voor het marktaandeel dat de SBU daarin heeft.

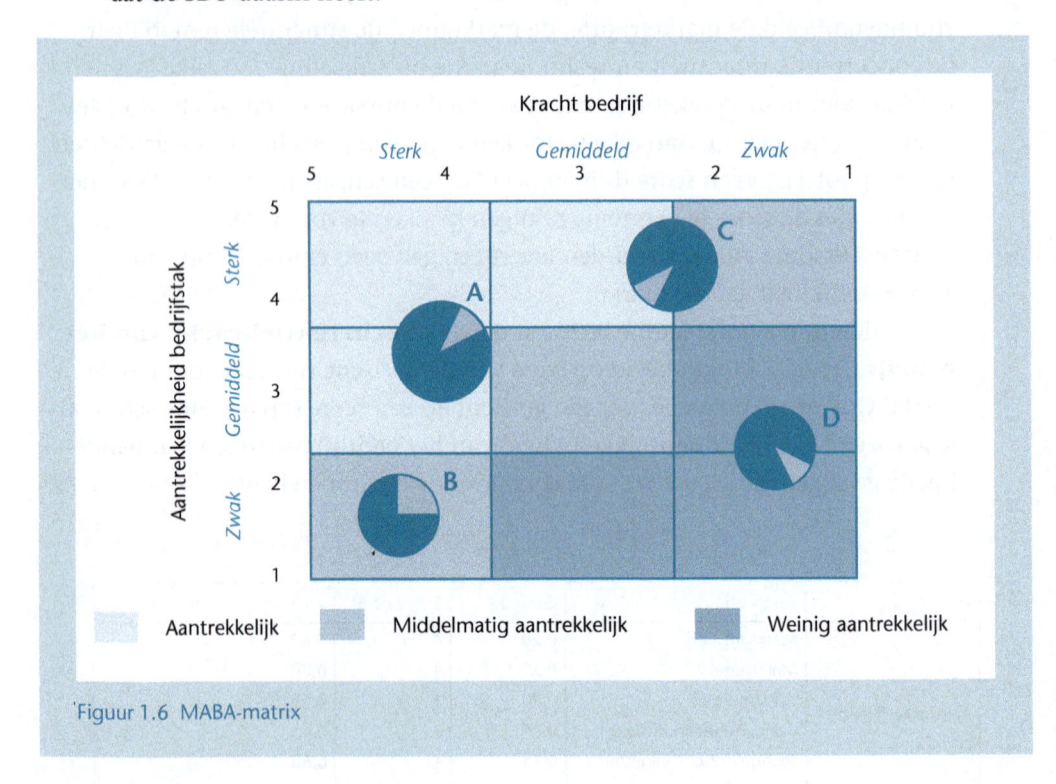

Figuur 1.6 MABA-matrix

De MABA-matrix is in negen cellen verdeeld. Bij elke cel hoort een standaard strategie:
- De drie cellen linksboven: investeren/groeien.
- De drie cellen op de diagonaal: selectief investeren.
- De drie cellen rechtsonder: oogsten of desinvesteren.

Deze standaard strategieën hoeven echter niet per se gevolgd te worden. Er kunnen redenen zijn om daarvan af te wijken, bijvoorbeeld wanneer een bepaalde samenhang tussen de SBU's in het portfolio gewenst is.

Wanneer te gebruiken
Net als de BCG-matrix gebruik je de MABA-analyse om verschillende SBU's te analyseren en met elkaar te vergelijken. Nadat je de SBU's in de MABA-matrix hebt gezet, kun je met pijlen ook de gewenste toekomstige posities van de SBU's aangegeven. Deze toekomstige posities kunnen in een later stadium (§ 3.2) rich-

ting geven aan de te volgen strategie. Voor de interne analyse is het doel echter alleen om de huidige situatie in kaart te brengen.

De MABA-analyse heeft, in vergelijking met de BCG-matrix, het voordeel dat meer factoren worden meegewogen die de marktaantrekkelijkheid en de concurrentiekracht van het bedrijf bepalen. Het nadeel is dat het model subjectiever is, doordat aan de factoren gewichten en scores moeten worden toegekend. Om te voorkomen dat alle betrokkenen andere uitkomsten krijgen, zou je kunnen besluiten om de MABA-analyse gezamenlijk uit te voeren.

Voorbeeld
In figuur 1.6 geeft cirkel A de beste SBU weer, met een sterke positie in een aantrekkelijke markt. SBU's B en C hebben een middelmatige positie, waarbij B het voordeel heeft van een groot marktaandeel en C weliswaar een klein marktaandeel heeft, maar in een aantrekkelijke markt zit. SBU D heeft een zwakke positie in een vrij kleine, weinig aantrekkelijke markt. Het ligt voor de hand in dit voorbeeld SBU A verder uit te bouwen, B te handhaven, C te versterken en bij SBU D te oogsten of de unit af te bouwen.

Voorbeeld Cyclo

Marketingmanager Mark Snel is nagegaan of het voor Cyclo zinvol is een portfolioanalyse te maken, waarbij de verschillende typen fietsen de product-marktcombinaties (PMC's) vormen. Omdat Cyclo echter een kleine onderneming is, hebben alle PMC's ook een klein relatief marktaandeel en komen deze in de BCG-matrix nooit in de linkerhelft terecht. Bovendien vormen de verschillende typen fietsen geen sterke groeisegmenten, met uitzondering wellicht van de elektrische fietsen, die momenteel sterk in opkomst zijn. Dat zou betekenen dat Cyclo alleen maar dogs heeft en misschien één star (de elektrische fietsen). Van een goede portfolioverdeling kan dus geen sprake zijn. Dit geeft duidelijk de tekortkomingen van het BCG-model aan, dat voor een kleinere onderneming minder goed bruikbaar is.
Ook heeft Mark Snel de MABA-analyse onder de loep genomen. Het voordeel daarvan is dat je meerdere factoren kunt meewegen. Voor concurrentiekracht is dat niet alleen het relatieve marktaandeel, maar bijvoorbeeld ook de relatie met de afnemers, wat voor Cyclo een sterk punt is. Met alle typen fietsen komt Mark Snel in de middelste cel van de MABA-matrix uit, met uitzondering van de elektrische fietsen die in de cel midden boven staan. Het lijkt erop dat dat het segment is waarin Cyclo zou moeten investeren.

Met portfolio-analyses kijk je naar de verschillende divisies of product/marktcombinaties binnen een organisatie en hoe zij presteren op hun markten. Deze prestaties worden gegenereerd door tal van activiteiten c.q. afdelingen binnen de organisatie, die alle met elkaar samenhangen. De value chain van Porter brengt deze samenhang in beeld.

1.3 De value chain van Porter

Uitleg

De value chain van Porter[7] is een model dat de verschillende activiteiten binnen een bedrijf helpt te analyseren. Elke afdeling kunnen we zien als een schakel in de **waardeketen** van het bedrijf. Dat wil zeggen dat elke afdeling bijdraagt aan het creëren van waarde en de mate van concurrentievoordeel. We onderscheiden daarbij *primaire activiteiten* (bijvoorbeeld het ontwerpen van een product of dienst, produceren, op de markt brengen, leveren en het bieden van support) en *ondersteunende of secundaire activiteiten* (deze ondersteunen de primaire activiteiten en ook elkaar door het realiseren van de inkoop, technologie, bemensing en diverse bedrijfsbrede functies zoals ICT en infrastructuur; ook de directie van een organisatie kan hieronder worden begrepen). Bepalend voor het succes van het bedrijf is niet alleen hoe goed elke afdeling haar werk doet, maar ook hoe goed de activiteiten van de verschillende afdelingen gecoördineerd zijn. Daarbij is het belangrijk dat alle afdelingen 'vanuit de klant' denken.

Om de **klantwaarde** (de toegevoegde waarde die het bedrijf biedt voor de klant) te vergroten moet een bedrijf verder kijken dan de eigen waardeketen, en die van bijvoorbeeld leveranciers en distributeurs erbij betrekken. Er worden dus verschillende waardeketens aan elkaar gekoppeld. Dat de eigen waardeketen alleen niet meer voldoet, kun je zien aan het feit dat er steeds meer bedrijven zijn die partners hebben binnen de aanvoerketen. Zij proberen zo de prestaties van het **waardeleveringsnetwerk** te verbeteren. Dat doen ze bijvoorbeeld door gegevens uit te wisselen met de partners en gemeenschappelijke doelstellingen na te streven. Iglo kan bijvoorbeeld alleen maar just-in-time leveren aan Albert Heijn als Albert Heijn precies laat weten hoe groot de voorraad diepvriesproducten in zijn magazijnen en filialen is. Organisaties gaan dus hechter samenwerken en hebben daarvoor ook personen in dienst, bijvoorbeeld een accountmanager die optreedt als intermediair tussen de organisatie en een aantal specifieke afnemers.

In figuur 1.10 zie je een waardeleveringsnetwerk, dat uit verschillende waardeketens bestaat. In de figuur is ook de afbakening van B2B (business-to-business), B2C (business-to-consumer) en C2C (consumer-to-consumer) zichtbaar. In

De SPACE-matrix

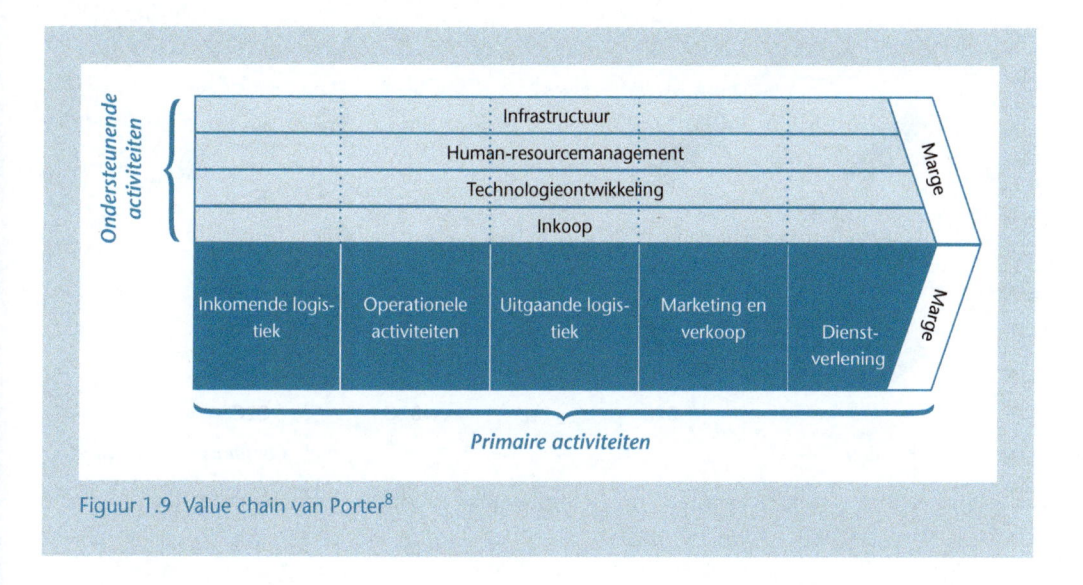

	Infrastructuur					
Ondersteunende activiteiten	Human-resourcemanagement					**Marge**
	Technologieontwikkeling					
	Inkoop					
	Inkomende logistiek	Operationele activiteiten	Uitgaande logistiek	Marketing en verkoop	Dienstverlening	**Marge**
	Primaire activiteiten					

Figuur 1.9 Value chain van Porter[8]

het B2B-segment leveren bedrijven aan elkaar, wisselen informatie uit en werken samen aan het leveren van waarde. Ook leveranciers van ondersteunende diensten zoals banken, consultancybureaus en transportbedrijven passen in dat plaatje. Uiteindelijk levert in de meeste gevallen de detailhandel aan de eindgebruikers. Dit is het B2C-segment. Vervolgens kunnen consumenten producten aan elkaar verkopen in het C2C-segment.

Wanneer te gebruiken
De waardeketen gebruik je om alle waardegenererende activiteiten in de *microomgeving*, en hun onderlinge samenhang, inzichtelijk te maken. Daardoor kun je de coördinatie tussen de verschillende afdelingen optimaliseren. Ook kan de waardeketen gebruikt worden om het eigen bedrijf op basis van benchmarks (zie paragraaf 2.4.1) met de concurrentie te vergelijken.

Het waardeleveringsnetwerk geeft een overzicht van de partijen in de *mesoomgeving* waarmee moet worden samengewerkt om een optimale strategie te verwezenlijken.

Voorbeeld
Als je de aanvoerketen waarin Cyclo betrokken is, zou schetsen, dan zou helemaal links de ijzerertsmijn staan. Deze levert aan een staalfabrikant, die weer aan een buizenfabrikant levert, die vervolgens aan een framefabrikant levert. De framefabrikant levert aan Cyclo, die overigens ook producten aangeleverd krijgt van de fietsbellenfabrikant, de leverancier van zadels enzovoort. Andere leveranciers van Cyclo kunnen zijn de bank, een managementconcultancybureau, een

Hoofdstuk 1   Interne analyse

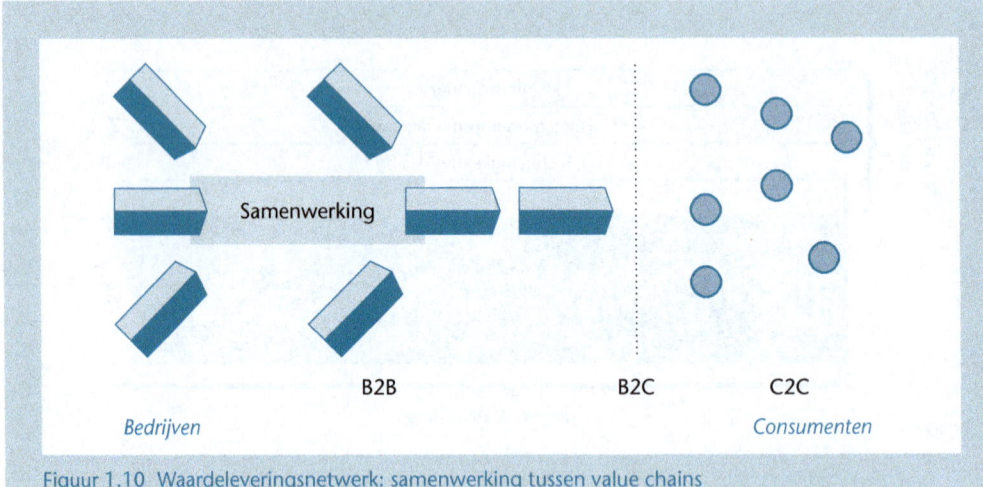

Figuur 1.10 Waardeleveringsnetwerk: samenwerking tussen value chains

(Bedrijven — B2B — Samenwerking — B2C — C2C — Consumenten)

uitzendbureau of een transportonderneming. Cyclo levert op zijn beurt aan de distributeurs, zoals grossiers, onafhankelijke detaillisten of ketenbedrijven. We zien in dit voorbeeld hoe omvangrijk het B2B-segment is. De distributeurs leveren uiteindelijk aan de consumenten. Als consumenten ten slotte, bijvoorbeeld via Marktplaats.nl, aan elkaar gaan leveren, spreken we van C2C-marketing.

Met de value chain van Porter beoordeel je of de activiteiten in een organisatie goed op elkaar zijn afgestemd. Is dat niet het geval, dan kun je met het 7S-model uitzoeken waar dat aan ligt. Dit model gaat niet uit van activiteiten, maar van organisatie-elementen als structuur, systemen en strategie.

1.4 Het 7S-model

Uitleg
Als blijkt dat de activiteiten in een organisatie niet goed op elkaar zijn afgestemd, kan dat veel oorzaken hebben. Het kan bijvoorbeeld zo zijn dat de afdelingen uiteenlopende doelen nastreven, of dat ze niet allemaal 'vanuit de klant' denken. Een handig diagnostisch model is het **7S-model**[9], waarin onderling afhankelijke organisatie-elementen worden beschreven. We onderscheiden drie 'harde' (rationele, concrete) elementen: *strategy*, *structure* en *systems*, en vier 'zachte' elementen: *shared values*, *style*, *staff* en *skills*.

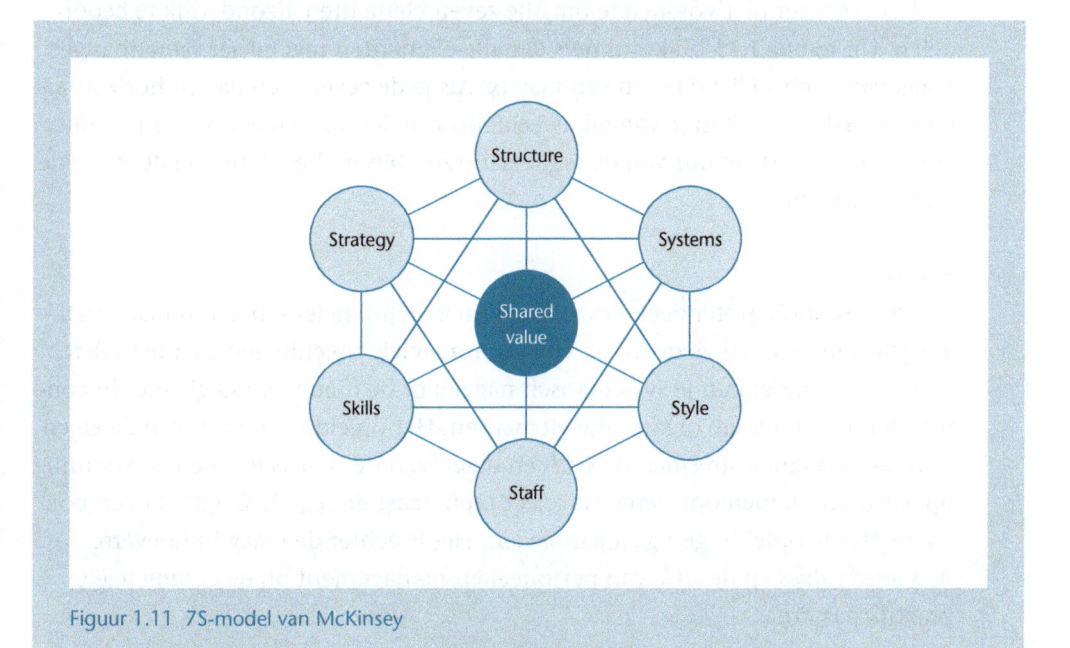

Figuur 1.11 7S-model van McKinsey

Hieronder volgt een korte uitleg van de elementen in het 7S-model:
- *Strategy* betreft de doelstellingen van een organisatie en de keuzes die worden gemaakt om ze te verwezenlijken.
- *Structure* betreft de organisatiestructuur, ofwel de hiërarchische indeling en de coördinatie.
- *Systems* betreft de primaire en secundaire processen binnen de organisatie. (zie ook de value chain in 1.4).
- *Style* betreft de ongeschreven regels waar het management mee werkt.
- *Staff* betreft de medewerkers van de organisatie.

- *Skills* zijn de specifieke capaciteiten van de medewerkers en de organisatie als geheel.
- *Shared values* zijn de normen en waarden van de organisatie alsook de verwachtingen van de werknemers en staan daarom in het hart van het model.

Wanneer te gebruiken

Het 7S-model fungeert als een handige checklist om de belangrijkste elementen van een organisatie te analyseren. Je gebruikt het model om sterke en zwakke punten boven water te krijgen in relatie tot de gevolgde strategie.

Het is echter niet voldoende om alle zeven elementen afzonderlijk te beoordelen. Uit figuur 1.11 blijkt immers dat alle elementen met elkaar samenhangen. Maak van je checklist daarom een matrix. Als je de zeven S'en daarin horizontaal en verticaal uitzet, kun je van elk tweetal beoordelen of ze met elkaar in conflict zijn of niet. De structuur van de organisatie zou bijvoorbeeld niet bij de strategie kunnen passen.

Voorbeeld

Een hogeschool, grotendeels door de overheid gefinancierd, heeft in haar strategie geformuleerd dat ze de markt voor commerciële opleidingen gaat betreden. Met het 7S-model kun je systematisch nagaan of de nieuwe strategie niet in conflict komt met andere organisatie-elementen. Het opleidingsniveau van de eigen *staff*, de bestaande *structuur*, de *skills* en delen van de *systemen* zullen waarschijnlijk geen problemen opleveren wanneer men naast de reguliere opleidingen ook commerciële opleidingen gaat aanbieden. Het is echter de vraag in hoeverre de *shared values* en de *style* van personeel en management bij de commerciële praktijk passen.

Tot nu toe hebben we gekeken naar de strategische uitgangssituatie, de posities van de SBU's en de wijze waarop binnen de organisatie gewerkt wordt. De interne analyse is echter niet compleet zonder de financiële resultaten van de organisatie. Hierover gaat de volgende paragraaf.

1.5 Financiële analyse

Voor marketeers is het van belang om inzicht te hebben in de financiële situatie van het bedrijf. Zo kunnen zij nagaan in hoeverre marketing heeft bijgedragen aan het ondernemingsresultaat. Bovendien moeten zij voor nieuwe strategische marketingplannen weten hoeveel het bedrijf kan investeren in nieuwe activiteiten en promotie. De marketeer moet daarom financiële kengetallen uit de ondernemingscijfers af kunnen leiden en daaruit de juiste conclusies kunnen trekken om realistische voorstellen te kunnen doen met betrekking tot budgetten en investeringen.

De meest relevante bron voor financiële gegevens is de jaarrekening, bestaande uit de balans, de resultatenrekening en een toelichting. In de **balans** wordt een beeld gegeven van de omvang en samenstelling van het vermogen (passiva) en van de bezittingen (activa), en hoe deze bezittingen zijn gefinancierd. De **resultatenrekening** of winst-en-verliesrekening geeft inzicht in de opbrengsten, de kosten en de winst in een bepaalde periode. Hieruit is op te maken of het bedrijf over voldoende financiële middelen beschikt om zelfstandig te kunnen overleven.

Uit de balans en winst-en-verliesrekening kunnen financiële kengetallen worden afgeleid. De belangrijkste kengetallen hebben betrekking op:

- **De liquiditeitspositie**: geeft aan in hoeverre een bedrijf aan zijn kortlopende verplichtingen kan voldoen en wordt uitgedrukt in kengetallen als de current ratio, de quick ratio en het netto werkkapitaal.
- **De vermogenspositie**: geeft aan hoe het vermogen is samengesteld uit eigen en vreemd vermogen en wat de rentabiliteit op het vermogen is. Relevante kengetallen zijn de solvabiliteitskengetallen en de rentabiliteit op het eigen, vreemd en totaal vermogen.
- **Het werkkapitaalbeheer**: hierbij wordt vooral gekeken naar de verhouding tussen omzet en kosten/winst en naar posten als voorraden, debiteuren en crediteuren.

Om de cijfers goed te kunnen beoordelen is het wenselijk ze over ten minste twee jaar te kunnen vergelijken en ze te kunnen 'benchmarken' met branchegemiddelden (zie paragraaf 2.4.1). Hierna worden de kengetallen verder uitgelegd.

1.5.1 Kengetallen voor de liquiditeitspositie

Uitleg
De liquiditeit geeft aan of een onderneming met behulp van de vlottende activa (bezittingen met een relatief korte looptijd) aan haar kortetermijnverplichtingen kan voldoen. Er zijn drie kengetallen voor de liquiditeit: de current ratio, de quick ratio en het netto werkkapitaal. De **current ratio** is een kengetal dat weergeeft of een bedrijf op korte of middellange termijn te maken krijgt met

liquiditeitsproblemen. Het geeft de mate aan waarin de verschaffers van kort vreemd vermogen (crediteuren en andere eisers van kortlopende schulden) uit de vlottende activa (voorraden, debiteuren en liquide middelen) kunnen worden betaald. De **quick ratio** is vergelijkbaar met de current ratio, alleen worden hier de voorraden (grondstoffen en eindproducten) niet meegeteld in de vlottende activa; voorraden zijn namelijk minder snel om te zetten in geld om de schuldeisers mee te betalen. Het **netto werkkapitaal** geeft aan hoeveel lang vermogen er beschikbaar is voor de financiering van de vlottende activa. Het werkkapitaal is in feite de hoeveelheid geld waarover het bedrijf beschikt om de bedrijfsactiviteiten te kunnen uitoefenen. Een groot werkkapitaal, dat wil zeggen een groot overschot aan lang vermogen, wijst in principe op een betere liquiditeitspositie. Van belang is vooral om de ontwikkeling van de kengetallen in de tijd te bekijken, om na te gaan of de liquiditeitspositie is verbeterd dan wel verslechterd.

Kengetal	Formule
Current ratio	Vlottende activa / kort vreemd vermogen
Quick ratio	Vlottende activa - voorraden* / kort vreemd vermogen
Netto werkkapitaal	Vlottende activa - kort vreemd vermogen

* Voorraden betreft grondstoffen, hulpstoffen en eindproducten.

Tabel 1.4 Kengetallen liquiditeitspositie

Wanneer te gebruiken
Een marketeer kan met behulp van de kengetallen over de liquiditeitspositie snel en gemakkelijk een idee krijgen van de mate waarin de onderneming liquide is en financiële armslag heeft. Om de kengetallen te beoordelen kun je deze het beste vergelijken met voorgaande jaren en met branchegemiddelden. De waarden van de kengetallen kunnen namelijk per branche sterk verschillen.

Financiële analyse

Voorbeeld Cyclo

Hieronder zie je de balans en winst-en-verliesrekening van fietsenfabrikant Cyclo, een middelgrote onderneming.

Balans Cyclo per 31 december (x 1000 €)							
	2011	2012	2013		2011	2012	2013
Bedrijfsgebouwen	2.900	2.700	2.500	Aandelenkapitaal	250	250	250
Machines en installaties	1.110	950	1.250	Reserves	2.950	3.130	3.450
Vaste activa	*4.010*	*3.650*	*3.750*	*Eigen vermogen*	*3.200*	*3.380*	*3.700*
Grondstoffen	1.850	1.987	2.300	Hypotheeklening en			
Voorraden (gereed)	2.750	3.099	3.210	andere lange schulden	2.410	2.410	2.410
Debiteuren	4.495	4.860	4.580	*Lang vreemd vermogen*	*2.410*	*2.410*	*2.410*
Liquide middelen	155	180	120				
Vlottende activa	*9.250*	*10.126*	*10.210*	Crediteuren	4.200	4.586	4.770
				Kortlopende schulden	3.450	3.400	3.080
				Kort vreemd vermogen	*7.650*	*7.986*	*7.850*
				(vlottende passiva)			
Totaal activa	13.260	13.776	13.960	Totaal passiva	13.260	13.776	13.960

Tabel 1.5 Balans Cyclo

Winst-en-verliesrekening Cyclo (x 1000 €)			
	2011	2012	2013
Netto-omzet	27.856	28.786	30.965
Afschrijvingen	320	350	400
Inkoopwaarde van de omzet	19.520	18.495	19.620
Personeels- en andere kosten	7.780	7.925	8.403
Brutowinst	*236*	*2.016*	*2.542*
Rentebaten	56	42	50
Rentelasten	460	512	520
Belastingen	45	386	518
Nettowinst	*-213*	*1.160*	*1.554*

Tabel 1.6 Winst-en-verliesrekening Cyclo

Marketingmanager Mark Snel heeft aan de hand van de eerder genoemde formules de kengetallen van de liquiditeitspositie van Cyclo berekend over de laatste drie jaar:

	2011	2012	2013
Current ratio	9.250 / 7.650 = 1,21	10.126 / 7.986 = 1,27	10.210 / 7.850 = 1,30
Quick ratio	4.650 / 7.650 = 0,61	5.040 / 7.986 = 0,63	4.700 / 7.850 = 0,60
Netto werkkapitaal	9.250 – 7.650 = 1.600	10.126 – 7.986 = 2.140	10.210 – 7.850 = 2.360

Mark maakt hieruit op dat de current ratio licht is verbeterd, maar dat dit vooral is toe te schrijven aan de opgelopen grondstoffen en voorraden. De quick ratio is licht gedaald, met name doordat de liquide middelen zijn afgenomen. Het netto werkkapitaal is gestegen; er is voldoende lang vermogen voor de financiering van de vlottende activa. Mark concludeert dat de liquiditeitspositie van Cyclo acceptabel is.

Voor de liquiditeitspositie wordt onder andere naar het kort vreemd vermogen gekeken. Voor de vermogenspositie nemen we de samenstelling van het totale vermogen onder de loep en de winst in relatie tot de verschillende vermogensbestanddelen.

1.5.2 Kengetallen voor de vermogenspositie

Uitleg

Er zijn twee soorten vermogen: het eigen en het vreemd vermogen. Het **eigen vermogen** wordt gevormd door de inleg van aandeelhouders en door toevoeging van bedrijfswinsten. Dat geldt met name voor het midden- en grootbedrijf in de vorm van bv's en nv's. In zeer kleine ondernemingen of eenmanszaken betreft dit het eigen vermogen van de eigenaar(s). Het eigen vermogen wordt aan de rechterkant van de balans onder de passiva genoteerd en is in feite de schuld van het bedrijf aan de eigenaren. Het **vreemd vermogen** bestaat uit verplichtingen en schulden. Hiervoor zal het bedrijf geld moeten betalen (rente). Er wordt onderscheid gemaakt tussen schulden op korte termijn (vlottende passiva) en schulden op lange termijn (na één jaar of meer te betalen).

Voor de vermogenspositie zijn van belang:
- De verhouding tussen eigen en vreemd vermogen (solvabiliteit).
- De verhouding tussen de opbrengst en het vermogen waarmee deze opbrengst wordt verdiend (rentabiliteit).

De **solvabiliteit** laat zien in welke mate een bedrijf door de eigenaars of door schuldeisers wordt gefinancierd. Je kunt ermee nagaan in hoeverre een bedrijf voldoende eigen vermogen heeft om in geval van faillissement alle verschaffers van vreemd vermogen hun lening terug te betalen. De meest gebruikte formule voor de solvabiliteit is:

solvabiliteit = eigen vermogen/vreemd vermogen × 100%

In 2013 lag de solvabiliteit in het Nederlandse MKB gemiddeld op 35% en van het grootbedrijf op 50%.[10] Een goede solvabiliteit is van belang om kredietverschaffers en leveranciers voldoende vertrouwen te geven om met het bedrijf in zee te gaan.

De **rentabiliteit** is een indicator voor de winstcapaciteit van het in de onderneming werkzame vermogen. De **rentabiliteit op het totale vermogen (RTV)** geeft de winstgevendheid van de onderneming aan in een bepaalde periode. Dit kengetal houdt geen rekening met belastingen en de kosten van financieringen en wordt daarom berekend voor aftrek van belasting en rente. Met het kengetal **rentabiliteit op het eigen vermogen (REV)** kunnen de verstrekkers van het eigen vermogen beoordelen in hoeverre er een goed resultaat is behaald. Dit kan zowel voor als na belasting. De REV geeft dus het gerealiseerde rendement aan van het geïnvesteerde eigen vermogen voor of na belasting. De **rentabiliteit op het vreemd vermogen (RVV)** heeft betrekking op de rente die de ondernemer moet betalen over vreemd vermogen dat van externe financiers is aangetrokken (bijvoorbeeld bancair krediet, middellang krediet, hypothecair krediet enzovoort). Dit kengetal geeft dus aan wat het vreemd vermogen gemiddeld heeft gekost. De REV zal bij voorkeur hoger zijn dan de RVV, om recht te doen aan het ondernemersrisico.

Kengetal	Formule
Solvabiliteit	eigen vermogen / vreemd vermogen × 100%
Rentabiliteit totaal vermogen (RTV)	winst (voor aftrek van interest en belasting) / gemiddeld totaal vermogen × 100%
Rentabiliteit eigen vermogen (REV)	nettowinst (voor of na belasting) / gemiddeld eigen vermogen × 100%
Rentabiliteit vreemd vermogen (RVV)	rente vreemd vermogen / gemiddeld vreemd vermogen × 100%

Tabel 1.7 Kengetallen vermogenspositie

Het woord 'gemiddeld' in bovenstaande formules voor de rentabiliteit heeft betrekking op de periode waarover de rentabiliteit wordt berekend. Vaak is die periode een kalenderjaar. Dan geldt:

gemiddelde vermogen = (vermogen eind vorig jaar + vermogen eind dit jaar)/2

Hoofdstuk 1   Interne analyse

Wanneer te gebruiken

Een marketeer moet inzicht hebben in de vermogenspositie van een bedrijf om realistische voorstellen te kunnen doen met betrekking tot budgetten en investeringen. Net als bij de liquiditeitspositie kun je de kengetallen voor de vermogenspositie het beste beoordelen door ze te vergelijken met voorgaande jaren en met de cijfers van branchegenoten.

Voorbeeld Cyclo

Op basis van de eerder gegeven balans en winst-en-verliesrekening van Cyclo heeft marketingmanager Mark Snel de kengetallen voor de vermogenspositie uitgerekend.

	2012	2013
Solvabiliteit	3.380 / 10.396 × 100% = 33%	3.700 / 10.260 × 100% = 36%
Rentabiliteit TV	2.016 / [(13.260 + 13.776) / 2] × 100% = 14,9%	2.542 / [(13.776 + 13.960) / 2] × 100% = 18,3%
Rentabiliteit EV	1.160 / [(3.200 + 3.380) / 2] × 100% = 35,3%	1.554 / [(3.380 + 3.700) / 2] × 100% = 43,9%
Rentabiliteit VV	512 / (2.410 + 7.818) × 100% = 5,0%	520 / (2.410 + 7.918) × 100% = 5,0%

Mark constateert dat de solvabiliteit net iets boven het Nederlandse gemiddelde ligt. Verder is er een zeer goede rentabiliteit behaald op het eigen vermogen. Ook de rentabiliteit op het totale vermogen is zeer bevredigend. De rentabiliteit op het vreemde vermogen geeft aan dat de kosten op het vreemde vermogen niet al te hoog zijn geweest. Alle kengetallen, met uitzondering van de RVV, zijn in 2013 gestegen. Mark concludeert dat de vermogenspositie van Cyclo er prima uitziet.

De rentabiliteit van het totale vermogen is een van de kengetallen voor de vermogenspositie. Dit kengetal kan worden afgeleid uit vele andere, onderliggende grootheden. Dat gebeurt in het Du Pontschema.

1.5.3   Du Pontmodel

Uitleg

De rentabiliteit op het totale vermogen kunnen we ook op een andere manier berekenen dan hierboven beschreven, namelijk met behulp van de **brutomarge** en de **omloopsnelheid** van het gemiddelde totale vermogen (dat is het aantal malen per jaar dat het vermogen in goederen wordt geïnvesteerd). Deze

Financiële analyse

twee kengetallen worden op hun beurt ook weer bepaald door onderliggende grootheden. Het **Du Pontmodel** geeft de onderlinge samenhang tussen alle grootheden op een overzichtelijke manier weer. Elke verandering in een van de grootheden heeft invloed op de rentabiliteit. Een hoge brutomarge, gecombineerd met een lage omloopsnelheid kan dezelfde rentabiliteit opleveren als een hoge omloopsnelheid in combinatie met een lage brutomarge.

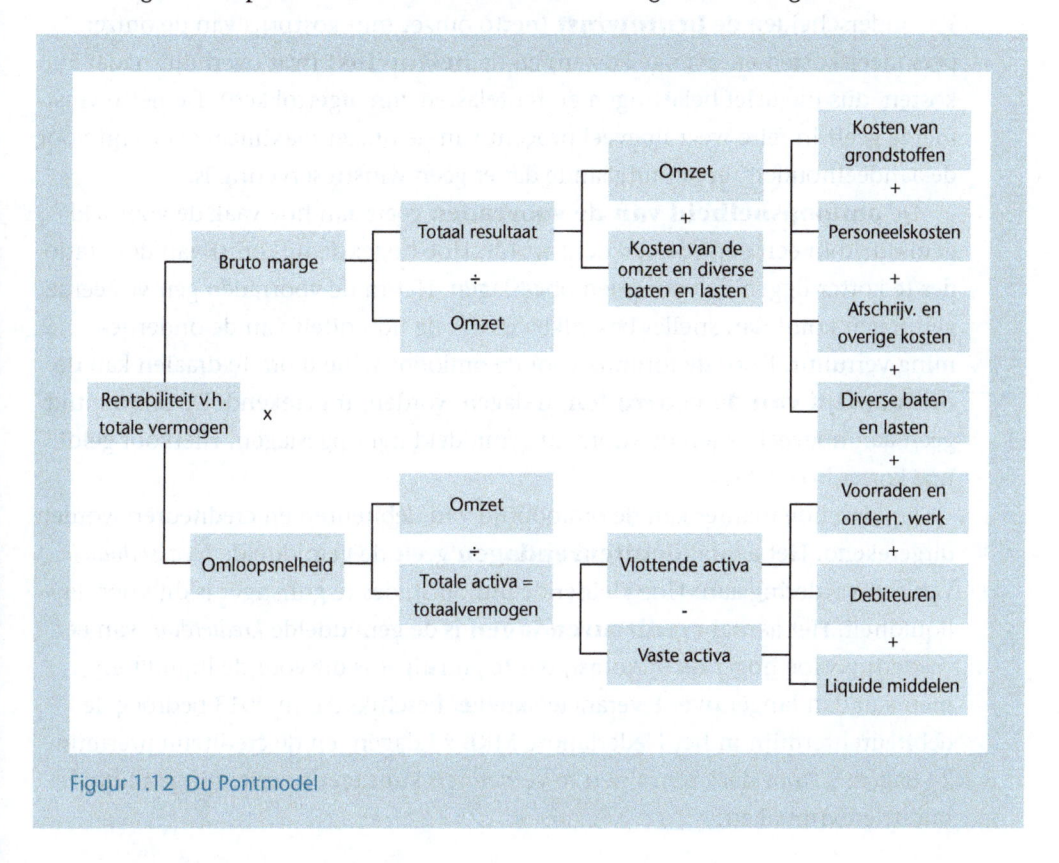

Figuur 1.12 Du Pontmodel

Wanneer te gebruiken
Een financieel analist zal het gehele model invullen om de onderlinge samenhang tussen de grootheden te laten zien en boven water te krijgen wat de belangrijkste stimulerende dan wel drukkende invloeden zijn geweest op de rentabiliteit. Voor de marketeer is het vooral van belang het model te herkennen en het te kunnen interpreteren.

Behalve naar de liquiditeitspositie en de vermogenspositie kijk je in een financiële analyse ook naar het werkkapitaalbeheer. Daarmee krijg je inzicht in de winst in verhouding tot de omzet en in de wijze waarop het werkkapitaal beheerd wordt.

1.5.4 Kengetallen voor het werkkapitaalbeheer

Uitleg

De verhouding tussen omzet en winst is een van de belangrijkste graadmeters voor de financiële gezondheid van een onderneming. De **winstmarge** geeft aan hoeveel procent van de omzet overblijft als winst voor de onderneming. We onderscheiden de **brutowinst** (netto omzet min kostprijs van de omzet, personeelskosten en overige kosten) en de **nettowinst** (wat overblijft nadat álle kosten, dus inclusief belastingen en rentelasten zijn afgetrokken). De nettowinstmarge geeft in feite weer hoeveel procent van de omzet maximaal overblijft voor de aandeelhouders, ervan uitgaande dat er geen winstreservering is.

De **omloopsnelheid van de voorraden** geeft aan hoe vaak de voorraad gemiddeld in een periode verkocht wordt. Hoe hoger de uitkomst van deze ratio, des te korter liggen de voorraden opgeslagen. Het in de voorraden geïnvesteerde vermogen komt dan sneller beschikbaar, wat de liquiditeit van de onderneming verruimt. Door de formule voor de omloopsnelheid om te draaien kan de **omlooptijd van de voorraden** in dagen worden uitgerekend. De omlooptijd geeft aan hoeveel dagen de voorraad gemiddeld ligt opgeslagen. Hiervoor geldt: hoe korter hoe beter.

Op dezelfde manier kan de omlooptijd van debiteuren en crediteuren worden uitgerekend. Het aantal **debiteurendagen** geeft de gemiddelde *incassoduur* van een vordering aan. Hoe kleiner de uitkomst, des te gunstiger is dit voor de liquiditeit. Het aantal **crediteurendagen** is de gemiddelde *kredietduur* van een vordering. Hoe hoger de uitkomst, des te gunstiger is dit voor de liquiditeit: men kan dan langer over leverancierskrediet beschikken. In 2013 bedroeg de debiteurentermijn in het Nederlandse MKB 73 dagen, en de crediteurentermijn 24 dagen.[11] Door deze termijnen te verbeteren kunnen ondernemingen liquide middelen vrijmaken.

Kengetal	Formule
Brutowinstmarge (in %)	(omzet − inkoopwaarde omzet en andere kosten) / omzet × 100%
Nettowinstmarge (in %)	(omzet − álle kosten, inclusief rente en belasting) / omzet × 100%
Omloopsnelheid voorraden	inkoopwaarde omzet / gemiddelde voorraden
Omlooptijd van de voorraden	gemiddelde voorraden / inkoopwaarde omzet × 365
Debiteurendagen	gemiddelde saldo debiteuren / omzet op rekening × 365
Crediteurendagen	gemiddelde saldo crediteuren / inkoopwaarde van de omzet × 365

Tabel 1.8 Kengetallen werkkapitaalbeheer

Financiële analyse

Wanneer te gebruiken

De kengetallen voor werkkapitaalbeheer zijn van direct belang voor de marketeer. Deze heeft immers met zijn marketingbeleid invloed op de winstmarge van de onderneming en het beslag op werkkapitaal. Met behulp van een financiële analyse kan de marketeer vaststellen waar verbeteringen mogelijk zijn en in hoeverre doelstellingen met betrekking tot deze kengetallen zijn gehaald.

Voorbeeld Cyclo

Mark Snel heeft voor Cyclo de kengetallen voor het werkkapitaalbeheer berekend:

	2012	2013
Brutowinstmarge	(28.786 − 26.420) / 28.786 × 100 = 8,2%	(30.965 − 28.023) / 30.965 × 100 = 9,5%
Nettowinstmarge	(28.786 − 27.626) / 28.786 × 100 = 4,0%	(30.965 − 29.411) / 30.965 × 100 = 5,0%
Voorraden:		
- Omloopsnelheid	18.495 / 4.843 = 3,8	19.620 / 5.298 = 3,7
- Omlooptijd	4.843 / 18.495 × 365 = 96	5.298 / 19.620 × 365 = 99
Debiteurendagen	4.678 / 28.786 × 365 = 59	4.720 / 30.965 × 365 = 56
Crediteurendagen	4.393 / 18.495 × 365 = 87	4.678 / 19.620 × 365 = 87

Mark constateert dat Cyclo een zeer acceptabele winstmarge heeft behaald, die in 2013 ook nog is toegenomen. De omlooptijd van de voorraden is wel vrij hoog: er is voor ruim 3 maanden aan voorraden. Cyclo zou er goed aan doen om de omlooptijd te verlagen, c.q. de omloopsnelheid te verhogen. Dit zal de current ratio en het netto werkkapitaal ten goede komen.
De debiteurentermijn is prima in orde en ligt ruim onder het landelijk gemiddelde van 73 dagen. Dat betekent dat Cyclo zijn geld relatief snel binnen krijgt. De crediteurentermijn is echter erg lang en vraagt extra aandacht.

Een marketeer kan niet op de jaarcijfers gaan zitten wachten om in te schatten of er voldoende liquide middelen zijn. Gedurende het jaar zal hij/zij daarom een liquiditeitenanalyse uitvoeren.

1.5.5 Liquiditeitenanalyse

Uitleg

Een nuttig, maar soms onderschat hulpmiddel bij het in kaart brengen van de financiële situatie gedurende het jaar is de **liquiditeitenanalyse**: hiermee worden de inkomsten en uitgaven van een onderneming inzichtelijk gemaakt. Deze analyse kan per maand of per kwartaal uitgevoerd worden.

Een onderneming kan winst maken maar toch een liquiditeitentekort hebben. Verkochte goederen worden immers vaak pas later betaald, terwijl de kosten gewoon doorgaan. Een tekort aan liquiditeit kan zelfs de oorzaak van een faillisement zijn. Daarom is het monitoren van de in- en uitgaande geldstromen van groot belang.

De liquiditeitenanalyse kan met een kasstroomrekening worden uitgevoerd. Hierin worden de inkomsten en uitgaven bijgehouden en steeds enkele maanden vooruit ingeschat, zodat het duidelijk is of er voldoende geld voorhanden is. In de kasstroomrekening wordt een beginkapitaal opgenomen dat groot genoeg moet zijn om het te verwachten negatieve saldo aan liquide middelen in de eerste fase op te vangen. Lukt dat niet, dan zal er een (hoger) bedrag moeten worden geleend. In het voorbeeld over fietsenfabrikant Cyclo hieronder lichten we het gebruik van de kasstroomrekening uitgebreider toe.

Wanneer te gebruiken

Een liquiditeitenanalyse gebruik je wanneer een ondernemer een investering overweegt die financiering door een financiële instelling met zich mee zal brengen. Ook voer je een liquiditeitenanalyse uit wanneer er tijdelijk tekorten dreigen te ontstaan. Met de analyse kun je dan bij de bank een overbruggingskrediet aanvragen. Het is van belang de hoogte van het te lenen bedrag zorgvuldig af te stemmen op de dagelijkse, wekelijkse of maandelijkse behoefte aan liquide middelen. De kost gaat immers voor de baat uit. Met andere woorden: het duurt even voordat er voldoende (extra) inkomsten worden gegenereerd die de (extra) uitgaven compenseren.

Voorbeeld Cyclo

Op de volgende pagina zie je de kasstroomrekening voor Cyclo, die Mark Snel gebruikt voor een liquiditeitenanalyse.

Financiële analyse

Kasstroomrekening Cyclo 2013														
Seizoensfactor	%	jan 2,5	feb 4,5	mrt 7,3	apr 12	mei 16	jun 15	jul 13,5	aug 11	sep 7,3	okt 5	nov 2,4	dec 3,5	100
beginkapitaal		2.000.000	1.672.910	1.277.388	1.091.190	1.193.213	1.323.125	2.392.557	3.357.946	4.168.821	4.719.279	4.864.654	4.765.467	
inkomsten														
betalingen omzet		1.000.000	945.625	1.655.058	2.694.154	4.209.531	5.240.095	4.879.496	4.323.888	3.425.330	2.282.319	1.502.948	859.556	33.017.999
rentebaten		4.167	4.167	4.167	4.167	4.167	4.167	4.167	4.167	4.167	4.167	4.167	4.167	50.000
inkomsten		1.004.167	949.791	1.659.224	2.698.320	4.213.697	5.244.262	4.883.662	4.328.054	3.429.496	2.286.486	1.507.115	863.723	33.067.999
uitgaven														
inkoopwaarde van de omzet		634.000	490.795	883.431	1.433.122	2.355.817	3.141.090	2.944.772	2.650.294	2.159.499	1.433.122	981.591	471.163	19.578.697
verkoopkosten		8.000	8.000	8.000	8.000	8.000	8.000	8.000	8.000	8.000	8.000	8.000	8.000	96.000
distributiekosten		11.612	20.901	33.907	55.737	74.316	69.671	62.704	51.092	33.907	23.224	11.147	16.257	464.475
marketingkosten		77.000	77.000	77.000	77.000	77.000	77.000	77.000	77.000	77.000	77.000	77.000	77.000	924.000
overige kosten verkoop		1.500	1.500	1.500	1.500	1.500	1.500	1.500	1.500	1.500	1.500	1.500	1.500	18.000
salarissen incl. soc. lasten, etc.		480.000	480.000	480.000	480.000	960.000	480.000	480.000	480.000	480.000	480.000	480.000	960.000	6.720.000
commissies		3.871	6.967	11.302	18.579	24.772	23.224	20.901	17.031	11.302	7.741	3.716	5.419	154.825
diensten derden		1.150	1.150	1.150	1.150	1.150	1.150	1.150	1.150	1.150	1.150	1.150	1.150	13.800
overige kosten diversen		1.000	1.000	1.000	1.000	1.000	1.000	1.000	1.000	1.000	1.000	1.000	1.000	12.000
rentebetalingen		43.333	43.333	43.333	43.333	43.333	43.333	43.333	43.333	43.333	43.333	43.333	43.333	520.000
BTW afdracht		26.624	171.500	261.633	433.709	493.731	285.695	234.746	143.613	19.180	21.874	-45.302	116.396	2.163.398
belastingen		43.167	43.167	43.167	43.167	43.167	43.167	43.167	43.167	43.167	43.167	43.167	43.167	518.000
uitgaven		1.331.256	1.345.313	1.845.423	2.596.297	4.083.786	4.174.830	3.918.273	3.517.180	2.879.038	2.141.111	1.606.302	1.744.385	31.183.194
inkomsten - uitgaven		-327.090	-395.522	-186.199	102.024	129.911	1.069.432	965.390	810.874	550.459	145.375	-99.187	-880.662	1.884.805
saldo eind v/d maand		1.672.910	1.277.388	1.091.190	1.193.213	1.323.125	2.392.557	3.357.946	4.168.821	4.719.279	4.864.654	4.765.467	3.884.805	
netto omzet		774.125	1.393.425	2.260.445	3.715.800	4.954.400	4.644.750	4.180.275	3.406.150	2.260.445	1.548.250	743.160	1.083.775	30.965.000

Tabel 1.9 Liquiditeitenanalyse

Uitgangspunten:
- Er is rekening gehouden met seizoensinvloeden op de fietsenmarkt.
- De inkomsten (omzet) zijn met een maand vertraagd, dat wil zeggen: debiteuren nemen een termijn van dertig dagen in acht.
- De goederen (inkoopkosten van de omzet) worden door marketing ingekocht van de eigen productie, de betalingen van de inkoopkosten vinden een maand eerder plaats, en bedragen 60% van de daaraan gerelateerde omzet.
- Bij verkoopkosten kan gedacht worden aan leaseauto's van vertegenwoordigers en dergelijke.
- De distributiekosten bedragen 1,5% van de daaraan gerelateerde omzet.
- De marketingkosten bedragen 3% van de jaaromzet; dit is circa € 924.000.
- Overige kosten van de verkoop hebben een vast karakter.
- Kosten voor salarissen (inclusief vakantie-uitkeringen en sociale lasten) en dergelijke hebben een vast karakter, met uitzondering van mei en december.
- Commissies bedragen 0,5% van de daaraan gerelateerde omzet.
- Kosten voor diensten van derden (bijvoorbeeld een accountant, de schoonmaakdienst), evenals de post Overige kosten diversen, hebben een vast karakter.
- De btw-afdracht is de resultante van 19% van de omzet – 19% van de inkoopwaarde, gerelateerd aan de desbetreffende omzet.
- Belastingen bedragen 20% van het resultaat voor belastingen en worden maandelijks voldaan.

Uit de liquiditeitenanalyse is af te leiden dat Cyclo met het beginkapitaal van € 2 miljoen alle verwachte uitgaven kan betalen. Eind maart daalt het saldo naar ca. € 1 miljoen, maar daarna neemt het weer toe.

Ter afsluiting van deze paragraaf kunnen we concluderen dat het voor de marketeer noodzakelijk is om inzicht te hebben in de financiële positie van het bedrijf waar hij werkt. Het kunnen 'lezen' en interpreteren van de balans en verlies- en winstrekening is een must. De behandelde kengetallen en methodieken kunnen helpen om snel en gemakkelijk inzicht te krijgen in de financiële situatie.

In de vorige paragraaf keken we naar de financiële prestaties van de onderneming in haar geheel. In de volgende paragraaf zoomen we in op de marketingactiviteiten van een onderneming: leveren die eigenlijk wel meer op dan ze kosten? Om deze vraag te beantwoorden zullen we enkele maatstaven introduceren.

1.6 Marketinganalyse

De roep om **accountability** van marketing groeit nog steeds. Dat betekent dat marketeers meer dan voorheen moeten aantonen welke effecten hun marketingactiviteiten hebben op de resultaten van de onderneming. Marketing kost geld en dus moeten er ook opbrengsten tegenover staan, is de terechte redenering. Het probleem is dat marketeers het effect van hun activiteiten vaak niet of maar ten dele kunnen aantonen. Bij een opleving van de omzet na een promotionele actie is het nog relatief gemakkelijk om de link te leggen tussen actie en resultaat. Veel lastiger wordt het echter als we bijvoorbeeld de langetermijneffecten van televisiereclame op de waarde van het merk willen bepalen.

In de marketinganalyse proberen we desondanks het effect van marketing zo goed mogelijk te meten. Daarvoor moeten goede **metrics** ofwel maatstaven worden gedefinieerd, die regelmatig gemeten worden, zodat ontwikkelingen zichtbaar worden. Door de marketingactiviteiten te vergelijken met de maatstaven kunnen mogelijke effecten worden afgeleid.

Er zijn tal van marketingmaatstaven. In dit stadium beperken we ons tot een aantal kerngegevens uit de informatiesystemen van het bedrijf, die in een interne analyse beschikbaar zijn, en enkele veelgebruikte metingen afkomstig uit marktonderzoek. Deze gegevens zijn te zien als de 'huidige stand van zaken'. Later kan het aantal maatstaven worden uitgebreid. Zie hiervoor de hoofdstukken 4 tot en met 7 over de verschillende marketinginstrumenten en hoofdstuk 8 over een monitoringsysteem voor evaluatie en controle.

1.6.1 Productanalyse

Uitleg

Er zijn verschillende maatstaven om de prestaties van producten of merken te meten en om hun positie in de markt te bepalen. Meestal worden ze over een periode van een aantal jaren geanalyseerd. Ten eerste kun je de omzet, de afzet en de gemiddelde prijs bepalen. De **omzet** bestaat uit de verkopen in euro's. De **afzet** is gedefinieerd als de verkopen in eenheden (stuks, sets, liters, kg, meters enzovoort). De **gemiddelde prijs** bereken je als volgt:

gemiddelde prijs = omzet / afzet

Vervolgens kun je naar het marktaandeel kijken als maatstaf voor de positie van de eigen onderneming in de markt. Het **marktaandeel** geeft aan hoeveel procent de verkopen van een bedrijf in een bepaalde periode uitmaken van alle verkopen in de totale markt. De verkopen kunnen worden uitgedrukt in volume (afzet) of in geld (omzet). De formule is als volgt (zie ook § 2.2.6):

$$\text{marktaandeel} = \frac{\text{eigen afzet of omzet in periode } y}{\text{totale afzet of omzet in de markt in periode } y} \times 100\%$$

Ten slotte zijn er nog maatstaven voor de winstgevendheid van producten: de **marge** en de **dekkingsbijdrage**. Door deze maatstaven van verschillende producten of productgroepen te bepalen kun je zien waar de winst vandaan komt en waarop moet worden toegelegd. De marge wordt uitgedrukt in een percentage, de dekkingsbijdrage in euro's. Je berekent ze als volgt:

$$\text{marge} = \frac{\text{omzet} - \text{kosten}}{\text{omzet}} \times 100\% \text{ (zie ook § 1.6.4)}$$

dekkingsbijdrage = verkoopprijs – variabele kosten per product(groep)

Tip: Gebruik Excel om deze maatstaven op te slaan, te structureren en te analyseren. De cijfers kunnen worden overgenomen uit bijvoorbeeld het omzetregistratiesysteem, het verkoopinformatiesysteem of de financiële administratie. Als je de uitkomsten in een rapportage presenteert, is het aan te bevelen om grafische weergaven te maken, zodat de lezer in één oogopslag inzicht krijgt in de huidige situatie en ontwikkelingen (zie Voorbeeld Cyclo).

Wanneer te gebruiken
De maatstaven in deze paragraaf worden normaal gesproken regelmatig opnieuw berekend. Dit behoort tot de reguliere resultatenanalyse. Aan het eind van de planningscyclus zal een uitgebreide analyse plaatsvinden, waarbij de resultaten worden vergeleken met de doelstellingen. Op basis daarvan kan het marketingbeleid eventueel tijdig worden bijgestuurd.

Voorbeeld Cyclo

Marketingmanager Mark Snel heeft voor fietsenfabrikant Cyclo een aantal interne gegevens over de laatste vijf jaar op een rij gezet en weergegeven in onderstaande grafieken (figuren 1.13 t/m 1.18). Hieruit maakt hij het volgende op: Cyclo laat de laatste twee jaar een stabilisatie van de afzet en een lichte groei van de omzet zien. Stadsfietsen vormen de belangrijkste afzetgroep voor Cyclo, gevolgd door hybride fietsen. Slechts 4,5% van de afzet is afkomstig van elektrische fietsen, maar door de relatief hoge prijs

Marketinganalyse

maken zij wel 11% van de omzet uit. Hoewel deze productgroep nog klein is, laat die de sterkste omzetgroei zien. Deze groep is zeer interessant gezien de hoge dekkingsbijdrage. Mede hierdoor is de overall bruto marge gestegen.

Mark weet dat de vraag naar elektrische fietsen groeit en door een verdere uitbreiding van deze groep zou hij omzet en winst kunnen verbeteren. Hij overweegt zijn marketinginspanningen hier meer op te richten. Hij vraagt zich wel af hoe hij het doet in vergelijking met de markt (meer hierover in paragraaf 2.2.4).

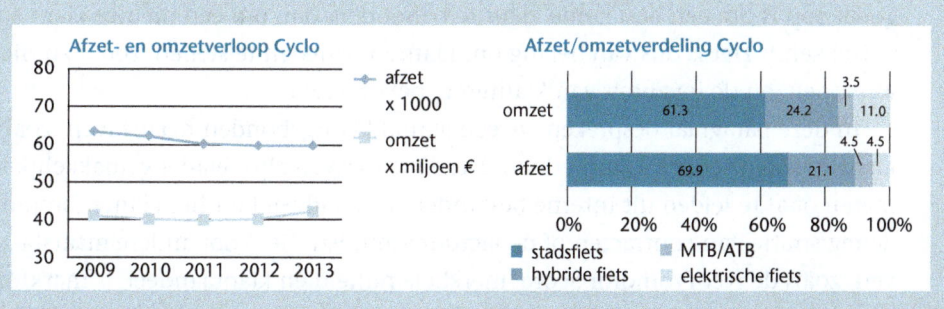

Figuur 1.13 Afzet- en omzetverloop Cyclo

Figuur 1.14 Afzet/omzetverdeling Cyclo

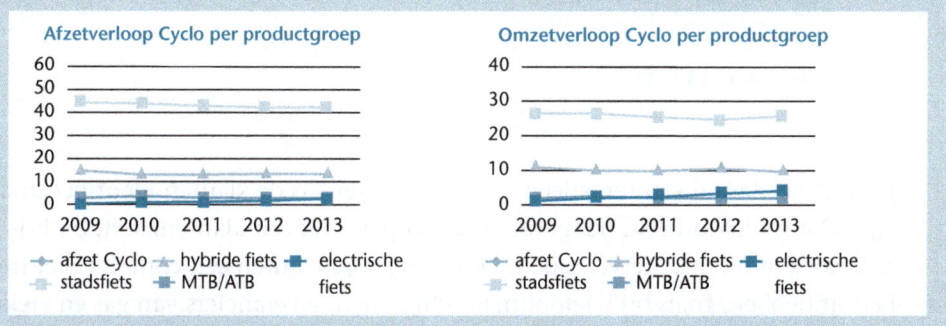

Figuur 1.15 Afzetverloop per productgroep

Figuur 1.16 Omzetverloop per productgroep

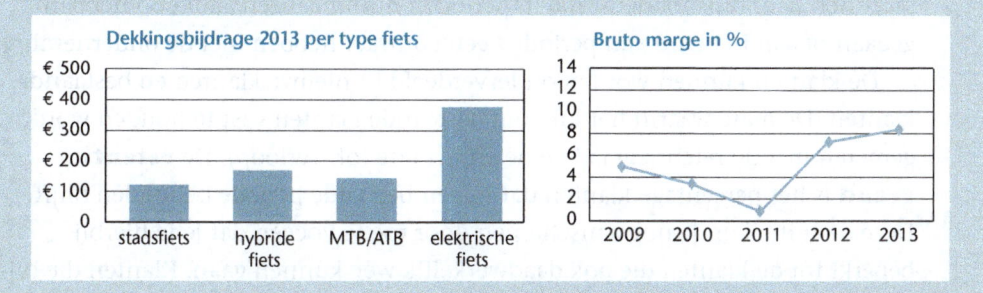

Figuur 1.17 Dekkingsbijdrage 2013 per type fiets

Figuur 1.18 Brutomarge in %

Behalve de producten (of productgroepen) van een onderneming bestudeer je in een marketinganalyse ook de klanten. Daarover gaat § 1.6.2.

1.6.2 Klantanalyse

In de marketingliteratuur wordt steeds vaker aandacht besteed aan het 'managen' van klantrelaties. Onderzoek heeft uitgewezen dat het circa vijf keer zo goedkoop is om een bestaande klant te behouden, dan om een nieuwe klant aan te trekken.[12] Het is dus van belang om klanten tevreden te stellen, zodat zij niet weglopen, en de loyaliteit van klanten te bevorderen.

In deze paragraaf bespreken we een aantal klantgebonden maatstaven, zoals klanttevredenheid en klantverloop. Deze maatstaven zijn relatief gemakkelijk te meten of af te leiden uit interne bestanden, bijvoorbeeld uit het klantenbestand, de registratie van contracten of de factuuradministratie. Voor andere maatstaven, zoals de Net Promotor Score, merkbekendheid en klantaandeel, is marktonderzoek onder klanten nodig.

Retentie en verloop

Uitleg
Je kunt het aantal klanten alleen te weten komen als de klanten identificeerbaar zijn. Dat is bijvoorbeeld het geval bij aankopen met een klantenkaart, bij hotelbezoek of bij internetverkopen. Of wanneer de klanten een contract met het bedrijf hebben, zoals bij telefoonmaatschappijen, leveranciers van gas en elektriciteit, verzekeringsmaatschappijen of uitgevers van kranten en tijdschriften.

Het **aantal klanten** in een periode t wordt gedefinieerd als het aantal personen (c.q. huishoudens) die in periode t minimaal één aankoop hebben gedaan of aan het eind van periode t een contract hebben met de onderneming.

De klanten kunnen worden onderverdeeld in nieuwe klanten en bestaande klanten. De mate waarin het lukt om bestaande klanten vast te houden wordt gemeten met de retentiegraad en de churn rate (of: verloop). De **retentiegraad** is het percentage klanten dat in een bepaalde periode behouden blijft. Deze definitie kun je nog aanscherpen door toe te voegen dat je je hierbij beperkt tot de klanten die ook daadwerkelijk weg kúnnen gaan. Klanten die bijvoorbeeld vastzitten aan een contract laat je dan buiten beschouwing. Je kunt de retentiegraad dan als volgt berekenen:

$$\text{retentiegraad (1)} = \frac{\text{aantal klanten dat behouden blijft}}{\text{aantal klanten dat de mogelijkheid heeft om weg te gaan}} \times 100\%$$

De **churn rate** is het percentage klanten dat in een bepaalde periode weggaat. Retentiegraad en churn rate zijn elkaars complement en tellen op tot 100%:

churn rate = 100% − retentiegraad

Als bekend is hoe láng klanten gemiddeld blijven, kun je ook daaruit de retentiegraad in een bepaalde periode afleiden. Dat gaat met de formule:

retentiegraad (2) = $(1 - 1/N) \times 100\%$

Hierin is N het aantal jaren dat een klant gemiddeld blijft. Als klanten bijvoorbeeld gemiddeld 5 jaar blijven, komt dat neer op een retentiegraad op jaarbasis van $(1 - 1/5) \times 100\% = 80\%$.

Wanneer te gebruiken

Het is aan te bevelen om de gegevens over het klantverloop regelmatig, ten minste eenmaal per jaar, in kaart te brengen, zodat deze gebruikt kunnen worden bij de ontwikkeling van het beleid.

Voorbeeld

Een uitgever heeft 50.000 abonnementen waarvan er in een bepaalde periode 30.000 opnieuw verlengd moeten worden. Er is dus een 'captive audience' van 20.000 klanten, die misschien wel weg willen, maar dat niet kunnen, omdat zij nog vastzitten aan het contract. We laten deze groep buiten beschouwing.

Uiteindelijk worden 24.000 abonnementen verlengd. De retentiegraad over de gekozen periode is dan, volgens de eerstgenoemde formule:

24.000 / 30.000 × 100% − 80%

6.000 abonnementen worden opgezegd, dus is de churn rate:

6000 / 30.000 × 100% = 20%

Klanttevredenheid

Uitleg

Klanttevredenheid is de mate waarin voldaan wordt aan de verwachtingen van de klant. **Klanttevredenheid** kun je meten met behulp van (online) enquêtes. Klanten kunnen daarop, middels een cijfer op een schaal van bijvoorbeeld 1 tot

10, hun oordeel geven over een aantal aspecten van het product en de dienstverlening. De schaal kan ook lopen van 'zeer mee oneens' tot 'zeer mee eens', of van 'zeer ontevreden' tot 'zeer tevreden'.

Het is belangrijk om de uitkomsten goed te analyseren en te interpreteren. Een gemiddeld rapportcijfer van 6 is eigenlijk onder de maat. Een 7 is redelijk, maar zegt niet zo veel. Mensen zijn namelijk geneigd een 7 te geven als ze niet al te veel op- of aanmerkingen hebben. Pas bij een 8 is er sprake van echte klanttevredenheid, waarbij de prestatie goed voldoet aan de verwachtingen of deze overtreft.

Verder is het raadzaam om niet alleen naar de gemiddelde uitkomsten te kijken, maar ook naar de verdeling van de antwoorden: hoeveel procent van de klanten was ontevreden en hoeveel procent was uitermate tevreden? Middels aanvullend gebruik van face-to-face gesprekken of open vragen kan inzicht worden verkregen in achterliggende meningen.

Wanneer te gebruiken
Het is aan te bevelen om klanttevredenheid ten minste eenmaal per jaar in kaart te brengen, zodat de uitkomst daarvan gebruikt kan worden bij de ontwikkeling van het beleid en verbeteracties kunnen worden geformuleerd voor de aspecten waarover klanten niet of onvoldoende tevreden zijn. Ook kunnen de uitkomsten gebruikt worden bij het (scherper) afbakenen van segmenten.

Voorbeeld
Hieronder staan de resultaten van een klanttevredenheidsonderzoek onder bezoekers van sportfaciliteiten.[13] De meting is in twee verschillende jaren gedaan, zodat het effect van verbeteractiviteiten zichtbaar wordt. De klanttevredenheid is in de betreffende periode duidelijk verbeterd.

Figuur 1.21 Klanttevredenheidsdiagram

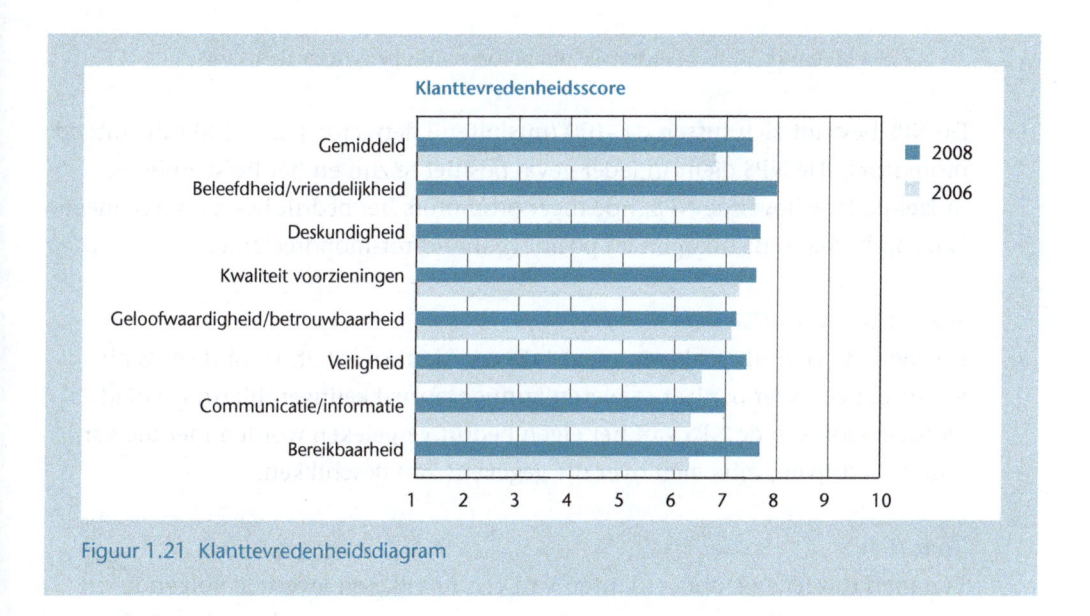

Net Promotor Score (NPS)

Uitleg

Terwijl klanttevredenheid betrekking heeft op eerdere klantervaringen, zegt **klantloyaliteit** iets over de mate waarin klanten in de toekomst trouw blijven aan het bedrijf/merk en zich hier positief over uitlaten. Loyaliteit heeft te maken met emotionele binding en is daardoor een belangrijke factor.

De **Net Promoter Score** is een eenvoudig te interpreteren score voor klantloyaliteit. Aan de deelnemers van een onderzoek wordt slechts één vraag gesteld, namelijk: 'In welke mate zou u het bedrijf/merk/product X aanbevelen aan vrienden, familie of een collega?' De ondervraagden geven als antwoord een score op een schaal van 0 (zeer onwaarschijnlijk) tot en met 10 (zeer waarschijnlijk). Respondenten worden ingedeeld in drie groepen:

- Promotors (score 9 en 10), trouwe en loyale klanten die het bedrijf/merk/product graag aanbevelen aan anderen.
- Passives (score 7 en 8), deze klanten zijn wel tevreden maar niet uitermate. Zij dragen dat niet uit en zijn ook gevoelig voor concurrerende aanbiedingen.
- Detractors of criticasters (score 0 tot en met 6), ontevreden klanten die kunnen zorgen voor negatieve mond-tot-mondreclame.

De Net Promotor Score wordt als volgt berekend:

Net Promotor Score = percentage promotors minus percentage detractors

De NPS bevindt zich tussen de -100 (uitsluitend detractors) en + 100 (uitsluitend promotors). De NPS dient in ieder geval positief te zijn en het liefst zo hoog mogelijk. Hoe hoger de NPS, hoe meer promotors het bedrijf heeft en hoe meer kans op herhalingsaankopen en positieve mond-tot-mondreclame.

Wanneer te gebruiken
De NPS is te gebruiken als een maatstaf voor klantloyaliteit. Door de NPS bijvoorbeeld één keer per jaar te meten kunnen ontwikkelingen hierin gevolgd worden. Ook kan de NPS van het eigen bedrijf vergeleken worden met die van andere bedrijven, mits men over die gegevens kan beschikken.

Voorbeeld
Een marktonderzoek onder klanten van een hotelketen levert de volgende uitkomsten op. Op de vraag: 'In welke mate zou u onze hotels aanbevelen aan vrienden/familie/collega's?' gaf men de volgende scores op een schaal van 0 (zeer onwaarschijnlijk) tot 10 (zeer waarschijnlijk):
- 5% gaf score 9 (promotors)
- 70% gaf score 7 of 8 (passieven)
- 25% gaf score 5 of 6 (detractors)

De Net Promotor Score van dit bedrijf is 5 – 25 = -20. Dat is geen goede score: er zijn meer klanten die het bedrijf niet zouden aanbevelen dan klanten die het bedrijf zeer waarschijnlijk wel zouden aanbevelen. Toch is de score niet zo heel slecht: een groot deel van de klanten scoort 7 of 8 en een score van 4 of lager komt niet voor. Door klanten te ondervragen zou meer inzicht in de ervaringen en wensen van klanten gekregen kunnen worden, zodat met gerichte inspanningen gewerkt kan worden aan een verbetering van de NPS.

Klantaandeel

Uitleg
Terwijl het marktaandeel een maatstaf is voor de positie van een product of merk in de markt, is klantaandeel een maatstaf voor de positie van het merk bij zijn eigen klanten. Klantaandeel wordt ook wel **share of wallet** genoemd. Het geeft het aandeel van het merk in de productgroep aan, bij de klanten van het merk. In formule:

$$\text{klantaandeel merk x} = \frac{\text{bestedingen merk x}}{\text{bestedingen aan de productcategorie, door kopers van merk x}} \times 100\%$$

Wanneer te gebruiken
Het begrip klantaandeel is te gebruiken bij producten die regelmatig worden gekocht en zegt iets over de mate van klantentrouw en binding met het product. Hoe hoger het klantaandeel, hoe trouwer klanten zijn aan het merk. Met behulp van het klantaandeel kan een marketeer tot een beslissing komen om zijn inspanningen te richten op ofwel vergroting van het aantal klanten, ofwel vergroting van het klantaandeel bij de bestaande klanten, bijvoorbeeld door cross-selling (andere typen producten meeverkopen) of upselling (duurdere producten verkopen).

Om het klantaandeel te bepalen is wel onderzoek nodig: wat klanten van een bepaald merk in totaal besteden aan de productcategorie kan alleen worden achterhaald met behulp van marktonderzoek.

Voorbeeld
Er wordt voor ca. € 470 miljoen aan huidverzorgingsproducten verkocht in Nederland. Merk X zet € 30 miljoen om met een aantal huidverzorgingslijnen. Dat betekent een *marktaandeel* van 30 / 469 = 6,4%. Stel, een marktonderzoek onder bestaande klanten van merk X wijst uit dat zij samen in totaal voor € 100 miljoen aan huidverzorgingsproducten kopen. Het *klantaandeel* van merk X is dan 30 / 100 = 33,3%. Veel klanten zijn dus behoorlijk trouw aan merk X. Een optie kan zijn om de marketing vooral op bestaande klanten te richten om hen ertoe te bewegen (nog) meer producten uit de huidverzorgingslijnen van X te kopen.

Merkbekendheid

Uitleg
Er zijn drie maatstaven om merkbekendheid te meten. Bij **geholpen merkbekendheid** wordt onderzocht welk percentage van de ondervraagden het merk herkent uit een lijst met merken. Voor **spontane merkbekendheid** ligt de lat hoger: hierbij gaat het erom welk percentage van de ondervraagden het merk spontaan noemt. Voor **top-of-mindawareness** ten slotte is de eis het strengst. Dit is het percentage van de ondervraagden dat het merk als éérste spontaan noemt.

Vanzelfsprekend is de geholpen merkbekendheid altijd het hoogst, gevolgd door de spontane merkbekendheid en ten slotte de top-of-mindawareness. Marketeers streven over het algemeen naar een zo hoog mogelijke top-of-mindawareness, of in ieder geval naar een dusdanige spontane merkbekendheid dat het merk tot de top 3 behoort. Consumenten hebben namelijk over het algemeen een beperkt aantal merken in hun hoofd als zij een product gaan kopen. Een hoge spontane merkbekendheid betekent dan een grote kans dat zij het merk in hun overwegingen meenemen.

Een hoge merkbekenheid betekent echter niet per definitie een hoge **merkvoorkeur**. De merkvoorkeur hangt weer af van het merkimago en de attitude van de consument ten opzichte van het merk. Wanneer een merk veel in het nieuws is geweest, bijvoorbeeld omdat men een product heeft moeten terugnemen, dan zal de bekendheid op dat moment hoog zijn. Er kleeft echter een negatieve beleving aan die bekendheid, wat de koopbereidheid juist verlaagt.

Het is van belang om vooraf goed te bedenken voor welke doelgroep je de merkbekendheid wilt weten. Moet de bekendheid van een bepaald merk voor elektrische fietsen bijvoorbeeld onder alle volwassenen worden gemeten, of alleen onder de belangrijkste doelgroep, namelijk de 50+'ers? Die keuze kan van grote invloed zijn op de uitkomst van de meting.

Wanneer te gebruiken

Voor elk merk is het zinvol om van tijd tot tijd de bekendheid te meten onder de doelgroep. Als de doelgroep het merk niet (in voldoende mate) kent, zullen de verkopen achterblijven. Consumenten kopen immers eerder een merk dat zij kennen en waar zij een positief beeld van hebben. Het is dan ook aan te bevelen om, naast de merkbekendheid, ook het merkimago te meten.

Vaak zul je de merkbekendheid voor en na een reclamecampagne meten. Reclamecampagnes worden immers vaak gebruikt om de merkbekendheid te vergroten. Om het effect van de campagne te meten voer je eerst een nulmeting uit, waarmee je de uitgangssituatie bepaalt. Na de reclamecampagne doe je de eenmeting, en stel je vast wat het effect van de campagne op de merkbekendheid was.

Voorbeeld Cyclo

Marketingmanager Mark Snel wil weten hoe bekend het fietsmerk Cyclo is onder het volwassen publiek. Hij neemt een onderzoeksbureau in de arm en hij blijkt mee te kunnen liften op een grootschalig consumentenonderzoek onder Nederlanders vanaf 18 jaar. Het bureau onderzoekt alle drie de typen merkbekendheid met behulp van de volgende vragen:

Marketinganalyse

Type merkbekendheid	Vraag
Top-of-mindawareness	Als ik u vraag om een fietsmerk te noemen, welk merk komt dan het eerst in u op?
Spontane merkbekendheid	Welke fietsmerken kent u?
Geholpen merkbekendheid	Welke van de volgende fietsmerken kent u? Gazelle, Batavus, Union, Sparta, Giant, Cyclo, Easy Bikes, Koga Miyata.

Na verloop van tijd krijgt Mark Snel de uitkomsten:
Top-of-mindawareness: 3%
Spontane merkbekendheid: 6%
Geholpen merkbekendheid: 45%

Deze cijfers verontrusten hem nogal. Bijna de helft van het publiek herkent de naam Cyclo wel als fietsmerk, maar slechts een heel klein deel noemt Cyclo spontaan. Hij neemt zich voor om in zijn communicatieplan te gaan werken aan de vergroting van de spontane merkbekendheid.

Na bestudering van het klantverloop, de klanttevredenheid, NPS en merkbekendheid onder de doelgroep, is de vraag: wat leveren de klanten de onderneming eigenlijk op? Hiermee komen we op het onderwerp customer lifetime value.

1.6.3 Customer lifetime value

Uitleg
Bedrijven realiseren zich steeds meer dat wanneer ze een klant verliezen, ze een groot aantal toekomstige aankopen mislopen. Vooral klanten die trouw zijn aan een bepaald merk kunnen in hun hele klantlevenscyclus een behoorlijke waarde vertegenwoordigen. Neem als voorbeeld de loyale Citroënrijder, die als alleenstaande begint met een kleine Citroën C1, deze om de vier jaar inruilt, na verloop van tijd een C3 koopt als kleine gezinsauto, en vervolgens carrière maakt en overstapt op een dure C5 als leaseauto. Deze klant kan in de loop der jaren wel enkele tonnen besteden bij Citroën. Vandaar dat er steeds meer nadruk komt te liggen op het begrip **customer lifetime value (CLV)**. Kotler definieert dit begrip als 'de waarde van de totale stroom aankopen die een klant zou doen tijdens de duur van de relatie'.[14] Als je de CLV's van alle klanten van een bedrijf optelt, krijg je de **customer equity**. Terwijl omzet en winst maatstaven zijn die over het recente verleden gaan, is *customer equity* meer op de toekomst gericht.

De begrippen *customer lifetime value* en *customer equity* worden tegenwoordig

veel gebruikt voor relatiemanagement. Deze twee maatstaven zijn echter niet eenvoudig te berekenen. Er zijn wel formules en modellen voor ontwikkeld, maar die zijn nog geen gemeengoed. Formules voor de CLV gaan meestal uit van de volgende elementen:
- Omzet van de klant.
- Dekkingsbijdrage (zie § 1.6.1), of
- contributiemarge: omzet min variabele kosten en toegerekende marketingkosten voor het vasthouden van de klant. Dit is in feite het bedrag dat verdiend wordt aan de klant nadat de direct aan de klant toerekenbare kosten zijn afgetrokken.
- De periode dat de klant klant blijft (deze kan worden berekend aan de hand van de retentiegraad).
- Contante waarde van de toekomstige bedragen.
- Acquisitiekosten voor het verwerven van nieuwe klanten.

De meest eenvoudige formule voor de CLV is:

CLV (1) = dekkingsbijdrage × periode dat de klantrelatie gemiddeld duurt

Dus indien klanten van een supermarkt gemiddeld 5 jaar klant blijven en per week gemiddeld € 80 besteden, dan is de CLV € 80 x 52 x 5 = € 20.800,-. Deze formule is niet helemaal correct, want in de toekomst ontvangen bedragen moeten eigenlijk contant gemaakt worden (zie hiervoor § 8.1), en er wordt nu ook geen rekening gehouden met marketingkosten. Maar met deze formule kan wel snel en gemakkelijk een indruk worden gegeven van de hoogte van de CLV. Een meer gedetailleerde formule[15], waarbij interest en toegerekende marketingkosten wel (grotendeels) worden meegenomen, is:

$$\text{CLV (2)} = \frac{\text{contributiemarge} \times \text{retentiegraad (\%)}}{100\% + \text{interest (\%)} - \text{retentiegraad (\%)}}$$

In principe wordt de CLV per individuele klant berekend, maar in de praktijk ligt het voor de hand om dat te doen voor groepen van gelijksoortige klanten. Zo zou het voor een fietsenfabrikant zinvol kunnen zijn om de CLV van grossiers, onafhankelijke rijwielhandelaren en ketens apart te berekenen.

Realiseer je dat deze formules zeer vereenvoudigde weergaven van de werkelijkheid zijn, waarbij allerlei factoren – zoals de contributiemarge en de retentiegraad – als een vast gegeven worden beschouwd. De formules zijn dan ook niet meer dan een hulpmiddel om een schatting te maken van de toekomstige waarde die klanten voor het bedrijf zullen opleveren. Beide formules maken meteen ook duidelijk dat de *customer equity* kan worden verhoogd door een groter aantal klanten, een hogere marge per klant en het langer vasthouden van klanten.

Wanneer te gebruiken

In de praktijk wordt de *customer lifetime value* wel veel gebruikt als concept, maar nog niet als berekening. Je gebruikt de CLV als je over langetermijnrelaties met de klant nadenkt, waarbij service en klanttevredenheid van belang zijn.

Met de CLV kun je de waarde van de relatie met de klant uitdrukken in geld. Dat is vooral interessant als je dit voor verschillende klantgroepen doet. Klanten met een lage CLV zijn minder interessant voor de onderneming. Je kunt proberen de kosten voor zulke klanten te verlagen, zodat de CLV stijgt, of de klanten eenvoudig laten gaan. Klanten met een hoge CLV moet je daarentegen koesteren.

Voorbeeld

Een internetprovider rekent € 19,95 per maand. De variabele kosten zijn € 1,50 per klant per maand. De marketingkosten bedragen € 12 per klant per jaar. Iedere maand zegt 1% van de klanten het abonnement op. Als maandelijkse interestvoet kun je uitgaan van 1%. Bereken de CLV.

Uitwerking

Allereerst hebben we de dekkingsbijdrage of contributiemarge nodig. Die bedraagt:

dekkingsbijdrage/contributiemarge = €19,95 − €1,50 − (€12/12) = € 17,45 (per maand)

Bij de eerste formule hebben we de periode nodig die de klantrelatie gemiddeld duurt. Elke maand zegt 1% van de klanten op. Na 100 maanden hebben alle huidige klanten dus opgezegd. De gemiddelde relatieduur is (1+100)/2 = 50,5 maanden. De CLV is dan:
CLV (1) = € 17,45 x 50,5 = € 881,23

Voor de tweede formule hebben we de retentiegraad nodig. Die bedraagt:

retentiegraad = 100% − 1% = 99% (per maand)

De CLV is dan:

$$\text{CLV (2)} = \frac{€\ 17{,}45 \times 99}{100 + 1 - 99} = €\ 863{,}78$$

De tweede formule is iets nauwkeuriger omdat er een rentevoet wordt gebruikt voor toekomstig te ontvangen bedragen. In beide gevallen gaat het echter om een indicatie van de CLV. Stel dat het bedrijf 500.000 klanten heeft. Dan bedraagt de *customer equity*:

customer equity (2) = 500.000 × € 863,78 = € 431,9 mln

In dit hoofdstuk is de interne analyse besproken. In hoofdstuk 3 zullen we laten zien hoe daaruit sterke en zwakke punten kunnen worden afgeleid die als input dienen voor de SWOT-analyse. Eerst komt echter de externe analyse aan bod in hoofdstuk 2.

Hoofdstuk 2

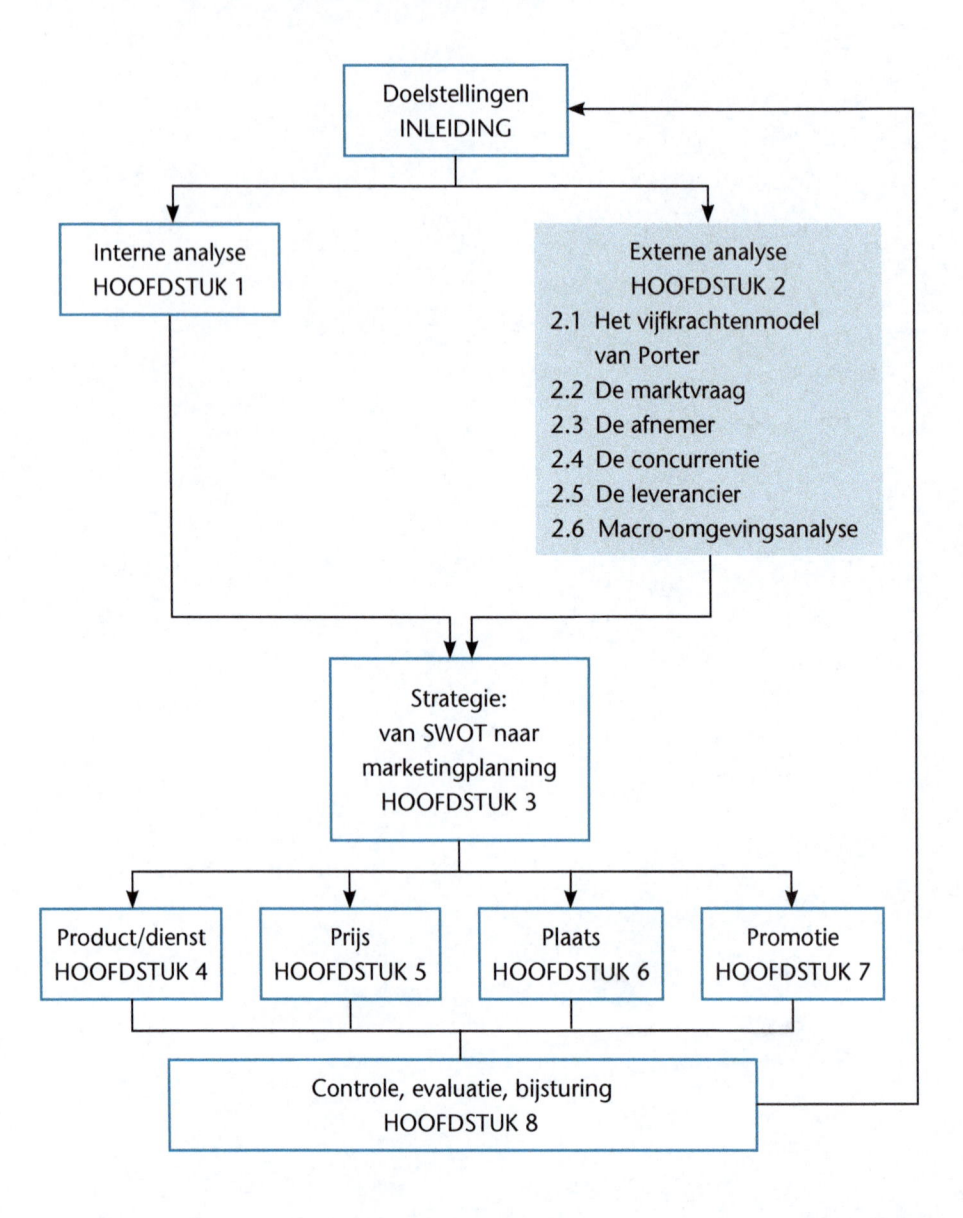

```
                    ┌─────────────────────┐
                    │   Doelstellingen    │◄──────────────┐
                    │     INLEIDING       │               │
                    └──────────┬──────────┘               │
                               │                          │
              ┌────────────────┴────────────────┐         │
              ▼                                 ▼         │
    ┌──────────────────┐           ┌──────────────────────────────┐
    │  Interne analyse │           │      Externe analyse         │
    │   HOOFDSTUK 1    │           │       HOOFDSTUK 2            │
    └─────────┬────────┘           │ 2.1 Het vijfkrachtenmodel    │
              │                    │     van Porter               │
              │                    │ 2.2 De marktvraag            │
              │                    │ 2.3 De afnemer               │
              │                    │ 2.4 De concurrentie          │
              │                    │ 2.5 De leverancier           │
              │                    │ 2.6 Macro-omgevingsanalyse   │
              │                    └──────────────┬───────────────┘
              │                                   │
              └─────────────────┬─────────────────┘
                                ▼
                   ┌──────────────────────────┐
                   │       Strategie:         │
                   │    van SWOT naar         │
                   │   marketingplanning      │
                   │     HOOFDSTUK 3          │
                   └──────────┬───────────────┘
        ┌──────────────┬──────┴──────┬──────────────┐
        ▼              ▼             ▼              ▼
  ┌───────────┐  ┌──────────┐  ┌──────────┐  ┌───────────┐
  │Product/   │  │  Prijs   │  │  Plaats  │  │ Promotie  │
  │dienst     │  │HOOFDSTUK │  │HOOFDSTUK │  │HOOFDSTUK 7│
  │HOOFDSTUK 4│  │    5     │  │    6     │  │           │
  └─────┬─────┘  └──────────┘  └──────────┘  └───────────┘
        │
        └──────────────┬──────────────────────────┐
                       ▼                          │
         ┌─────────────────────────────┐          │
         │ Controle, evaluatie,        │          │
         │      bijsturing             ├──────────┘
         │       HOOFDSTUK 8           │
         └─────────────────────────────┘
```

Externe analyse

In de externe analyse is de blik naar buiten gericht, naar de externe omgeving. Terwijl de interne analyse zich afspeelt op **microniveau** (de onderneming zelf), vindt de externe analyse plaats op meso- en op macroniveau. Op **mesoniveau** wordt de markt onder de loep genomen, met alle relevante partijen die daarin een rol spelen, zoals concurrenten, afnemers, distributeurs en leveranciers. Het **macroniveau** gaat over onbeïnvloedbare omgevingsfactoren op het gebied van demografie, economie, sociaal-culturele kenmerken, technologie, ecologie en politiek. Normaal gesproken sluit je de externe analyse af met een overzicht van kansen en bedreigingen. Deze zijn de input voor de O (opportunities) en T (threats) van de SWOT-analyse, die in hoofdstuk 3 wordt behandeld.

Hoofdstuk 2   Externe analyse

2.1 Het vijfkrachtenmodel van Porter

We beginnen de externe analyse met het vijfkrachtenmodel van Porter. Dit is een goed startpunt omdat je er inzicht mee krijgt in de verhoudingen van de diverse partijen in de bedrijfstak.

Uitleg
Het **vijfkrachtenmodel** (*competitive forces model*) is een veelgebruikt model, ontwikkeld door Michael Porter. Het model heeft als doel de aantrekkelijkheid van een markt of bedrijfstak te bepalen. Die aantrekkelijkheid wordt volgens Porter beïnvloed door vijf fundamentele factoren, die hij 'krachten' noemt. Deze krachten tezamen bepalen uiteindelijk het winstpotentieel en daarmee de aantrekkelijkheid van de bedrijfstak. Aangezien markten dynamisch zijn, is een analyse met behulp van dit model altijd een momentopname.
De vijf krachten zijn:
1. De onderhandelingsmacht van leveranciers
2. De onderhandelingsmacht van afnemers
3. De dreiging van substituten
4. De dreiging van nieuwe toetreders tot de markt
5. De interne concurrentie van spelers in de markt

De interne concurrentie staat daarbij centraal en wordt beïnvloed door de eerste vier factoren, zoals weergegeven in figuur 2.1.[1] Nadat je de vijf krachten hebt geanalyseerd, moet je een conclusie formuleren waarin je de situatie in de bedrijfstak samenvat en een oordeel geeft over de aantrekkelijkheid van de markt.

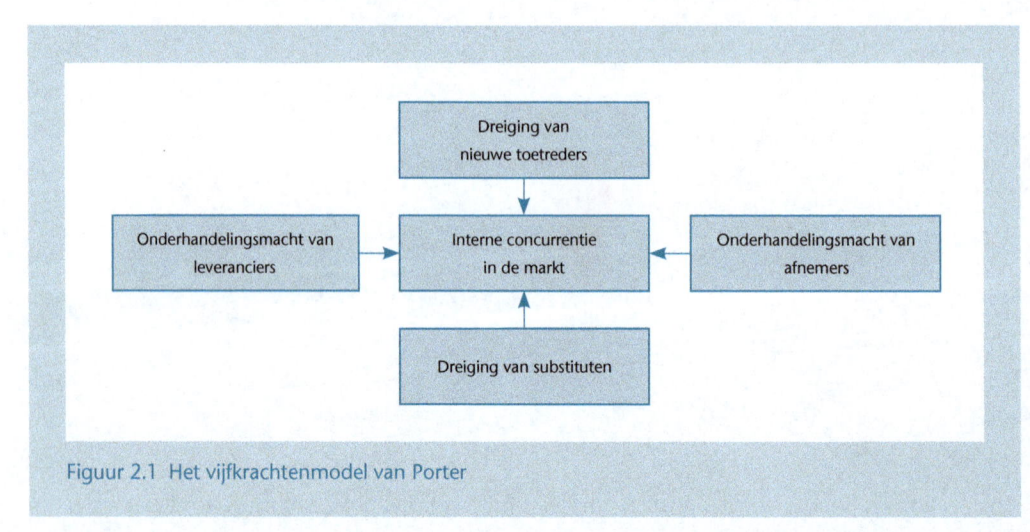

Figuur 2.1 Het vijfkrachtenmodel van Porter

Ad 1. De onderhandelingsmacht van leveranciers
Het gaat hier om toeleveranciers van bijvoorbeeld grondstoffen, hulpstoffen en halffabricaten. Zij kunnen macht uitoefenen door te dreigen hun prijzen te verhogen of de kwaliteit te verlagen. De macht van leveranciers hangt onder andere af van de rol van kwaliteit en service in de markt, de hoeveelheid en concentratie van leveranciers, en hun winstgevendheid.

Ad 2. De onderhandelingsmacht van afnemers
Hier gaat het vooral om de directe afnemers. Voor een bierfabrikant zijn dat bijvoorbeeld supermarkten, horecagelegenheden en groothandels, maar niet de finale consument. De finale consument kan wel meegenomen worden in de analyse, maar dan als secundaire afnemersgroep. Wanneer afnemers veel macht hebben, kunnen zij de prijs onder druk zetten door concurrenten tegen elkaar uit te spelen. De macht van de afnemers hangt onder andere af van hun omvang en concentratie, het belang van het product voor de afnemer en de mate van standaardisatie (en dus uitwisselbaarheid) van het product. In de supermarktbranche is bijvoorbeeld de afnemersmacht erg groot. Een bedrijf als Albert Heijn, dat een marktaandeel van zo'n 33% heeft, is in staat zware eisen op te leggen aan zijn leveranciers. Die zijn genoodzaakt om mee te werken omdat anders verwijdering van de producten uit het schap dreigt.

Ad 3. De dreiging van substituten
Een onderneming concurreert niet alleen met aanbieders van hetzelfde product, maar in brede zin ook met ondernemingen in andere bedrijfstakken waar substituten worden geproduceerd. Dit zijn andere producten die dezelfde functie vervullen. Substituten kunnen een bedreiging vormen. Zo heeft de dvd de VHS-videoband verdrongen. De dreiging van substituten wordt onder meer bepaald door de bereidheid van afnemers om te substitueren, de prijs en kwaliteit van de substituten en eventuele omschakelkosten.

Ad 4. De dreiging van nieuwe toetreders tot de markt
Nieuwe toetreders zijn bijna altijd nadelig voor bestaande aanbieders. De toegenomen capaciteit heeft namelijk een prijsdrukkend en/of kostenverhogend effect, waardoor winsten voor de bestaande aanbieders kleiner worden. De kans dat nieuwe toetreders de markt betreden hangt af van de toetredingsbarrières. Deze kunnen gevormd worden door schaalvoordelen, kapitaalvereisten (zoals bij de vliegtuigindustrie), toegang tot distributiekanalen en zaken als merkbekendheid en loyaliteit ten aanzien van de gevestigde merken.

Ad 5. De interne concurrentie van spelers in de markt
In een markt met een sterke concurrentie komen de marges onder druk te staan, waardoor winsten dalen. Dergelijke markten zijn minder aantrekkelijk voor nieuwkomers. De concurrentie in een bedrijfstak wordt vergroot door bijvoorbeeld hoge uittredingsbarrières, een lage marktgroei, lage overstapkosten voor afnemers en weinig productdifferentiatie. Wanneer er sprake is van een grote mate van homogeniteit in het productaanbod, concentreert de onderlinge concurrentie zich vaak op de prijs. Denk bijvoorbeeld aan de markt voor mobieletelefoonabonnementen.

Wanneer te gebruiken
Voor ondernemingen die overwegen een bepaalde markt al of niet te betreden, kan het model van Porter inzicht geven in de winstgevendheid en aantrekkelijkheid van de markt. Maar ook voor ondernemingen die al op een bepaalde markt opereren, kan het zinvol zijn om met dit model een bedrijfstakanalyse te doen. Zo'n analyse kan inzicht geven in de bedreigingen en helpen om zo goed mogelijk in te spelen op de dynamiek van de bedrijfstak.

Voorbeeld
De Nederlandse markt voor potjes babyvoeding werd jarenlang gedomineerd door Numico (Danone) met het merk Olvarit. We analyseren de markt aan de hand van het vijfkrachtenmodel vanuit het perspectief van Numico.

De onderhandelingsmacht van leveranciers: zwak
Toeleveranciers van ingrediënten voor de babyvoeding zijn er genoeg. Hoewel zij aan bepaalde kwaliteitseisen moeten voldoen, kan hun macht als zwak worden gekenmerkt.

De onderhandelingsmacht van afnemers: redelijk sterk
Supermarktorganisaties staan behoorlijk sterk ten opzichte van A-merkfabrikanten. Daar staat tegenover dat Numico met Olvarit de absolute leider in de babyvoedingmarkt is, waardoor supermarktorganisaties dit merk niet graag zullen missen in hun schappen. De onderhandelingsmacht van de supermarkten wordt daardoor iets afgezwakt. We kenmerken deze factor daarom als redelijk sterk.

De dreiging van substituten: gering
Substitutie vindt plaats door zelf babyvoeding te maken (pureren). Dit kost

echter relatief veel tijd en moeite, waardoor deze factor geen grote dreiging betekent.

De dreiging van nieuwe toetreders tot de markt: matig, maar groeiend
Enkele jaren geleden had Numico bijna een monopoliepositie. De toetredingsdrempel tot de markt was hoog, met name door het enorme vertrouwen van de consument in dit kwaliteitsmerk. Ouders willen immers alleen het beste voor hun baby, met als gevolg een enorme loyaliteit. De afgelopen jaren is echter het vertrouwen in private labels sterk gegroeid, waardoor diverse supermarktorganisaties babyvoeding van een eigen merk op de markt hebben gebracht (Kruidvat, Albert Heijn, C1000, Jumbo, Etos). Ook in specifieke niches (bijvoorbeeld halal babyvoeding) zijn nieuwe merken op komst. De dreiging van nieuwe toetreders neemt dus toe.

De interne concurrentie van spelers in de markt: matig, maar groeiend
Door nieuwe toetreders neemt ook de interne concurrentie in de bedrijfstak toe: concurrentie om een plaatsje in het schap en om de gunst van de consument. Toch zullen de marktaandelen van de private labels, die zich profileren op prijs, beperkt blijven. Kwaliteit speelt in deze markt namelijk een grotere rol dan prijs.

Conclusie
De markt van potjes babyvoeding werd jarenlang gedomineerd door Numico met het merk Olvarit. De geringe concurrentie en daardoor goede rentabiliteit heeft nieuwe spelers aangetrokken: private labels. Hierdoor is de concurrentie, enerzijds tussen Numico en de private labels, anderzijds tussen de private labels onderling, toegenomen. De consument is echter niet bijzonder prijsbewust, waardoor de markt ruimte laat voor kwaliteitsaanbieders.

Voorbeeld Cyclo

Ook Mark Snel heeft een analyse gemaakt volgens het vijfkrachtenmodel van Porter. Zijn conclusie is dat de fietsenmarkt redelijk stabiele verhoudingen heeft. Er is wel behoorlijk wat concurrentie, die wordt gedomineerd door enkele grote A-merken. Ook blijft er altijd een dreiging van buitenlandse toetreders, aangezien de toetredingsdrempels laag zijn. De onderhandelingsmacht van afnemers verschilt per kanaal. De ketens, warenhuizen en de doe-het-zelfsector zijn machtige kanalen die vooral naar de prijs kijken, terwijl de zelfstandige detaillist een goede relatie met haar leverancier belangrijker vindt. Van toeleveranciers gaat geen bedreiging uit; hun macht is beperkt. Substituten voor fietsen zijn er nauwelijks (lopen of het openbaar vervoer zijn niet echt vergelijkbaar). Al met al ziet Mark mogelijkheden voor een kleine speler zoals Cyclo op de markt, mits die zich voldoende kan onderscheiden van de A-merken enerzijds en het goedkopere branchevreemde kanaal (zoals de doe-het-zelfsector en warenhuizen) anderzijds.

Het model van Porter geeft inzicht in de verhoudingen en de dynamiek in de markt. Nu focussen we op de omvang van de markt: hoe groot is die eigenlijk, welke factoren spelen daarbij een rol en hoe kun je die analyseren?

2.2 De marktvraag

Met het begrip **markt** bedoelen we: 'alle werkelijke en potentiële kopers van een product of dienst' (Kotler, 2013). We hebben het bijvoorbeeld over de markt van mobiele telefoons. Soms focussen we echter op een doelgroep en niet op het product. We hebben het dan bijvoorbeeld over de jongerenmarkt.

Vaak wordt met het begrip markt echter de **marktvraag** bedoeld, ofwel de bestedingen aan het betreffende product of de betreffende dienst. Bijvoorbeeld: de markt(vraag) voor damesmode in Nederland bedroeg in 2012 4,6 miljard euro (bron: Detailhandel.info).

Voor de marktvraag is het van belang om onderscheid te maken tussen duurzame consumptiegoederen, *fast moving consumer goods* en diensten. **Duurzame consumptiegoederen (dcg's)** zijn gebruiksgoederen die langere tijd (langer dan een jaar) meegaan, zoals kleding, schoenen, meubelen, consumentenelektronica, huishoudelijke artikelen en auto's. Zij worden niet zo vaak gekocht. Dit in tegenstelling tot de **fast moving consumer goods (fmcg's)**. Dit zijn verbruiksgoederen die frequent gekocht worden, zoals voedingsmiddelen en toiletartikelen. **Diensten** kenmerken zich door hun ontastbaarheid, vergankelijkheid, heterogeniteit en de betrokkenheid van de consument bij de consumptie. Zij zijn wat betreft de marktvraag in grote lijnen vergelijkbaar met *fast moving consumer goods*. Ook voor diensten geldt namelijk dat ze na consumptie 'op' zijn (denk bijvoorbeeld aan een dagje uit in een pretpark). Diensten worden echter minder vaak gekocht dan *fast moving consumer goods*.

Verder is het voor de externe analyse belangrijk om de **marktdefinitie** te bepalen: het juiste niveau waarop geanalyseerd moet worden. Opereert een aanbieder van zeiljacks bijvoorbeeld op de markt voor sportartikelen, op de markt voor buitensportartikelen, op de markt voor zeilartikelen, of op de markt voor

De marktvraag

zeilkleding? De omvang van elk van deze markten is verschillend, evenals de concurrentie en het marktaandeel van het eigen product. De missie en het model van Abell (zie § 1.1) kunnen houvast bieden bij het afbakenen van de markt.

Het onderzoek naar de marktvraag beginnen we met het begrip penetratiegraad in § 2.2.1. Van daaruit werken we toe naar het bepalen van de totale marktvraag, de potentiële markt en ten slotte een voorspelling van de toekomstige marktvraag (§ 2.2.5).

2.2.1 Penetratiegraad

Wanneer te gebruiken
De penetratiegraad wordt over het algemeen berekend nadat een nieuw product op de markt is gebracht. Men kan ermee nagaan in hoeverre het product/merk is geadopteerd door de consument. Door de penetratiegraad op verschillende momenten te meten wordt de ontwikkeling zichtbaar.

Penetratiegraad duurzame consumptiegoederen

Uitleg
De **penetratiegraad** geeft aan welk deel van de potentiële afnemers een bepaald product/merk heeft aangekocht. Dit wordt meestal bepaald op basis van marktonderzoekgegevens. De formule voor de penetratiegraad verschilt voor duurzame en voor niet-duurzame goederen. Bij duurzame consumptiegoederen spreken we ook wel over de **bezitsgraad**. De formule is als volgt:

$$\text{penetratiegraad dcg} = \frac{\text{aantal bezitters van het goed}}{\text{aantal potentiële afnemers van het goed}} \times 100\%$$

Zo was bijvoorbeeld de penetratiegraad van vaatwasmachines onder Nederlandse huishoudens eind 2013 ongeveer 61%.[2] De penetratiegraad is een momentopname. Vlak na de introductie van een product is de penetratiegraad nog laag. In de loop van de tijd zal deze toenemen, wanneer het product door een steeds groter publiek wordt afgenomen. Wanneer een product veroudert en uit gebruik raakt zal de penetratiegraad weer afnemen.

De penetratiegraad geeft alleen aan hoeveel procent van de doelgroep het product al eens heeft gekocht. Het geeft geen inzicht in de hoeveelheid aankopen van het publiek.

Voorbeeld
Eind 2013 hebben 285.000 huishoudens in Nederland een 3D-televisietoestel.[3] Er zijn op dat moment 7,5 miljoen huishoudens in Nederland. Wat is de penetratie van tv's met een 3D-scherm?

Uitwerking
Het aantal bezitters en potentiële afnemers wordt hier uitgedrukt in aantallen huishoudens. Het potentiële aantal afnemers is 7,5 miljoen. 285.000 daarvan hebben een 3D-tv. De penetratiegraad is dus:

$$\text{penetratiegraad eind 2013} = \frac{0{,}285}{7{,}5} \times 100\% = 3{,}8\%$$

De penetratiegraad van dit type tv-toestellen ligt nog laag.

Huishoudens die meer dan één exemplaar in hun bezit hebben, tellen niet zwaarder mee. Een tweede 3D-tv in huis, bijvoorbeeld op een hobbykamer, heeft dus geen invloed op de penetratiegraad.

Penetratiegraad fast moving consumer goods

Uitleg
Bij *fast moving consumer goods* wordt de penetratiegraad ook wel de **verbruiksgraad** genoemd. De formule is als volgt:

$$\text{penetratiegraad fmcg} = \frac{\text{aantal afnemers dat het goed in een bepaalde periode minimaal één keer heeft gekocht}}{\text{totale aantal potentiële afnemers (de doelgroep) in die periode}} \times 100\%$$

Terwijl je bij de penetratiegraad van duurzame consumptiegoederen naar één bepaald moment kijkt, meet je de penetratiegraad voor *fast moving consumer goods* over een bepaalde periode, bijvoorbeeld een jaar. Zo kocht in 2007 meer dan de helft van de Nederlandse huishoudens minimaal één keer minder vette kaas. De penetratiegraad van dit product bedroeg dus ruim 50%. Milner, marktleider in dit segment, had een penetratie van 37%.[4]

Als onderzocht wordt hoeveel mensen een product tot op een bepaald moment hebben gekocht, spreken we van **cumulatieve penetratie**. De formule is als volgt:

$$\text{cumulatieve penetratie} = \frac{\text{aantal afnemers dat het goed tot nu toe minimaal één keer heeft gekocht}}{\text{totale aantal potentiële afnemers (de doelgroep)}} \times 100\%$$

Cumulatieve penetratie zegt niet alles. Wanneer er veel probeeraankopen plaatsvinden kun je een hoge cumulatieve penetratie hebben, maar als er daarna geen herhalingsaankopen plaatsvinden, is het product desondanks geen succes.

Voorbeeld
Na de introductie van het vruchtensapmerk Frutti wil de producent de penetratiegraad van het merk meten in een middelgrote plaats in Nederland, namelijk Tilburg. Deze stad telt 80.000 huishoudens. In de maand juni van het introductiejaar 2014 werden daar 9.000 pakken Frutti verkocht. Van de Tilburgse huishoudens die Frutti kochten, heeft 75% die maand één pak Frutti gekocht en 25% twee pakken. Wat is de penetratiegraad van Frutti in Tilburg in juni?

Uitwerking
De penetratiegraad heeft betrekking op het aantal afnemers (huishoudens), niet op het aantal afgenomen pakken. Het aantal gekochte pakken moet dus eerst teruggerekend worden naar het aantal huishoudens. Stel dat H het aantal huishoudens is dat Frutti heeft gekocht. Dan geldt:

$0{,}75H \times 1 \text{ (pak)} + 0{,}25H \times 2 \text{ (pakken)} = 9.000 \text{ (pakken)}$

$0{,}75H + 0{,}5H = 9.000$

$H = 9.000/1{,}25 = 7.200$

De penetratiegraad in de maand juni is:
$7.200 / 80.000 \times 100\% = 9\%$

Verbruiksintensiteit

Uitleg
Of afnemers slechts één keer of meerdere keren een product hebben gekocht, komt niet tot uitdrukking in het penetratiecijfer. Voor de mate waarin kopers een product gebruiken, wordt een ander kengetal gebruikt, namelijk de **verbruiksintensiteit** (ook wel gebruiksintensiteit genoemd). Een verbruiksinten-

siteit groter dan 1 geeft een meer dan gemiddeld verbruik aan, een verbruiksintensiteit kleiner dan 1 een minder dan gemiddeld verbruik.

$$\text{verbruiksintensiteit} = \frac{\text{gemiddeld verbruik van het product}}{\substack{\text{gemiddeld verbruik van alle producenten} \\ \text{in de productklasse}}}$$

Vaak wordt de verbruiksintensiteit indirect aangegeven, bijvoorbeeld met een zin als: 'Het verbruik van product X ligt 20% boven het gemiddelde.' De verbruiksintensiteit is dan 1,2.

Voorbeeld
Kopers van het koffiemerk D&A drinken gemiddeld 4,5 koppen koffie per dag. Kopers van andere koffiesoorten drinken gemiddeld 4 koppen koffie per dag. De verbruiksintensiteit van D&A-koffie is 4,5 / 4 = 1,125.

Wanneer de penetratiegraad bekend is, kan de stap worden gemaakt naar een berekening van de totale effectieve markt. Het is echter niet per definitie noodzakelijk om eerst de penetratiegraad te berekenen.

2.2.2 Totale effectieve markt

Een van de belangrijkste gegevens in de externe analyse, die van grote invloed is op de marktaantrekkelijkheid, is de omvang van de markt, ofwel de marktvraag. Daarbij gaat het in het algemeen om de **binnenlandse actuele vraag** ofwel de **totale effectieve markt (TEM)**, dat wil zeggen de vraag in een bepaalde periode (meestal een jaar) in Nederland. Dus wanneer we het over de marktvraag naar televisies in 2013 hebben, dan gaat het om alle in Nederland verkochte televisies in het jaar 2013.

Totale effectieve markt voor duurzame consumptiegoederen

Uitleg
De totale effectieve markt voor duurzame consumptiegoederen is opgebouwd uit drie onderdelen: de **initiële vraag** (bijvoorbeeld de eerste tv die men koopt), de **additionele vraag** (een extra tv voor de slaapkamer) en de **vervangingsvraag** (een nieuwe tv om de oude te vervangen). Ofwel:

De marktvraag

Totale effectieve markt dcg =
initiële vraag + additionele vraag + vervangingsvraag

Een nieuw duurzaam product zal in het begin slechts door een klein deel van de doelgroep worden gekocht. In de volgende jaren zullen langzamerhand meer mensen tot een initiële aankoop overgaan. Daarom moet je elk jaar opnieuw het adoptiepercentage inschatten. Het adoptiemodel van Rogers kan daarbij behulpzaam zijn (zie § 2.3.4). Op basis van de omvang van de doelgroep en de mate waarin je verwacht dat deze doelgroep het nieuwe product zal adopteren, kun je de initiële vraag schatten. De additionele vraag is pas van toepassing als eenzelfde koper meerdere goederen aanschaft, wat sterk afhankelijk is van het gebruiksnut van het betreffende goed. De vervangingsvraag is gerelateerd aan de economische levensduur van het goed: na verloop van tijd zullen producten vervangen moeten worden.

Voorbeeld
Stel de totale doelgroep voor een nieuw duurzaam goed bestaat uit 7,2 miljoen huishoudens. De (verwachte) cumulatieve penetratie is 2% in het eerste jaar (2012) en loopt volgens tabel 2.1 op tot 50% na vijf jaar. Het product gaat gemiddeld drie jaar mee. 20% van de producten moet na twee jaar worden vervangen, 60% na drie jaar en 20% na vier jaar. Na een jaar verwachten we bij 20% van de kopers een additionele vraag. Bereken de verwachte totale effectieve markt in 2016.

Uitwerking
Met behulp van bovenstaande gegevens kunnen we de initiële vraag (A), additionele vraag (B) en vervangingsvraag (C) berekenen, die samen de verwachte totale effectieve markt vormen.

Jaar	Adoptie (%)	Initiële vraag (A)	Additionele Vraag (B)	Vervangings- vraag (C)	Totale effectieve markt (A + B + C)
2012	2%	144.000			144.000
2013	5%	360.000	28.800		388.800
2014	9%	648.000	72.000	28.800	748.800
2015	15%	1.080.000	129.600	158.400	1.368.000
2016	19%	1.368.000	216.000	374.400	1.958.400

Tabel 2.1 Berekening totale effectieve markt

Toelichting
De totale verwachte marktvraag in 2016 is als volgt opgebouwd:

- Initiële vraag in 2016: 0,19 × 7.200.000   =   1.368.000

- Additionele vraag in 2016: 0,2 × 1.080.000
  (intiële vraag in 2015)   =   216.000

- Vervangingsvraag in 2016:
  0,2 x 144.000 (initiële vraag in 2012)   =   28.800
  0,6 x 388.800 (initiële vraag in 2013)   =   216.000
  0,2 x 748.800 (initiële vraag in 2014)   =   <u>129.600</u>

- Totaal   374.400

Totale effectieve markt 2016:   1.958.400 stuks

Totale effectieve markt voor fast moving consumer goods

Uitleg
De vraag naar *fast moving consumer goods* wordt op een andere manier bepaald dan de vraag naar duurzame goederen, namelijk aan de hand van het aantal gebruikers in een bepaalde periode en het gemiddelde verbruik:

Totale effectieve markt fmcg (in eenheden) =
Omvang doelgroep × penetratiegraad × gemiddeld verbruik in de betreffende periode

Voorbeelden

Voorbeeld 1
Stel dat 60% van de huishoudens in 2013 zuiveldranken koopt. Het gemiddelde verbruik is 0,8 liter per week. Hoe groot is de totale effectieve markt in 2013? Ga uit van 7,5 miljoen huishoudens.

Uitwerking
De totale effectieve markt van zuiveldranken in 2013 is dan:
7.500.000 × 0,6 × 0,8 liter per week × 52 weken = 187,2 miljoen liter

Voorbeeld 2
Stel er is een nieuw merk zuiveldrank Z geïntroduceerd in 2013. 30% van de huishoudens heeft het merk Z geprobeerd. In 2014 is de penetratie echter teruggelopen tot 12%. De kopers van Z gebruiken bovendien 10% minder dan gemiddeld bij zuiveldranken het geval is (het gemiddelde ligt op 0,8 liter per week). Hoe groot is de totale effectieve markt van dit nieuwe product? Ga uit van 7,5 miljoen huishoudens.

Uitwerking
Het gemiddelde verbruik is 90% van 0,8 liter, ofwel 0,72 liter per week. De totale effectieve markt in 2014 van dit nieuwe product is dan:

7.500.000 × 0,12 × 0,72 liter per week × 52 weken = 33,7 miljoen liter

Praktijkvoorbeelden TEM
In de praktijk zal het moeilijk zijn om de verschillende deelaspecten (initiële, additionele en vervangingsvraag voor dcg's, en penetratiegraad en gemiddeld verbruik bij fmcg's) te onderscheiden. Je kunt echter ook op basis van steekproefonderzoek een schatting maken van de totale vraag naar een bepaalde productgroep. Het CBS en brancheverenigingen hebben onderzoeksgegevens over de totale effectieve markt van diverse branches en productgroepen. Deze gegevens zijn vaak vrij beschikbaar.

Frisdranken
In 2012 was volgens de FWS (Nederlandse Vereniging Frisdranken, Waters, Sappen) de gemiddelde consumptie van frisdranken in Nederland 101,9 liter, van mineraalwater 21,2 liter en van vruchtensappen 29,2 liter per hoofd van de bevolking.[5] Door deze aantallen te vermenigvuldingen met het aantal inwoners in Nederland vind je de totale effectieve markt. Deze was bijvoorbeeld voor frisdranken: 101,9 liter x 16,8 miljoen = 1711,9 miljoen liter.

Auto's
De Bovag, de vereniging voor de autobranche, houdt de verkopen van nieuwe auto's per maand en per merk bij. Op de site van de Bovag kun je zien dat er in 2013 417.036 nieuwe auto's zijn verkocht, terwijl dat er in 2012 502.496 waren.[6] De totale effectieve markt van auto's is dus gekrompen.

Toerisme en recreatie
Uit een publicatie van Het Nederlands Bureau voor Toerisme & Congressen (NBTC) kun je opmaken hoe groot de totale effectieve markt voor toerisme en

recreatie in Nederland is. De bestedingen van Nederlanders aan vakanties in Nederland waren in 2011 € 2,7 miljard. De bestedingen van buitenlanders aan vakanties in Nederland waren in 2011 € 10,4 miljard.[7] In totaal is de effectieve markt voor toerisme en recreatie in Nederland dus € 2,7 miljard + € 10,4 miljard = € 13,1 miljard. Ter vergelijking: Nederlanders besteedden in datzelfde jaar voor € 12,4 miljard aan vakanties in het buitenland.

Voorbeeld Cyclo

Marketingmanager Mark Snel heeft op internet cijfers over de fietsenmarkt gezocht. De belangrijkste bron hiervoor is de RAI-vereniging afdeling Fietsen.[8] Die publiceert regelmatig cijfers over de ontwikkeling van de fietsenmarkt.
Mark heeft op basis van deze bron vastgesteld dat de totale effectieve markt voor nieuwe fietsen in 2013 in eenheden 1,008 miljoen was en in geld € 797 miljoen. In eenheden is de markt iets gedaald. Het segment e-bikes groeit echter sterk en is nu al verantwoordelijk voor 19% van het verkoopvolume en voor 45% van de omzet. Dit is belangrijke informatie voor Mark. Zijn aandeel van e-bikes is nog zeer bescheiden en het lijkt erop dat hij onvoldoende gebruikmaakt van de kansen van dit marktsegment.

De effectieve marktvraag van een nieuw product is in het begin laag en loopt op wanneer het product bij een groter publiek aanslaat. Dat toont aan dat er buiten de totale effectieve markt ook nog een potentiële vraag is. Hierover gaat § 2.2.3.

2.2.3 Totale potentiële markt

Uitleg
De **potentiële vraag** is de extra vraag die er in een bepaalde periode zou zijn, als alle afnemers uit de doelgroep het product zouden kopen. De totale effectieve markt en de potentiële vraag vormen samen het **marktpotentieel** of de **potentiële markt**. Schematisch kan dat als volgt worden weergegeven:

De marktvraag

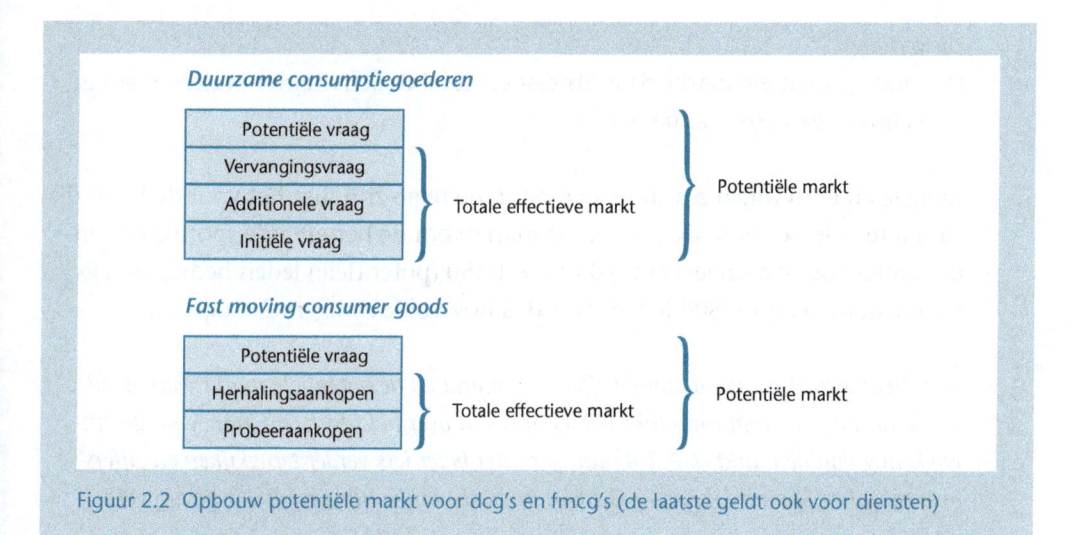

Duurzame consumptiegoederen

| Potentiële vraag |
| Vervangingsvraag |
| Additionele vraag } Totale effectieve markt } Potentiële markt |
| Initiële vraag |

Fast moving consumer goods

| Potentiële vraag |
| Herhalingsaankopen } Totale effectieve markt } Potentiële markt |
| Probeeraankopen |

Figuur 2.2 Opbouw potentiële markt voor dcg's en fmcg's (de laatste geldt ook voor diensten)

Wanneer te gebruiken

Het begrip potentiële markt kun je gebruiken als je wilt nagaan of er nog groeimogelijkheden zijn. Dit is echter niet altijd gemakkelijk vast te stellen. In de fietsenmarkt heeft bijvoorbeeld praktisch iedereen al een fiets. Je zou dus zeggen dat er nauwelijks groeimogelijkheden zijn. Echter, groei is wel mogelijk als consumenten een ander model fiets erbij kopen, bijvoorbeeld een racefiets of een bakfiets. De potentiële markt is in zo'n geval moeilijk in een getal uit te drukken.

Het begrip potentiële markt is daarentegen wel goed bruikbaar in markten waarin de penetratiegraad nog kan groeien, zoals bijvoorbeeld de markt voor navigatiesystemen. De potentiële vraag is dan vast te stellen door te kijken naar alle auto's waarvoor nog geen navigatiesysteem is aangeschaft. Kennis van de potentiële vraag kun je gebruiken bij bijvoorbeeld het opstellen van doelstelllingen.

Voorbeeld

Een sportschoolondernemer in Woerden heeft 800 leden. Tot zijn verzorgingsgebied rekent hij de stad Woerden, inclusief de omliggende dorpen Harmelen, Kamerik en Zegveld, en het dichtstbij gelegen deel van Montfoort. In totaal betreft dat 54.000 inwoners. Volgens het CBS is 75% van de bevolking tussen de 15 en 75 jaar, de doelgroep waar hij zich op richt. Verder heeft hij bij het SCP gevonden dat 20% van de volwassen bevolking aan fitness en aerobics doet of hieraan zou willen doen. In dezelfde regio zijn nog vijf andere sportscholen actief. Om zijn groeiplannen te kunnen kwantificeren wil hij weten hoe groot zijn potentiële markt is.

Uitwerking
De totale potentiële markt voor fitness- en aerobicsactiviteiten in deze regio is:
54.000 × 75% × 20% = 8.100 mensen

Aangezien er in totaal zes sportscholen in de regio zijn, ligt het voor de hand dit aantal te delen door 6. De potentiële markt voor de betreffende sportschoolondernemer zou dan ongeveer 8.100 / 6 = 1.350 (potentiële) leden bedragen. De sportschool heeft nu 800 leden; er is dus nog voldoende groei mogelijk.

Voor het vaststellen van de totale effectieve markt en de potentiële markt werk je bij voorkeur met zo recent mogelijke cijfers, meestal over het afgelopen jaar. Voor de ontwikkeling van de markt (§ 2.2.4) kun je echter beter iets verder terugkijken en cijfers over meerdere jaren analyseren. Dit kan op basis van volume en op basis van geld.

2.2.4 Marktontwikkeling

De marktontwikkeling van duurzame consumptiegoederen wordt op een andere manier geanalyseerd dan die van *fast moving consumer goods*. We leggen beide daarom apart uit.

Marktontwikkeling duurzame consumptiegoederen

Uitleg
De **marktvraag** kan bekeken worden in eenheden (stuks, liters, kilo), of in geld (euro's). De marktvraag in geld is eenvoudig te berekenen door de marktvraag in eenheden te vermenigvuldigen met de gemiddelde prijs:

marktvraag in geld = marktvraag in eenheden × gemiddelde prijs

Naast de omvang van de markt is ook de groei van de markt van groot belang voor de marktaantrekkelijkheid. Immers, een markt die sterk groeit is over het algemeen minder gevoelig voor concurrentie en daardoor winstgevender en dus aantrekkelijker dan een verzadigde markt. Een voorbeeld van een verzadigde markt is de biermarkt. Doordat de bierconsumptie al jaren daalt, zoeken bierbrouwers in Nederland naar nieuwe groeisegmenten. Door te kijken naar omringende landen (onder andere Zweden, Frankrijk en Groot-Brittannië) hebben zij het groeiende cidersegment ontdekt. Heineken speelde daarop in en introduceerde een aantal jaren geleden Jillz, een ciderdrank voor vrouwen van 18 tot 35 jaar. Onlangs werd het aanbod uitgebreid met verschillende fruitsmaken.

Om inzicht te krijgen in de ontwikkeling van een markt kun je het beste de marktcijfers over meerdere jaren analyseren. Daarbij kun je gebruikmaken van **indexcijfers** en **groeicijfers**, die we aan de hand van het volgende voorbeeld zullen uitleggen. De resultaten zijn het gemakkelijkst te interpreteren als ze in grafieken worden weergeven.

Voorbeeld
We analyseren de marktontwikkeling in de markt voor nieuwe fietsen.

Jaar	2009	2010	2011	2012	2013
Marktvraag in 1000 stuks	1281	1215	1198	1035	1008
Gemiddelde prijs in euro	726	728	734	743	791
Marktvraag in miljoenen euro	929,9	884,3	879,2	769,2	797,3

Tabel 2.2 Verkoop van nieuwe fietsen in Nederland (Bron: RAI/BOVAG/CBS/GfK)[9]

Om de ontwikkeling inzichtelijk te maken gebruiken we **indexcijfers**. Hierbij stellen we het eerste jaar, het basisjaar, op het indexcijfer 100. In dit geval is het basisjaar 2009. Het indexcijfer van het volgende jaar berekenen we als volgt:

indexcijfer 2010 = marktvraag 2010 / marktvraag 2009 × 100

In het algemeen:

indexcijfer periode t = getal periode t / getal basisjaar × 100

Indexcijfers boven de 100 duiden op groei, onder de 100 op afname ten opzichte van het basisjaar.

In tabel 2.3 zijn de marktgegevens uit tabel 2.2 omgezet in indexcijfers:

Jaar	2009	2010	2011	2012	2013
Marktvraag in stuks	100,0	94,8	93,5	80,8	78,7
Gemiddelde prijs	100,0	100,3	101,1	102,4	109,0
Marktvraag in euro	100,0	95,1	94,5	82,7	85,7

Tabel 2.3 Indexcijfers van verkoop van nieuwe fietsen in Nederland

Hoofdstuk 2   Externe analyse

Door te werken met indexcijfers wordt de ontwikkeling inzichtelijker. Uit de indexcijfers blijkt duidelijk dat de omzetdaling (in geld) in de markt voor nieuwe fietsen minder sterk is dan de afzetdaling (in stuks) door stijging van de gemiddelde prijs. Met behulp van Excel kunnen de cijfers gemakkelijk worden omgezet in een grafiek, waarmee het verloop van de marktcijfers in één oogopslag duidelijk wordt.

Ontwikkeling effectieve markt nieuwe fietsen op basis van indexcijfers

— marktvraag in stuks
— gemiddelde prijs
····· marktvraag in euro's

Figuur 2.3 Ontwikkeling fietsenmarkt met indexcijfers

Een andere manier om een toe- of afname in de marktcijfers te analyseren is door procentuele **groeicijfers** te berekenen. Het groeicijfer in 2013 bereken je als volgt:

$$\text{marktgroei 2013 (\%)} = \frac{(\text{marktvraag 2013} - \text{marktvraag 2012})}{\text{marktvraag 2012}} \times 100\%$$

In het algemeen:

$$\text{groei in periode t (\%)} = \frac{\text{getal periode t} - \text{getal periode (t}-1)}{\text{getal periode (t}-1)} \times 100\%$$

Het groeipercentage geeft dus aan in welke mate de marktvraag is gestegen of gedaald, ten opzichte van het voorgaande jaar. In tabel 2.4 zijn de groeipercentages berekend.

Jaar	2010	2011	2012	2013
Marktvraag in stuks	-5,2	-1,4	-13,6	-2,6
Gemiddelde prijs in euro	0,3	0,8	1,3	6,4
Marktvraag in euro	-4,9	-0,6	-12,5	3,7

Tabel 2.4 Groeicijfers van de verkoop van nieuwe fietsen in Nederland in %

De marktvraag

Ook op deze manier is goed te zien in welke mate de ontwikkeling van volume en prijs van jaar tot jaar hebben bijgedragen aan het omzetverloop. Hieronder zijn de groeicijfers weergegeven in een grafiek.

Figuur 2.4 Ontwikkeling fietsenmarkt met groeicijfers

Voorbeeld Cyclo

Marketingmanager Mark Snel heeft de cijfers in het vorige voorbeeld ook geanalyseerd. Hij is geschrokken van de daling in de marktvraag. In vergelijking daarmee heeft Cyclo het goed gedaan. Hierdoor is het marktaandeel in de afgelopen 5 jaar gestegen van 5% naar 5,9% in stuks en van 4,4% naar 5,3% in geld (figuur 2.5).
Verder constateert Mark dat e-bikes het enige segment in de markt vormen dat groeit. Het aandeel van e-bikes in de totale markt is daardoor sterk gestegen, tot 19% in volume en maar liefst 45% in geld. Binnen zijn eigen bedrijf is de afzet van e-bikes ook wel toegenomen, maar niet zo sterk (figuur 2.6). Mark realiseert zich dat Cyclo niet in voldoende mate geprofiteerd heeft van de marktgroei in elektrische fietsen.

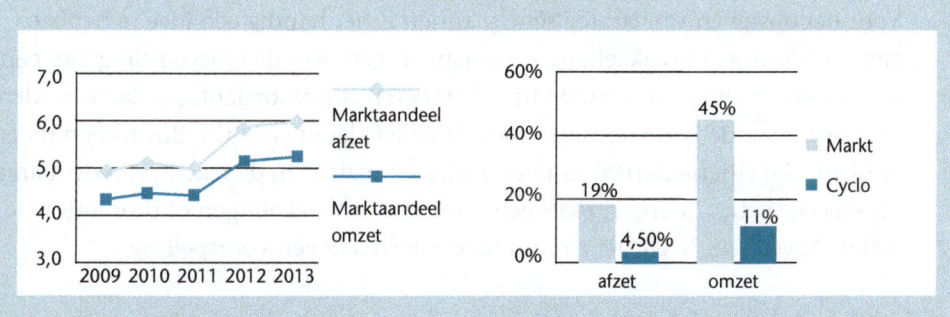

Figuur 2.5 Marktaandelen Cyclo

Figuur 2.6 Aandeel van e-bikes in totale afzet (2013)

Marktontwikkeling fast moving consumer goods

Uitleg

Bij duurzame consumptiegoederen zoals fietsen werken we voornamelijk met jaarcijfers. Bij *fast moving consumer goods* (fmcg) gaan de ontwikkelingen echter zeer snel en is monitoring over kortere perioden noodzakelijk. Marktgegevens voor voedsel en toiletartikelen (food & drug) worden daarom per vier weken, per maand, of per kwartaal verzameld.

Deze gegevens kun je het beste analyseren door ze te vergelijken met de gegevens van dezelfde periode in het voorgaande jaar. Seizoensgebeurtenissen zoals Pasen, de zomervakantie en Kerst hebben immers nogal wat invloed op de verkopen van fmcg's. Het heeft dan ook weinig zin om bijvoorbeeld de decembermaand te vergelijken met de daaraan voorafgaande novembermaand. Een veel betere vergelijking is die met de decembermaand van het jaar ervoor.

We hebben tot nu toe gekeken naar gegevens uit het verleden. Een minstens zo interessante vraag is: hoe gaat de markt zich in de toekomst ontwikkelen? Hoewel niemand in de toekomst kan kijken, kunnen we hierover wel voorspellingen doen met behulp van een aantal technieken.

2.2.5 Voorspellen van de marktvraag

De meest gangbare methoden voor het voorspellen van de marktvraag zijn **extrapolatie**, **segmentatie** en de **subjectieve voorspelmethode**. Het beste kun je de verschillende methoden combineren. In deze paragraaf leggen we alle drie de methoden uit.

Wanneer te gebruiken

Voor het opstellen van strategische plannen is het handig een idee te hebben van toekomstige ontwikkelingen. Voorspellingen over de ontwikkeling van een markt zijn echter nogal verraderlijk. Ze moeten zeer voorzichtig gedaan worden, en alleen voor de korte termijn (hooguit enkele jaren vooruit). Bovendien moet er historisch cijfermateriaal aanwezig zijn, en inzicht in de reactie van de markt op speciale gebeurtenissen zoals economische ontwikkelingen of promotionele acties. Alleen dan heeft het zin om je te wagen aan een voorspelling.

De marktvraag

Extrapolatie

Uitleg

Extrapolatie van historisch cijfermateriaal kan onder andere gedaan worden met behulp van een **regressieanalyse**. Daarvoor is Excel een handig hulpmiddel. Je zet eerst de historische cijfers uit in een grafiek en laat vervolgens Excel daar een trendlijn doorheen tekenen, die je kunt doortrekken (extrapoleren) naar de toekomst. Als je in de regressieanalyse ook de vergelijking van de trendlijn vermeldt, kunnen de voorspelde waarden exact worden uitgerekend.

Een kanttekening bij de regressieanalyse is dat de voorspellingen uitsluitend zijn gebaseerd op het verloop van historische gegevens. Markten zijn dynamisch en staan voortdurend onder invloed van ontwikkelingen vanuit de omgeving. Het is daarom verstandig om een regressieanalyse te combineren met andere voorspellingsmethoden.

Voorbeeld Cyclo

In fig. 2.7 is een trendlijn getekend die de ontwikkeling van 2009 – 2013 doortrekt middels regressieanalyse. In Excel gaat dit heel gemakkelijk door eerst een grafiek te maken op basis van de historische cijfers en dan te kiezen voor: Ontwerpen – Grafiekonderdeel toevoegen – Trendlijn – Lineair. Via 'meer opties voor trendlijnen' kun je ook een 'voorspelling vooruit' laten maken voor bijvoorbeeld twee jaar. De lijn wordt dan twee posities doorgetrokken.

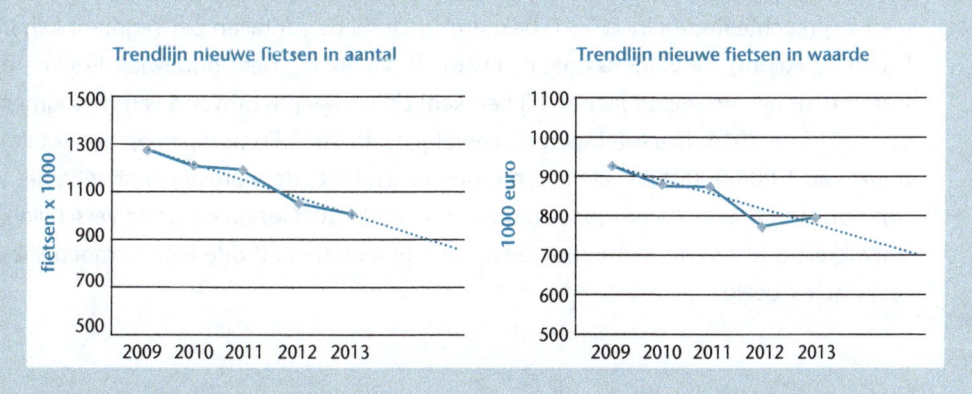

Figuur 2.7a Marktvoorspelling in aantal

Figuur 2.7b Marktvoorspelling in waarde

Uit de trendlijn is af te lezen dat, als de trend van de laatste 5 jaar doorzet, in 2015 het afzetvolume in de markt gedaald zal zijn tot ca. 850.000 fietsen en de omzet tot ca. 700 miljoen.

Dit is echter alleen op basis van historische cijfers en houdt geen rekening met ontwikkelingen als een mogelijke opleving in de conjunctuur of verandering van consumentenvoorkeuren (denk bijvoorbeeld aan de toenemende vraag naar e-bikes).

Segmentatie

Uitleg

Bij **segmentatie** wordt voor elk marktsegment een prognose gemaakt. De prognoses worden vervolgens opgeteld tot de totale markt. Dit is vooral nuttig wanneer je verwacht dat de segmenten zich op een verschillende manier zullen ontwikkelen. Bijvoorbeeld in de fietsenmarkt, waar het segment met dure, elektrische fietsen sterker groeit dan de andere segmenten, is segmentatie wenselijk.

Voorbeeld Cyclo

Het segment elektrische fietsen maakte in 2008 nog 10% van het volume uit. In 2013 is dat gestegen tot een aandeel van 19%. Binnen de totale fietsenmarkt is dit het enige segment dat groeit. Middels de marktinformatie van de RAI/BOVAG weet Mark Snel hoe de markt is verdeeld over de segmenten en in hoeverre elk segment het laatste jaar (2013) is gegroeid (zie eerste twee kolommen van tabel 2.5). Ook het totaal aantal nieuw verkochte fietsen in 2013 is bekend, zodat hij de aantallen per segment kan uitrekenen (3^e kolom). Vervolgens gaat hij ervan uit dat elk segment ongeveer dezelfde groei laat zien als het afgelopen jaar en hij berekent de verwachte omvang van de segmenten voor 2014 en 2015. Die totaliseert hij vervolgens. In 2015 komt hij zo op een totale markt van 1.003.000 stuks. Dit is een groot verschil met de regressie-analyse in het vorige voorbeeld, waar de prognose uitkwam op 850.000. Gezien de grote verschillen in ontwikkeling tussen de segmenten geeft de segmentatiemethode hier vermoedelijk een realistischer beeld.

De marktvraag

	Groei 2013 t.o.v. 2012 (bron: RAI)	Verhouding 2013 (bron: RAI)	Aantal 2013 (X1000)	Aantal 2014 (x1000) bij zelfde groei	Aantal 2015 (x1000) bij zelfde groei
Toer/stadsfietsen	-1%	50%	504	499	494
Hybride fietsen	-0,1%	8%	80,6	80,5	80,4
Kinderfietsen	-1,2%	13%	131	129,4	127,8
Elektrische fietsen	+2,1%	19%	191,5	195,5	199,6
ATB/MTB/race/overig	0,2%	10%	100,8	101	101,2
Totaal		100%	1008	1005,4	1003

Tabel 2.5 Voorspelling van de fietsenmarkt (in 1000 stuks) op basis van segmentatie

Door de gemiddelde prijs per segment te schatten, kan ook een voorspelling gemaakt worden van de totale marktwaarde:

prognose waarde = prognose aantal × verwachte gemiddelde prijs

Subjectieve voorspelmethode

Uitleg

Bij de **subjectieve voorspelmethode** vraagt men een aantal deskundigen om een voorspelling te doen. Dat kunnen experts uit de branche zijn, die een panel vormen of met wie individuele interviews worden gehouden (de Delphimethode). Ook kan aan medewerkers van de buitendienst hun mening gevraagd worden. Klanten ten slotte kan men ondervragen over hun koopintentie.

Wanneer de voorspellingen per segment zijn gedaan, kunnen ze vergeleken worden met de hierboven beschreven segmentatiemethode. Wanneer ze op het niveau van de totale markt zijn gedaan, ligt een vergelijking met de regressieanalye voor de hand.

In het voorgaande is de totale effectieve markt bepaald. Ook is een uitstapje gemaakt naar de potentiële markt en een marktprognose. Het meest 'harde' gegeven blijft echter de totale effectieve markt en op basis hiervan kunnen ondernemingen hun marktaandeel berekenen.

2.2.6 Marktaandelen

Uitleg

Het **marktaandeel** geeft aan hoeveel procent de verkopen van een bedrijf uitmaken van de totale verkopen in de totale markt, in volume of in geld. Dit wordt gemeten over een bepaalde periode, meestal een jaar. De berekening is als volgt:

$$\text{marktaandeel in volume} = \frac{\text{eigen afzet in periode y}}{\text{totale afzet in de markt in periode y}} \times 100\%$$

$$\text{marktaandeel in omzet} = \frac{\text{eigen omzet in periode}}{\text{totale omzet in de markt in periode y}} \times 100\%$$

Als het marktaandeel in omzet groter is dan het marktaandeel in volume, is de gemiddelde prijs van het betreffende bedrijf hoger dan de gemiddelde marktprijs.

Ondernemingen met een groot marktaandeel hebben een streepje voor. De marktleider kan zelf veel invloed uitoefenen op de markt en heeft door de schaalomvang en het grote aantal klanten een sterke positie in de markt. Toch kunnen ook bedrijven met een klein marktaandeel, die focussen op een niche, heel winstgevend zijn.

Veel bedrijven streven een stijging van het marktaandeel na. Aangezien veel markten echter weinig groei vertonen of verzadigd zijn, gaat een marktaandeelstijging van de ene aanbieder vaak ten koste van het marktaandeel van andere aanbieders.

Met een overzicht van de marktaandelen in een markt, kun je ook de **concentratie** in die markt berekenen. De concentratie geeft aan in hoeverre de activiteiten in een markt geconcentreerd zijn bij slechts enkele grote bedrijven. Als indicator van de concentratie wordt vaak de **C4-index** gebruikt: het gezamenlijke marktaandeel van de vier grootste aanbieders in een markt of segment. In de markt van mobieletelefoonabonnementen is de concentratie zeer hoog. Daar dekten in 2013 slechts drie aanbieders de markt voor 83% af: KPN, Vodafone en T-mobile.[10] Er is hier dus sprake van een C3-index van 83%.

Wanneer te gebruiken

Het marktaandeel is een van de bekendste en meest gebruikte maatstaven om de marktpositie van een onderneming, product of merk weer te geven. Een bedrijf kijkt daarbij niet alleen naar het eigen marktaandeel, maar ook naar dat van de concurrenten, zodat het zich aan andere bedrijven kan spiegelen.

De marktvraag

Het begrip concentratie zou door nieuwkomers op een markt gebruikt kunnen worden. Een C3-index van 83%, zoals in het voorbeeld van de mobieletelefoonproviders, maakt het voor nieuwkomers moeilijk om een plaatsje op de markt te verwerven. Deze is immers al grotendeels verdeeld onder drie machtige partijen.

Voorbeelden

Voorbeeld 1: berekening marktaandeel
Een leverancier van kleine huishoudelijk apparaten heeft een omzet van 100 miljoen euro in 2013. De totale markt (detailhandelsbestedingen) bedraagt 1,3 miljard euro. Hoe groot is zijn marktaandeel?

Uitwerking
Het marktaandeel van deze leverancier bedraagt 0,1 / 1,3 x 100% = 7,7%.

Voorbeeld 2: berekening totale marktaandeel op basis van deelmarkten
Een bedrijf heeft een marktaandeel van ongeveer 30% in de initiële markt van een duurzaam product. In de vervangingsmarkt heeft het een aandeel van 18% en in de additionele markt een aandeel van 10%. De verhouding tussen de verschillende deelmarkten is als volgt:

Additioneel	8%
Vervanging	12%
Initieel	<u>80%</u>
Totaal	100%

Bereken het marktaandeel van dit bedrijf in de totale markt.

Uitwerking
Dit bedrijf heeft verschillende marktaandelen op de diverse deelmarkten. Voor het totale marktaandeel bereken je het gewogen gemiddelde. De omvang van de verschillende deelmarkten bepaalt daarbij de weging. Het marktaandeel bedraagt:

0,08 × 10% + 0,12 × 18% + 0,8 × 30% = 27%

Aangezien de initiële markt het grootste deel uitmaakt van de totale markt, weegt dit segment het zwaarst. Het marktaandeel in de totale markt ligt dan ook dicht bij het aandeel van 30% in de initiële markt.

Soms kan het marktaandeel op nog een andere manier berekend worden dan in de vorige paragraaf. Voor nieuwe fmcg's is er namelijk de formule van Parfitt-Collins.

2.2.7 Formule van Parfitt-Collins

Uitleg

Als je onvoldoende cijfers beschikbaar hebt om het marktaandeel van een fmcg te berekenen, maar je weet wel wat de penetratie en het verbruik ervan is, kun je een kortetermijnvoorspelling van het marktaandeel doen. Hiervoor gebruik je de **formule van Parfitt-Collins**:

Marktaandeel fmcg =
cumulatieve penetratie × percentage herhalingsaankopen × verbruiksintensiteit × 100%

Wanneer te gebruiken

De formule van Parfitt-Collins kan vaak goed gebruikt worden enige tijd na de introductie van nieuwe verbruiksartikelen, wanneer penetratie- en verbruikscijfers bekend zijn, om het marktaandeel te schatten.

Voorbeeld

Na de introductie van een nieuwe ontbijtdrank wordt met een marktonderzoek gemeten hoeveel procent van de huishoudens het product tot nu toe al eens (of vaker) gekocht heeft. Dat is 20%. Daarvan is 35% het product vaker blijven kopen. Men blijkt gemiddeld zes pakjes à 0,5 liter per maand te kopen. Bij alle ontbijtdrinkproducten is dat 5 pakjes (à 0,5 liter) per maand. Hoe groot is het te verwachten marktaandeel?

Uitwerking

Het te verwachten marktaandeel op basis van de formule van Parfitt-Collins is:

0,2 × 0,35 × 6/5 × 100% = 8,4%

2.2.8 Relatief marktaandeel

Uitleg

Soms wordt gewerkt met het **relatief marktaandeel**. Dit kengetal geeft de verhouding aan van het eigen marktaandeel ten opzichte van dat van de grootste andere speler in de markt. In formule:

De marktvraag

Relatief marktaandeel =
eigen marktaandeel / marktaandeel van de grootste andere aanbieder in de markt

Als het relatief marktaandeel groter is dan 1, is men marktleider. Is het relatief marktaandeel kleiner dan 1, dan zijn er een of meer andere, grotere aanbieders.

Wanneer te gebruiken
Het relatief marktaandeel wordt onder andere gebruikt bij het invullen van de Bostonmatrix (zie § 1.2).

Voorbeeld
De aanbieders A, B en C hebben de volgende marktaandelen. Bepaal voor elk van hen het relatief marktaandeel.

A:	25%
B:	40%
C:	15%
Rest:	20%
Totaal:	100%

Uitwerking
Relatief marktaandeel A: 25/40 = 0,6
Relatief marktaandeel B: 40/25 = 1,6
Relatief marktaandeel C: 15/40 = 0,4
Uit de relatieve marktaandelen blijkt dat aanbieder B marktleider is (relatief marktaandeel >1).

Nu we voldoende inzicht hebben in de marktcijfers, is het tijd om de marktpartijen in de meso-omgeving onder de loep te nemen. Eerst kijken we naar de afnemers, dan naar de concurrentie en vervolgens naar de leveranciers. Voor elk van deze groepen geven we een aantal modellen en berekeningen die behulpzaam kunnen zijn bij de analyse.

2.3 De afnemer

In § 1.6.2 hebben we diverse klantgerelateerde maatstaven besproken. In deze paragraaf kijken we naar modellen die kunnen helpen om de motieven van klanten/consumenten beter te begrijpen. Eerst komt het model van Maslow aan de orde, dat consumentenbehoeften groepeert op vijf verschillende niveaus.

Hoofdstuk 2   **Externe analyse**

Daarna volgen modellen die ons helpen het koopgedrag van de consument te doorgronden: het stimulus-responsmodel, diverse (communicatie)modellen zoals AIDA en het model van Rogers. Voor de zakelijke afnemer wordt het model van Curry (klantenpiramide) besproken.

2.3.1 Het model van Maslow

Uitleg
Het **model van Maslow** onderscheidt vijf behoefteniveaus in het menselijk gedrag. Allereerst hebben mensen behoefte aan eten, drinken, zuurstof, kleding, onderdak en dergelijke (primaire fysiologische behoeften). Als hieraan is voldaan, ontstaat er ruimte voor het volgende niveau: de behoefte aan veiligheid. In de behoefte aan veiligheid wordt onder andere voorzien door werk, gezondheid en familie (bestaanszekerheid). Daarna komt de behoefte aan liefde en ergens bijhoren (sociale behoefte), vervolgens de behoefte aan erkenning en waardering. Ten slotte, als aan al deze onderliggende behoeften is voldaan, ontstaat de behoefte aan zelfverwezenlijking: het verlangen om onze potentiële mogelijkheden ten volle te benutten. Veel mensen komen aan de laatste fase niet toe, omdat zij in andere fasen blijven steken. Velen zullen dit niveau ook slechts tijdelijk bereiken, als momenten van geluk of vreugde.

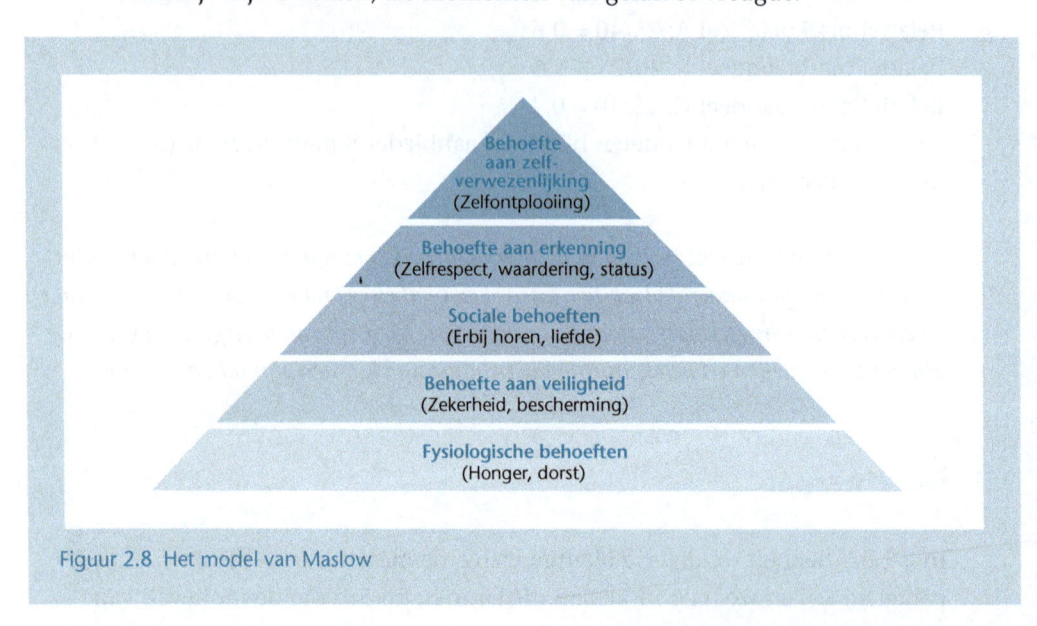

Behoefte aan zelfverwezenlijking
(Zelfontplooiing)

Behoefte aan erkenning
(Zelfrespect, waardering, status)

Sociale behoeften
(Erbij horen, liefde)

Behoefte aan veiligheid
(Zekerheid, bescherming)

Fysiologische behoeften
(Honger, dorst)

Figuur 2.8 Het model van Maslow

De afnemer

Wanneer te gebruiken
De marketeer of manager kan het model van Maslow bij het benaderen van zowel de consument als de werknemer in gedachten houden. In de communicatie naar de consument kan hij bewust appeleren aan bepaalde behoefteniveaus. Bij werknemers spelen vaak de sociale behoefte (erbij horen) en de behoefte aan erkenning (waardering, status) een rol. De manager van een team kan hierop inspelen door gezamenlijke activiteiten te organiseren en door complimenten te maken. Het is van belang om te weten welke behoefteniveaus de klant/werknemer al heeft vervuld, en in welke behoeften hij/zij nog wil voorzien. Aangezien het model hiërarchisch is opgebouwd, heeft het bijvoorbeeld geen zin een cursus voor zelfactualisatie aan te bieden aan een werknemer die nog bezig is zijn bestaanszekerheid te waarborgen.

Bij de interne analyse kan het model inzicht geven in wat de motieven zijn die de doelgroep beweegt. Het model van Maslow is echter niet altijd te gebruiken. Bij producten als huishoudelijke artikelen of fietsen biedt het weinig houvast.

Voorbeeld
Met bierreclames wordt vaak ingespeeld op de sociale behoefte door de associatie met gezelligheid en vriendengroepen op te roepen. Bij auto's wordt op verschillende behoeften ingespeeld: een Volvo appelleert met zijn positionering aan de behoefte aan veiligheid, een BMW onder andere aan de behoefte aan status.

Het model van Maslow geeft inzicht in verschillende typen behoeften, maar legt niet de link tussen behoeften en koopgedrag. Een model dat dat juist wel doet is het stimulus-responsmodel. Behalve behoeften worden hierbij ook andere stimuli meegenomen.

2.3.2 Stimulus-responsmodel

Uitleg
Het klassieke **stimulus-responsmodel**, ook wel het black-boxmodel genoemd, probeert het gedrag van de consument te verklaren aan de hand van beïnvloedende stimuli: prikkels die op de consument afkomen. Dit kan bijvoorbeeld een product in de winkel zijn, een artikel in een tijdschrift of een commercial op tv. Dit zijn voorbeelden van prikkels die een marketeer op de consument af kan sturen. Maar ook buiten de invloed van de marketeer kunnen prikkels de con-

sument bereiken, zoals wanneer deze informatie over de economie in de krant leest, of kennisneemt van nieuwe technologische vondsten.

De consument verwerkt de prikkels in zijn hoofd. Wat zich daar precies afspeelt is niet bekend, vandaar de naam black box. Hoe dan ook leiden de prikkels tot een bepaalde respons, bijvoorbeeld het kopen van een product, de voorkeur voor een bepaald merk of de keuze van een winkel. Alleen de input (prikkels) en de output (respons, gedrag) zijn dus meetbaar. Het black-boxproces verschilt per consument (of consumentengroep).

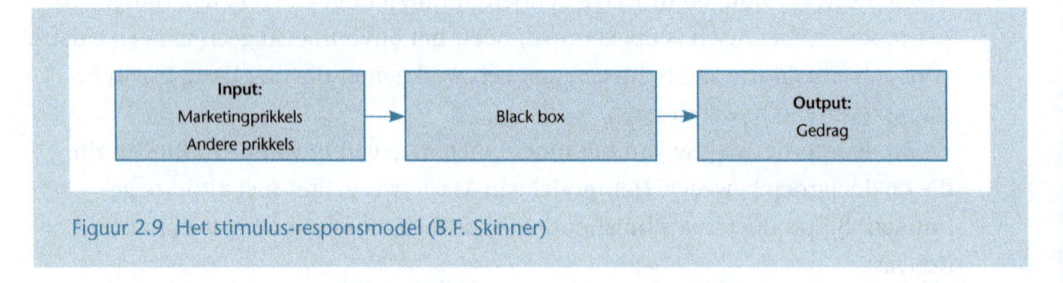

| Input: Marketingprikkels Andere prikkels | → | Black box | → | Output: Gedrag |

Figuur 2.9 Het stimulus-responsmodel (B.F. Skinner)

Wanneer te gebruiken

Het stimulus-responsmodel geeft je vooral inzicht. Je realiseert je erdoor dat marketingbeleid niet altijd het beoogde effect zal hebben. Dezelfde input kan bij verschillende groepen immers tot verschillend en zelfs onverwacht gedrag leiden. Het is daarom belangrijk om nieuwe producten en communicatie-uitingen altijd eerst te testen, zodat je kunt nagaan welke respons ze oproepen.

Het stimulus-responsmodel heeft betrekking op consumentengedrag in het algemeen. We richten ons nu op modellen die het gedrag van consumenten beschrijven als reactie op communicatie-uitingen.

2.3.3 Communicatiemodellen

Uitleg

Een zeer bekend marketingmodel is het **AIDA-model**. Volgens dit model doorloopt de consument als reactie op een communicatie-uiting achtereenvolgens vier essentiële stappen, namelijk: **A**ttention, **I**nterest, **D**esire en **A**ction. De eerste stap wordt overigens soms ook **A**wareness (bewustwording) genoemd.

Allereerst moet de aandacht (*attention*) van de consument worden getrokken. Dat kan door een reclame-uiting die opvalt qua kleur, lay-out, tekst of boodschap. Daarna moet de consument gewezen worden op de positieve aspecten van het product (bijvoorbeeld het gebruiksnut, de kwaliteit, de service of het imago), zodat hij geïnteresseerd raakt (*interest*). De consument ontwikkelt vervolgens een voorkeur (*desire*) voor het product, wanneer de marketeer hem kan overuigen van de waarde ervan. Uiteindelijk moet dit alles tot actie (*action*) leiden, namelijk de aankoop van het product. In deze laatste fase is het belangrijk om aankoopprikkels te geven (verkoopacties) en te zorgen voor een goede verkrijgbaarheid.

In de lijn van het AIDA-model zijn er ook wat complexere modellen, bijvoorbeeld het **model van Lavidge en Steiner**, dat ook wel het hiërarchie-van-effectenmodel wordt genoemd. In plaats van vier stadia onderkent dit model zes stadia van het koopproces, namelijk bewustwording (*awareness*), kennis (*knowledge*), waardering (*liking*), voorkeur (*preference*), overtuiging (*conviction*) en aankoop (*purchase*).

Voor beide modellen geldt dat de stappen gegroepeerd kunnen worden in drie stadia:
- **Cognitief**: mentaal, gericht op het verwerven van kennis over het product
- **Affectief**: emotioneel, er ontstaat een gevoel/houding ten opzichte van het product
- **Conatief**: actie, gedrag, de consument gaat over tot aankoop

In onderstaand overzicht is van beide modellen aangegeven hoe zij zich verhouden tot de drie stadia. Er is ook een derde model, het **DAGMAR-model** (= *defining advertising goals for measured advertising results*), naast gezet. Dit model heeft een vergelijkbare benadering, maar legt relatief meer nadruk op de cognitieve componenten. Het is oorspronkelijk ontworpen met het oog op meting van de resultaten van reclame.

Overigens hoeft de consument niet altijd een vaste volgorde te doorlopen, zoals in bovenstaande modellen wordt aangegeven. Er zijn ook situaties waarin de consument min of meer impulsief een product koopt, waarin hij dus begint met de conatieve fase (actie), maar vervolgens, bijvoorbeeld door een gevoel van twijfel over de aankoop (**cognitieve dissonantie**) openstaat voor informatie (cognitieve fase). Ook bij producten met een lage betrokkenheid van de consument, zoals schoonmaakmiddelen, gaat men wel eens over tot een probeeraankoop (conatief), om daarna pas een zekere waardering voor het product te ontwikkelen (affectief).

Wanneer te gebruiken
De modellen in deze paragraaf maken je ervan bewust dat de consument verschillende fasen doorloopt en dat je met marketingcommunicatie daar gericht

	AIDA-model	Lavidge en Steiner	DAGMAR
Cognitief	Attention ↓	Bewustwording ↓ Kennis ↓	Bekendheid ↓ Begrip ↓
Affectief	Interest ↓ Desire ↓	Waardering ↓ Voorkeur ↓ Overtuiging ↓	Overtuiging ↓
Conatief	Action	Aankoop	Actie

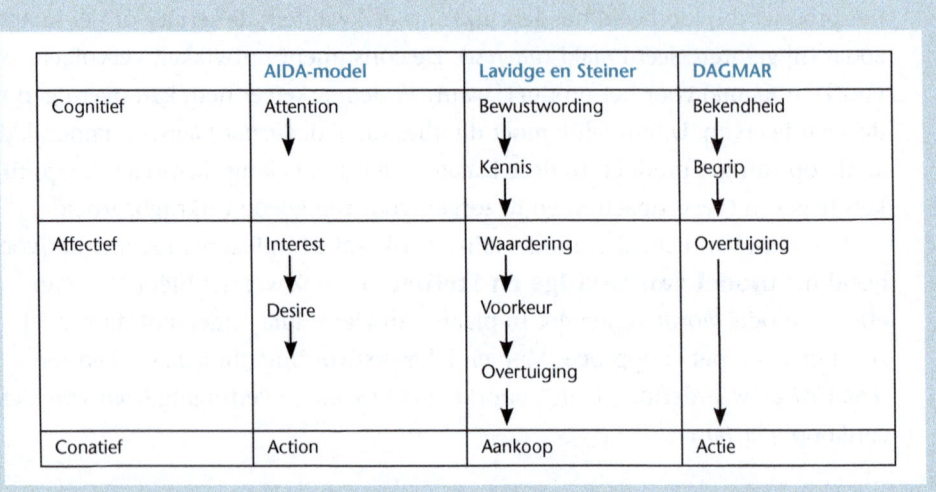

Figuur 2.10 Verschillende communicatiegedragmodellen[11]

op kunt inspelen. Je kunt deze modellen goed gebruiken wanneer je het communicatieonderdeel van het marketingplan invult.

Voorbeeld
Toen de spelcomputer Wii van Nintendo werd geïntroduceerd, was de communicatie vooral gericht op het verkrijgen van aandacht en het verstrekken van informatie (cognitief) over wat het product is, wat het kan en voor wie het is bedoeld. Voor winkeliers werd een groots demonstratie-event georganiseerd, voor consumenten was er een tv-campagne.

Nespresso richtte zich met de reclamecampagne met George Clooney vooral op het verkrijgen van merkvoorkeur, het affectieve aspect. Dit geldt ook voor veel bekende luxe parfums.

De bovenstaande modellen zijn bedoeld om aandacht, interesse en actie te bewerkstelligen. Als dat uiteindelijk effect heeft, verloopt de adoptie van nieuwe producten stapsgewijs, zoals weergegeven in het adoptiemodel van Rogers in de volgende paragraaf.

2.3.4 Het adoptiemodel van Rogers

Uitleg
Uit onderzoek is gebleken dat de adoptie van nieuwe duurzame consumentenproducten in fasen verloopt. In het begin wordt het product gekocht door een kleine

groep vernieuwende consumenten, die bereid zijn om eventueel een hogere prijs voor het product te betalen. Daarna volgen achtereenvolgens grotere groepen consumenten. Het **adoptiemodel van Rogers** onderscheidt vijf categorieën:

Innovators

De eerste 2,5% van de consumenten die een nieuw product kopen, noemen we de **innovators**. Dit zijn mensen die graag als eerste iets nieuws hebben en nieuwe ideeën uitproberen. Vaak zijn dit jonge mensen die iets te besteden hebben.

Early adopters

De **early adopters** zijn de volgende 13,5% die het product kopen. Pas als deze groep vroege kopers het product heeft aangeschaft, is er sprake van een succesvol product. De early adopters vormen de belangrijkste groep, want zij zijn de opinieleiders: kopen zij het product, dan koopt de rest het ook. Voor marketeers is het dus belangrijk om de opinieleiders in een bepaalde markt te identificeren en te bereiken.

Early majority

De volgende 34% is de **early majority**. De mensen in deze groep willen het product graag hebben, maar zijn wat voorzichtiger en wachten eerst af tot de early adaptors het product hebben aangeschaft.

Late majority

De **late majority** maakt ook 34% uit van het totaal. Deze mensen staan nogal sceptisch tegenover nieuwe producten en kopen deze alleen wanneer de meerderheid ze al heeft uitgeprobeerd, of wanneer ze er niet meer omheen kunnen, bijvoorbeeld door de toenemende druk van familie en kennissen.

Laggards

Deze groep bestaat uit de laatste 16%. **Laggards** hechten sterk aan traditie en staan wantrouwend tegenover nieuwigheden. Ze leven min of meer 'in het verleden' en schaffen het product als allerlaatste aan. Vaak betreft het oudere mensen. Deze groep heeft vaak ook weinig te besteden.

De stadia van het adoptiemodel van Rogers lopen min of meer parallel aan de fasen van de productlevenscyclus (zie § 4.2).

Wanneer te gebruiken

Dit model is bruikbaar bij het op de markt brengen van nieuwe producten. Voor een marketeer is het belangrijk om in eerste instantie de groep innovators en

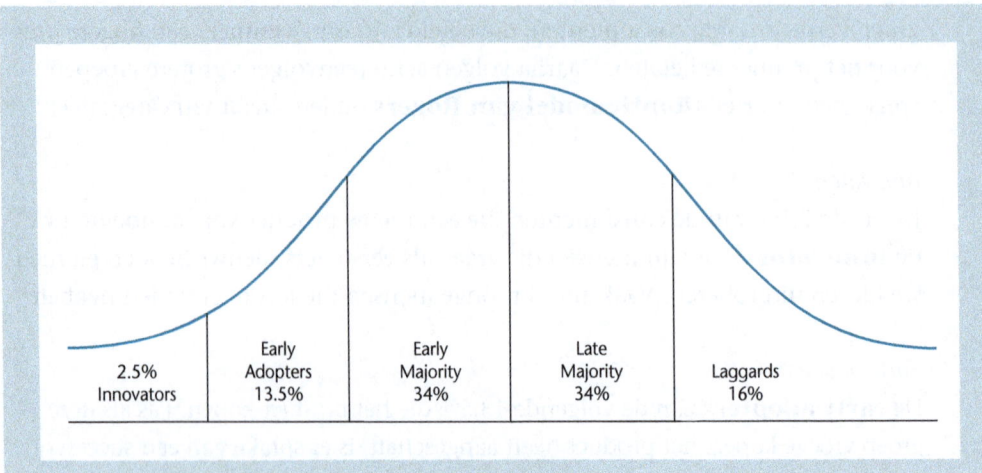

```
                    Early           Early          Late
     2.5%          Adopters        Majority       Majority       Laggards
   Innovators       13.5%            34%            34%            16%
```

Figuur 2.11 Het innovatie- en adoptiemodel van Rogers (1962)

early adopters aan te spreken. Niet alleen omdat zij als eerste bereid zijn om een nieuw product te kopen, maar ook omdat zij als opinieleiders fungeren voor de volgende groepen. Wanneer zij een product hebben geadopteerd, volgt de early majority meestal 'vanzelf'.

Voorbeeld
In een eerder voorbeeld zagen we dat in 2013 3,8% van de huishoudens een 3D-tv had. Dat betekent dat op dat moment adoptie door de early adopters plaatsvond. Plasma/LCD/LED tv-schermen daarentegen zijn in 2013 al tot de late majority doorgedrongen.

Tot nu toe hebben we in deze paragraaf gekeken naar modellen die van toepassing zijn op eindconsumenten. Het model van Curry is bedoeld voor de business-to-businessmarkt.

2.3.5 De klantenpiramide van Curry voor B2B-markten

Uitleg
Het **model van Curry** geeft inzicht in de bijdragen van groepen zakelijke klanten aan de omzet van een bedrijf. Curry deelt alle (potentiële) klanten van een bedrijf in in een piramide. Hoe hoger een klantengroep in de piramide is geplaatst, hoe belangrijker die is voor de onderneming.

De afnemer

De klanten in de top van de piramide vormen een heel kleine groep (meestal ongeveer 1%), maar zij genereren wel een groot deel van de omzet. Een groep klanten om te koesteren dus, hoewel zij door kwantumkortingen en speciale regelingen niet altijd de meest winstgevende klanten hoeven te zijn. Een zeer interessante groep zijn de grote klanten. Ze vormen slechts een klein deel van het totaal aantal klanten (zo'n 4%), maar zijn meestal goed voor zo'n kwart van de omzet. Daarna komen de middelgrote klanten. Voor deze drie klantengroepen gaat de wet van Pareto op: 20% van de klanten zorgt voor maar liefst 80% van de omzet. Dit terwijl de vele kleinere klanten 80% van het aantal klanten uitmaken en 20% van de omzet opleveren.

Het model van Curry onderscheidt ook inactieve klanten (die in het verleden wel eens een product of dienst hebben afgenomen), prospects (bedrijven die tot de doelgroep behoren en met wie al contact is geweest) en suspects (potentiële klanten die binnen het doelgroepprofiel passen maar met wie nog geen contact is geweest). De achterliggende gedachte is dat er door gerichte inspanningen een migratie van klanten richting de top van de piramide gaat plaatsvinden. Suspects worden prospects, prospects worden klanten, kleine klanten worden grote klanten enzovoort.

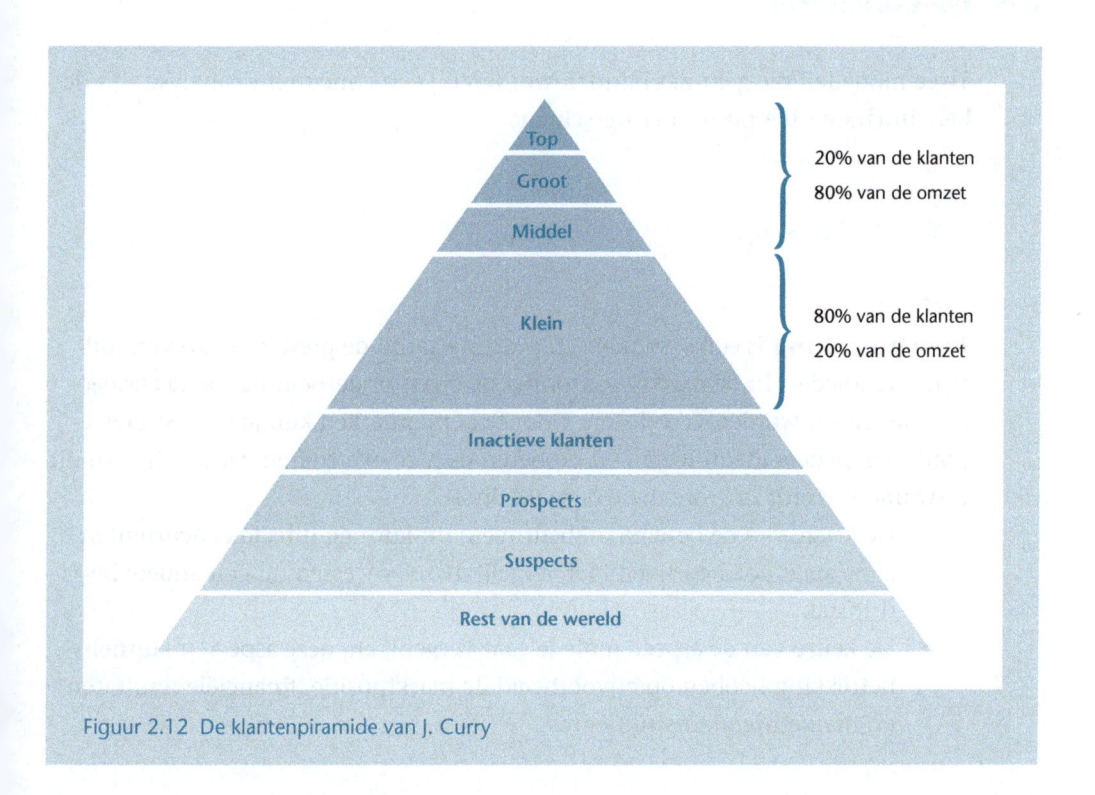

Figuur 2.12 De klantenpiramide van J. Curry

De restgroep 'Rest van de wereld' zou in kaart gebracht moeten worden om na te gaan of hier potentiële klanten tussen zitten die tot de doelgroep (kunnen gaan) behoren en nog niet eerder onderkend waren.

Wanneer te gebruiken
Met het model van Curry kun je het klantenbestand analyseren en zo inzicht krijgen in de bijdragen van elke groep zakelijke klanten. Dat kan een eyeopener zijn. Veel bedrijven richten hun marketinginspanningen namelijk vooral op niet-klanten of op de 80% kleinere klanten, terwijl de 20% grotere klanten veel belangrijker voor hen zijn. Op basis van de analyse kan het budget voor relatiemarketing gerichter worden ingezet.

Een goede analyse van de afnemers biedt vooral kansen. Concurrenten analyseer je daarentegen met een ander doel: zij vormen een bedreiging. Wanneer zij de consument een beter aanbod doen, dan is er kans dat die 'overloopt'. Het is daarom van groot belang om de activiteiten van concurrenten nauwlettend te volgen.

2.4 De concurrent

Twee modellen die gebruikt kunnen worden bij een concurrentieanalyse zijn de benchmark en het positioneringsschema.

2.4.1 Benchmark

Uitleg
Benchmarking is een systematisch proces waarbij de prestaties van verschillende aanbieders in de markt (waaronder de eigen onderneming) op deelaspecten met elkaar worden vergeleken. Door te benchmarken kun je de best presterende aanbieders identificeren en proberen deze te overtreffen. De kracht van dit instrument wordt in grote mate bepaald door:
- De keuze van de benchmarkbedrijven: dit kunnen directe concurrenten zijn, maar ook bedrijven met vergelijkbare processen uit een andere bedrijfstak.
- De keuze van de aspecten die je gaat vergelijken: deze aspecten kunnen betrekking hebben op bijvoorbeeld de marktpositie, financiële resultaten en marketingmixinstrumenten.

De concurrent

Wanneer te gebruiken

Als je de prestaties van een bedrijf wilt verbeteren, moet je zicht hebben op de concurrentie. Daarvoor verzamel je relevante informatie over het aanbod van de concurrenten, hun activiteiten, hun strategieën en hun resultaten. Hoewel dat al moeilijk genoeg is, is het pas echt een uitdaging om die informatie zo te analyseren en te interpreteren, dat je er de eigen prestaties mee kunt verbeteren. Hier komt de benchmark als een handig hulpmiddel om de hoek kijken.

Voorbeeld

In tabel 2.6 zie je een raamwerk van een benchmark. Daarmee worden in één oogopslag de verschillen tussen de concurrenten duidelijk en de elementen waarop de eigen onderneming zich al dan niet onderscheidt.

	Merk A	Merk B	Merk C	Merk D	Eigen merk
Doelgroep					
Afzet					
Omzet					
Marktaandeel afzet					
Marktaandeel omzet					
Assortiment					
Kwaliteitsniveau					
Prijsniveau					
Promotiebudget					
Communicatie-uitingen					
Distributie-intensiteit					
Personeel					
Bekendheid (geholpen/spontaan)					
Imago					
Winstpositie					

Tabel 2.6 Raamwerk van een benchmark

Bij de benchmark vergelijkt de marketeer het eigen merk systematisch met concurrerende merken op basis van een aantal relevante criteria. Bij een positioneringsschema worden er twee elementen uitgelicht die typerend zijn voor de positionering.

2.4.2 Positioneringsschema

Uitleg

Een bedrijf dat een merk doelgericht positioneert, probeert een aantal kenmerken van dat merk in de gedachten van de consument te verankeren. Die kenmerken kunnen functionele producteigenschappen zijn (bijvoorbeeld 'veiligheid' voor het automerk Volvo) of meer expressieve eigenschappen (bijvoorbeeld 'luxe' en 'schoonheid' voor een parfummerk). De positioneringsboodschap moet helder en onderscheidend zijn, en aansluiten bij de doelgroep. Zo is bijvoorbeeld *CosmoGIRL!* gepositioneerd als het grootste girlmagazine van Nederland met als doelgroep meiden van 14 tot 18 jaar.[12]

Een **positioneringsschema** of **perceptual map** is een handig hulpmiddel waarmee je kunt zien hoe het eigen bedrijf zich onderscheidt van de concurrenten. Voor dit schema kies je twee dimensies die de consument bij de merkkeuze belangrijk vindt en waarop bedrijven zich van elkaar kunnen onderscheiden. Voor supermarkten zijn dat bijvoorbeeld de prijs en de servicegraad. In het voorbeeld laten we zien hoe het schema precies tot stand komt.

Wanneer te gebruiken

Een positioneringsschema is een handig hulpmiddel om de eigen positie te vergelijken met die van concurrenten en dit visueel inzichtelijk te maken. Dat gebeurt op basis van twee dimensies, wat tevens de beperking van het model is. De positionering van een product betreft namelijk vaak meerdere kenmerken, of kenmerken die niet met twee uitersten zijn weer te geven. In zulke gevallen is een positioneringsschema dan ook minder geschikt.

Voorbeeld Cyclo

Marketingmanager Mark Snel van Cyclo heeft de concurrentie bestudeerd en wil deze in een positioneringsschema weergeven. Uiteindelijk komt hij tot twee dimensies die volgens hem belangrijke koopmotieven zijn: prijs en stijl van de fiets. Hij plaatst de diverse concurrenten in het positioneringsschema, afgaand op zijn gevoel. Dit zijn echter geen harde gegevens. Wil hij beleid kunnen baseren op dit model, dan zal hij de posities van de verschillende merken met behulp van marktonderzoek moeten laten vaststellen.

De concurrent

Figuur 2.13 Positioneringsgrafiek Cyclo

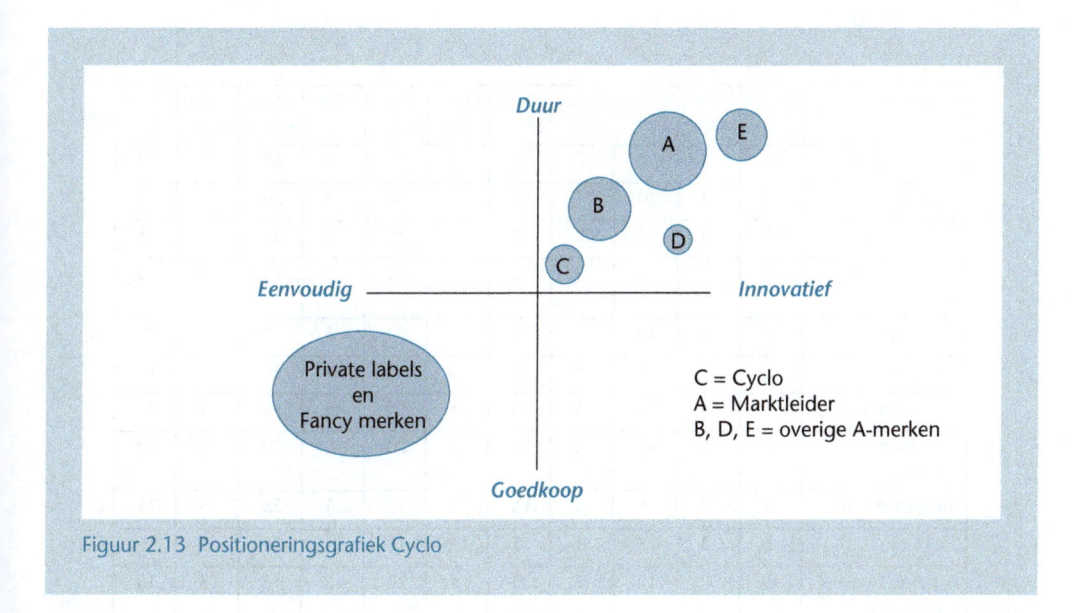

(Positioneringsgrafiek met assen Duur/Goedkoop en Eenvoudig/Innovatief. C = Cyclo, A = Marktleider, B, D, E = overige A-merken. Private labels en Fancy merken bevinden zich in het kwadrant Eenvoudig/Goedkoop.)

2.5 De leverancier: vendorrating

Uitleg

Vendorrating is een methode die wordt gebruikt voor leveranciersselectie. Je zet de leveranciers in een schema en vergelijkt ze met elkaar op basis van relevante criteria. Het belang van de criteria leg je vast door er wegingsfactoren aan toe te kennen. Vervolgens geef je de leveranciers voor elk criterium een cijfer, bijvoorbeeld van 1 tot 10 of van 1 tot 5. Van tevoren kun je bepalen dat leveranciers die op een bepaald aspect onder de maat presteren, direct uitvallen. De leverancier met de hoogste score wordt in principe geselecteerd.

Voorbeeld

In tabel 2.7 zijn computerleveranciers beoordeeld met cijfers van 1 (slecht) tot 5 (goed). Leverancier Eza heeft de hoogste totaalscore en wordt daarom geselecteerd.

Criterium	We-ging	Cijfer ABC	Score ABC	Cijfer Bel	Score Bel	Cijfer Data	Score Data	Cijfer Eza	Score Eza	Cijfer FGK	Score FGK
Prijs per stuk	10	5	50	2	20	4	40	3	30	1	10
Installatiekosten	10	3	30	1	10	4	40	5	50	1	10
Opleverdatum	5	3	15	2	10	4	20	5	25	1	5
Service en onderhoud	5	3	15	3	15	5	25	5	25	2	10
Storingsdienst	10	3	30	3	30	5	50	5	50	2	20
Helpdesk	5	0	0	3	15	3	15	4	20	3	15
Duurzaamheid	15	5	75	5	75	1	15	5	75	5	75
Technische Specificaties	10	5	50	5	50	2	20	5	50	2	20
Inpasbaarheid	5	3	15	3	15	3	15	5	25	3	15
Training	5	3	15	1	5	3	15	5	25	3	15
Reputatie leverancier	5	2	10	5	25	4	20	3	15	3	15
Ervaring leverancier	5	2	10	4	20	2	10	3	15	4	20
Continuïteit leveringen	10	2	20	3	30	2	20	3	30	4	40
Totaal	100		335		320		305		435		270

Tabel 2.7 Voorbeeld vendorrating

De analyses van de markt, afnemers, concurrentie en leveranciers vormen samen de mesoanalyse. Deze onderdelen hebben we in § 2.1 tot en met § 2.5 bestudeerd. Bij een externe analyse hoort ook nog een macroanalyse. Die volgt hierna.

2.6 Macro-omgevingsanalyse: DESTEP

Uitleg

Met een macro-omgevingsanalyse bestudeer je de ontwikkelingen die vanuit de macro-omgeving op je bedrijf afkomen. Dit zijn factoren die het bedrijf zelf niet kan beïnvloeden, maar die het wel degelijk in de gaten moet houden. Zo kan een verffabrikant zelf geen invloed uitoefenen op wetgeving die bepaalde oplosmiddelen verbiedt, maar hij zal er wel rekening mee moeten houden. Een keten van reisbureaus, die door het toenemende internetgebruik steeds minder klanten aan de balie treft, heeft geen invloed op het gewijzigde boekingsgedrag van consumenten, maar kan er wel op inspelen door zelf ook via internet diensten aan te bieden.

De macro-omgeving is voor alle bedrijven gelijk, maar welke ontwikkelingen daarin relevant zijn, verschilt per bedrijf. Dit hangt onder meer samen met de branche, de doelgroep en de marktpositie. De macro-omgevingsanalyse moet daarom altijd door de bril van de eigen onderneming (of branche) worden uitgevoerd. Maar al te vaak worden in een macro-omgevingsanalyse te veel algemeenheden vermeld, waardoor deze veel te lang wordt en te weinig samenhang vertoont met de rest van de externe analyse.

Een hulpmiddel om niets te vergeten bij de macro-omgevingsanalyse is een eenvoudig model, genaamd **DESTEP** of **DEPEST**. De letters staan voor trends of ontwikkelingen op zes verschillende gebieden die een rol kunnen spelen, namelijk:

D Demografische trends
E Economische trends
S Sociaal-culturele trends
T Technologische trends
E Ecologische trends
P Politiek-juridische trends

Door systematisch deze onderwerpen langs te lopen, en per onderwerp na te gaan welke ontwikkelingen van belang zijn voor de onderneming, krijg je een compleet beeld van de macro-omgevingsfactoren die voor jouw bedrijf van belang zijn. Het gaat er daarbij vooral om dat je (langdurige) trends signaleert en geen kortlopende rages of hypes. Vervolgens ga je na of die trends kansen dan wel bedreigingen voor de onderneming kunnen opleveren. De macro-omgevingsanalyse draagt zo dus bij aan het overzicht van kansen en bedreigingen waarmee een externe analyse wordt afgesloten.

Verder is het voor de macro-omgevingsanalyse van belang dat betrouwbare bronnen worden gebruikt, onderwerpen zo veel mogelijk vanuit meerdere perspectieven worden belicht, en de geraadpleegde bronnen correct worden vermeld. In het vervolg van deze paragraaf zal een aantal handige bronnen worden genoemd.

Demografische trends

Demografische ontwikkelingen zijn voor een bedrijf belangrijk, omdat die zich ook in de doelgroep van een bedrijf zullen uiten. In consumentenmarkten kijk je meestal naar de bevolkingsomvang, de bevolkingsgroei en de bevolkingssamenstelling (leeftijd, geslacht, etnische afkomst, opleiding, huishoudenomvang, inkomen en sociale klasse). Eventueel kun je de gegevens toespitsen op bepaalde regio's. Ook voor zakelijke markten zijn demografische trends van belang. Via de afgeleide vraag is er immers altijd een verband met de finale consument.

Net zoals je de omvang en samenstelling van de bevolking kunt bepalen, kun je ook de omvang en samenstelling van het bedrijfsleven in kaart brengen. Hoeveel en wat voor soort bedrijven zijn er? Dit zijn weliswaar strikt genomen geen demografische gegevens, maar de overeenkomsten zijn zo groot dat we ze voor het gemak toch onder het kopje 'demografische trends' scharen.

Zo wordt de omvang van een industriële doelgroep bepaald door het aantal bedrijven/vestigingen in een bepaalde branche/regio, uitgesplitst naar omvang. De omvang van bedrijven kan gemeten worden aan het aantal werknemers en/of de omzet en afzet. Vaak ook wordt gekeken naar het aantal nieuw opgerichte bedrijven, omdat die nog geen vaste leveranciers hebben en daardoor gezien worden als een aantrekkelijk segment.

Voorbeeld demografische trends in consumentenmarkten

Bevolkingsomvang en -samenstelling
De aangewezen bron voor demografische gegevens is het CBS. Gegevens zijn vrij toegankelijk via www.cbs.nl, onderdeel Bevolking. Met behulp van de Statline Databank kun je zelf de benodigde gegevens selecteren. Zo kan een aanbieder van educatieve games voor kinderen van 10 tot en met 12 jaar precies nagaan dat zijn doelgroep in 2013 in Nederland een omvang had van 611.839 kinderen.

Bevolkingsgroei
Ook de verwachte ontwikkeling van de bevolking wordt door het CBS gepubliceerd. Hiertoe maakt het CBS elke twee jaar een bevolkingsprognose voor de lange termijn (ca. 40 jaar), in de tussenliggende jaren verschijnt een bijgestelde prognose op kernvariabelen. Let erop dat er met grote betrouwbaarheidsintervallen wordt gewerkt, vooral bij de langetermijnprognoses, omdat het aantal geboortes en het immigratiesaldo moeilijk te voorspellen zijn. De ontwikkeling van oudere leeftijdsgroepen is wel goed te voorspellen.

Langetermijntrends bevolking
De vergrijzing, ontgroening, toename van het aantal allochtonen, toename van het opleidingsniveau en afname van de huishoudensgrootte zijn langetermijntrends van de bevolking in Nederland. Naast het CBS is de jaargids van onder-

zoeksbureau GfK een goede bron van informatie over de bevolkingstrends in Nederland en België.

Buitenlandse markten
Voor buitenlandse markten in Europa is Eurostat een belangrijke bron: www.epp.eurostat.ec.europa.eu. Dit statistisch bureau van de EU publiceert cijfers over tal van onderwerpen in Europese landen zoals bevolking, opleiding, gezondheid, levensomstandigheden en welvaart. Ook worden vergelijkingen gemaakt met niet-Europese landen.

Praktijkvoorbeeld
In 2013 waren er 2,8 miljoen eenpersoonshuishoudens. Dat is 37% van alle huishoudens in Nederland. In 2000 was dat nog ca. 33%. Supermarkten spelen hierop in met het aanbod van (ook) kleine portieverpakkingen en reisorganisaties bieden meer alleenstaandenreizen aan.

Voorbeeld demografische trends in zakelijke markten

Aantal bedrijven
Wanneer we vanuit demografisch perspectief naar de omvang van zakelijke doelgroepen kijken, dan hebben we het bijvoorbeeld over het aantal bedrijven. Voor onderzoek hiernaar is het CBS een goede bron. Je vindt hier onder andere landelijke gegevens over aantallen bedrijven, omzetontwikkeling en volumeontwikkeling. De Kamer van Koophandel (www.kvk.nl) biedt daarnaast ook waardevolle informatie over het aantal bedrijven per branche, het aantal oprichtingen en opheffingen per jaar. De Kamer van Koophandel splitst de cijfers bovendien uit naar regio's.

Praktijkvoorbeeld
Een automatiseringsbedrijf dat ICT-toepassingen heeft ontwikkeld voor de uitzendbranche kan via de website van de Kamer van Koophandel heel eenvoudig achterhalen dat er in april 2014 5.977 economisch actieve ondernemingen/vestigingen van uitzendbureaus waren in Nederland en dat er in het eerste kwartaal van 2014 209 nieuwe inschrijvingen en starters werden geregistreerd. Tegen een vergoeding kan het ICT-bedrijf de adressen, telefoonnummers en contactpersonen van al deze bedrijven krijgen.

Economische trends

Nationale en mondiale economische trends zijn van invloed op de koopkracht van consumenten en bedrijven. Veel branches zijn gevoelig voor de economische situatie; denk bijvoorbeeld aan de uitzendbranche. Een belangrijke indicator voor de economische groei is het bruto nationaal product. Andere belangrijke conjunctuurindicatoren zijn de import, export, binnenlandse consumptie, prijzen, inflatie en werkloosheid. Verder is de index consumentenvertrouwen een belangrijke graadmeter van de mate waarin het publiek positief dan wel negatief gestemd is over de economie. Veel bedrijven volgen de beweging van het consumentenvertrouwen omdat dit een redelijk goede voorspeller blijkt te zijn voor het koopgedrag van consumenten. Met name de deelindex van de koopbereidheid blijkt vooruit te lopen op de toekomstige ontwikkeling van de consumentenbestedingen aan duurzame consumptiegoederen.[13]

Belangrijke bronnen voor economische gegevens zijn:
- Centraal Bureau voor de Statistiek (www.cbs.nl) voor historische gegevens en de huidige situatie.
- Centraal Planbureau (www.cpb.nl) voor economische prognoses.
- Organisation for Economic Co-operation and Development (www.oecd.org) en de Rijksdienst voor Ondernemend Nederland (www.rvo.nl) voor internationale gegevens.

Voorbeeld
De index consumentenvertrouwen wordt elke maand gepubliceerd door het CBS, dat hiervoor maandelijks ongeveer 1.000 consumenten vijf vragen stelt over de economische situatie, de financiële situatie en de situatie rondom grote aankopen. Bij een index groter dan nul overheerst het aantal positieve antwoorden; bij een index kleiner dan nul zijn meer mensen negatief gestemd. Vanaf begin 2012 tot april 2014 bewoog het consumentenvertrouwen in Nederland zich onder de nullijn, zoals deels te zien is in figuur 2.14.

Sociaal-culturele trends

Het is vaak moeilijk te bepalen welke ontwikkelingen precies onder sociaal-culturele trends vallen. In zijn algemeenheid gaat het over normen en waarden in de maatschappij. Denk daarbij aan de toenemende diversiteit en integratie van allochtonen, de rolverdeling man/vrouw en de toegenomen arbeidsparticipatie van vrouwen, de toenemende aandacht voor gezondheid in voeding en levens-

Macro-omgevingsanalyse: DESTEP

Figuur 2.14 Ontwikkeling consumentenvertrouwen

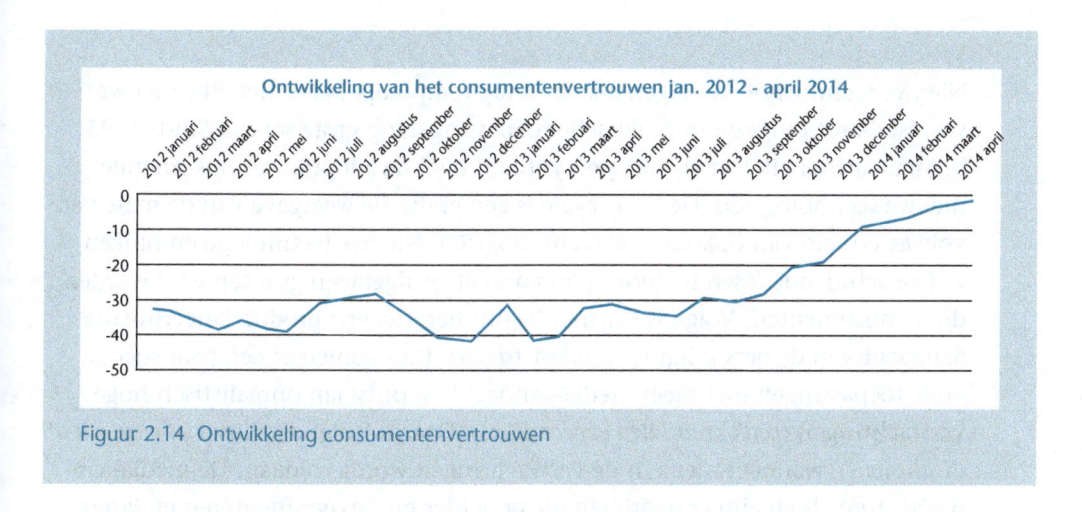

stijl, sportbeoefening, mediagebruik, vrijetijdsbesteding enzovoort. Op basis van de branche en het type bedrijf waarvoor de omgeving in kaart gebracht wordt, zal bepaald moeten worden welke onderwerpen relevant zijn. Een belangrijke bron voor sociaal-culturele trends is het Sociaal en Cultureel Planbureau (www.scp.nl).

Technologische trends

Technologische ontwikkelingen hebben de afgelopen decennia een enorme invloed gehad op onze maatschappij en de manier waarop we leven en werken. Denk dan vooral aan de computer, het internet en de mobiele telefoon. Deze apparaten zijn gemeengoed geworden in de westerse maatschappij. In Nederland ligt de internetpenetratie zeer hoog. Het mobiele internet is momenteel met een grote opmars bezig. Onderzoeksgegevens over gebruik van (mobiel) internet en telecommunicatie worden regelmatig gepubliceerd door bijvoorbeeld het CBS.

Online winkelen wordt steeds populairder. Bijna 11 miljoen Nederlandse consumenten kochten in 2013 voor ruim € 10 miljard aan producten en diensten via internet. En de bestedingen via webwinkels groeien nog steeds. De belangrijkste productcategorieën voor onlineaankopen zijn kleding, telecom, vliegtickets en hotels, pakketreizen, en de groep 'overig', waaronder boeken en dvd's. Sterk groeiende segmenten zijn kleding en telecom.

Onderzoeksgegevens over online winkelen zijn te verkrijgen bij de Nederlandse Thuiswinkel Organisatie, kortweg Thuiswinkel.org.

Bij de analyse van de technologische trends is het vooral van belang om na te gaan welke ontwikkelingen kansen dan wel bedreigingen kunnen opleveren.

Voorbeeld

Nieuwe technologieën volgen elkaar in rap tempo op. Maar niet elke nieuwe vondst wordt omgezet in praktische toepassingen op grote schaal. Sinds 1995 brengt Gartner elk jaar zijn **hype cycle** uit over de adoptie van opkomende nieuwe technologieën. De hype cycle is een grafische weergave van de mate van volwassenheid van opkomende technologieën. Nieuwe technologieën blijken vijf verschillende fasen te doorlopen voordat ze algemeen geaccepteerd worden door consumenten. Volgens Gartner begint het met een productlancering die aandacht van de pers krijgt (*technology trigger*). Dan komen er een paar succesvolle toepassingen met meer media-aandacht en ontstaan onrealistisch hoge verwachtingen (*peak of inflated expectations*). Daarna volgt desillusie (*the trough of disillusions*), wanneer niet aan de verwachtingen wordt voldaan. De media-aandacht stopt. Toch zijn er bedrijven die er verder mee experimenteren en langzamerhand de voordelen gaan zien en praktische toepassingen vinden (*the slope of enlightenment*). Wanneer de voordelen breed gezien en geaccepteerd worden, bereikt men een niveau met stabiele toepassingen (*plateau of productivity*).[14]

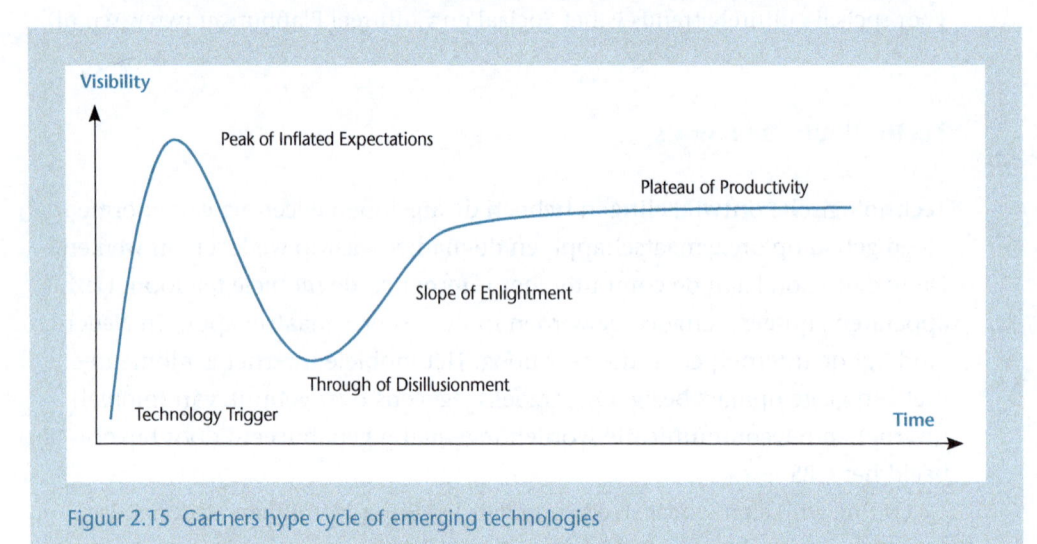

Figuur 2.15 Gartners hype cycle of emerging technologies

Niet alle technologieën doorlopen al deze fasen. Sommige verdwijnen spoedig voor altijd uit het zicht, andere komen al sneller tot productieve toepassingen. De hype cycle is echter vooral nuttig om inzicht te krijgen in de relatieve posities van de verschillende technologieën op hun weg naar volwassenheid en acceptatie.

Zo is in de 2013-hype cycle Big Data geplaatst bij de Peak of Inflated Expectations, zit Augmented Reality in de Through of Disillusionment, bevindt Enterprise

3D Printing zich op de Slope of Enlightment en heeft Speech Recognition het Plateau of Productivity bereikt.[15]

Ecologische en ethische trends

Maatschappelijk verantwoord ondernemen (mvo) is vandaag de dag gemeengoed geworden. Bedrijven moeten zich niet alleen verantwoorden voor hun financiële resultaten, maar ook voor de eventuele schade die zij toebrengen aan het milieu en hun rol in de maatschappij. Bedrijven worden geacht om niet meer winst als absolute prioriteit boven alles te stellen, maar deze in balans te brengen met andere, meer kwalitatief gerichte maatstaven die betrekking hebben op het welzijn van de planeet en de bevolking op lange termijn. Dat blijkt onder andere uit de opkomst van fairtradeproducten, biologische voeding, groene stroom, kleding van biologische katoen enzovoort. De meeste grote bedrijven hebben een gedragscode en een apart duurzaamheidsverslag of leggen verantwoording af over hun maatschappelijk en milieubeleid in hun jaarverslag.

Een internationaal gehanteerde richtlijn voor maatschappelijk verantwoord ondernemen bestaat uit de drie p's: **people**, **planet**, **profit**. Deze staan voor:
- People: mensen binnen en buiten de onderneming (werknemers, klanten, andere belanghebbenden).
- Planet: de gevolgen voor het (leef)milieu.
- Profit: winst, nodig om de continuïteit van de onderneming te waarborgen.

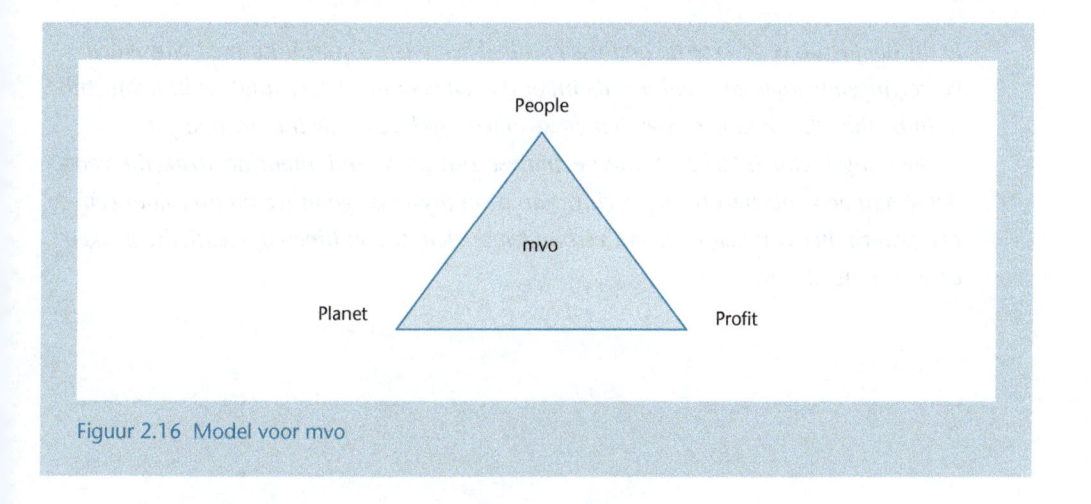

Figuur 2.16 Model voor mvo

Hoofdstuk 2 Externe analyse

Waar vroeger de nadruk vooral lag op het tegemoetkomen aan de aandeelhoudersbelangen (profit), wordt tegenwoordig steeds meer aandacht besteed aan maatschappelijke zaken (people) en de gevolgen voor het milieu (planet). Men raakt er bovendien steeds meer van overtuigd dat een verantwoord beleid met betrekking tot de drie p's niet alleen goed is voor het milieu en de maatschappij, maar op lange termijn ook meer winst oplevert voor de onderneming. Het sociaal, ecologisch en financieel belang dienen dan ook met elkaar in evenwicht te zijn. De evenwichtsituatie wordt in modelvorm als volgt weergegeven:

Informatie over mvo is onder andere te vinden op de site van MVO Nederland (www.mvonederland.nl) en op www.duurzaam-ondernemen.nl, een online kenniscentrum op het gebied van duurzaam ondernemen en maatschappelijk verantwoord ondernemen.

Politiek-juridische trends

Wet- en regelgeving legt beperkingen op aan bedrijven, in nationale en internationale context. Denk bijvoorbeeld aan het verbod op alcoholreclame gericht op jongeren tot 16 jaar, de vaste boekenprijs, richtlijnen voor het gebruik van persoonlijke informatie en beperking van de winkelopeningstijden.

Bedrijven doen er goed aan zich te informeren over regionale, nationale en internationale wetgeving die voor hun branche en bedrijf van belang is. Een handige site is die van de Rijksdienst voor Ondernemend Nederland, onderwerp Wet- en regelgeving (www.rvo.nl).

In dit hoofdstuk is de externe analyse aan bod gekomen. Daaruit kunnen kansen en bedreigingen worden afgeleid die als input dienen voor de SWOT-analyse in hoofdstuk 3. In hoofdstuk 1 had je al sterkten en zwakten afgeleid uit de interne analyse.

Een uitgebreide interne en externe analyse zijn tijdrovend, maar noodzakelijk voordat je aan de strategievorming begint. Van de analysefase gaan we nu over naar een fase waarin het van belang is om verbanden te zien, te combineren, creatief te denken en vooruit te kijken.

Hoofdstuk 3

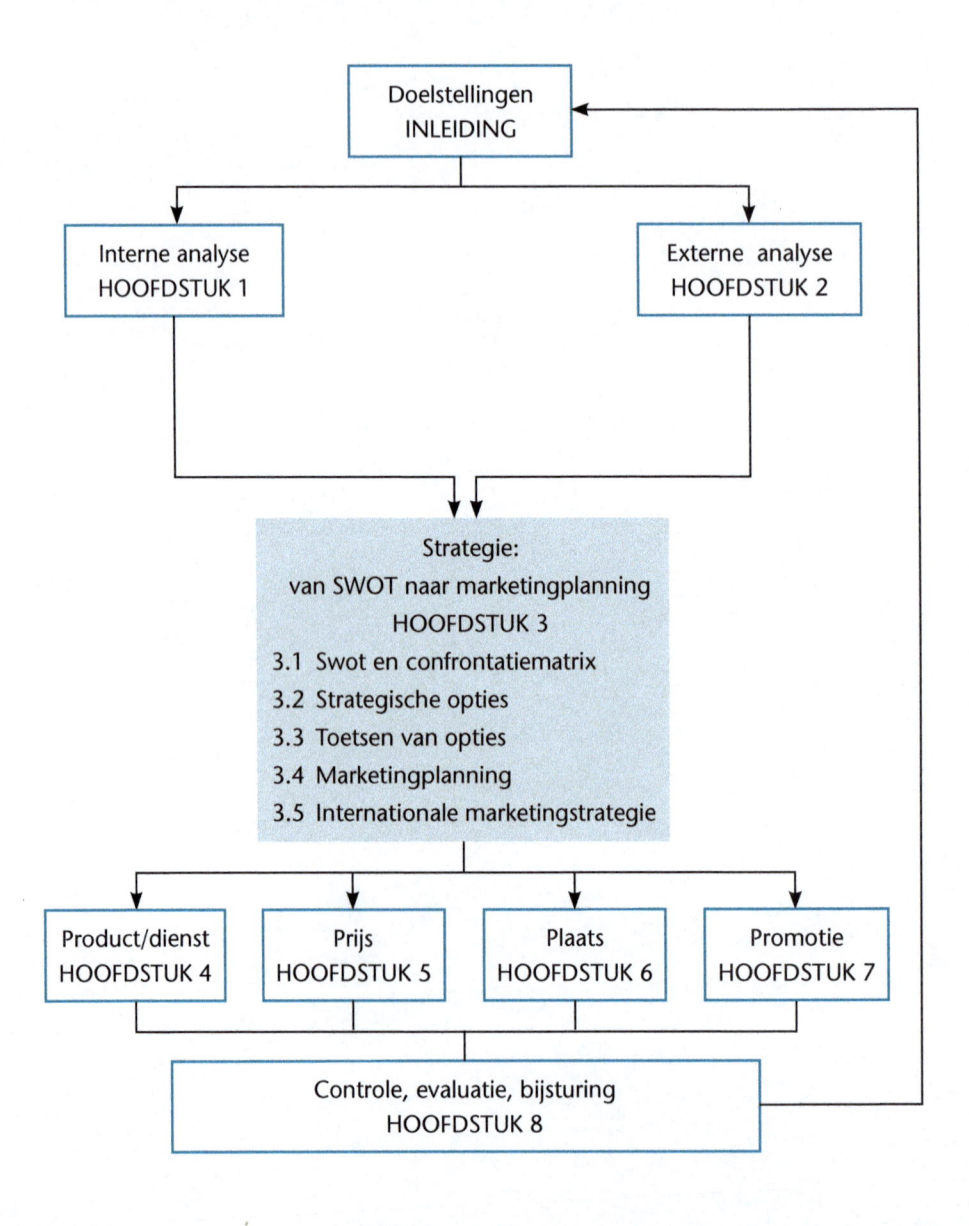

```
                    ┌─────────────────────┐
                    │   Doelstellingen    │◄──────────────┐
                    │     INLEIDING       │               │
                    └──────────┬──────────┘               │
              ┌────────────────┼────────────────┐         │
              ▼                                 ▼         │
  ┌─────────────────────┐             ┌─────────────────────┐
  │  Interne analyse    │             │  Externe analyse    │
  │    HOOFDSTUK 1      │             │    HOOFDSTUK 2      │
  └──────────┬──────────┘             └──────────┬──────────┘
             │                                   │
             └────────────────┬──────────────────┘
                              ▼
         ┌──────────────────────────────────────────────┐
         │             Strategie:                       │
         │    van SWOT naar marketingplanning           │
         │             HOOFDSTUK 3                      │
         │    3.1  Swot en confrontatiematrix           │
         │    3.2  Strategische opties                  │
         │    3.3  Toetsen van opties                   │
         │    3.4  Marketingplanning                    │
         │    3.5  Internationale marketingstrategie    │
         └──┬───────────┬───────────┬───────────┬───────┘
            ▼           ▼           ▼           ▼
       ┌────────┐  ┌────────┐  ┌────────┐  ┌────────┐
       │Product/│  │ Prijs  │  │ Plaats │  │Promotie│
       │ dienst │  │HOOFD-  │  │HOOFD-  │  │HOOFD-  │
       │HOOFD-  │  │STUK 5  │  │STUK 6  │  │STUK 7  │
       │STUK 4  │  │        │  │        │  │        │
       └───┬────┘  └───┬────┘  └───┬────┘  └───┬────┘
           │           │           │           │
           └───────────┴─────┬─────┴───────────┘
                             ▼
            ┌──────────────────────────────────┐
            │  Controle, evaluatie, bijsturing │
            │           HOOFDSTUK 8            │
            └──────────────────────────────────┘
```

Strategie: van SWOT naar marketingplan

Dit hoofdstuk vormt het middelpunt van het boek en verbindt het eerste, analytische deel (hoofdstuk 1 en 2) met het laatste, operationele deel (hoofdstuk 4 tot en met 8).

Analyse	→	**Strategiebepaling**	→	Operationele uitwerking
Hoofdstuk 1-2	→	**Hoofdstuk 3**	→	Hoofdstuk 4-8

Het eindresultaat van de interne analyse en de externe analyse is de SWOT-matrix. Hierin zet je op een rij wat intern de belangrijkste sterkten en zwakten van het bedrijf zijn (micro) en welke kansen en bedreigingen er extern bestaan (meso en macro). Via een confrontatiematrix vind je vervolgens de zogenaamde kans- en probleemvelden, een centrale probleemstelling, en uiteindelijk de strategische opties. Uit deze opties maak je een keuze, waarna je de marketingstrategie formuleert.

Dit proces kun je gestructureerd uitvoeren door de vijf stappen in tabel 3.1 te volgen. In de praktijk worden deze stappen nog wel eens veronachtzaamd, terwijl het juist belangrijk is om nauwkeurig na te denken over het eigen bedrijf en de omgeving.

Stap 1	SWOT-matrix opstellen	§ 3.1.1
Stap 2	Confrontatiematrix opstellen Kans- en probleemvelden en de centrale probleemstelling afleiden	§ 3.1.2
Stap 3	Strategische opties formuleren Eventueel aan de hand van de modellen van Porter, Treacy en Wiersema, Ansoff, Doyle, Blue Ocean Strategy en Canvas	§ 3.2.1 § 3.2.2-6
Stap 4	Opties toetsen Optie kiezen	§ 3.3
Stap 5	Marketingplanning	§ 3.4

Tabel 3.1 Stappen voor de strategievorming

In de laatste paragraaf van dit hoofdstuk (§ 3.5) wordt stilgestaan bij internationale marketingstrategie.

Hoofdstuk 3   Strategie: van SWOT naar marketingplan

3.1 SWOT-analyse en confrontatiematrix

3.1.1 SWOT-analyse

Uitleg

SWOT staat voor de Engelse termen *strengths*, *weaknesses*, *opportunities* en *threats*. Deze worden in een **SWOT-matrix** bij elkaar gezet, zoals weergegeven in tabel 3.2.

Strengths en **weaknesses**, ofwel sterkten en zwakten, hebben betrekking op de eigen onderneming. Voorbeelden hiervan zijn een voorsprong in research en development, ervaren verkooppersoneel, schaalvoordelen, een sterke concurrentiepositie en goede relaties met de distributeurs. Zorg ervoor dat je de sterkten en zwakten nauwkeurig formuleert. Een term als 'personeel' is niet voldoende. Kwalificeer het personeel, met een formulering als 'loyaal en ervaren personeel' (sterkte) of 'hoog verloop onder het personeel' (zwakte).

Opportunities en **threats**, ofwel kansen en bedreigingen, zijn marktomstandigheden waarop het bedrijf zelf geen directe invloed heeft. Je kunt daarbij denken aan trends, valutaschommelingen, hevige concurrentie, ontgroening of nieuwe milieuwetgeving. Kansen zijn dus géén opties (die komen later aan bod als resultaat van de SWOT-analyse).

Strengths	Weaknesses
S1	W1
S2	W2
S3	W3
S4	W4
S5	W5
Enzovoort	Enzovoort
Opportunities	**Threats**
O1	T1
O2	T2
O3	T3
O4	T4
O5	T5
Enzovoort	Enzovoort

Tabel 3.2 SWOT-matrix

Wanneer te gebruiken

De SWOT-matrix volgt op de interne en externe analyse. Om na te gaan of je alle belangrijke punten in de matrix hebt staan, is het aan te bevelen om de in- en externe analyse nog eens door te lopen. Uit de interne analyse leid je de sterke en zwakke punten af. Uit de externe analyse de kansen en bedreigingen.

SWOT-analyse en confrontatiematrix

De confrontatiematrix ligt in het verlengde van de SWOT-matrix. De sterkten, zwakten, kansen en bedreigingen uit de SWOT-matrix worden in de confrontatiematrix met elkaar in verband gebracht. Dat kost veel tijd, maar is nodig om uiteindelijk de strategische opties te kunnen formuleren.

3.1.2 Confrontatiematrix

Uitleg

Op basis van de SWOT-matrix wordt de **confrontatiematrix** opgesteld. Zorg er daarbij voor dat je op de relevante assen aan elkaar gerelateerde issues bij elkaar plaatst, bijvoorbeeld aspecten uit de macro omgeving bij elkaar, evenzo aspecten uit meso omgeving, aspecten ten aanzien van concurrentie, branche of industrietak, financiële aspecten, product-, respectievelijk prijs-, distributie- en promotiegerelateerder zaken enzovoort. Hierna breng je elke sterkte en elke zwakte in verband met elke kans en elke bedreiging. De verbanden druk je uit in de termen 'sterk positief', 'positief', 'neutraal', 'negatief' of 'sterk negatief'. In tabel 3.3 is dat voor een denkbeeldige casus gedaan.

		OPPORTUNITIES						THREATS						
S	Extern	O1	O2	O3	O4	O5	O6	T1	T2	T3	T4	T5	T6	Totaal
T R E N G T H S	Intern													
	S1	++	+	+	0	+	0	0	0	+	0	+	0	7
	S2	0	+	+	0	++	0	0	0	0	0	0	0	4
	S3	0	0	0	0	+	0	0	+	0	0	0	0	2
	S4	0	0	0	++	0	+	0	0	+	0	0	-	3
	S5	0	0	+	0	+	0	0	-	0	0	0	0	1
	S6	0	+	+	0	0	0	-	0	0	0	0	0	1
W E A K N E S S E S	W1	0	0	0	0	-	0	-	-	0	0	-	0	-4
	W1	0	0	+	0	0	-	--	-	0	-	-	0	-5
	W2	0	0	0	0	0	0	-	-	--	0	-	0	-5
	W3	0	0	-	-	0	-	0	0	0	-	0	0	-4
	W4	0	-	--	0	0	0	0	-	0	0	-	0	-5
	W5	0	0	+	-	0	0	-	0	0	0	-	0	-2
	W6	0	0	0	0	0	+	0	0	0	-	0	0	0
	Totaal	2	2	3	0	4	0	-6	-4	0	-3	-4	-1	

Tabel 3.3 Confrontatiematrix

0	=	Geen invloed of relatie, of sterkte en zwakte neutraliseren elkaar, of zwakte en kans neutraliseren elkaar
++	=	Sterkte en kans versterken elkaar wederzijds
+	=	Sterkte weegt zwaarder dan bedreiging, of kans weegt zwaarder dan zwakte, of sterkte en kans hebben een positieve invloed op elkaar

--	=	Zwakte en bedreiging versterken elkaar wederzijds
-	=	Bedreiging weegt zwaarder dan sterkte, of zwakte weegt zwaarder dan kans, of zwakte en bedreiging hebben een negatieve invloed op elkaar
(++ / +)	=	Kansveld
(- - -)	=	Probleemveld

Door de confrontatiematrix goed te bekijken kun je er aandachtsgebieden uit afleiden. Een cluster van plusjes is een **kansveld** en een cluster van minnetjes een **probleemveld**. Soms krijg je wat verspreide velden, dat is afhankelijk van de volgorde van de sterkten, zwakten, kansen en bedreigingen. De kans- en probleemvelden zijn aanknopingspunten om opties uit te destilleren. Bijvoorbeeld: als Cyclo als sterkten heeft 'slagvaardige R&D-afdeling', 'flexibele productiemethoden' en 'gemotiveerd personeel', dan kunnen deze in combinatie met de kansen 'vergrijzing' en 'ouderen willen mobiel blijven' leiden tot positieve versterking in een aantal vlakken: een kansveld. Dit kansveld zou vervolgens kunnen leiden tot de optie 'productie en marketing van rollators opstarten'.

Ook leiden de kans- en probleemvelden tot de **centrale probleemstelling**. Die verbindt of overkoepelt de (meeste) aandachtsvelden. In de centrale probleemstelling leg je uit wat de huidige en toekomstige situatie van de onderneming is bij ongewijzigd beleid. Met andere woorden: hoe staat de onderneming er momenteel voor in de markt, en wat gebeurt er als er geen nieuwe activiteiten worden ondernomen?

Wanneer te gebruiken
De confrontatiematrix is het scharnierpunt tussen de uitkomsten van de analysefase enerzijds en de strategieformulering anderzijds. Het is belangrijk dat er binnen de onderneming uitgebreid met elkaar over wordt gesproken zodat er consensus wordt bereikt over de kans- en probleemvelden en de centrale probleemstelling. Door veel aandacht aan dit proces te besteden, creëer je bovendien draagvlak voor de nieuw te ontwikkelen strategie.

Voorbeeld Cyclo

Marketingmanager Mark Snel heeft voor Cyclo een SWOT-analyse gemaakt:

Het formuleren van strategische opties

Sterkten	Zwakten
- gezonde financiële positie - goed ingevoerd bij de vakhandel - ervaren en loyaal personeel - stijgend marktaandeel	- zwakke positie in e-bikes - kleine speler in de markt - lage bekendheid, geen duidelijk imago - beperkte productiecapaciteit - beperkte distributie
Kansen	Bedreigingen
- vergrijzing - toename vrije tijd - toenemende vraag elektrische fietsen - technologische ontwikkelingen met betrekking tot elektromotoren en accu's - toenemend belang van onlineverkoop - gezondheidstrend, aandacht voor sport	- toenemende ketenvorming - sterke concurrentie - afnemend aantal zelfstandige rijwielhandelaren - economische crisis

Vervolgens maakt hij een confrontatiematrix en leidt daar een aantal kans- en probleemvelden uit af. Die vat hij samen in de centrale probleemstelling van Cyclo:

'Cyclo maakt onvoldoende gebruik van de marktkansen die elektrische fietsen bieden. Daarbij heeft Cyclo te maken met een beperkt en afnemend distributiesegment (zelfstandige detaillisten), terwijl de winkelketens juist in omvang toenemen, een lage bekendheid en een onduidelijk imago. Wanneer Cyclo op deze voet doorgaat zal zijn positie onder druk komen te staan.'

Wanneer duidelijk is wat de knelpunten en mogelijkheden voor een onderneming zijn, kun je op zoek gaan naar strategische opties.

3.2 Het formuleren van strategische opties

In deze paragraaf wordt eerst het begrip 'strategische optie' uitgelegd. Vervolgens behandelen we een aantal modellen die behulpzaam kunnen zijn bij het vinden van strategische opties.

3.2.1 Strategische opties

Uitleg
De **strategische opties** moeten een antwoord zijn op de kans- en probleemvelden en de centrale probleemstelling. Opties kun je onder andere vinden door naar de strategische richting van de onderneming te kijken: groeien, consolideren of inkrimpen. Gebruik hiervoor de resultaten van de portfolioanalyse in hoofdstuk 1 en de marktanalyse in hoofdstuk 2.

Misschien volgt het bedrijf al een bepaalde strategie, bijvoorbeeld achterwaartse diversificatie of marktpenetratie. Deze strategie voortzetten is dan de zogenoemde **nuloptie**. Bij de nuloptie moet men zich afvragen wat er gebeurt als het huidige beleid wordt voortgezet (zie ook de centrale probleemstelling). Dat kan met een **gap-analyse**. Je trekt dan de huidige ontwikkelingen door naar bijvoorbeeld het volgende jaar en schat in in hoeverre de doelstellingen (voor bijvoorbeeld omzetgroei, winst, marktaandeel) worden behaald. Als er een verschil is tussen de verwachte uitkomst en de doelstelling noemen we dat de gap (deze kan dus zowel positief als negatief zijn, als een waarde nul aannemen). In onderstaande illustratie is de realisatie lager dan de geplande doelstelling, dus negatief.

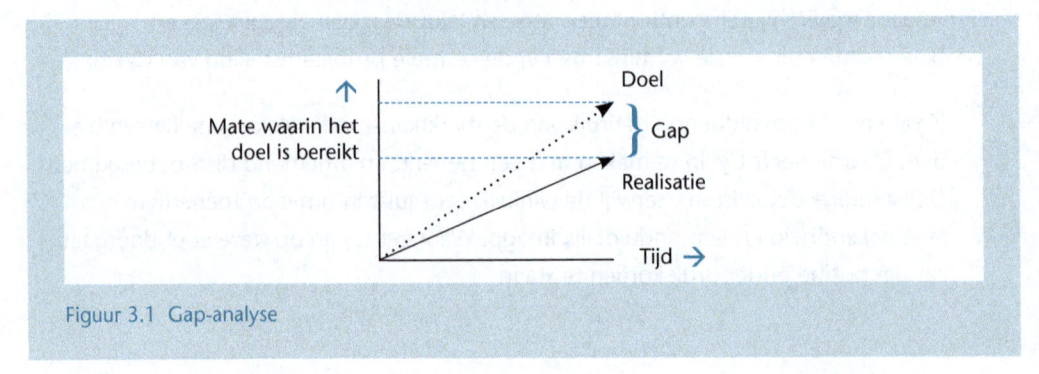

Figuur 3.1 Gap-analyse

De meeste bedrijven streven groei na. In dat geval kun je als strategische optie een van de groeistrategieën van Ansoff kiezen. Verder kun je de concurrentiestrategieën van Porter overwegen, en de strategieën van Treacy en Wiersema, die over de focus van het bedrijf gaan (zie de hiernavolgende paragrafen). Door al deze strategieën na te lopen, vind je misschien weer nieuwe strategische opties. Houd daarbij in de gaten dat:
- opties voortkomen uit de analyses;
- opties geformuleerd worden op strategisch niveau;
- opties financieel worden onderbouwd.

Vaak geeft de confrontatiematrix al aanleiding voor een aantal oplossingen in de operationele sfeer. Dit soort oplossingen zijn echter geen strategische opties. Eerst moeten de opties op strategisch niveau worden geformuleerd en daarna kunnen pas operationele oplossingen worden gezocht.

Het formuleren van strategische opties

Wanneer te gebruiken
Voordat de strategie bepaald wordt, is het goed om een aantal strategische opties op een rij te zetten. Zo voorkom je dat te snel een voor de hand liggende keuze wordt gemaakt en zorg je ervoor dat een goede afweging plaatsvindt.

Voorbeeld Cyclo

Mark Snel heeft, uitgaande van de eerder geformuleerde centrale probleemstelling, al een aantal mogelijke marketingactiviteiten bedacht:
- Sterk inzetten op elektrische fietsen. Hiervoor moet de productiecapaciteit voor elektrische fietsen worden uitgebreid. De maximumcapaciteit is nu 3.000 fietsen, maar deze limiet zal dit jaar worden bereikt. Om te groeien in dit segment is extra capaciteit nodig.
- Een hogere merkbekendheid en een duidelijk imago opbouwen door middel van promotie. Hier zal meer geld aan moeten worden besteed dan voorheen.
- De distributie verbreden door, behalve aan zelfstandige detaillisten, ook te gaan leveren aan de betere ketens.

Mark realiseert zich echter dat dit vooral marketingactiviteiten en geen strategische opties zijn. Hij gaat daarom op zoek naar een passende langetermijnstrategie, waarin deze oplossingen eventueel ingebed kunnen worden. Met behulp van § 3.2.2 tot en met § 3.2.7 gaat hij na welke strategische mogelijkheden er zijn.

De modellen in § 3.2.2 tot en met § 3.2.7 kunnen behulpzaam zijn bij het vinden van strategische opties. Blijf wel kritisch bekijken in hoeverre de strategieën aansluiten bij de kans- en probleemvelden en de centrale probleemstelling van het eigen bedrijf.

3.2.2 Porters concurrentiestrategieën

Uitleg
In het licht van zijn vijfkrachtenmodel heeft Porter[1] drie algemene strategieën geformuleerd om succesvol te concurreren in een bedrijfstak. Volgens de theorie leidt elk van deze drie **concurrentiestrategieën** tot een hogere ROI (return on investment).

		Uniek aanbod in de ogen van de consument	Lage kosten
Strategisch doel	Gehele bedrijfstak	Differentiatie	Kostenleiderschap
	Specifiek segment	Focus	

Figuur 3.2 Porters concurrentiestrategieën

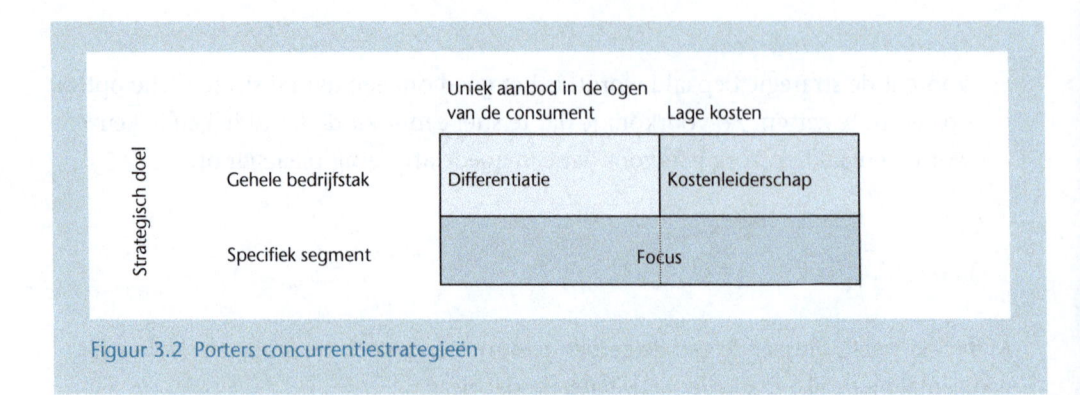

In de **lagekostenstrategie** of **kostenleiderstrategie** streeft een bedrijf ernaar om de laagste productie- en distributiekosten te bereiken. Dit kan door schaalgrootte (dan wordt het bedrijf dus een van de grootste aanbieders) en/of experience-curve-effecten. Het bedrijf zal erg goed op diverse kosten binnen de organisatie letten (R&D, service, verkoopmedewerkers, marketingcommunicatie enzovoort). Ook kan het product worden vereenvoudigd. Op deze wijze bereikt men een hoge omzet gecombineerd met relatief lage kosten, waardoor de totale marge hoog zal zijn. De verkoopprijs zal lager liggen dan de gemiddelde prijs van de concurrenten.

In de **differentiatiestrategie** creëert de onderneming een uniek product of marketingaanbod, waarvoor afnemers een hogere prijs overhebben. Het unieke aanbod kan gebaseerd zijn op bijvoorbeeld kwaliteit, innovatie, inherente diensten, ontwerp of merknaam. Er moet wel sprake zijn van een *sustainable advantage*. Dat wil zeggen dat de concurrentie het aanbod niet snel mag kunnen kopiëren.

In de **focusstrategie** focust het bedrijf op een specifieke kopersgroep, een segment of productlijn, of een geografische markt. Deze doelmarkt wordt uitzonderlijk goed bediend, effectiever en efficiënter dan concurrenten die de hele markt bedienen. Deze strategie kan binnen de doelmarkt de vorm aannemen van **kostenfocusstrategie** of **differentiatiefocusstrategie**.

Als een bedrijf niet duidelijk kiest voor een bepaalde strategie kan een situatie van **stuck-in-the-middle** ontstaan, waarbij sprake is van een lage ROI.

Het formuleren van strategische opties

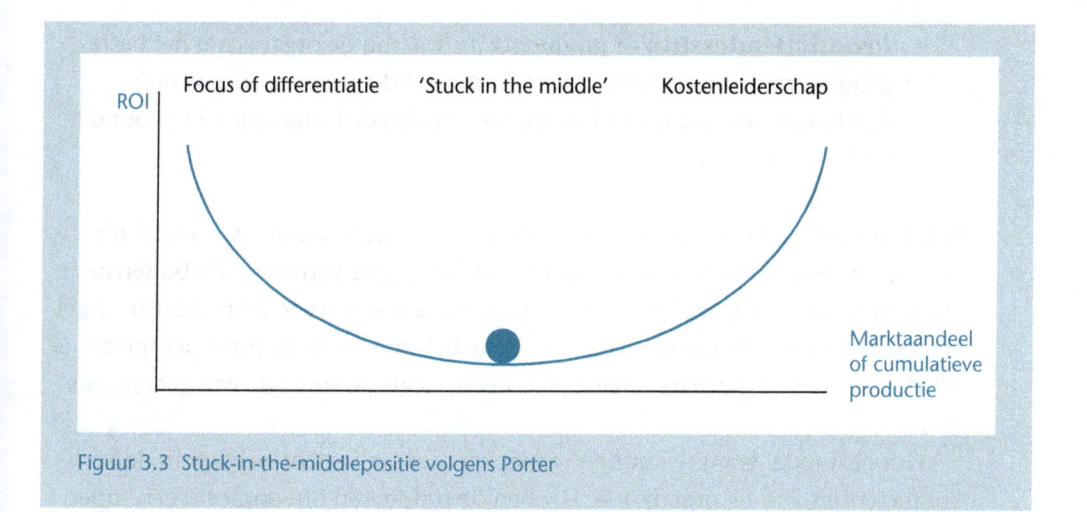

Figuur 3.3 Stuck-in-the-middlepositie volgens Porter

Wanneer te gebruiken
Porters concurrentiestrategieën gebruik je als denkraam. Uiteindelijk formuleer je een eigen strategie om effectief mee te concurreren.

Bij Porters concurrentiestrategieën is het de bedoeling om een duidelijke keuze te maken voor één strategie. In het model van Treacy en Wiersema gaat het er echter om een accent te leggen op een van de strategieën, terwijl tegelijkertijd ook aan de andere wordt gewerkt – zij het op een lager niveau.

3.2.3 Model van Treacy en Wiersema

Het model van Treacy en Wiersema is ook al aan de orde geweest bij de interne analyse. Toen werd het gebruikt om na te gaan waar de strategische focus in het verleden was gelegd. Hier wordt het gebruikt om nieuwe strategische opties te ontwikkelen.

Uitleg
Een bedrijf moet keuzes maken. Het kan immers niet alle mogelijke producten leveren aan alle mogelijke doelgroepen. Een hulpmiddel daarbij is het **waardedisciplinemodel van Treacy en Wiersema**[2] (zie ook § 1.1.3). Volgens dit model kan een organisatie waarde leveren door een van drie algemene waardedisciplines te kiezen:
- **Operational excellence** of kostenfocus, waarbij de organisatie relatief goede producten of diensten levert tegen lage prijzen, door middel van het beheersen van kosten;

- **Productleadership** of productfocus, waarbij de organisatie het beste product of de beste dienst levert en daarbij de eerste is (innovatief);
- **Customer intimacy** of klantfocus, waarbij de beste oplossing voor de klant centraal staat

Het gaat erom dat een organisatie de focus legt op een van de drie waardedisciplines, zonder daarbij de beide andere uit het oog te verliezen. De buitenste cirkel in figuur 3.4 geeft het niveau van de marktleider weer, de middelste cirkel symboliseert het minimale niveau dat in de betreffende bedrijfstak acceptabel is. Als de driehoek ongeveer gelijke zijden heeft, heeft de strategie een gebrek aan focus.

Om dit model goed te kunnen toepassen moet je inzicht hebben in de kerncompetenties van de organisatie. Hebben de producten bijvoorbeeld een superieure kwaliteit? Dan komt een productfocus in aanmerking. Heeft het bedrijf zeer efficiënte bedrijfsprocessen en een laag kostenniveau? Dan komt een kostenfocus in aanmerking. Onderscheidt het bedrijf zich door de wijze waarop het intensief met zijn klanten omgaat? Dan is een klantfocus te overwegen. Het idee is dat een onderneming in een van de drie disciplines kan excelleren, en tegelijk de andere twee disciplines op een voldoende niveau kan houden.

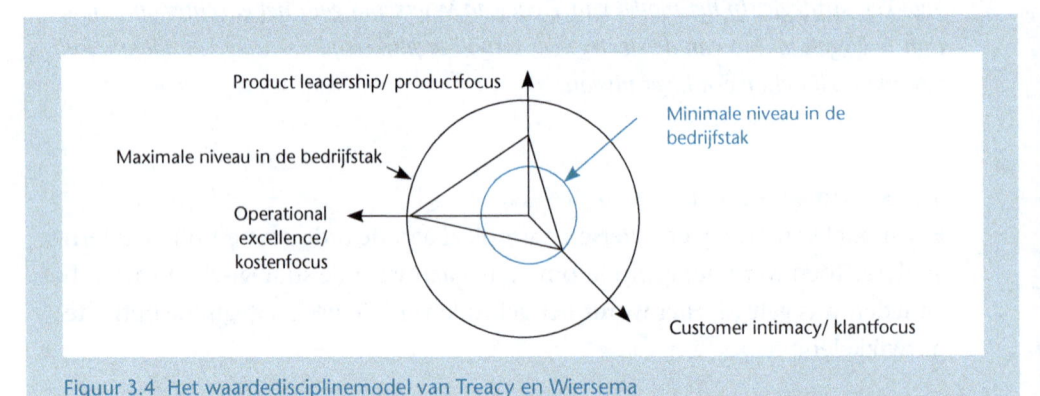

Figuur 3.4 Het waardedisciplinemodel van Treacy en Wiersema

Wanneer te gebruiken
In de strategievormingsfase is dit model een waardevol hulpmiddel om de strategische richting van het bedrijf te bepalen.

Het formuleren van strategische opties

3.2.4 Groeistrategieën (Ansoff)

Uitleg

Marketing moet kansen op de markt identificeren en strategieën bedenken om die te benutten. Een handig hulpmiddel om groeikansen op te sporen is de **Ansoffmatrix**, die in figuur 3.5 is afgebeeld. De matrix maakt enerzijds onderscheid tussen bestaande markten en nieuwe markten, en anderzijds tussen bestaande producten en nieuwe producten. Bij **marktpenetratie** (linksboven in de matrix) gaat het erom meer uit dezelfde markt te halen door bijvoorbeeld consumenten meer te laten afnemen, het aantal gebruiksmomenten te vergroten of marktaandeel te veroveren. Je kunt in de figuur eventueel de bestaande **product-marktcombinaties** intekenen. Bij **productontwikkeling** wordt de groei veroorzaakt door (voor het bedrijf) nieuwe producten. Bij **marktontwikkeling** worden nieuwe markten aangeboord, worden nieuwe segmenten bediend of wordt geïnternationaliseerd. Van **diversificatie** is sprake als er met nieuwe producten nieuwe markten worden betreden.

	Bestaande producten	Nieuwe producten
Bestaande markten	Marktpenetratie	Productontwikkeling
Nieuwe markten	Marktontwikkeling	Diversificatie

Figuur 3.5 Groeistrategieën van Ansoff

Wees je ervan bewust dat in de Ansoffmatrix niet álle groeimogelijkheden zijn samengevat. Zo zijn marktpenetratie, productontwikkeling en marktontwikkeling voorbeelden van intensieve groei. Behalve intensieve groei heb je echter ook nog integratieve groei, maar daarvan staan geen voorbeelden in de Ansoffmatrix. Bij integratieve groei moet je denken aan fusies en overnames die een bedrijf kan doen om te groeien. Daarbij onderscheiden we:
- **Achterwaartse integratie**, waarbij het bedrijf controle krijgt over toeleveranciers.
- **Voorwaartse integratie**, waarbij het bedrijf controle krijgt over distributiesystemen; men neemt bijvoorbeeld afnemers over.
- **Horizontale integratie**, waarbij het bedrijf controle krijgt over concurrenten.

Verder beperkt de Ansoffmatrix zich tot slechts één soort diversificatie; dit betreft conglomerate diversificatie. Daarnaast heb je ook nog concentrische diversificatie en horizontale diversificatie. Voor de volledigheid leggen we hieronder alle drie de vormen van diversificatie kort uit:

- **Concentrische diversificatie**: hierbij worden producten of diensten toegevoegd die qua technologie of marketingaspecten synergie hebben met bestaande producten of diensten; deze worden aangeboden aan nieuwe klantsegmenten; het gaat dus vooral om groei op de klantsegmenten-as van het Abelldiagram.
- **Horizontale diversificatie**: hierbij worden nieuwe producten of diensten toegevoegd die geen synergie (samenhang) hebben met bestaande technologieën, maar wel met de klantbenadering. Het gaat dus vooral om groei op de technologie-as van het Abelldiagram.
- **Conglomerate diversificatie**: hierbij worden nieuwe producten of diensten toegevoegd voor nieuwe klantsegmenten, waarbij enige verwantschap met de oude activiteiten ontbreekt.

Wanneer te gebruiken

Veel bedrijven streven groei na: groei van afzet, omzet en daarmee ook winst. Het model van Ansoff helpt bij dit streven. Door combinaties van nieuwe/bestaande markten en nieuwe/bestaande producten te bekijken kunnen strategische opties gevonden worden die aansluiten bij de situatie van het bedrijf.

Het model van Ansoff kan in verband worden gebracht met het model van Abell (het werkterrein, zie § 1.1.2). Uitbreiding op de technologie-as in het model van Abell duidt op productontwikkeling in de Ansoffmatrix, en uitbreiding op de marktgroepen-as duidt op marktontwikkeling

Voorbeeld

Voor een Nederlandse fabrikant van damestassen zouden de groeistrategieën van Ansoff als volgt kunnen worden ingevuld:

- Marktpenetratie: meer tassen verkopen aan de doelgroep door uitbreiding van de distributie en een reclamecampagne
- Productontwikkeling: koffers gaan produceren
- Marktontwikkeling: tassen in het buitenland op de markt brengen
- Diversificatie: portefeuilles voor heren gaan maken

De Ansoffstrategieën richten zich op verhoging van het verkoopvolume, maar dit is slechts een van de manieren om winst te genereren. Doyle laat zien dat verbetering van de productiviteit ook winst op kan leveren.

3.2.5 Doyle: strategische focus

Uitleg

Volgens Doyle[3] zijn er twee manieren om op de langere termijn winst te genereren:
- Door te focussen op het verhogen van het verkoopvolume.
- Door te focussen op het verbeteren van de productiviteit (meer winst bij dezelfde afzet).

In het onderstaande schema wordt inzichtelijk gemaakt hoe beide strategieën kunnen worden uitgewerkt. **Afzet** kan worden vergroot door de markt te vergroten of door de markt meer te penetreren. **Productiviteit** kan bijvoorbeeld worden verbeterd door lagere kosten of door hogere prijzen. Dit geldt zowel voor goederen als voor diensten, en zowel voor de zakelijke markt als voor de consumentenmarkt.

Een valkuil bij dit model is dat veel bedrijven beide wegen willen bewandelen. Het gevolg is dat ze twee strategieën hebben die ze beide maar half uitvoeren. Beter is het om een keuze te maken voor een van beide strategieën en daar het accent op te leggen.

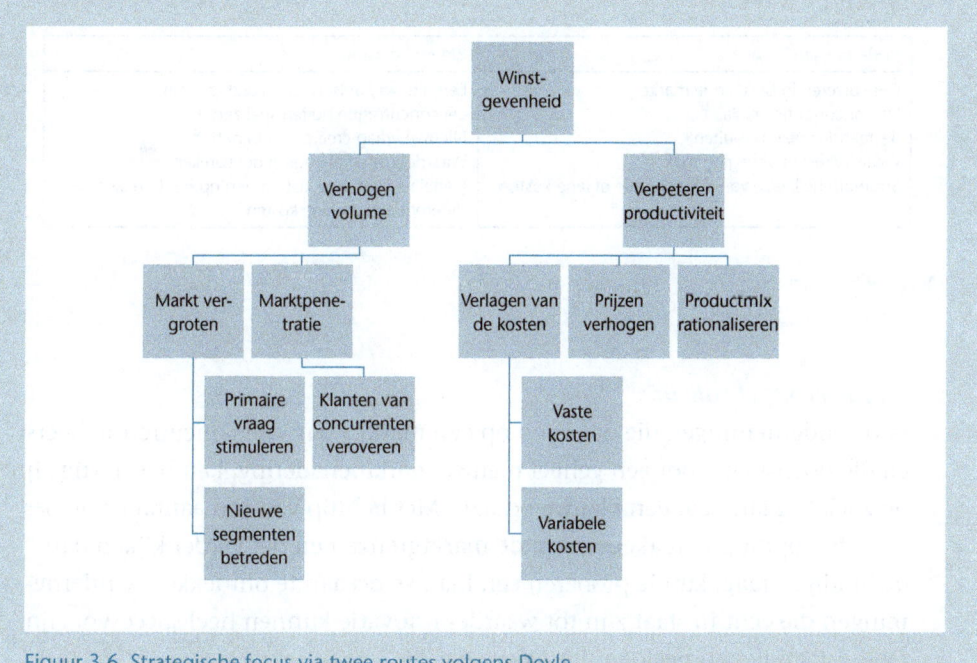

Figuur 3.6 Strategische focus via twee routes volgens Doyle

Wanneer te gebruiken
Net als de andere modellen in deze paragraaf gebruik je het model van Doyle om strategische opties te verkennen. Doyle brengt verschillende wegen in kaart om op lange termijn winst te genereren. Je kunt die weg kiezen die het beste aansluit bij de kans- en probleemvelden uit de confrontatiematrix.

3.2.6 Blue Ocean Strategy

Uitleg
Een geheel andere manier om naar strategie te kijken is de benadering van de **Blue Ocean Strategy**, ontwikkeld door Kim en Mauborgne. Daarbij wordt 'out of the box' gedacht. De Blue Ocean Strategy omvat een analytische benadering met verschillende tools om blauwe oceanen te creëren. In blauwe oceanen is geen sprake van felle concurrentie zoals in de bloederige rode oceanen, waar concurrenten vechten als haaien en prijs vaak centraal staat. Er wordt namelijk ingezet op waarde-innovatie, die inspeelt op geheel nieuwe behoeften en de concurrentie omzeilt. Daarbij wordt, in tegenstelling tot de hiervoor behandelde strategieën, gelijktijdig gestreefd naar waardetoevoeging (differentiatie) én lage kosten.

Rode oceaan	Blauwe oceaan
Concurreren in bestaande markt	Een nieuwe, onbetwiste markt creëren
De concurrentie verslaan	De concurrentie buiten spel zetten
Bestaande vraag uitbuiten	Nieuwe vraag creëren en benutten
Waarde/kosten afweging maken	Waarde/kosten afweging doorbreken
Strategische keuze van differentiatie óf lage kosten	Gehele organisatie afstemmen op het bereiken van differentiatie én lage kosten

Tabel 3.4 De blauwe versus de rode oceaan[4]

Wanneer te gebruiken
Voor ondernemingen die opereren op een markt waar veel concurrentie heerst en die openstaan voor een geheel nieuwe marktbenadering, kan het nuttig zijn op zoek te gaan naar een blauwe oceaan. Met behulp van een aantal principes, zoals het opnieuw afbakenen van de marktgrenzen en het verder kijken dan de huidige vraag, kun je proberen een blauwe oceaan te ontdekken. Ondernemingen die echt in staat zijn tot waarde-innovatie kunnen heel succesvol zijn. Onderstaande voorbeelden illustreren dat.

Het formuleren van strategische opties

Voorbeelden

Casella Wines Australian Winery slaagde erin om Yellow Tail-wijn in twee jaar tijd tot de meest geïmporteerde wijn in Amerika te maken. Terwijl de traditionele wijnindustrie concurreerde op zaken als kwaliteit en prestige per prijscategorie, zette Casella in op geheel andere aspecten, namelijk drinkgemak, keuzegemak en plezier. Met één rode en één witte wijn, zonder technisch jargon op het etiket, sprak Casella een grote massa, ook onervaren, wijndrinkers aan. Door een kortere rijpingstijd konden kosten worden bespaard. De wijn was vanaf het begin een succes.

Een ander voorbeeld is Cirque du Soleil, dat zich aan de concurrentie van bestaande circussen wist te onttrekken door niet met hen te concurreren op acts met sterren, dieren of spanning, maar door in te spelen op geheel andere behoeften. Met thematische voorstellingen, een bijzondere entourage en artistieke muziek en dans creëerden zij een nieuwe vraag.[5]

3.2.7 Business Model Canvas

Uitleg

Een handig hulpmiddel om de organisatie (zelfs letterlijk) in kaart te brengen is het business model. Hier worden alle facetten beschreven die invloed hebben op het creëren van meerwaarde. Grafisch weergegeven wordt dit ook wel het Business Model Canvas[6] genoemd, als het ware een blauwdruk voor een strategie.

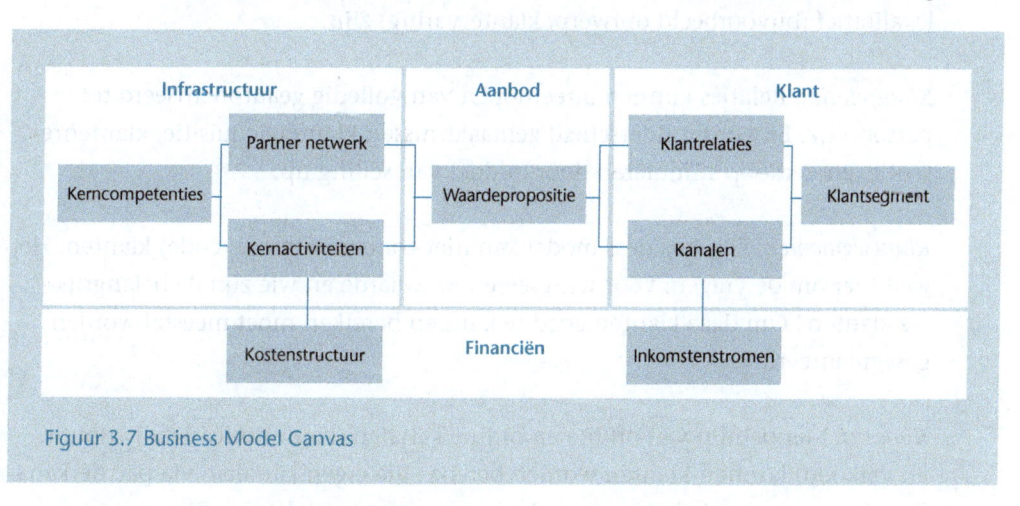

Figuur 3.7 Business Model Canvas

Bij dit model gaat het om de infrastructuur van de organisatie en haar partners, de waardepropositie (al hetgeen de organisatie te bieden heeft), de diverse klantengroepen en kanalen, en de financiële onderbouwing. Dit geheel wordt beschreven aan de hand van negen bouwstenen:

Kerncompetenties. Hiermee kan de waardepropositie vorm en inhoud krijgen. In het model wordt onderscheid gemaakt tussen de categorieën: (1) fysiek (alle fysieke middelen, zoals productiefaciliteiten, winkels, logistieke infrastructuur), (2) intellectueel (zoals merken, kennis, partnerschappen, databases), (3) human resources (met name van belang in kennisintensieve en creatieve sectoren), (4) financiële middelen.

Kernactiviteiten. Dit zijn de acties die de organisatie moet ondernemen. Deze kunnen worden onderverdeeld in productie, probleemoplossing (dit vindt vaak plaats in de dienstensfeer), en platform/netwerk.

Partnernetwerk. Om succesvol te zijn worden partnerschappen steeds belangrijker. We onderscheiden er vier: (1) strategische allianties tussen niet-concurrenten, (2) coöptatie (strategische partnerschappen tussen concurrenten), (3) joint ventures (voor het ontwikkelen van nieuwe business), (4) koper-leverancier relaties (om betrouwbare leveranties te waarborgen).

Waardepropositie. Dit is een geselecteerde bundel van producten en/of diensten waarmee de behoeften van de klantsegmenten kunnen worden ingevuld. Waarden kunnen zowel kwantitatief (bijvoorbeeld prijs, snelheid of service) als kwalitatief (bijvoorbeeld ontwerp, klantervaring) zijn.

Klantrelaties. Relaties kunnen uiteenlopen van volledig geautomatiseerd tot persoonlijk. Er wordt onderscheid gemaakt tussen klantenacquisitie, klantenretentie, en verkoop stimuleren door middel van selling up.

Klantsegmenten. Een business model kan niet zonder (winstgevende) klanten. Het gaat hier om de vragen: voor wie creëren we waarde en wie zijn de belangrijkste klanten? Om deze klanten goed te kunnen bereiken moet meestal worden gesegmenteerd.

Kanalen. Met behulp van offline en online kanalen (communicatie, distributie en verkoop) kunnen klanten worden bereikt. Via eigen kanalen, via partnerkanalen of een mix van beide kunnen de doelgroep(en) worden bereikt.

Kostenstructuur. In dit onderdeel worden vragen beantwoord als: welke kosten vloeien voort uit ons business model, wat kosten de key resources en de kernactiviteiten? Kostenstructuren kunnen gebaseerd zijn op vaste kosten, variabele kosten, schaalvoordelen en scopevoordelen.

Inkomstenstromen. Voor een business model zijn inkomsten natuurlijk cruciaal. Manieren om dit te realiseren zijn bijvoorbeeld goederenverkoop, gebruikersfee, abonnementsgelden, uitlenen, huren, leasen, licentieverlening.

Wanneer te gebruiken

Met name bedrijven die bij het vermarkten van producten of diensten op diverse vlakken samenwerken met verschillende partners kunnen hun voordeel doen met dit model. Bij het uitwerken van de bouwstenen moeten vragen worden gesteld als: met wie moet ik samenwerken, wie is de doelgroep, is mijn product/dienst uniek, hoe bedien ik mijn klanten, wie is bereid om te betalen voor welke waarde?

De wijze waarop een bedrijf geld verdient wordt overigens het verdienmodel genoemd. Er kunnen voor een organisatie diverse manieren zijn om geld te verdienen en er zijn binnen een business model dus ook verschillende verdienmodellen te bedenken.

3.2.8 Overige aandachtspunten

Marketingplan voor kleine onderneming

Soms wenst een kleine onderneming, bijvoorbeeld een lokaal architectenbureau, restaurant of schildersbedrijf, een marketingplan. Het gaat de onderneming dan vaak om marktpenetratie: het beter bedienen van de markt. De strategie ligt in zo'n geval dus eigenlijk al vast. Het accent zal dan op de operationele marketingplanning liggen, namelijk op het uitwerken van de marketingmixinstrumenten.

Strategische opties op twee niveaus

Sommige strategische opties kan de marketeer zelf uitvoeren (zoals het opzetten van een reclamecampagne), terwijl andere opties buiten zijn werkveld vallen (bijvoorbeeld het terugschalen van productie).

Je maakt daarom onderscheid tussen strategische opties op marketingniveau en strategische opties op ondernemingsniveau. De strategische opties op ondernemingsniveau kun je in het managementteam aankaarten.

> **Voorbeeld Cyclo**
>
> Mark Snel heeft alle bovengenoemde modellen onder de loep genomen en gekeken in hoeverre ze toepasbaar zijn voor Cyclo. Porters concurrentiestrategieën vond hij lastig te gebruiken voor Cyclo. Cyclo biedt namelijk een product van goede kwaliteit, maar blinkt niet uit in innovaties, waardoor differentiatie niet echt van toepassing is. De kosten zijn goed beheersbaar, maar voor kostenleiderschap mist Cyclo de schaalvoordelen van een grote fabrikant. Een focusstrategie lijkt hem ten slotte ook niet echt van toepassing.
> Het model van Treacy en Wiersema biedt meer aanknopingspunten met de customer-intimacystrategie. Cyclo heeft zeer goede relaties met zijn afnemers en zou deze verder kunnen uitbouwen. Wel is het zo dat zelfstandige rijwielhandelaren een krimpende groep vormen. Wat betreft de groeistrategieën van Ansoff sluit een marktpenetratiestrategie het best aan bij de centrale probleemstelling. De maatregelen die Mark Snel al bedacht had passen uitstekend in een marktpenetratiestrategie. Dit sluit ook aan bij de volumeverhogingsstrategie van Doyle.
> Door alle modellen na te lopen heeft Mark meer inzicht gekregen in de strategieën die Cyclo zou kunnen volgen. Hij is bovendien de verhouding tussen strategie en tactiek duidelijker gaan zien. Hij formuleert de volgende strategische opties:
> - Optie 0: Voortzetting huidige beleid met handhaving van een customer-intimacystrategie.
> - Optie 1: Marktpenetratie door een sterk accent op marketingcommunicatie en verhoging van de bekendheid.
> - Optie 2: Marktpenetratie door in te zetten op een volumeverhoging van elektrische fietsen, inspelend op de groeiende markt. Hiervoor is investering in een nieuwe productielijn nodig.

Als je verschillende opties hebt geformuleerd, moet je deze toetsen. Op basis van de toetsing maak je vervolgens een keuze.

3.3 Toetsen van opties

Uitleg

De kans- en probleemvelden en de centrale probleemstelling zijn inmiddels vertaald in strategische opties. Ook niets doen, ofwel een ongewijzigd beleid voeren, is een optie, namelijk de nuloptie. Door de nuloptie in de beschouwing mee te nemen wordt in veel gevallen de noodzaak duidelijk om iets te doen. Het maakt namelijk de kloof zichtbaar tussen enerzijds de ondernemings- en marketingdoelstellingen en anderzijds de verwachte resultaten van een ongewijzigd beleid.

Omdat middelen schaars zijn, kan een bedrijf niet alle geopperde strategieën uitvoeren en moet het dus een keuze maken. Daarvoor kan gebruik worden gemaakt van een rankingmethode, waarbij de strategieën worden getoetst aan de hand van de criteria:

- **Suitability**. Sluit de strategische optie aan bij de bedrijfsstrategie en worden zo de doelstellingen bereikt?
- **Feasibility**. Is de strategische optie intern voor de organisatie haalbaar? Zijn kennis, kunde en financiële middelen beschikbaar? Wat zijn de te verwachten (externe) reacties, bijvoorbeeld van concurrenten? Leiden die reacties misschien tot hogere kosten en meer inspanningen?
- **Acceptability**. Is de strategische optie acceptabel voor externe en interne partijen van de organisatie?

Een andere wijze van toetsen is het **FOETSIE-concept**. Deze methode richt zich voornamelijk op de haalbaarheid (*feasibility*) van de strategische opties. Het FOETSIE-concept weegt de opties tegen elkaar af op basis van *f*inanciële, *o*rganisatorische, *e*conomische, *t*echnologische, *s*trategische/*s*ociale, *j*uridische en *e*thische/*e*cologische aspecten. Overigens hoeven niet al deze aspecten altijd van toepassing te zijn.

Wanneer te gebruiken

De methode van het toetsen (met wegingsfactoren) gebruik je wanneer meerdere strategische opties tegen elkaar moeten worden afgewogen. Door te toetsen kun je een gefundeerde keuze maken.

Voorbeeld Cyclo

De strategische opties voor Cyclo zijn in het vorige voorbeeld al genoemd, namelijk:
- Optie 0: Voortzetting huidige beleid met handhaving van een customer-intimacystrategie.
- Optie 1: Marktpenetratie door een sterk accent op marketingcommunicatie en verhoging van de bekendheid.
- Optie 2: Marktpenetratie door in te zetten op een volumeverhoging van elektrische fietsen, inspelend op de groeiende markt. Hiervoor is investering in een nieuwe productielijn nodig.

De opties kunnen aan de hand van de verschillende criteria vergeleken worden met behulp van plusjes en minnetjes. Elk plusje telt als +1 punt, elk minnetje als -1 punt. Dit resulteert in een totaalscore per optie. De totaalscores worden met elkaar vergeleken en de best scorende optie wordt gekozen. In dit geval is dat optie 2 (zie tabel 3.3).

	Nuloptie	Optie 1	Optie 2
Suitability	- -	+	+ +
Feasibility	+ +	+	+
Acceptability	- -	+	+ +
	- 2	+ 3	+ 5

Tabel 3.3 Toetsing van opties

Overigens mag je in principe best meer dan één optie kiezen, mits de middelen van de organisatie dat toelaten. Mark Snel zou graag zowel optie 1 als optie 2 uitvoeren, maar wordt door beperkte middelen gedwongen een keuze te maken. Hij besluit daarom te differentiëren in de tijd. Hij stelt voor om optie 2 op korte termijn uit te voeren (0-3 jaar) en om optie 1 op de middellange termijn (3-5 jaar) op te pakken. Dit is een logische volgorde: optie 2 omvat uitbreiding van de productiecapaciteit, waardoor verdere groei in het segment van elektrische fietsen mogelijk wordt. Vervolgens kan door inzet van de marketingcommunicatie uit optie 1 de groei ook daadwerkelijk gerealiseerd worden.

Nu de strategie is bepaald, kan deze verder worden uitgewerkt in een marketingplan. Daarbij maken we onderscheid tussen een strategisch en een operationeel marketingplan. In een strategisch marketingplan wordt veel aandacht besteed aan de interne en externe analyse en de strategievorming, terwijl de uitwerking van het plan beknopt is. Bij een operationeel marketingplan ligt de nadruk juist op de operationele uitwerking.

3.4 Marketingplanning

3.4.1 Strategisch en operationeel marketingplan

Uitleg
Bij het marketingplan onderscheiden we het strategische en het operationele marketingplan. In figuur 3.7 zijn het strategische marketingplan en het operationele marketingplan naast elkaar gezet. Het **strategische marketingplan** begint met een managementsamenvatting en betreft de middellange of lange termijn. De inleiding bevat een kort overzicht van de belangrijkste inschattingen, doelen en aanbevelingen. Het plan bestaat voornamelijk uit een uitvoerige analyse van de actuele marketingsituatie met potentiële dreigingen en kansen. Daarna worden de belangrijkste doelstellingen geformuleerd en de concrete marketingstrategie om die te bereiken. In het hoofdstuk strategieuitwerking wordt in grote lijnen beschreven hoe het operationele marketingplan eruitziet.

Het **operationele marketingplan** wordt soms ook kortweg **marketingplan** genoemd. Dit betreft de middellange of korte termijn. Hierin wordt gedetailleerd uitgewerkt hoe de marketingtools zullen worden ingezet in de vorm van een actieprogramma. Het plan bevat ook de details van het marketingbudget. In het laatste gedeelte worden de controlemechanismen beschreven voor het bewaken van de voortgang en om te kunnen bijsturen.

Studenten die een aan een marketingplan gerelateerde **afstudeeropdracht, scriptie** of stagerapport moeten schrijven, krijgen te maken met een probleemstelling die uitgewerkt moet worden in een marketingplan. In dat geval begint het rapport met de verantwoording van het onderzoek door de volgende elementen op te nemen:
- aanleiding
- probleemstelling
- deelvragen
- onderzoeksmethodieken

In de daaropvolgende hoofdstukken worden antwoorden gegeven op de deelvragen. Het afsluitende hoofdstuk geeft de conclusies en aanbevelingen, eventueel in de vorm van een operationeel marketingplan of een deelplan, bijvoorbeeld

Hoofdstuk 3   **Strategie: van SWOT naar marketingplan**

een communicatieplan of een eventplan. Voor een schematische weergave, zie figuur 3.8 waarbij van strategisch marketingplan wordt overgegaan op operationeel marketingplan.

Voorbeeld Cyclo

Mark Snel schrijft een strategisch marketingplan voor Cyclo. De analysefase is doorlopen en de strategie is bepaald. De volgende stap is het formuleren van (SMART) doelstellingen. De reeds eerder geformuleerde ondernemingsdoelstellingen voor 2014 en 2015 waren:
- Een jaarlijkse omzetgroei van 3%.
- Nettowinst handhaven op 5% van de netto omzet.
- Marktaandeel minimaal handhaven.

Op basis van de gekozen strategie worden deze nu als volgt aangevuld:
- Stijging verkoop van e-bikes met 3% in 2014 en 6% in 2015.
- Verkoop van fietsen in overige segmenten minimaal handhaven.

Vervolgens gaat Mark aan de slag met het invullen van de marketinginstrumenten en actieprogramma's.

Voor de keuze van marketinginstrumenten bieden de technologische ontwikkelingen van de laatste decennia veel nieuwe mogelijkheden. In het volgende model zijn die mogelijkheden op een rij gezet en vergeleken met de 'traditionele' marketing.

3.4.2 Model digitale marketing

Uitleg
De komst van internet heeft een heel nieuwe dimensie toegevoegd aan marketing. Door het gebruik van interactieve media zijn er tal van nieuwe communicatiemogelijkheden bijgekomen. Maar het betreft niet alleen de p van promotie. De focus verschuift langzamerhand van een product- en transactiegerichte benadering naar een klant- en relatiegerichte benadering. Alles draait daarbij om het genereren van klantwaarde. Producten worden afgestemd op de individuele klant, prijzen zijn transparanter, communicatie wordt interactiever en verloopt vooral via onlinekanalen, en distributie wordt multi-channel. In onderstaand

Marketingplanning

STRATEGISCH MARKETINGPLAN

Managementsamenvatting

H1 Inleiding
- uitgangspunten

H2 Interne analyse

Strategische positie, zoals
- missie en visie
- strategische doelstellingen

Portfolioanalyses

Analyse van de bedrijfsfuncties
- productiebeleid
- R&D-beleid
- personeelsbeleid
- inkoopbeleid
- organisatiestructuur en -cultuur

Financiële aspecten, zoals
- financiële kengetallen
- Du Pontmodel

Marketinganalyse
- analyse van het gevoerde marketingbeleid

H3 Externe Analyse

Vijfkrachtenmodel van Porter

Marktvraag, zoals
- penetratie
- totale effectieve markt
- groei van de markt
- marktaandelen

Afnemers

Concurrenten

Leveranciers

Macro-omgevingsfactoren, zoals
- demografisch
- economisch
- sociaal-cultureel
- technologisch
- ecologisch
- politiek-juridisch

H4 SWOT, confrontatiematrix, opties en optiekeuze

H5 Strategie-uitwerking
- doelstellingen en aandachtspunten
- marketingstrategie
- actieprogramma's (4 p's)
- tijdpad
- budgetten
- controlemechanismen

MARKETINGPLAN

Managementsamenvatting

H1 Inleiding
- uitgangspunten

H2 Situatieanalyse

Korte situatieanalyse mondt uit in SWOT-overzicht

H3 Operationele uitwerking

3.1 Marketingstrategie en -doelstellingen

3.2 Product

3.3 Prijs

3.4 Plaats

3.5 Promotie

3.6 Financiële onderbouwing

3.7 Tijdpad

3.8 Evaluatie en controle

Figuur 3.8 Inhoud van een strategisch marketingplan en van een operationeel marketingplan

Traditionele marketing	Digitale marketing
Focus 'Selling the brand'	**Focus** 'Managing the consumer'
Nadruk op markt, (massa)productie, beheersing van de keten, promoten van merken	Nadruk op de klant, individuele interesses en vraag
Marketingoriëntatie: massamarketing; lineair	Marketingoriëntatie: interactieve marketing
Waardepropositie rondom product (prijs, kwaliteit, merk)	Waardepropositie rondom persoon (klantwaarde)
Segmenten	Clusters, individuen
Transactiegericht	Conversatiegericht
Actiegericht	Procesmatig
Acquisitie	Retentie, verlengen customerlifecycle
Marktaandeel	Klantaandeel
Strategie Gericht op producten en markten	**Strategie** Gericht op klantwaardemanagement
Marketingdata Marktonderzoek	**Marketingdata** Gedragsgegevens
Gegeneraliseerde data uit steekproefonderzoek over anonieme klantenkring	Individuele klantkennis door analyse van klantdata/ big data
Doelgroepkennis	Klantkennis
Pre- en posttests van reclame	Webstatistieken, A/B-testen, browse- en clickanalyse, usabilityonderzoek enzovoort
Product Assortiment	**Product** Individueel aanbod
Productattributen, relatief tastbaar	Contentattributen, virtueel
Massaproductie	Massacustomization
Communicatie Massacommunicatie, massamedia	**Communicatie** Een-op-eencommunicatie
Eenrichtingsverkeer, zenden	Interactief, dialoog
Offlinekanalen: radio, tv, print	Onlinekanalen: websites, e-mail, narrowcasting, social media, SEO/SEA
Bekendheid van het bedrijf (bij de klant)	Bekendheid met de klant (door het bedrijf)
Positionering (naar grote groepen mensen)	Profilering (naar individuen)
Input-outputgericht	Gericht op het omgaan met communicatieve zelfsturing
Distributie Monodistributie	**Distributie** Multi/omni-channelbenadering
Prijs Standaardprijzen	**Prijs** Mogelijkheid tot flexibele pricing
Prijsverschillen	Lagere prijzen door transparantie
Performance Omzet, afzet	**Performance** Klantwaarde
Bereik	Respons en conversie
Totale kosten	Kosten/RO(M)I per contact/klant

Figuur 3.9 Vergelijking traditionele en digitale marketing

model is de overgang van traditionele marketing naar digitale marketing weergegeven. Het gebruik van veel Engelse termen is daarbij kenmerkend.

Wanneer te gebruiken
Dit model laat zien hoe marketing verandert door de toenemende digitalisering van de maatschappij. Bedrijven dienen bij te blijven bij deze ontwikkelingen om ze te kunnen gebruiken in hun marketingbeleid.

Voorbeeld Cyclo

Cyclo heeft na afweging van de opties gekozen voor een penetratiestrategie, waarbij het accent wordt gelegd op groei in elektrische fietsen. Verhoging van het communicatiebudget en het ontwerpen van een nieuwe communicatiecampagne zal pas op middellange termijn gebeuren. Toch kan Cyclo zonder al te veel extra middelen profiteren van de digitale communicatiemogelijkheden, om de strategie te ondersteunen. Zo wil Mark Snel in ieder geval de website van Cyclo aantrekkelijker en toegankelijker maken, zodat detaillisten en consumenten er gemakkelijker informatie op kunnen vinden, vragen kunnen stellen en zich kunnen abonneren op nieuwsbrieven, promotionele acties enzovoort.

Het marketingplan staat niet op zichzelf. Het is een onderdeel van het ondernemingsplan, net als bijvoorbeeld het financieringsplan en het HRM-plan. Daarnaast kan het marketingplan zelf uit een aantal deelplannen bestaan.

3.4.3 Deelplannen

Een ondernemingsplan valt uiteen in diverse deelplannen. Een daarvan is het marketingplan dat door de afdeling Marketing wordt geschreven. Maar ook andere afdelingen kunnen een eigen plan opstellen, dat uiteraard gerelateerd is aan de ondernemingsdoelstellingen. Denk aan de afdelingen Financiën, Personeelszaken en Productie. De samenhang tussen de verschillende plannen is in figuur 3.9 weergegeven, toegespitst op marketing. In de regel zal gelden: hoe hoger een plan in dit overzicht qua niveau is geplaatst, des te strategischer is het van karakter. Omgekeerd, hoe lager in het schema, des te operationeler het plan. We onderscheiden dus onder andere het ondernemingsniveau, eventueel het businessunitniveau, het afdelingsniveau, het instrumentniveau, het uitwerkingsniveau.

Het is nuttig je te realiseren dat doelstellingen van andere afdelingen haaks kunnen staan op je eigen marketingdoelstellingen. Over zulke conflicten gaat in

Hoofdstuk 3   Strategie: van SWOT naar marketingplan

het management- of directieoverleg dan ook vaak de discussie. Voorbeelden van maatstaven waaraan doelstellingen gekoppeld kunnen worden per bedrijfsonderdeel:

Financiën	Winstgevendheid, return on investment, liquiditeit, financiële budgetten, balansstructuur
Personeelszaken	Aantal werknemers, verhouding lijn- en stafpersoneelsleden, omzet per personeelslid
Productie	Productiecapaciteit en bezettingsgraad, kostenratio's, onderzoeksbudgetten
Marketing	Afzet, omzet en winstbijdrage van diverse producten en diensten, marktaandeel, distributiemix

Binnen een **(strategisch) marketingplan** kunnen een productplan, een distributieplan en een marketingcommunicatieplan worden opgesteld. In al deze subplannen kan een aantal zaken bekend worden verondersteld die niet apart nog eens hoeven te worden onderzocht. Zo zijn de missie, de visie en de onder-

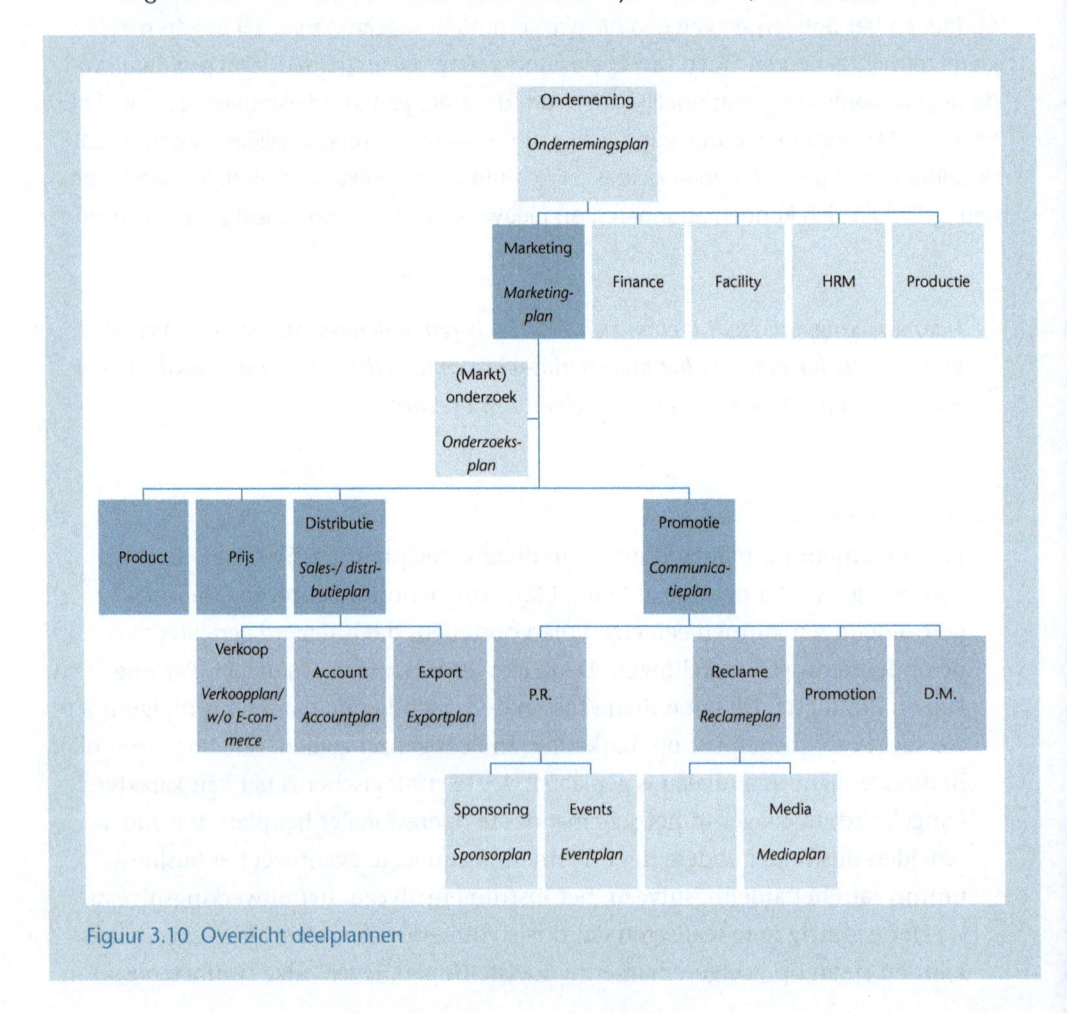

Figuur 3.10 Overzicht deelplannen

nemingsdoelstellingen een gegeven. Een uitgebreide SWOT-analyse, inclusief confrontatiematrix en opties, is ook niet noodzakelijk. Het **marketingcommunicatieplan** kan weer uiteen vallen in een reclameplan, een promotieplan en een directmarketingplan. Deze kunnen zowel strategisch als operationeel van aard zijn.

In het voorgaande hebben we gezien dat de meeste ondernemingen kiezen voor groei. Een van de manieren om te groeien is marktontwikkeling, en een bijzondere variant daarvan is internationalisatie. Ook diversificatie kan het betreden van een buitenlanse markt betekenen.

3.5 Internationale marketingstrategie

3.5.1 Stappenplan internationale marketing

Een internationale marketingstrategie verschilt van een nationale marketingstrategie doordat een keuze moet worden gemaakt voor de te betreden landen. In deze paragraaf geven we hiervoor een stappenplan. Zie ook figuur 3.10.

Stap 1
Het marketingmanagement beslist of het de soms complexe stap naar internationalisatie wil zetten.

Stap 2
Vervolgens is de vraag welke markten het bedrijf gaat betreden. Daartoe wordt het marktpotentieel in kaart gebracht. Vaak wordt een longlist gemaakt op basis van de aspecten:
- Grootte van de te betreden markt.
- Mate van concurrentie op die markt (waarbij veel concurrentie niet per definitie slecht hoeft te zijn).
- Afstand (enerzijds de geografische afstand, in verband met de distributie en bijbehorende risico's, anderzijds de afstand qua cultuur).

Vervolgens worden criteria vastgelegd op basis waarvan de landen worden beoordeeld. De criteria hebben bijvoorbeeld te maken met:
- demografische kenmerken

Hoofdstuk 3   Strategie: van SWOT naar marketingplan

- geografische kenmerken
- economische factoren
- technologische factoren
- sociaal-culturele factoren
- nationale/regionale doelstellingen en plannen

Stap 1
Internationalisatie

Stap 2
Informatie op basis van internationale analyse
SITUATIEANALYSE
Marktvraag
Concurrentiestructuur
DESTEP-factoren
Ondernemings-doelstellingen en beperkingen

LONGLIST
op basis van voorlopige criteria

Aanvullende informatie

SHORTLIST
op basis van criteria en gewichten

Aanvullende informatie

Stap 3
LANDSELECTIE
op basis van entreestrate-gie/acceptability

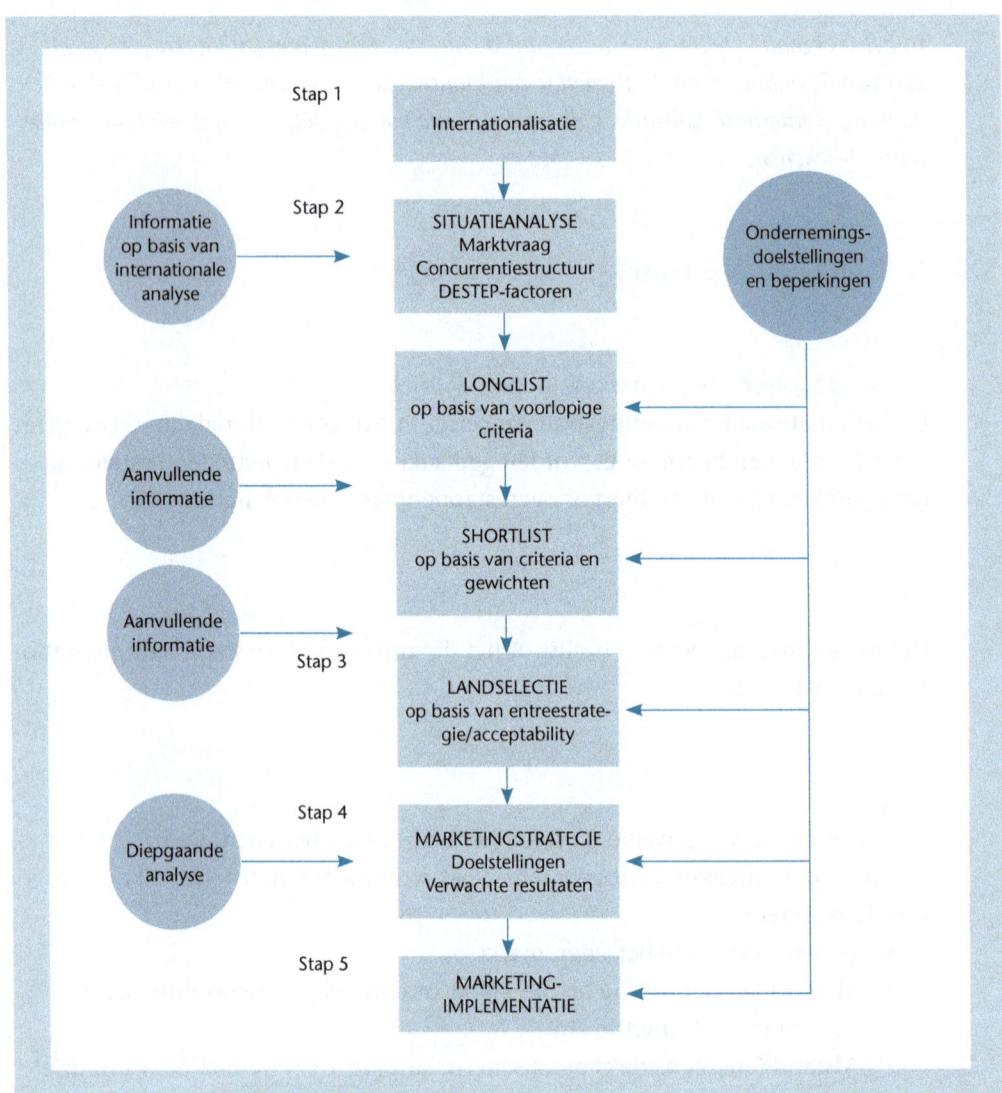

Stap 4
Diepgaande analyse
MARKETINGSTRATEGIE
Doelstellingen
Verwachte resultaten

Stap 5
MARKETING-IMPLEMENTATIE

Figuur 3.11 Stappenplan internationale marketing

Stap 3

Nadat is besloten welke markten worden betreden, dient de vraag zich aan hoe dat moet gebeuren. Er zijn daarbij verschillende opties: exporteren, een joint venture aangaan en direct investeren.

Exporteren is de eenvoudigste en veiligste manier om een markt te betreden. Vaak begint men met indirecte export, dat wil zeggen via onafhankelijke tussenhandel. Daarna gaat men over op directe export, waarbij de onderneming zelf de export regelt.

Bij een **joint venture** wordt samengewerkt met een buitenlands bedrijf ter plaatse. Een dergelijk partnerschap kan vier vormen aannemen:
- Licentie (een fabrikant in het buitenland wordt een licentie verleend, krijgt het recht op gebruik van hetzij de productiemethode, het handelsmerk, het patent, etc.)
- Contractproductie (de productie wordt door een buitenlandse partner gerealiseerd)
- Managementcontract (de aanbieder biedt management-knowhow aan aan een buitenlands bedrijf met kapitaal).
- Gezamenlijk eigendom (samenwerking met een of meerdere buitenlandse investeerders in een plaatselijke onderneming, die ook gezamenlijk wordt gerund).

Directe investering geeft ten slotte de grootste betrokkenheid en controle, maar brengt ook de grootste risico's met zich mee. Vaak begint een bedrijf met de eenvoudige entreestrategie (minder risico), om in de loop van de tijd naar meer betrokken vormen te evolueren (meer winstpotentieel).

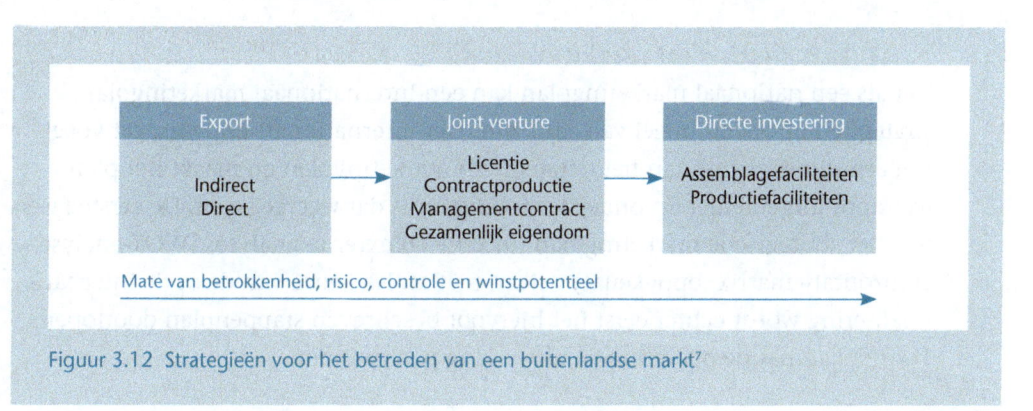

Export	Joint venture	Directe investering
Indirect Direct	Licentie Contractproductie Managementcontract Gezamenlijk eigendom	Assemblagefaciliteiten Productiefaciliteiten

Mate van betrokkenheid, risico, controle en winstpotentieel →

Figuur 3.12 Strategieën voor het betreden van een buitenlandse markt[7]

Stap 4

De volgende vraag die zich voordoet, is of de marketingmix in het buitenland zonder wijzigingen kan worden toegepast (*extend*), of dat er een aangepaste marketingmix noodzakelijk is (*adapt*). De beslissing hoeft niet direct te vallen. Men kan beginnen met een ongewijzigde marketingaanpak, die gaandeweg aan de lokale situatie wordt aangepast.

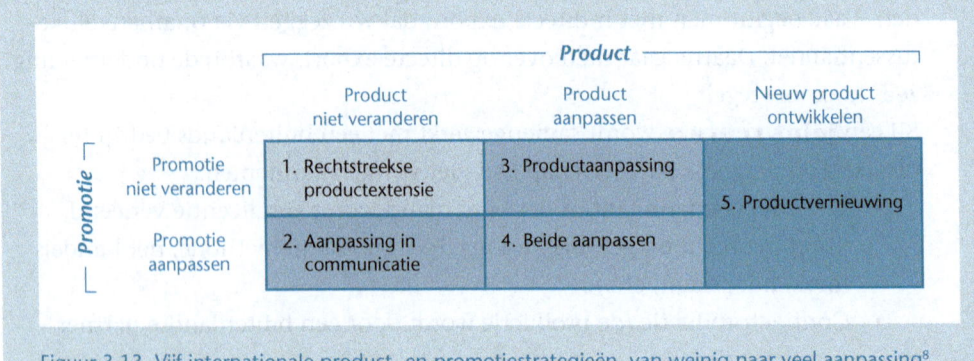

		Product niet veranderen	Product aanpassen	Nieuw product ontwikkelen
Promotie	Promotie niet veranderen	1. Rechtstreekse productextensie	3. Productaanpassing	5. Productvernieuwing
	Promotie aanpassen	2. Aanpassing in communicatie	4. Beide aanpassen	

Figuur 3.13 Vijf internationale product- en promotiestrategieën, van weinig naar veel aanpassing[8]

Stap 5
Ten slotte moet worden besloten hoe de internationale organisatie zal worden ingericht. Er zijn drie mogelijkheden:
- Geografische organisatie (organisatie naar regio's of landen, met managers die verantwoordelijk zijn voor verkopen, filialen, distributeurs en licentienemers in hun respectievelijke gebieden)
- Mondiale productgroepen (organisatie naar productgroepen)
- Internationale filialen (elk verantwoordelijk voor eigen verkoop en winst).

3.5.2 Internationaal marketingplan
Net als een nationaal marketingplan kan een internationaal marketingplan strategisch of operationeel van aard zijn. Het internationaliseringsaspect voegt wel een dimensie toe aan het (strategisch) marketingplan en maakt het plan daardoor uitgebreider. In onderstaande figuur is dat weergegeven. De eerste fasen van het strategische marketingplan (interne en externe analyse, SWOT-analyse, confrontatiematrix, optiekeuze) wijken niet af. Na keuze van de optie internationalisering wordt echter eerst het hiervoor beschreven stappenplan doorlopen. Daarna kan pas de operationele uitwerking plaatsvinden.

Internationale marketingstrategie

STRATEGISCH MARKETINGPLAN

Managementsamenvatting

H1 Inleiding
- uitgangspunten

H2 Interne analyse

Strategische positie, zoals
- missie en visie
- strategische doelstellingen

Portfolioanalyses

Analyse van de bedrijfsfuncties
- productiebeleid
- R&D-beleid
- personeelsbeleid
- inkoopbeleid
- organisatiestructuur en -cultuur

Financiële aspecten, zoals
- financiële kengetallen
- Du Pontmodel

Marketinganalyse
- analyse van het gevoerde marketingbeleid

H3 Externe Analyse

Vijfkrachtenmodel van Porter

Marktvraag, zoals
- penetratie
- totale effectieve markt
- groei van de markt
- marktaandelen

Afnemers

Concurrenten

Leveranciers

Macro-omgevingsfactoren, zoals
- demografisch
- economisch
- sociaal-cultureel
- technologisch
- ecologisch
- politiek-juridisch

H4 SWOT, confrontatiematrix, opties en optiekeuze

H5 Strategie-uitwerking
- doelstellingen en aandachtspunten
- marketingstrategie
- actieprogramma's (4 p's)
- tijdpad
- budgetten
- controlemechanismen

STAPPENPLAN INTERNATIONALISERING

H1 Situatieanalyse onderzochte landen
- marktvraag
- concurrentiestructuur
- DESTEP-factoren
Longlist, shortlist, landenselectie

H2 Entreestrategie

H3 Marketingstrategie
- mate van aanpassing aan het land

H4 Internationale organisatie

MARKETINGPLAN

Managementsamenvatting

H1 Inleiding
- uitgangspunten

H2 Situatieanalyse

Korte situatieanalyse mondt uit in SWOT-overzicht

H3 Operationele uitwerking

3.1 Marketingstrategie en -doelstellingen

3.2 Product

3.3 Prijs

3.4 Plaats

3.5 Promotie

3.6 Financiële onderbouwing

3.7 Tijdpad

3.8 Evaluatie en controle

Figuur 3.14 Inhoud van een internationaal (strategisch en operationeel) marketingplan

Hoofdstuk 4

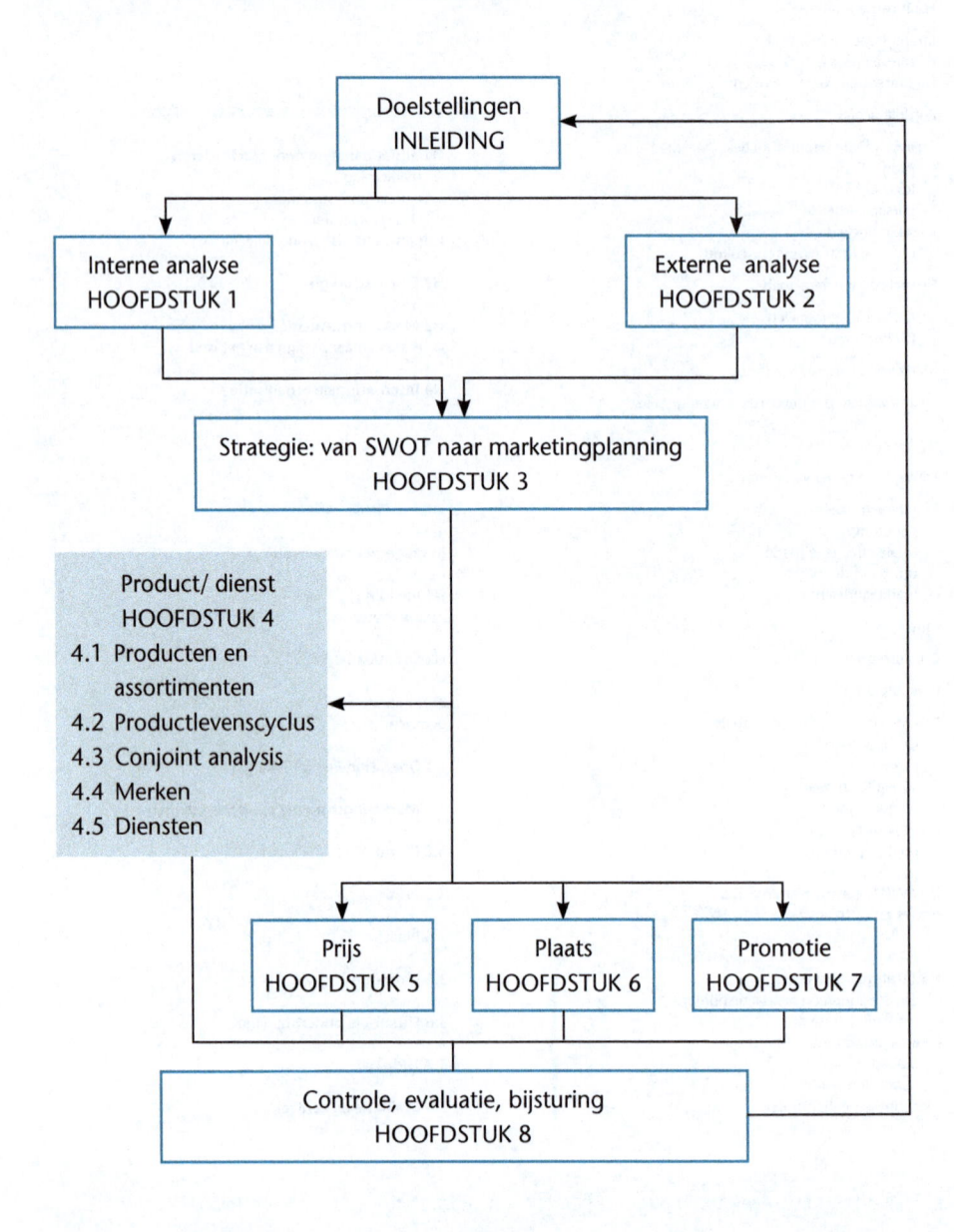

```
                    Doelstellingen
                    INLEIDING  ◄─────────────────┐
                         │                        │
            ┌────────────┴────────────┐           │
            ▼                         ▼           │
      Interne analyse          Externe analyse    │
      HOOFDSTUK 1              HOOFDSTUK 2        │
            │                         │           │
            └────────────┬────────────┘           │
                         ▼                        │
         Strategie: van SWOT naar marketingplanning
                    HOOFDSTUK 3                   │
                         │                        │
┌──────────────────┐     │                        │
│ Product/ dienst  │     │                        │
│ HOOFDSTUK 4      │     │                        │
│ 4.1 Producten en │◄────┤                        │
│     assortimenten│     │                        │
│ 4.2 Productlevens│     │                        │
│     cyclus       │     │                        │
│ 4.3 Conjoint     │     │                        │
│     analysis     │     │                        │
│ 4.4 Merken       │     │                        │
│ 4.5 Diensten     │     │                        │
└──────────────────┘     │                        │
                ┌────────┼────────┐               │
                ▼        ▼        ▼               │
             Prijs    Plaats   Promotie           │
           HOOFDSTUK 5 HOOFDSTUK 6 HOOFDSTUK 7    │
                │        │        │               │
                └────────┼────────┘               │
                         ▼                        │
          Controle, evaluatie, bijsturing ────────┘
                    HOOFDSTUK 8
```

Product/dienst

Nu de strategie is bepaald en het marketingplan vorm heeft gekregen, kunnen we ons richten op de operationele uitwerking en implementatie. Hierbij worden plannen omgezet in acties die de strategische marketingdoelstellingen moeten verwezenlijken.

Een succesvolle marketingimplementatie hangt af van de mate waarin het bedrijf zijn mensen, organisatiestructuur, besluitvorming- en beloningssystemen en de bedrijfscultuur tot een samenhangend actieprogramma weet samen te smeden dat de strategie ondersteunt. Daarbij gaat het om dagelijkse tot maandelijkse activiteiten en het *wie, wat, waar, wanneer* en *hoe*.

In dit hoofdstuk wordt de implementatie van de strategie besproken met betrekking tot de eerste van de vier standaard-p's: het product (en de dienst). Producten staan volgens de meesten centraal in de marketing. We besteden aandacht aan de verschillende productniveaus, de productlevenscyclus, conjoint analysis en de *long tail*. Diensten spelen een steeds belangrijkere rol. We besteden aandacht aan de kenmerken van diensten, het kwaliteitsvraagstuk en aspecten van capaciteitsbeheersing. Producten en diensten worden tegenwoordig nauwelijks nog merkloos verkocht. Met een merk kan waarde worden toegevoegd aan een product of dienst. In dit hoofdstuk is daarom ook aandacht voor merkwaarde, merkbeoordeling en merkwissel.

4.1 Producten en assortimenten

4.1.1 Productniveaus

Uitleg

Een product kan vanuit drie niveaus worden bekeken. Elk niveau voegt meerwaarde toe voor de klant. Het meest elementaire niveau is de **kernwaarde** (of **core benefit**), het antwoord op de vraag: *wat koopt de afnemer in feite?* Dat is bijvoorbeeld: gemak bij het koken. De klant koopt de vervulling van een behoefte. Op het tweede niveau moet de corebenefit omgezet worden in een **werkelijk product (of actual product)**, bijvoorbeeld een keukenmachine. Hier spelen product- en servicekenmerken, ontwerp, kwaliteit, merknaam en verpakking een rol. Op het derde niveau is er het **uitgebreide product** (of **augmented product**) rond het tastbare kernproduct, waarbij extra ondersteunende dienstverlening en benefits worden geboden. Denk aan een garantieregeling en de website van de fabrikant van keukenmachines. Ook ontastbare elementen zoals het nagestreefde imago en de beoogde merkbeleving kunnen hierbij betrokken worden.

De consument ziet een product als een complexe verzameling voordelen of *benefits* op alle drie de niveaus, die voorzien in zijn behoeften. Bij het ontwikkelen van producten moet eerst worden nagegaan in welke kernbehoefte van de consument het product voorziet. Vervolgens wordt het werkelijke product ontworpen en wordt gezocht naar manieren om dit uit te breiden en zo een verzameling *benefits* te creëren die de klant de meest bevredigende ervaring biedt.

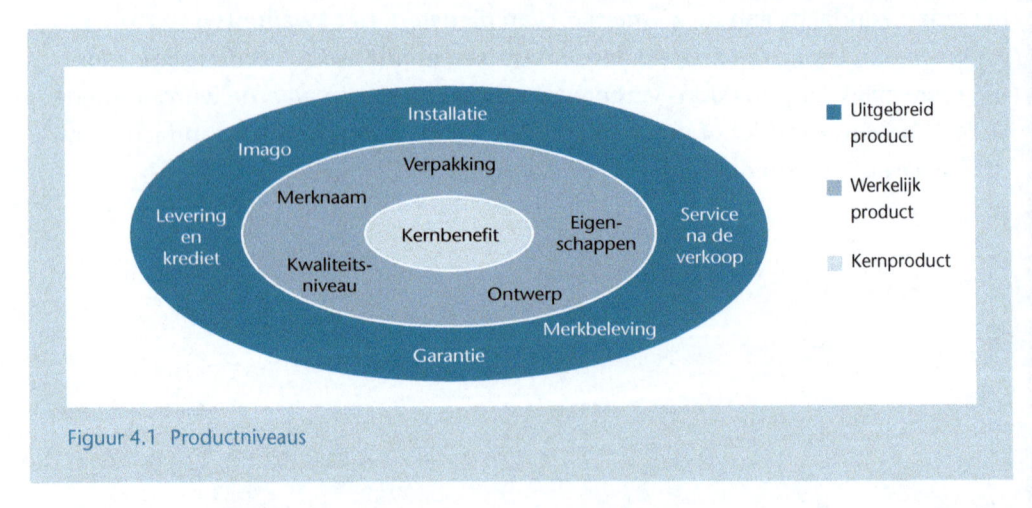

Figuur 4.1 Productniveaus

Er wordt weleens beweerd dat er zo langzamerhand geen slechte producten meer bestaan. Een voorbeeld van die stelling zijn auto's. De gezochte core benefit kan zijn transport van A naar B, welke ook kan worden ingevuld door bijvoorbeeld de bus of de trein. Als actual product bieden diverse merken vierwielige producten, voorzien van een motor, een versnellingsbak en een stuur. Het uitgebreide product omvat het onderhoud, de garantie, betalingscondities, merkbeleving etc.

De **instrumentele eigenschappen** kunnen worden uitgedrukt in motorinhoud, laadvermogen, topsnelheid, aantal deuren enzovoort. Van toenemend belang voor de keuze zijn echter de **expressieve eigenschappen**, bijvoorbeeld het merk, de uitstraling en het gevoel dat je bij de auto krijgt. De expressieve eigenschappen zitten deels in de tweede, maar vooral ook in de buitenste ring van het uitgebreide product. Aangezien deze eigenschappen steeds belangrijker worden kan de buitenste ring eventueel wat dikker worden aangezet in vergelijking met de binnenste ringen.

Wanneer te gebruiken
Door een product op verschillende niveaus te bekijken wordt duidelijker op welke elementen het bedrijf zich kan onderscheiden. Vaak gaat het dan om de expressieve elementen in de tweede en derde ring.

Voorbeeld
Een voorbeeld van functioneel of instrumenteel gelijkwaardige producten zijn VW Golf, Audi A3, Seat Leon en Skoda Octavia, alle geleverd door VAG. Ze zijn gebaseerd op hetzelfde chassis en kennen dezelfde motoren enzovoort. Maar omdat de expressieve of uitgebreide eigenschappen niet hetzelfde zijn (de merkwaarde van een Audi is nu eenmaal anders dan die van een Skoda), zien we verschillen in beleving bij de consument, en parallel daaraan een verschillende prijsstelling, distributie en communicatie.

Individuele producten maken over het algemeen deel uit van een assortiment. De wijze waarop dat assortiment is samengesteld is een strategische keuze die mede bepalend is voor de concurrentiepositie.

4.1.2 Assortimentsdimensies

Uitleg
Het assortiment van een bedrijf heeft vier belangrijke dimensies: breedte, lengte, diepte en consistentie. Met **breedte** bedoelen we het aantal verschillende productgroepen of productlijnen. De **diepte** is het aantal productvarianten in een

groep. De **lengte** (overigens een weinig gebruikt begrip) geeft het totale aantal varianten in alle productgroepen aan en is dus de som van alle dieptes. Ten slotte is er de **consistentie**, die aangeeft hoe nauw verwant de diverse productlijnen zijn qua eindgebruik, productievereisten, distributiekanalen of in andere opzichten.

Wanneer te gebruiken
Deze dimensies, met name de begrippen breedte en diepte, worden veel gebruikt om assortimenten te typeren en met elkaar te vergelijken, met name in fysieke winkels. Bij internetwinkels wordt, door de toenemende mogelijkheden om producten aan te passen aan de wensen van de klant (customization) het begrip diepte moeilijker te duiden. Door de klant bijvoorbeeld model, kleur, maat, stof voor een overhemd te laten bepalen, is de diepte van zo'n productgroep bijna niet meer te bepalen.

Voorbeeld
Speciaalzaken hebben over het algemeen smalle, consistente en diepe assortimenten, omdat zij gespecialiseerd zijn in een beperkt aantal productgroepen, die sterk aan elkaar verwant zijn, en omdat zij binnen elke productgroep veel verschillende varianten aanbieden. Een warenhuis als Hema daarentegen heeft een breed maar ondiep assortiment: Hema biedt veel verschillende productgroepen aan, maar per productgroep is de keuze beperkt. Bovendien is er weinig consistentie in de producten: bh's, rookworsten, schrijfwaren en beddengoed worden alle in dezelfde winkel aangeboden. Consistentie is er echter wel in het design en de uitstraling.

Voorbeeld Cyclo

Cyclo heeft een vrij smal assortiment met vier productgroepen, allemaal fietsen. De diepte verschilt per productgroep. Bij stadsfietsen en hybridefietsen zijn er zestien varianten. Bij MTB/ATB en elektrische fietsen zijn dat er respectievelijk acht en vier.

Producten en assortimenten

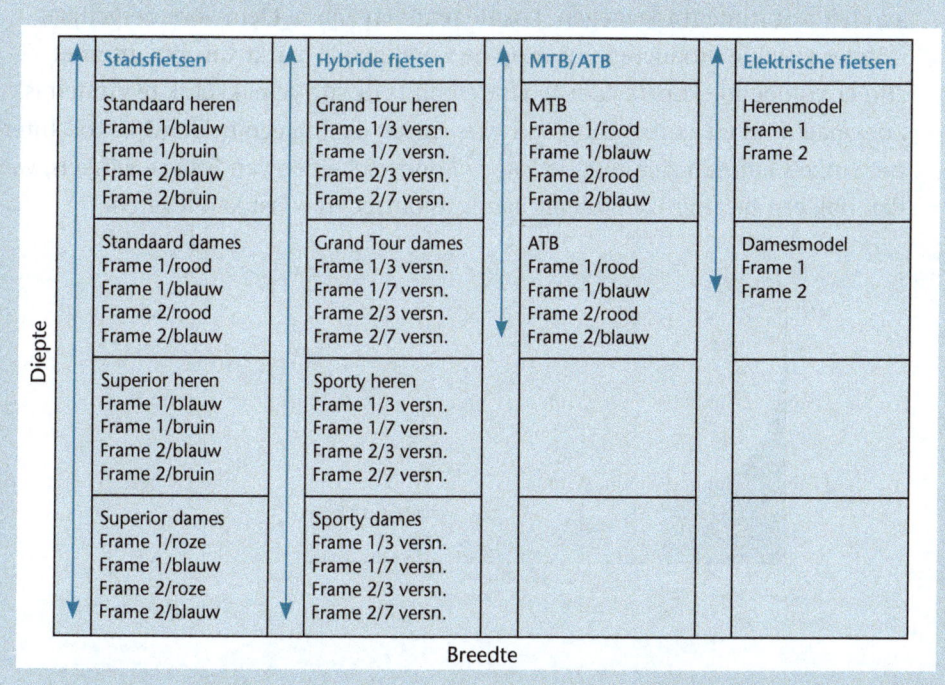

	Stadsfietsen		Hybride fietsen		MTB/ATB		Elektrische fietsen
	Standaard heren Frame 1/blauw Frame 1/bruin Frame 2/blauw Frame 2/bruin		Grand Tour heren Frame 1/3 versn. Frame 1/7 versn. Frame 2/3 versn. Frame 2/7 versn.		MTB Frame 1/rood Frame 1/blauw Frame 2/rood Frame 2/blauw		Herenmodel Frame 1 Frame 2
Diepte	Standaard dames Frame 1/rood Frame 1/blauw Frame 2/rood Frame 2/blauw		Grand Tour dames Frame 1/3 versn. Frame 1/7 versn. Frame 2/3 versn. Frame 2/7 versn.		ATB Frame 1/rood Frame 1/blauw Frame 2/rood Frame 2/blauw		Damesmodel Frame 1 Frame 2
	Superior heren Frame 1/blauw Frame 1/bruin Frame 2/blauw Frame 2/bruin		Sporty heren Frame 1/3 versn. Frame 1/7 versn. Frame 2/3 versn. Frame 2/7 versn.				
	Superior dames Frame 1/roze Frame 1/blauw Frame 2/roze Frame 2/blauw		Sporty dames Frame 1/3 versn. Frame 1/7 versn. Frame 2/3 versn. Frame 2/7 versn.				

Breedte

Figuur 4.2 Assortimentsdimensies

Assortimenten van webwinkels kunnen veel groter zijn dan van fysieke winkels. Dit verschijnsel wordt de 'long tail' genoemd.

4.1.3 De long tail

Uitleg

Een nieuw verschijnsel binnen marketing, ingegeven door de mogelijkheden van het internet, is de zogenoemde **long tail**. Deze term werd ingevoerd door Chris Anderson in 2004 in een artikel in *Wired*[1] en wordt sindsdien veel gebruikt. De *long tail*, de lange staart, verwijst naar de grafiek in figuur 4.3. Het begrip staat voor de verkoop van veel niet-populaire artikelen, die mogelijk is geworden door internetverkoop, met zijn lage opslag- en distributiekosten (de voorraad hoeft niet op een dure A-locatie gehouden te worden), goede zoekmachines en een wereldwijd bereik.

Terwijl traditionele winkels slechts ruimte hebben voor een beperkt assortiment van de meest populaire artikelen, kunnen internetwinkels een breder en dieper assortiment voeren. Ze kunnen daardoor ook minder populaire producten aan het assortiment toevoegen. Lokale markten zijn te klein voor dergelijke, minder gewilde producten, maar op de wereldwijde markt van het internet zijn er voldoende kopers voor te vinden, mits de site gemakkelijk te vinden is. Zoekmachines en aanbevelingssoftware spelen daarbij een belangrijke rol. Internetwinkels kunnen zich met de *long tail* onderscheiden van fysieke winkels, wat dan ook een belangrijke bijdrage aan hun omzet en winst kan leveren.

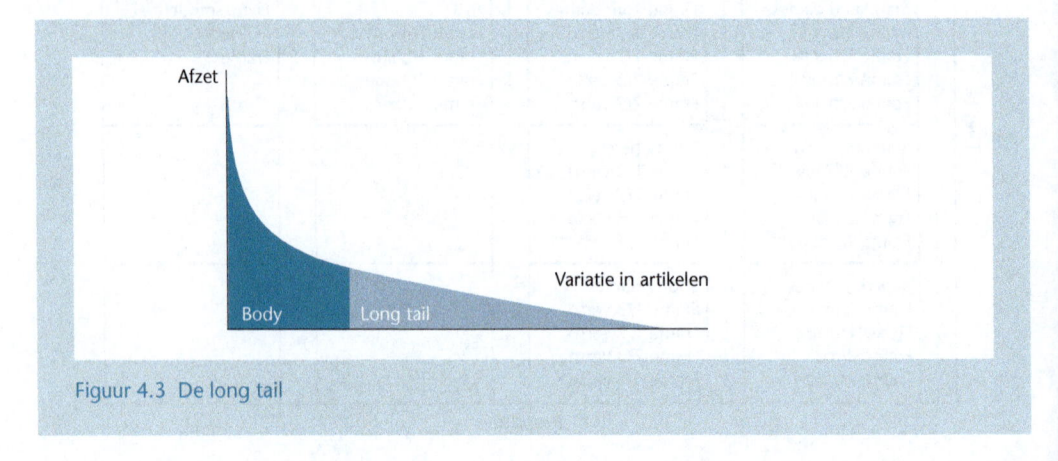

Figuur 4.3 De long tail

Wanneer te gebruiken
De *long tail* speelt een rol bij internetverkoop, waarbij de bediening van vele kleine doelgroepen winstgevend kan worden gemaakt. Diverse niches vormen samen een groot deel van de markt dat met dit model aangeboord kan worden.

Voorbeeld
Amazon.com biedt via internet een enorm assortiment aan boeken aan en haalt een groot deel van zijn omzet uit de *long tail*, titels die in de traditionele boekhandels niet te krijgen zijn.

Producten en assortimenten veranderen in de tijd. En dat gebeurt in een steeds sneller tempo. Deze veranderingen kunnen verklaard worden door het concept van de productlevenscyclus.

4.2 Productlevenscyclus

Uitleg
Veel producten hebben een levenscyclus, maar de precieze vorm en de exacte lengte zijn van tevoren niet bekend. In de **productlevenscyclus** (PLC) kunnen

afzet-, omzet en winstpatronen zichtbaar worden gemaakt. Er worden vijf fasen onderscheiden:
1. De eerste fase is het **productontwikkelingsstadium,** waarin het product wordt ontwikkeld en de marktintroductie wordt voorbereid. Tijdens de productontwikkeling is er geen afzet en lopen de investeringskosten op.
2. De **introductiefase** is een periode waarin de afzet en omzet langzaam groeien, nadat het product op de markt is gebracht. Er wordt nog geen winst gemaakt in deze fase vanwege de hoge kosten van de lancering.
3. De **groeifase** is een periode van snelle acceptatie door de markt en toenemende winsten.
4. Tijdens de **volwassenheidsfase** vertraagt de groei en treedt verzadiging op; de meeste potentiële kopers hebben het product geaccepteerd. De winst blijft constant of neemt af vanwege de stijging van de marketingkosten om het marktaandeel tegen de concurrentie te verdedigen.
5. In de **neergangsfase** heeft het product zijn beste tijd gehad. De belangstelling neemt af, evenals afzet, omzet en winst.

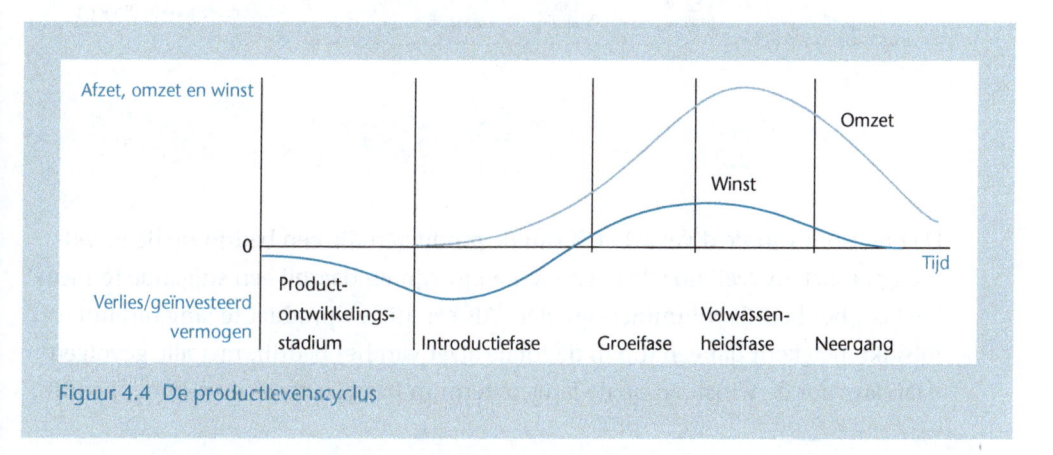

Figuur 4.4 De productlevenscyclus

Sommige producten mislukken al snel na de lancering. Andere kennen een lange volwassenheidsfase. Weer andere producten bevinden zich al in de neergaande fase, maar kunnen door sterke promotie of herpositionering een tweede jeugd beginnen.

Het PLC-concept kan betrekking hebben op een *productcategorie* (auto's), een *productvorm* (personenauto's op benzine) of een *merk*. Het PLC-concept verschilt enigszins, naargelang de toepassing. Productcategorieën hebben de langste levenscyclus.

Het PLC-model kan niet los worden gezien van de adoptiecategorieën van Rogers (zie § 2.3). In de introductiefase wordt een product vooral gekocht door de innovators en early adopters, in de groeifase is het vooral de early majority die het product aanschaft, in de volwassenheidsfase volgt de late majority en als de PLC op zijn eind loopt kunnen nog de laggards worden aangesproken. In figuur 4.5 wordt de parallel tussen de productlevenscyclus en het adoptiemodel getoond.

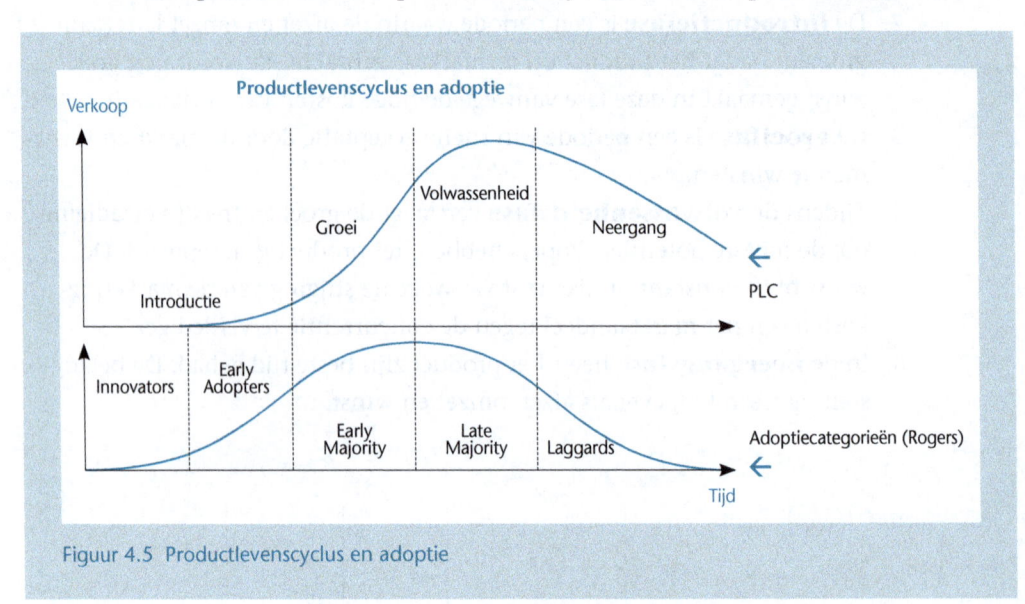

Figuur 4.5 Productlevenscyclus en adoptie

De optelsom van de diverse PLC's van de producten die een bedrijf op de markt brengt, moet zo veel mogelijk een rechte lijn zijn en daarbij een stijgende tendens hebben; het bedrijf wil immers groeien. Als een nieuw product te lang uitblijft, of mislukt, betekent dat een dip in de totale afzet van het bedrijf, met alle gevolgen daarvan voor de winst, en op de langere termijn het voortbestaan van het bedrijf.

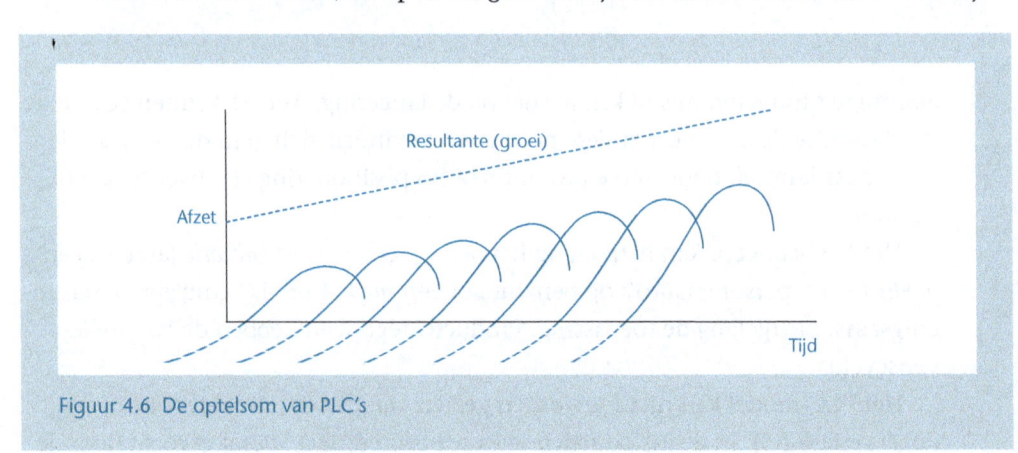

Figuur 4.6 De optelsom van PLC's

Volgens de **International Product Lifecycle-theorie** van Vernon[2] start de productie van een nieuw product in het gebied waar het is uitgevonden (New Product Stage), vaak de VS. Daar wordt het ook geconsumeerd. De vraag verschuift vervolgens naar andere ontwikkelde landen, waarheen wordt geëxporteerd (Maturing Product Stage). Daarna verschuift de productie naar de andere ontwikkelde landen, die ook gaan exporteren. In de Standardized Product Stage is de productie nog verder verschoven naar ontwikkelingslanden, van waaruit wordt geïmporteerd.

Wanneer te gebruiken

Het PLC-concept kun je gebruiken om het hele mechanisme van markt en producten mee te beschrijven. Voor de prognose van resultaten of het ontwikkelen van een marketingstrategie is dit concept echter niet zonder meer geschikt. Het is bijvoorbeeld moeilijk vast te stellen in welke fase het product zich bevindt of waar nu precies de overgang naar de volgende fase plaatsvindt. Ook zijn de afzet in elke fase, de lengte van de afzonderlijke fasen en de vorm van de curve moeilijk te voorspellen. Bovendien gaat de PLC-aanpak voor een aantal stabiele, blijvende producten, bijvoorbeeld zout en suiker, gewoon niet op.

Fase: Kenmerken:	Introductie- fase	Groeifase	Volwassenheid	Neergangsfase
Afzet	Laag	Snel stijgend	Hoog	Dalend
Kosten per klant	Hoog	Matig	Laag	Laag
Winsten	Negatief	Stijgend	Hoog	Dalend
Type klanten	Innovators/ early adopters	Early majority	Late majority	Laggards
Aantal concurrenten	Weinig	Toenemend	Veel/stabiel	Afnemend
Marketing- doelstellingen	Product- introductie	Marktaandeel opbouwen	Winst maximaliseren, marktaandeel handhaven	Kosten verlagen, uitmelken
Product	Basis- elementen	Productuitbreiding, dienstverlening	Meerdere modellen	Zwakke artikelen afbouwen
Prijs	Kostprijs- georiënteerd	Prijs verlagen om marktpenetratie te bevorderen	Prijs afstemmen op concurrenten	Prijs verlagen
Distributie	Selectief, opbouwen	Intensiveren	Intensief	alleen meest rendabele verkooppunten
Reclame	Bekendheid opbouwen	Imago opbouwen	Merkverschillen benadrukken	Verminderen, alleen gericht op handhaven loyale klanten

Tabel 4.1 Marketingstrategie in de fasen van de productlevenscyclus

Wees je er verder van bewust dat de marketingstrategie zowel de oorzaak als het resultaat is van de productlevenscyclus. Heb je de positie van het product op de PLC-curve kunnen inschatten en neem je die als basis voor de marketingstrategie, dan moet je erop bedacht zijn dat je nieuwe strategie van invloed zal zijn op het verloop van de rest van de curve.

Het beste kun je het PLC-concept zien als niet meer dan een nuttig hulpmiddel bij het formuleren van een goede marketingstrategie voor de verschillende fasen van de cyclus. In tabel 4.1 worden per PLC-fase elementen aangedragen voor de marketingstrategie.

Voorbeeld

Levenscycli van producten worden steeds korter. Vergelijk bijvoorbeeld de videorecorder (ongeveer 30 jaar) met de dvd-speler (10 tot 15 jaar). Sommige mobieltjes hebben een cyclus van maximaal 2 jaar. Het is de vraag hoe lang de lifecycle van de Bluray disk zal worden, gegeven het feit dat nu al veel films en programma's worden gedownload en opgeslagen op de harddisk. Met in de nabije toekomst de mogelijkheid van opslag op daartoe opgestelde servers op het world wide web (cloud computing). Tegelijkertijd worden ontwikkeltijden korter, maar de kosten zeker niet minder. Hierdoor wordt het voor marketeers een steeds grotere uitdaging om de geïnvesteerde gelden terug te verdienen. Veel bedrijven gaan daarom samenwerkingverbanden aan of creëren platforms voor meer draagvlak, die de kans op succes moeten vergroten (denk aan Bluray met onder andere Philips en Sony, in samenwerking met entertainmentbedrijven, gelijktijdige ontwikkeling van hardware, de spelers, en software, de films).

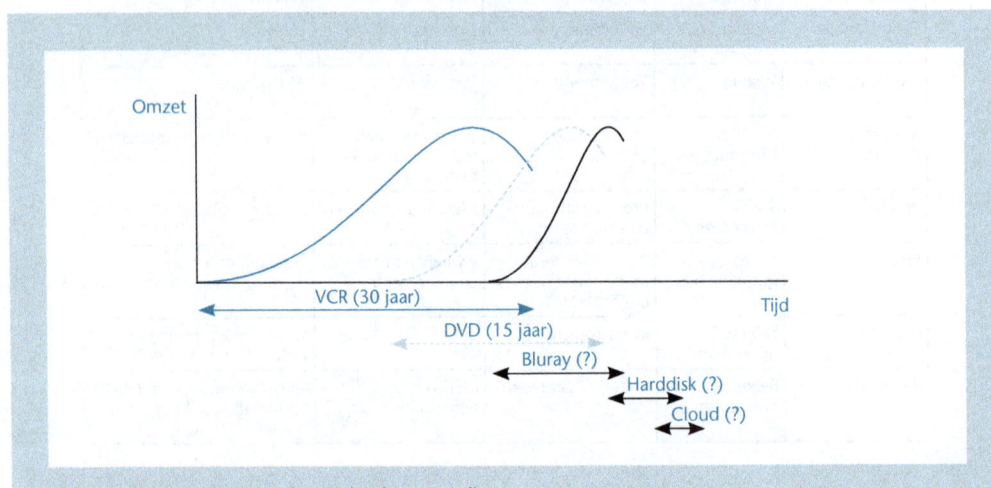

Figuur 4.7 Korter wordende productlevenscycli

Aangezien producten een bepaalde levensduur hebben, is het noodzakelijk om regelmatig nieuwe producten te introduceren. Om met een nieuw product zo goed mogelijk aan te kunnen sluiten bij de wensen van de doelgroep kan conjoint analysis een handig instrument zijn.

4.3 Conjoint analysis voor productontwikkeling

Uitleg

Conjoint analysis wordt in de fase van conceptontwikkeling gebruikt, wanneer productkenmerken tegen elkaar worden afgewogen. Hierbij worden consumentenvoorkeuren voor diverse combinaties productkenmerken gemeten. Voor elk productkenmerk worden verschillende zogenoemde **bruikbaarheidswaarden** overwogen. Het voorbeeld laat zien hoe de analyse precies in zijn werk gaat. De bedoeling is om hiermee te komen tot het meest ideale product voor een bepaald segment.

Wanneer te gebruiken

Wanneer een product wordt geïntroduceerd is het belangrijk om precies te weten wat klanten werkelijk wensen en hoeveel ze ervoor zouden willen betalen. Deze methode helpt de marketeer om kenmerken tegen elkaar af te wegen, te focussen op de belangrijkste producteigenschappen en het optimale product samen te stellen.

Voorbeeld

Stel dat een fabrikant van flatscreen-televisies een nieuw 32"-model op de markt wil brengen. We nemen aan dat de productkenmerken verbruik, prijs, contrastwaarde en aantal hdmi-ingangen kunnen worden gevarieerd. Deze kenmerken worden opgesplitst in bruikbaarheidswaarden en middels consumentenonderzoek worden voorkeuren gevonden zoals aangegeven in onderstaande tabel.

Hoofdstuk 4 Product/dienst

Productkenmerken	Bruikbaarheidswaarden	Scores
Verbruik	80 W	0,5
Verbruik	100 W	0,2
Verbruik	120 W	-0,3
Prijs	€ 350	0,7
Prijs	€ 380	0,1
Prijs	€ 400	-0,4
Contrastwaarde	laag	-0,5
Contrastwaarde	middel	-0,2
Contrastwaarde	hoog	0,2
Hdmi-ingangen	2	-0,1
Hdmi-ingangen	3	0,4
Hdmi-ingangen	4	0,5

Tabel 4.2 Scores voor conjoint analysis

Consumenten geven natuurlijk de voorkeur aan het laagste verbruik, de laagste prijs, de hoogste contrastwaarde en de meeste hdmi-ingangen. De hoogste score wordt dus gerealiseerd door een flatscreen-televisie met deze kenmerken. Die score bedraagt 0,5 + 0,7 + 0,2 + 0,5 = 1,9. Maar een dergelijk product kan niet eenvoudig worden geproduceerd omdat de prijs te hoog zou uitvallen. In de praktijk zullen dus compromissen moeten worden gesloten.

De fabrikant van flatscreen-televisies kan nu verschillende combinaties van productkenmerken verzinnen, die wel produceerbaar zijn, dus waarbij de prijs niet in conflict komt met de andere productkenmerken. Met de tabel kan hij vervolgens van elke combinatie opzoeken wat de totaalscore is en welke combinatie dus het meest de voorkeur heeft. We zien bijvoorbeeld dat een product met gemiddelde scores (gemiddeld verbuik, gemiddelde prijs enzovoort) een score heeft van 0,5 (0,2 + 0,1 − 0,2 + 0,4) en wordt geprefereerd boven een model met weliswaar de laagste prijs maar lage scores op de overige kenmerken. Deze combinatie heeft namelijk slechts een score van -0,2 (-0,3 + 0,7 − 0,5 − 0,1).

Desondanks is de prijs in dit voorbeeld erg belangrijk voor de consument. Dat kun je zien aan het feit dat de scores voor de prijs variëren van 0,7 tot -0,4, dus een spreiding hebben van 1,1. Het aantal hdmi-ingangen weegt bijvoorbeeld minder zwaar, want daar is de spreiding 0,6.

Met een merk kan waarde worden toegevoegd aan producten en assortimenten. Merken opbouwen kost tijd en inspanning, maar als hier consequent aan gewerkt wordt, kan het merk op den duur een hoge waarde bereiken.

4.4 Merken

4.4.1 Merkwaarde

Uitleg

Een merk is ieder teken (naam, term, cijfer, symbool, ontwerp of een combinatie daarvan) dat de fabrikant of aanbieder van een product of dienst aanduidt. De waarde van een merk kan in verschillende contexten worden bepaald. Wij bespreken hier de begrippen *brand equity* en *brand valuation*.

Brand equity is direct gerelateerd aan marketing. Dit begrip geeft aan in hoeverre er verschil is in de respons van een consument die het merk kent, en de respons van een consument die het merk niet kent. Een maatstaf daarvoor is welk bedrag klanten bereid zijn meer te betalen voor het merk.

Brand valuation is de financiële waarde die het merk als onderdeel van de onderneming vertegenwoordigt. Daarbij wordt bijvoorbeeld gekeken naar de cashflows die een merk in de toekomst kan genereren. Zo werd de waarde van Coca-Cola als merk door Interbrand in 2013 geschat op $ 79,2 miljard (het tastbare resultaat van decennialang consequente marketing en communiceren met de markt). Andere benaderingen zijn de Brand Asset Valuator ™ van Consult Brand Strategy, en Brand Dynamics van Millward Brown. Het voert voor dit boek te ver om hier nader op in te gaan.

Wanneer te gebruiken

Voor marketeers is het belangrijk om een goed beeld te hebben van de (marketing)waarde van hun merk(en) en hier ook doelstellingen aan te verbinden. Merkwaarde is een sterk instrument bij het creëren van concurrentievoordeel, deze is immers vaak gebaseerd op augmented value of de expressieve eigenschappen van producten. Dit is zeker het geval wanneer een complete portfolio aan merken moet worden beheerd, op een aantal verschillende markten, als benchmarks tegen een sterke concurrentie.

Een model dat handvatten biedt om merkwaarde op te bouwen is de merkwaardepiramide van Keller (§ 4.4.2). Met de brand report card van Keller (§ 4.4.3) kan vervolgens worden nagegaan hoe groot de kracht van het merk is.

4.4.2 Merkwaardepiramide

Uitleg

Om een merk op te bouwen kun je volgens Keller[3] stapsgewijs te werk gaan:
1. Zorg ervoor dat de consument het merk kan identificeren, en het associeert met een bepaalde productcategorie en type behoefte. De doelstelling hierbij is het opbouwen van merkbekendheid.
2. Geef het merk betekenis door tastbare en ontastbare merkassociaties te combineren. Maak duidelijk tot welke productcategorie het merk behoort met behulp van punten van overeenkomst (points of parity) en laat zien welke onderscheidende kenmerken het merk heeft door middel van differentiatie (points of difference).
3. Zorg voor de gewenste consumentenrespons op merkidentificatie en merkbetekenis.
4. Laat de respons uitgroeien tot een intensieve en loyale relatie met het merk.

In deze vier stappen wordt impliciet ingespeeld op vragen die betrekking hebben op merkidentiteit (wie ben jij?), merkbetekenis (wat ben jij?), merkreactie (en hoe zit het met jou?) en merkrelatie (hoe zit het tussen ons?), zoals aangegeven naast de **merkwaardepiramide** in figuur 4.8.

In de piramide onderscheiden we aan de linker kant aspecten die gerelateerd zijn aan het rationele (de linker hersenhelft) en aan de rechter kant aspecten die gerelateerd zijn aan het emotionele (de rechter hersenhelft).

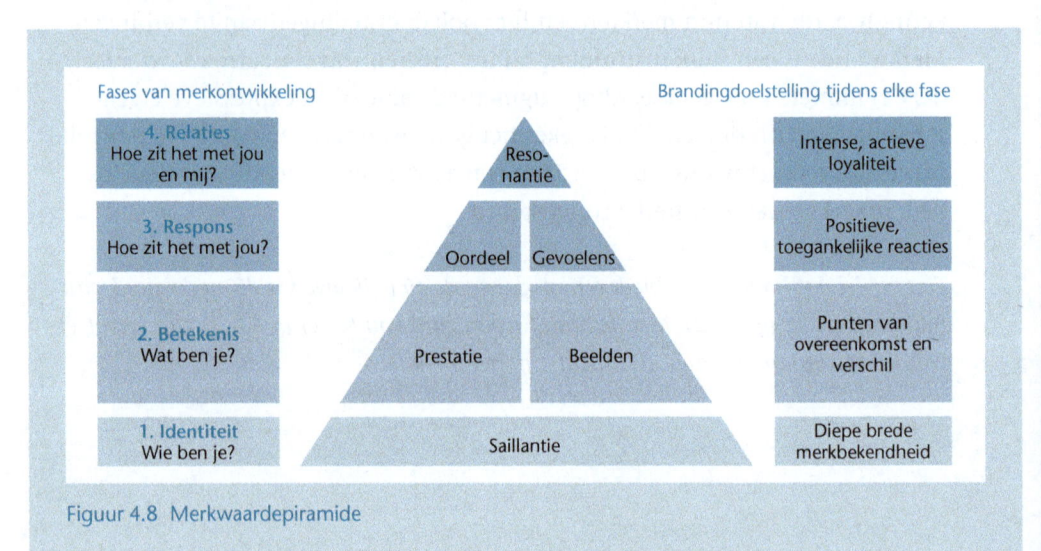

Fases van merkontwikkeling	Piramide	Brandingdoelstelling tijdens elke fase
4. Relaties — Hoe zit het met jou en mij?	Resonantie	Intense, actieve loyaliteit
3. Respons — Hoe zit het met jou?	Oordeel / Gevoelens	Positieve, toegankelijke reacties
2. Betekenis — Wat ben je?	Prestatie / Beelden	Punten van overeenkomst en verschil
1. Identiteit — Wie ben je?	Saillantie	Diepe brede merkbekendheid

Figuur 4.8 Merkwaardepiramide

Merken

	Te scoren kenmerken	Deelvragen
1	Is het management zich bewust van wat het merk betekent voor de klant?	• Zijn er gedetailleerde, op onderzoek gebaseerde mentale kaarten van de doelklanten opgesteld? • Is geprobeerd een merkmantra op te stellen? • Zijn er grenzen voor merkuitbreidingen getrokken en richtlijnen voor het opstellen van marketingprogramma's geformuleeerd?
2	Is het merk goed gepositioneerd?	• Zijn de noodzakelijke punten van overeenkomst (points of parity) vastgesteld? • Zijn de gewenste en haalbare punten van verschil (points of difference) vastgesteld?
3	Ontvangen klanten de voordelen die ze het meest waarderen?	• Is geprobeerd te ontdekken of er nog klantbehoeften zijn waarin niet wordt voorzien? • Wordt gericht op het optimaliseren van de product- en dienstbeleving van de klant?
4	Maakt het merk gebruik van alle branding- en marketingactiviteiten die beschikbaar zijn om merkwaarde op te bouwen?	• Zijn de merknaam, het logo, de merksymbolen, de slogan, de verpakking, enzovoort, gekozen met merkbekendheid en merkimago in gedachten? • Zijn op tussenschakels en eindgebruikers gerichte push- en pullstrategieën geïmplementeerd?
5	Zijn marketing en communicatie naadloos geïntegreerd, in ieder geval zo goed mogelijk; spreekt het merk met één stem?	• Zijn alle alternatieven voor het creëren van merkbekendheid en het koppelen van gewenste merkassociaties overwogen? • Is ervoor gezorgd dat het communicatieprogramma één enkele merkbetekenis overdraagt? • Is gebruikgemaakt van de unieke vermogens van elke communicatieoptie? • Is ervoor gezorgd dat de belangrijke merkwaarden ook op langere termijn worden overgedragen?
6	Is de prijsstrategie voor het merk gebaseerd op de waardeperceptie van de klant?	• Is vastgesteld wat de toegevoegde waarde voor de klant is? • Zijn prijs, kosten en kwaliteit geoptimaliseerd om aan de verwachtingen van de klant te voldoen of deze zelfs te overtreffen?
7	Wordt de merkpersoonlijkheid door de juiste beelden en metaforen ondersteund?	• Is de geloofwaardigheid verbeterd door ervoor te zorgen dat het merk en de mensen achter het merk als deskundig, betrouwbaar en vriendelijk worden gezien? • Is de juiste beeldvorming over gebruikers en gebruik ontwikkeld? • Is de juiste merkpersoonlijkheid ontwikkeld?
8	Is het merk vernieuwend en relevant?	• Is geïnvesteerd in productverbeteringen, extra voordelen en betere oplossingen voor de klant? • Is het merk bijdetijds gebleven? Wordt de hedendaagse klant nog begrepen?
9	Voor een bedrijf dat meerdere producten en merken in de markt zet: zijn de merkhiërarchie en de merkenportefeuille strategisch goed doortimmerd?	• Zijn de associaties op de hogere niveaus van de merkhiërarchie relevant voor zo veel mogelijk producten op de daaronder liggende niveaus en zijn de merken op hetzelfde niveau goed gedifferentieerd? • Maximaliseren de merken in de merkenportefeuille de marktdekking met zo min mogelijk overlapping?
10	Beschikt het bedrijf over een systeem voor het monitoren van de merkwaarde en de merkprestaties?	• Is een handboek huisstijl opgesteld waarin de betekenis en de waarde van het merk zijn beschreven, alsmede de manier waarop deze zaken dienen te worden benaderd? • Worden regelmatig merkaudits uitgevoerd om de gezondheid van de merken te beoordelen en een strategische richting uit te stippelen? • Wordt regelmatig onderzoek verricht om de huidige marketingprestaties te beoordelen? • Worden regelmatig merkwaarderapporten verspreid waarin al het relevante merkonderzoek is samengevat, alsmede informatie ter ondersteuning van het besluitvormingsproces? • Zijn er medewerkers aangewezen die verantwoordelijk zijn voor het monitoren en behouden van de merkwaarde?

Tabel 4.4 De brand report card van Keller

Hoofdstuk 4   Product/dienst

Wanneer te gebruiken
Deze aanpak bewijst vooral zijn nut bij het introduceren van een nieuw merk. De stapsgewijze aanpak van de bodem van de piramide naar boven toe, via de beide invalshoeken 'rationeel' en 'emotioneel' helpt je bij het gestructureerd werken aan merkwaarde. Het kan ook verstandig zijn bestaande merken van tijd tot tijd te toetsen aan de aspecten uit de merkwaardepiramide.

4.4.3   Brand report card

Uitleg
Om de kracht van het eigen merk te evalueren en te kunnen vergelijken met de concurrentie heeft Keller[4,5] de **brand report card** ontwikkeld. Hierbij ken je aan een aantal kenmerken scores toe op een schaal van 1 tot en met 10 (waarbij 1 uiterst zwak is en 10 uitstekend). Zo krijg je een beeld van de sterke en zwakke punten en de samenstelling van het merk. Ook voor de belangrijkste concurrenten kun je een vergelijkbare scorelijst opstellen, en op basis van dit overzicht kun je werken aan verbetering van de merkwaarde (zie tabel 4.4).

De **methode van Best**[6] is vergelijkbaar. Bij deze methode gaat het om de merkaspecten bekendheid, leiderschap, reputatie, relevantie en loyaliteit. Hij noemt dit de merkactiva. Ook hier vergelijk je de scores met de concurrentie.

Merkactiva	Onder gemiddeld 0	Net onder gemiddeld 5	Ongeveer gemiddeld 10	Net boven gemiddeld 15	Top-prestatie 20	Merk-activascore
Merkbekendheid						
Marktleiderschap						
Kwaliteitsreputatie						
Merkrelevantie						
Merkloyaliteit						
Totale merkactiva						0

Tabel 4.5 Merkactiva volgens Best

De vijf aspecten van Best zijn afgeleid van de the brand equity ten van Aaker.[7] Hierbij is een tiental maatstaven gegroepeerd in vijf categorieën.

Merken

Categorieën	Maatstaven
Loyalty measures	Price premium Satisfaction / loyalty
Perceived quality or Leadership measures	Perceived quality Leadership
Other consumer oriented associations or differentiation measures	Perceived value Brand personality Organizational associations
Awareness measures	Brand awareness
Market behaviour measures	Market share Price and distribution indices

Tabel 4.6 The brand equity ten

Aaker stelt dat een price premium wellicht de beste maatstaf voor merkwaarde zou kunnen zijn omdat dit aspect een gevolg is van vrijwel alle overige maatstaven.

Wanneer te gebruiken
Met behulp van de brand report card kan de marketeer periodiek, bijvoorbeeld telkens wanneer een marketingplan wordt geproduceerd (in de regel jaarlijks), vaststellen hoe het merk scoort ten opzichte van eigen criteria of ten opzichte van de concurrentie. De brand report card vormt bruikbare input bij strategisch merkdenken.

Door een merk te 'laden' met een sterke merkwaarde kunnen klanten ertoe worden bewogen om over te stappen naar het merk. Er treedt dan merkwissel op. Het merkwisselmodel voorspelt hoe het marktaandeel van een merk zich ontwikkelt doordat klanten ernaar overstappen.

4.4.4 Merkwisselmodel

Uitleg
Voor fast moving consumer goods zijn merktrouw en merkwissel belangrijke gegevens. De omzet wordt immers bepaald door de optelling van initiële en vervolgaankopen. Met behulp van het **merkwisselmodel** (of: brandswitchingmodel) en op basis van marktonderzoek naar koopintenties, kun je berekenen hoeveel marktaandeel een merk zal winnen of verliezen. We leggen de berekening uit aan de hand van het voorbeeld.

Voorbeeld

Stel dat op een markt voor koffie drie merken actief zijn, met de volgende marktaandelen aan het eind van kwartaal 1:

Merk	Marktaandeel kwartaal 1
X	60%
Y	30%
Z	10%

Uit marktonderzoek is naar voren gekomen dat 80% van de kopers van merk X dit merk in het volgende kwartaal ook zal aanschaffen, 10% zal overstappen op merk Y en eveneens 10% zal overstappen op merk Z. Voor merk Y geldt dat 70% trouw blijft, terwijl 30% overstapt op merk Z. Bij merk Z blijft 60% van de kopers trouw, stapt 30% over naar merk X en 10% naar merk Y. Deze wisselingen kunnen we in een matrix weergeven:

Merken	Percentage kopers met merktrouw en merkwissel in volgend kwartaal		
	X (nieuw)	Y (nieuw)	Z (nieuw)
X (huidig)	80% blijft X kopen	10% gaat van X naar Y	10% gaat van X naar Z
Y (huidig)	0% gaat van Y naar X	70% blijft Y kopen	30% gaat van Y naar Z
Z (huidig)	30% gaat van Z naar X	10% gaat van Z naar Y	60% blijft Z kopen

Tabel 4.7 Merkwisselmatrix

Aan het eind van het tweede kwartaal zijn de marktaandelen van de merken veranderd. Merk X heeft dan het volgende marktaandeel:

	80% van 60% (X)	=	48%
	0% van 30% (Y)	=	0%
	30% van 10% (Z)	=	3%
			51%
Voor merk Y is dat:	70% van 30% (Y)	=	21%
	10% van 60% (X)	=	6%
	10% van 10% (Z)	=	1%
			28%
En voor merk Z:	60% van 10% (Z)	=	6%
	10% van 60% (X)	=	6%
	30% van 30% (Y)	=	9%
			21%

De merkwissel zal ook in de volgende kwartalen doorgaan, net zolang totdat een evenwichtsituatie is bereikt. In dit voorbeeld zullen de merken zich in het 6e kwartaal hebben gestabiliseerd op een marktaandeel van ongeveer 45% voor merk X, 25% voor merk Y en 30% voor merk Z. Het laatste merk is gegroeid ten koste van de andere twee. We gaan er daarbij wel vanuit dat alle andere omstandigheden ongewijzigd blijven. Dat is echter meestal niet het geval. Als na het eerste kwartaal is gebleken dat aanbieders X en Y marktaandeel hebben verloren zullen zij daar waarschijnlijk op reageren en maatregelen nemen om het verloren marktaandeel terug te winnen.

Wanneer te gebruiken
Het merkwisselmodel kan gebruikt worden om, op basis van marktonderzoek over koopintenties van consumenten, de ontwikkeling van het eigen marktaandeel en dat van concurrenten te voorspellen. Hier zitten echter wel wat haken en ogen aan. Consumenten doen namelijk lang niet altijd wat zij zeggen. Koopintenties die uit marktonderzoek naar voren komen, moeten dus met de nodige marges opgevat worden. Bovendien kan het gedrag van concurrenten tussentijds veranderen, wat invloed heeft op de marktverhoudingen. De berekeningen in het merkwisselmodel kunnen daarom niet meer dan een grove indicatie geven over de toekomstige ontwikkeling van de marktaandelen.

Merken hebben betrekking op producten én op diensten. Diensten hebben een aantal specifieke kenmerken waar marketeers in hun marketingaanpak rekening mee moeten houden. In § 4.5 behandelen we daarom een aantal modellen die specifiek voor diensten gelden.

4.5 Diensten

4.5.1 Het dienstenconcept
Diensten onderscheiden zich van producten door de volgende eigenschappen: **ontastbaarheid** (je kunt diensten niet zien, proeven, voelen, horen of ruiken voordat je ze koopt), **onscheidbaarheid** (je kunt diensten niet scheiden van dienstverleners; er is altijd sprake van interactie met de klant, dit wordt ook wel interactieve consumptie genoemd), **vergankelijkheid** (je kunt diensten niet opslaan om later te verkopen of te gebruiken), **variabiliteit** (ook wel heterogeniteit genoemd; de kwaliteit van diensten hangt af van wie ze verleent, wanneer, waar en hoe, en van de perceptie van de klant) en het **ontbreken van eigendom** (je kunt een dienst niet in je bezit hebben).

De **dienstenmarketingmix** bestaat uit zeven p's:
1. **Productelementen:** een dienst bestaat uit een kernproduct dat beantwoordt aan de primaire behoeften van de klant, met daaromheen aanvullende dienstelementen.
2. **Plaats en tijd:** in verband met de eigenschappen onscheidbaarheid en vergankelijkheid zijn plaats en tijd van cruciaal belang.
3. **Prijs en overige kosten voor de klant:** de klant van een dienst geeft vaak meer uit dan de formele prijs van de dienst (zie ook § 5.4).
4. **Promotie en informatievoorziening**
5. **Proces:** het creëren en afleveren van diensten is afhankelijk van processen.
6. **Physical environment/fysieke omgeving**
7. **People**: mensen, goed getrainde medewerkers, zijn belangrijk vanwege de interactie met de klant die vaak plaatsvindt.

Hoewel diensten gekenmerkt worden door ontastbaarheid, hebben zij bijna altijd, in mindere of meerdere mate, ook wel tastbare elementen. Het dienstencontinuüm maakt dit duidelijk.

4.5.2 Dienstencontinuüm

Uitleg
Een verhelderende manier om naar diensten te kijken is het **dienstencontinuüm**. Het verschil tussen producten en diensten is namelijk niet zwart-wit maar verloopt vloeiend. In wezen bestaat elk product ook in zekere mate uit diensten (denk bijvoorbeeld aan de service bij de aankoop van een fiets), en brengt omgekeerd elke dienst ook tastbare componenten met zich mee (bijvoorbeeld het bewaarmapje van de bank). In het midden van het continuüm vinden we restaurants: als consument ga je daarheen om een maaltijd te nuttigen (product), maar je komt natuurlijk ook voor de sfeer en de bediening (dienst).

Figuur 4.9 Dienstencontinuüm[8]

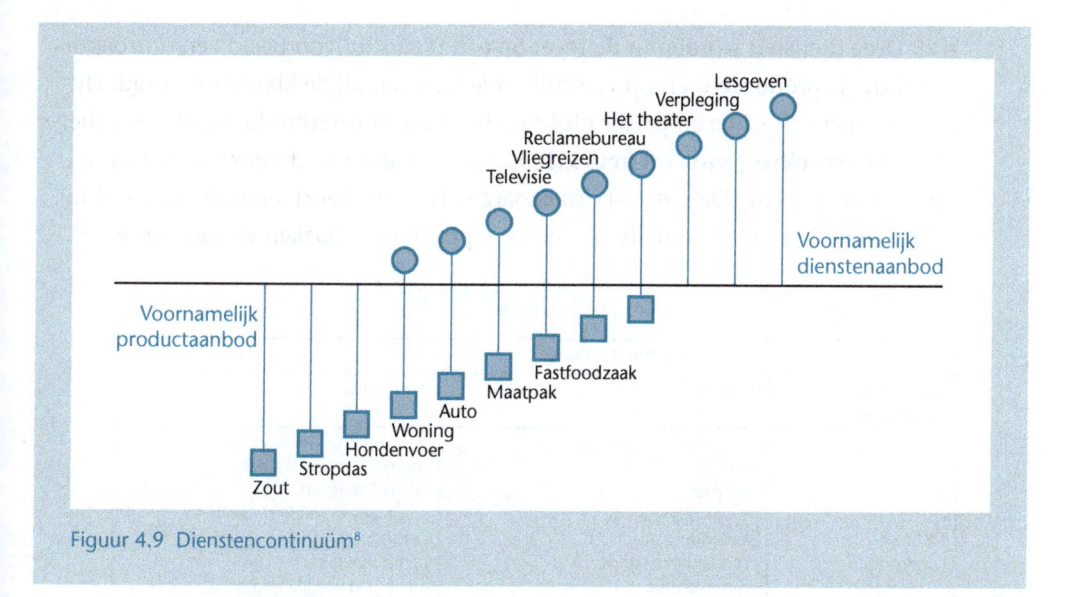

Wanneer te gebruiken

Het dienstencontinuüm laat zien of het accent van een dienst meer op de ontastbare of de tastbare elementen ligt. Het is interessant om te zien dat producenten van producten, dus aan de linkerzijde van het continuüm, proberen door middel van toegevoegde waarde, bijvoorbeeld merkbeleving, service en positionering, meer naar rechts te schuiven, zodat ze een hogere prijs kunnen vragen. Denk bijvoorbeeld aan het verschil tussen een Lada en een BMW. Dit is vergelijkbaar met het stijgende belang van de *augmented value*, de buitenste ring in de productniveaus van § 4.1.1. Tegelijkertijd proberen dienstenleveranciers vanuit de rechterzijde meer naar links te bewegen door tastbare aspecten aan de service toe te voegen, bijvoorbeeld een mooi pand als bankkantoor.

Een andere manier om diensten in te delen is door te kijken naar de aard van de handelingen en de ontvanger van de dienst. Er zijn dan vier dienstencategorieën te onderscheiden.

4.5.3 Dienstencategorieën

Uitleg

Diensten kunnen worden onderverdeeld in vier **dienstencategorieën**. Bij de **verwerking van personen** moeten klanten fysiek aanwezig zijn. Het gaat er daarbij om wat er met de klant gebeurt. Bij de **verwerking van bezittingen** is die fysieke aanwezigheid van de klant minder noodzakelijk. Ook bij de **verwerking van mentale stimuli** hoeft de klant niet bij de dienstverlener aanwezig te zijn. Deze diensten worden in de regel op één plaats (bijvoorbeeld een omroeporganisatie) geproduceerd en op verschillende plaatsen bij de klanten bezorgd. Dit kan overigens ook live en persoonlijk, zoals bij een theaterproductie of een college. Bij de **verwerking van informatie** is persoonlijk contact voor het proces in principe niet nodig. Deze meest ontastbare vorm van dienstverlening kan wel in tastbare en blijvende zaken als verslagen, rapporten en boeken worden omgezet.

Aard van de dienstverlening	Ontvangers van de dienst	
	Personen	Bezittingen
Tastbare handelingen	Diensten voor verwerking van personen - vervoer - gezondheidszorg - accommodatie - schoonheidssalons - fitnesscentra - kappers - uitvaartdiensten	Diensten voor verwerking van fysieke bezittingen - vrachttransport - reparatie en onderhoud - opslag - schoonmaak - reiniging van kleding - tuinarchitectuur - afvalverwerking
Ontastbare handelingen	Diensten voor verwerking van mentale stimuli - reclame/pr - kunst, entertainment, concerten - tv-uitzendingen - managementconsultancy - educatie - informatiediensten - psychotherapie - religie - telefonie	Diensten voor verwerking van informatie - accounting - bankieren - effectenhandel - gegevensverwerking - verzekeringen - juridische diensten - onderzoek - effectenhandel - softwareconsultancy

Figuur 4.10 Soorten dienstverlening[9]

Wanneer te gebruiken
De indeling in de vier dienstencategorieën laat zien dat diensten heel divers kunnen zijn. Of je te maken hebt met personen of bezittingen, tastbare of ontastbare handelingen, heeft invloed op de wijze waarop de marketing moet worden ingericht.

Tot nu toe hebben we de indeling van diensten in verschillende typen en categorieën besproken. Het volgende model gaat in op het proces van dienstverlening zelf.

Diensten

4.5.4 Het dienstenmarketingsysteem

Uitleg

In het **dienstenmarketingsysteem** zie je een dienstverlenende organisatie als een systeem van drie elementen:[10]

- **Operations, operationele activiteiten**. Hier wordt de input verwerkt en worden de elementen van de dienstverlening gecreëerd. Sommige elementen zijn niet zichtbaar voor de klant en worden ook wel **backoffice** genoemd. De zichtbare delen noemen we dan **frontoffice**. In figuur 4.11 is de wisselwerking tussen frontoffice en backoffice weergegeven met heen- en weergaande pijlen.
- **Aflevering**. Hier vindt de assemblage van de elementen plaats en wordt de feitelijke dienst aan de klant geleverd. Er kan verschil worden gemaakt tussen contactintensieve diensten (bijvoorbeeld een persoonlijk gesprek met de accountmanager van de bank) en contactarme diensten (thuisbankieren).
- **Marketing, overige contacten**. Hierbij gaat het vooral om de communicatieactiviteiten, alle conctactmethoden met de klant, waaronder reclame, facturering en zelfs marktonderzoek.

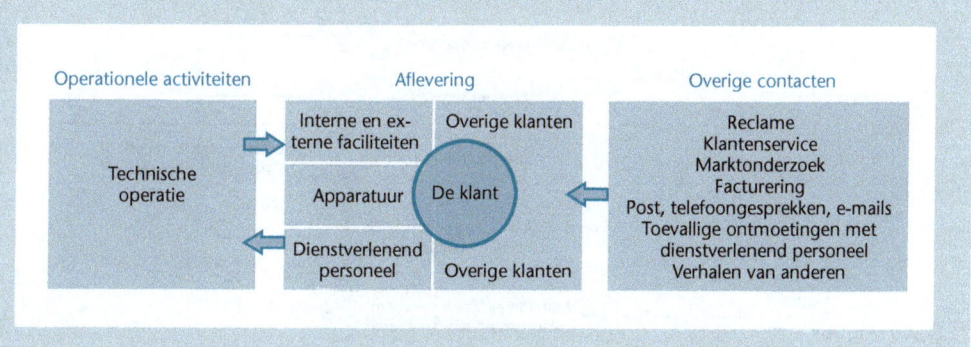

Figuur 4.11 Het dienstenmarketingsysteem[11]

Wanneer te gebruiken

Uit de figuur wordt duidelijk dat de klant centraal staat in het dienstverleningsproces. De klant heeft vooral te maken met de frontoffice. Daar vindt de **service encounter** plaats, wordt de dienst verleend en geconsumeerd. Een dienstverlener moet er dus voor zorgen dat de frontoffice de juiste uitstraling heeft en dat klanten er deskundig en op vriendelijke wijze geholpen worden.

Hoofdstuk 4   Product/dienst

De kwaliteit van een dienst wordt sterk bepaald door het hele dienstverleningsproces. In dat proces kan er op verschillende momenten iets misgaan. Het Gap-model brengt die momenten aan het licht.

4.5.5   Gap-model van servicekwaliteit

Uitleg
Een handig hulpmiddel voor het meten en beheersen van de kwaliteit van diensten is het **Gap-model**, ook wel kloofanalyse genaamd. Bij dit model gaat het om de verschillen tussen datgene wat men van een dienst verwacht en datgene wat men uiteindelijk ervaart. Die verschillen worden weergegeven met 'gaps' of 'kloven' (zie figuur 4.12). Indien de klant de dienst minder goed ervaart dan verwacht (kloof), dan resulteert dat in ontevredenheid. Dit model maakt het eenvoudiger oorzaken en gevolgen van de klantontevredenheid te onderscheiden, en problemen op te lossen of de kwaliteit te verbeteren.

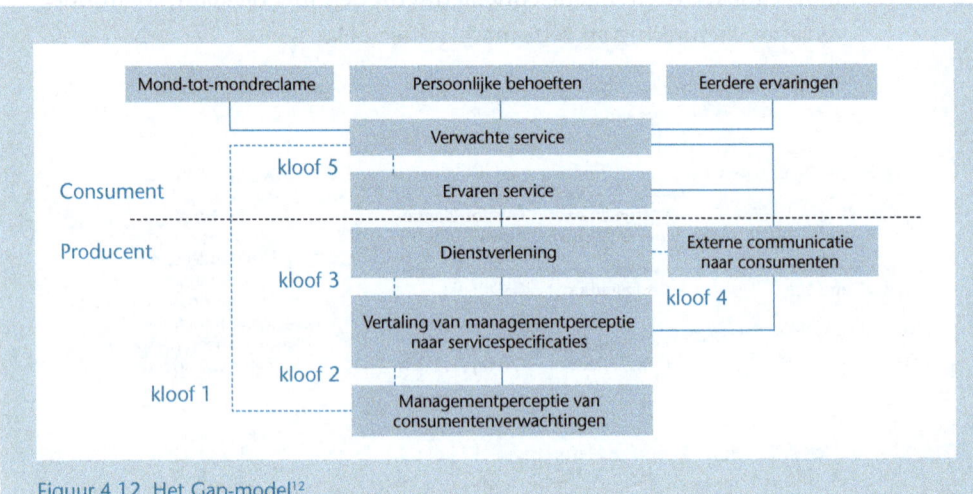

Figuur 4.12 Het Gap-model[12]

Wanneer te gebruiken
Wanneer de kloven zijn vastgesteld, kan het management proberen gericht iets aan de oorzaken daarvan te doen. Wanneer de klant bijvoorbeeld te hoge verwachtingen heeft gekregen door een overdreven reclamecampagne, kunnen de communicatie-uitingen worden aangepast. In de dienstverlening zou het motto moeten zijn: *under-promiss and over-deliver.*

Diensten

Voorbeeld
Het management van een pretpark zou een verkeerde inschatting kunnen maken van de verwachtingen van de consument (kloof 1). Het managementbeleid kan onjuist vertaald worden naar deelplannen en voorschriften (kloof 2). De uitvoering daarvan door het personeel kan anders zijn dan bedoeld (kloof 3). Communicatie naar consumenten kan niet helemaal overeenstemmen met de geboden dienstverlening (kloof 4); en ten slotte kan de consument voor een bezoek aan het pretpark bepaalde verwachtingen hebben vanwege marketingcommunicatieboodschappen, mond-tot-mondreclame, persoonlijke behoeften en eerdere ervaringen, die niet overeenkomen met de ervaring op de dag in het park zelf (kloof 5).

Ten slotte bespreken we het afstemmen van vraag en aanbod bij dienstverlening. Dienstverleners hebben namelijk vaak te maken met schommelingen in de vraag.

4.5.6 Vraag en aanbod afstemmen

Uitleg
Doordat voorraadvorming niet mogelijk is bij een dienst, is het lastig om vraag en aanbod op elkaar af te stemmen. Als er grote schommelingen optreden in de vraag, kan het dus voorkomen dat vraag en aanbod niet op elkaar aansluiten. Denk bijvoorbeeld aan energieverbruik of het bezoek aan een pretpark. In de grafiek van figuur 4.13 zie je een voorbeeld van zulke schommelingen over een periode van ruim één cyclus (vaak een jaar).

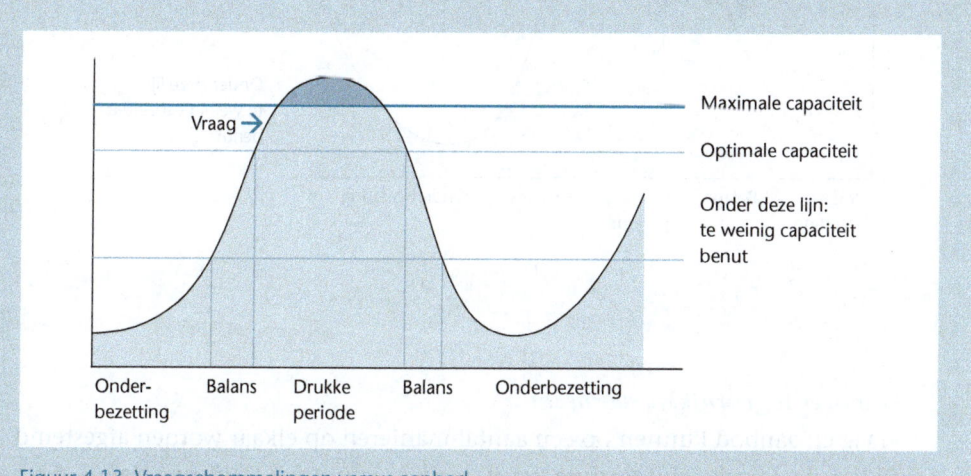

Figuur 4.13 Vraagschommelingen versus aanbod

Bij een dienst met een vaste capaciteit kan sprake zijn van de volgende situaties.[13]

- **Te grote vraag**. Hierbij is de vraag groter dan de maximale capaciteit, waardoor sommige klanten niet kunnen worden geholpen en (dus) omzet wordt misgelopen (in de grafiek het donkere vlakje).
- **Vraag overtreft optimale capaciteit**. Alle klanten worden geholpen, maar het is te druk, waar de kwaliteit onder leidt (in de grafiek de drukke periode).
- **Vraag en aanbod in balans**. Het dienstverleningssysteem (faciliteiten en werknemers) worden effectief gebruikt en klanten ontvangen goede dienstverlening (in de grafiek de balansperiodes).
- **Te groot aanbod**. De productiviteit is laag want de vraag ligt onder de optimale capaciteit; productieve middelen worden niet volledig benut (in de grafiek onderbezetting).

Het is wenselijk om de vraagbeweging af te vlakken, dus te streven naar minder vraag in de drukke periode en meer vraag in de onderbezettingsperiode. In figuur 4.14 wordt de zwarte lijn 'afgevlakt' in de richting van de blauwe stippellijn, de gewenste vraag.

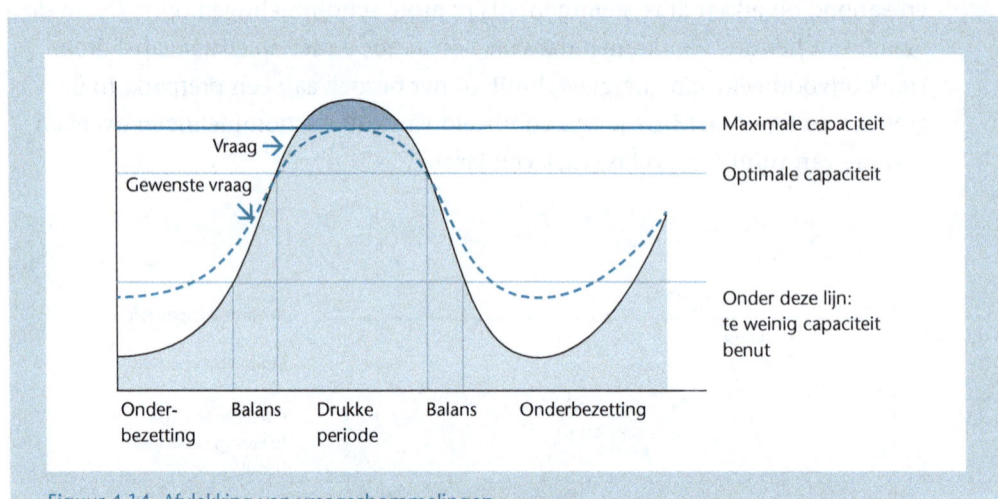

Figuur 4.14 Afvlakking van vraagschommelingen

Wanneer te gebruiken/voorbeeld
Vraag en aanbod kunnen op een aantal manieren op elkaar worden afgestemd. Zo kan de *capaciteit* bij te grote vraag worden verhoogd. Denk aan de NS, die het aantal ingezette treinen kan vergroten, dubbeldekkers kan inzetten, frequenter

kan gaan rijden en parttimers kan inzetten (dit alles tot een bepaalde maximumcapaciteit natuurlijk). Ook kan de klant worden ingeschakeld door middel van kaartjesautomaten of boeken via internet. Verder kan het *niveau van de vraag* worden beïnvloed door een prijsstrategie waarbij tijdens piekuren (de spits) hogere prijzen gelden dan tijdens daluren. Die prijsdifferentiatie kan ook per segment (ouderen, studenten) worden ingezet.

Hoofdstuk 5

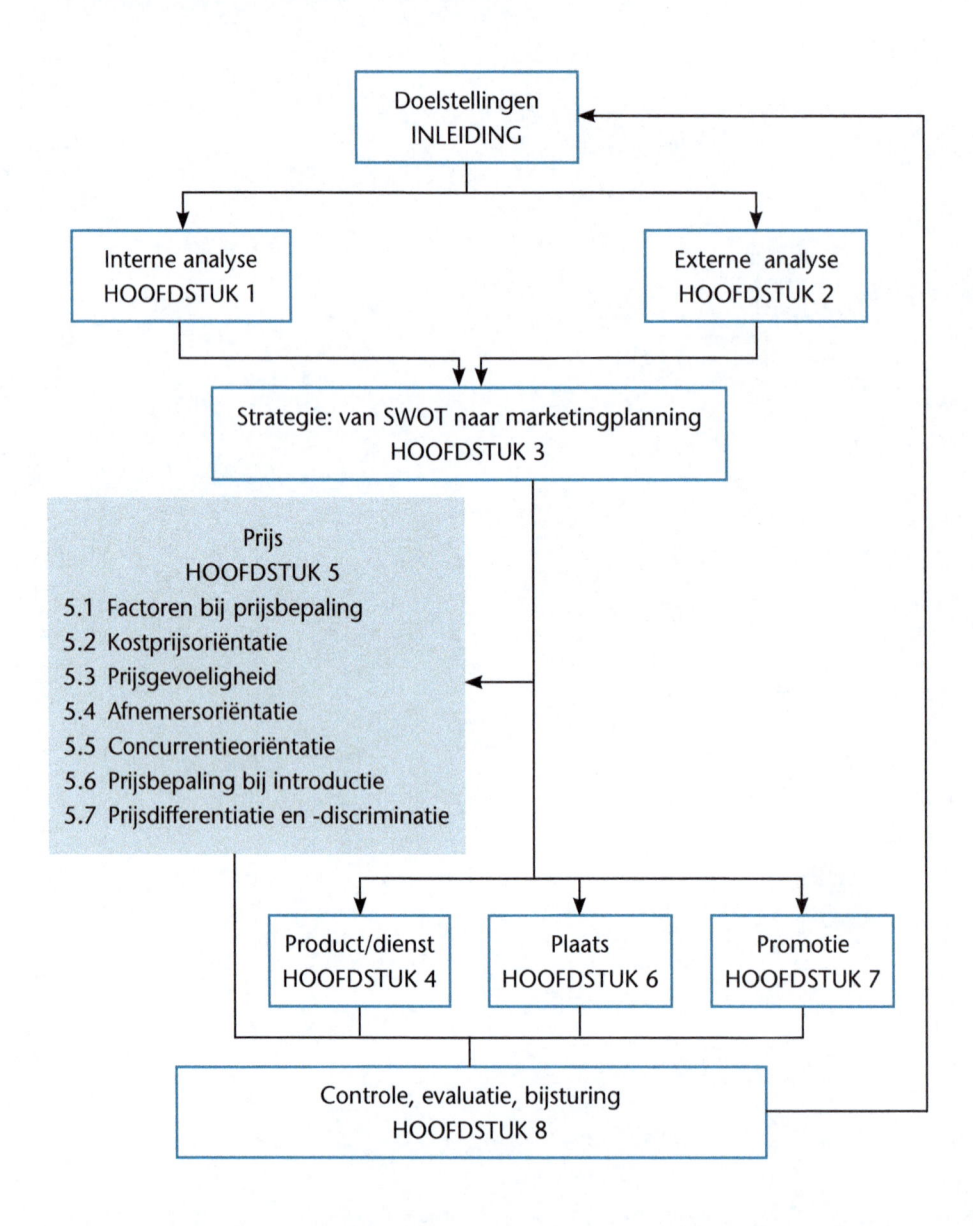

```
                    ┌─────────────────────┐
                    │   Doelstellingen    │◄──────────────┐
                    │     INLEIDING       │               │
                    └─────────────────────┘               │
                      │                 │                 │
                      ▼                 ▼                 │
         ┌──────────────────┐   ┌──────────────────┐      │
         │  Interne analyse │   │  Externe analyse │      │
         │   HOOFDSTUK 1    │   │   HOOFDSTUK 2    │      │
         └──────────────────┘   └──────────────────┘      │
                      │                 │                 │
                      ▼                 ▼                 │
         ┌──────────────────────────────────────────┐     │
         │ Strategie: van SWOT naar marketingplanning│    │
         │             HOOFDSTUK 3                   │    │
         └──────────────────────────────────────────┘     │
                              │                           │
   ┌────────────────────────┐ │                           │
   │         Prijs          │ │                           │
   │      HOOFDSTUK 5       │ │                           │
   │ 5.1 Factoren bij prijsbepaling                       │
   │ 5.2 Kostprijsoriëntatie                              │
   │ 5.3 Prijsgevoeligheid  │◄┤                           │
   │ 5.4 Afnemersoriëntatie │ │                           │
   │ 5.5 Concurrentieoriëntatie                           │
   │ 5.6 Prijsbepaling bij introductie                    │
   │ 5.7 Prijsdifferentiatie en -discriminatie            │
   └────────────────────────┘ │                           │
                      ┌───────┼───────┐                   │
                      ▼       ▼       ▼                   │
         ┌──────────────┐ ┌─────────┐ ┌──────────────┐    │
         │ Product/dienst│ │  Plaats │ │   Promotie   │    │
         │  HOOFDSTUK 4 │ │HOOFDSTUK 6│ │ HOOFDSTUK 7 │    │
         └──────────────┘ └─────────┘ └──────────────┘    │
                      │                                   │
                      ▼                                   │
         ┌──────────────────────────────────────────┐     │
         │     Controle, evaluatie, bijsturing       │────┘
         │              HOOFDSTUK 8                  │
         └──────────────────────────────────────────┘
```

Prijs

Ondernemers kunnen bij het vaststellen van hun prijzen diverse factoren laten meewegen. Zij kunnen zich richten op hun eigen kosten (wat moet ik vragen om mijn kosten te dekken en ook nog wat winst te maken?), op de afnemer (wat is die bereid te betalen voor het product?), of op de concurrentie (ga ik boven of onder de prijs van de concurrentie zitten?). Je spreekt achtereenvolgens van een kostprijsgeoriënteerde, afnemersgeoriënteerde en concurrentiegeoriënteerde prijszetting. In de meeste gevallen zal een combinatie gebruikt worden van deze drie soorten prijszetting, waarbij meestal een van de drie leidend zal zijn.

Hoofdstuk 5　　　Prijs

5.1　Factoren bij prijsbepaling

Uitleg

Het bepalen van de prijs voor een product is geen eenvoudige opgave, want daarbij moet rekening worden gehouden met diverse factoren. De ondergrens van de prijs wordt normaal gesproken bepaald door de **kostprijs** van het product. Daaronder wordt verlies gemaakt. Alleen in uitzonderingssituaties (bij **loss leader pricing**) wordt de prijs onder de kostprijs gesteld. Een bedrijf probeert dan mensen te trekken door één artikel zeer aantrekkelijk te prijzen. Overigens is kostprijs niet een eenduidig begrip. Er zijn diverse manieren om de kostprijs te berekenen (zie § 5.2.1).

De bovengrens van de prijs wordt bepaald door wat de afnemer bereid is te betalen. Daarboven is er geen vraag naar het product. Tussen de boven- en de ondergrens wordt de prijszetting beïnvloed door interne en externe factoren. De **interne factoren** zijn bijvoorbeeld de ondernemingsdoelstellingen, de marketingdoelstellingen en de gewenste positionering. De **externe factoren** zijn bijvoorbeeld de prijzen van concurrenten, het verloop van de vraagcurve en prijselasticiteiten. In figuur 5.1 zijn de vier beïnvloedende factoren weergegeven.

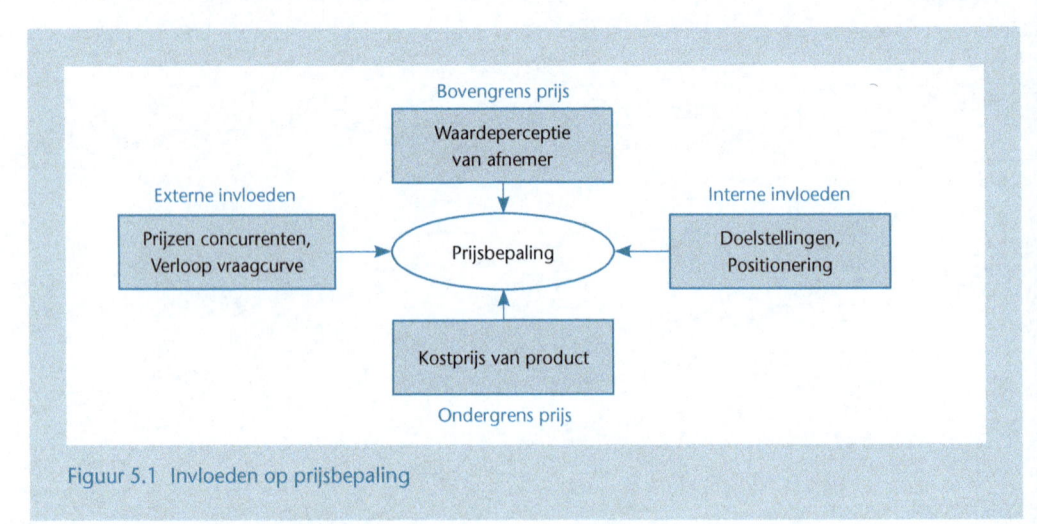

Figuur 5.1　Invloeden op prijsbepaling

Wanneer te gebruiken

Bij de prijsstelling voor een product dient de marketeer rekening te houden met alle genoemde factoren. Hij zal daarvoor intern en extern onderzoek moeten doen. Zo kan de **waardeperceptie van de afnemer** en wat hij bereid is te betalen alleen worden achterhaald door dat met behulp van marktonderzoek te vragen.

Voorbeeld
Prijzen zijn constant in beweging. Bij zorgverzekeringen leidt de gestegen kostprijs jaarlijks tot een verhoging van de premie. In de modesector worden wintercollecties aan het eind van het seizoen afgeprijsd, omdat de consument niet meer bereid is de volle prijs hiervoor te betalen en omdat concurrenten het ook doen. En de overheid kan beslissen om bijvoorbeeld de motorrijtuigenbelasting te verhogen, om meer inkomsten te genereren, of juist gedifferentieerd te verlagen met het oog op het milieu.

De eerste stap bij prijsbepaling is meestal het vaststellen van de kostprijs. Hierover gaat de volgende paragraaf.

5.2 Prijsberekeningen met kostprijsoriëntatie

Bij een kostprijsgeoriënteerde prijszetting wordt de verkoopprijs gebaseerd op de kosten van productie, distributie en verkoop van het product, plus een acceptabel rendement. Daarvoor moet allereerst de kostprijs van het product bepaald worden.

5.2.1 Berekening kostprijs

Er zijn twee gangbare manieren om de kostprijs te berekenen. Bij de integrale kostprijs of absorption costs worden alle kosten meegenomen. Bij de direct costing methode is dat niet het geval. Beide methoden worden hier besproken.

Uitleg
De kosten voor een product bestaan normaal gesproken uit:
- **Vaste/constante kosten**. Deze kosten zijn onafhankelijk van het productievolume, bijvoorbeeld onderhoudskosten van machines, afschrijvingen, algemene personeelskosten en marketingkosten. De vaste kosten gelden bij een bepaalde productiecapaciteit. Als een onderneming groeit en besluit haar productiecapaciteit uit te breiden door bijvoorbeeld nieuwe machines aan te kopen, dan zullen de vaste kosten op een hoger niveau komen te liggen. Door schaalgrootte kunnen marktleiders vaak de laagste prijs hanteren, conform de kostenleiderstrategie van Porter (zie § 3.2). Ook door een voorsprong op de leercurve kunnen efficiency- en kostenvoordelen worden behaald.

Hoofdstuk 5 Prijs

- **Variabele kosten**. Deze variëren met het aantal geproduceerde eenheden. Het gaat bijvoorbeeld om kosten voor grondstoffen, verpakkingen, flexibele arbeid en energieverbruik. Daarnaast kunnen er bijkomende kosten zijn voor transport van partijen goederen. Dit is afhankelijk van de leveringsvoorwaarden die zijn afgesproken met de toeleverancier en met de afnemers van het bedrijf.

Bij **absorption costing** wordt de **integrale kostprijs** berekend. Die bestaat uit een vastekostencomponent en een variabelekostencomponent. De vaste kosten zijn gerelateerd aan de normale productiehoeveelheid ofwel de normale bezetting, de variabele kosten aan de werkelijke (verwachte) productiehoeveelheid.

$$\text{integrale kostprijs per eenheid} = \frac{\text{vaste kosten}}{\text{normale bezetting}} + \frac{\text{variabele kosten}}{\text{werkelijke productie}}$$

Vaak wordt ook gewerkt met de methode **direct costing** of **variabelekostencalculatie**. We kijken dan alleen naar de variabele kosten, die direct zijn toe te rekenen aan het product, zoals materiaal en loon van de productieve medewerkers. De vaste kosten worden rechtstreeks ten laste van de resultatenrekening gebracht.

$$\text{kostprijs bij direct costing} = \frac{\text{variabele kosten}}{\text{werkelijke productie}}$$

Voorbeeld Cyclo

Fietsenfabriek Cyclo gaat uit van een vastekostenpost voor 2014 van € 5 miljoen. De normale productie bedraagt 50.000 fietsen. Van het type stadsfiets met 3 versnellingen worden 20.000 stuks geproduceerd. De variabele kosten voor deze categorie fietsen bedragen € 4.330.000. De integrale kostprijs voor dit type stadsfiets is als volgt te berekenen:

integrale kostprijs = € 5.000.000/50.000 + € 4.330.000/20.000 = € 316,50
= (€ 100) + (€ 216,50)

Zou Cyclo uitgaan van direct costing dan zou de kostprijs € 216,50 bedragen.

Prijsberekeningen met kostprijsoriëntatie

Wanneer te gebruiken

De integrale kostprijs vormt normaal gesproken de ondergrens voor de prijsbepaling. Deze moet altijd berekend worden, om ervoor te zorgen dat alle kosten gedekt zijn met de verkoopopbrengsten en er dus geen verliesgevende verkoopprijs wordt vastgesteld.

Direct costing wordt onder andere gebruikt voor extra orders, die niet hoeven bij te dragen aan de dekking van de vaste kosten. Men kan dan prijstechnisch beter concurreren. Ook bij productintroducties op sterk concurrerende markten kan direct costing worden gebruikt, mits de vaste lasten over andere producten kunnen worden verdeeld.

Wanneer de kostprijs is vastgesteld, kan de verkoopprijs worden bepaald door daar een zekere winstmarge bij op te tellen. Dit gebeurt bij de kostprijs-plusmethode.

5.2.2 Kostprijs-plusmethode

Uitleg

Een zuivere kostprijsgeoriënteerde prijszettingsmethode is de kostprijs-plusmethode. Hierbij ga je uit van de kostprijs, waar je vervolgens een winstopslagmarge bovenop zet. Dit is dan de verkoopprijs. De marge kan worden uitgedrukt als opslagpercentage van de kostprijs (**mark-up**) of als percentage van de verkoopprijs (**brutowinstmarge**). Vaak wordt per productgroep met een vaste marge gewerkt.

Het verschil tussen mark-up en brutowinstmarge is als volgt te illustreren. Stel de kostprijs van een artikel is € 30. De fabrikant heeft de verkoopprijs vastgesteld op € 49. Er wordt dan gewerkt met:
- een mark-up ten opzichte van de kostprijs van $(49 - 30) / 30 \times 100\% = 63\%$
- een brutowinstmarge ten opzichte van de verkoopprijs van $(49 - 30) / 49 \times 100\% = 39\%$

Bij de mark-upbenadering geldt:

kostprijs + mark-up × kostprijs = verkoopprijs

Wanneer gewerkt wordt met een brutowinstmarge geldt:

$$\frac{\text{kostprijs}}{(1 - \text{brutomarge})} = \text{verkoopprijs}$$

Hoofdstuk 5   Prijs

Wanneer te gebruiken
De kostprijs-plusmethode is een veelgebruikte methode om na te gaan wat de verkoopprijs moet worden om de kosten te dekken en de gewenste winstmarge te behalen. Of gewerkt wordt met een mark-up of een brutowinstmarge maakt daarbij niet uit. Dit is afhankelijk van persoonlijke voorkeuren.

In de praktijk zal ook gekeken worden naar de overige factoren, zoals besproken in § 5.1, voordat de verkoopprijs definitief wordt vastgesteld.

Voorbeeld Cyclo

Cyclo hanteert de integrale kostprijs uit het vorige voorbeeld van € 316,50 voor een stadsfiets met 3 versnellingen. Uitgaande van een mark-up van 20% wordt de prijs waarvoor Cyclo de fiets doorverkoopt aan de detaillist:

316,50 + 0,2 × 316,50 = € 379,80

Indien een zelfstandige rijwielhandel deze fiets inkoopt voor € 379,80 en zelf een brutomarge hanteert van 30%, dan wordt zijn (netto) verkoopprijs:

(netto) verkoopprijs = € 379,80/ (1 – 0,30) = € 542,57

De inkoopprijs van € 379,80 wordt hier dus gezien als de kostprijs voor de rijwielhandelaar. De berekende verkoopprijs is exclusief btw. Om de consumentenprijs te berekenen moet er nog 21% btw bijgeteld worden:

consumentenprijs = € 542,57 × 1,21 = € 656,51

Dit zal worden afgerond op een mooi bedrag zoals € 659,-.
Cyclo kan advies-consumentenprijzen afgeven, maar heeft zelf geen invloed op de uiteindelijke verkoopprijs die de detaillist berekent aan de consument.

5.2.3 Margeketen

Uitleg
De prijs van een product wordt verhoogd door de marges van verschillende partijen, zoals de fabrikant, de detaillist en eventueel de grossier. Daarnaast komt er nog btw bij. De uiteindelijke consumentenprijs komt dus na diverse opslagrondes (de **margeketen**) tot stand. In onderstaand voorbeeld bedraagt de consumentenprijs hierdoor ruim 3,5 maal de integrale kostprijs van de fabrikant.

Voorbeeld

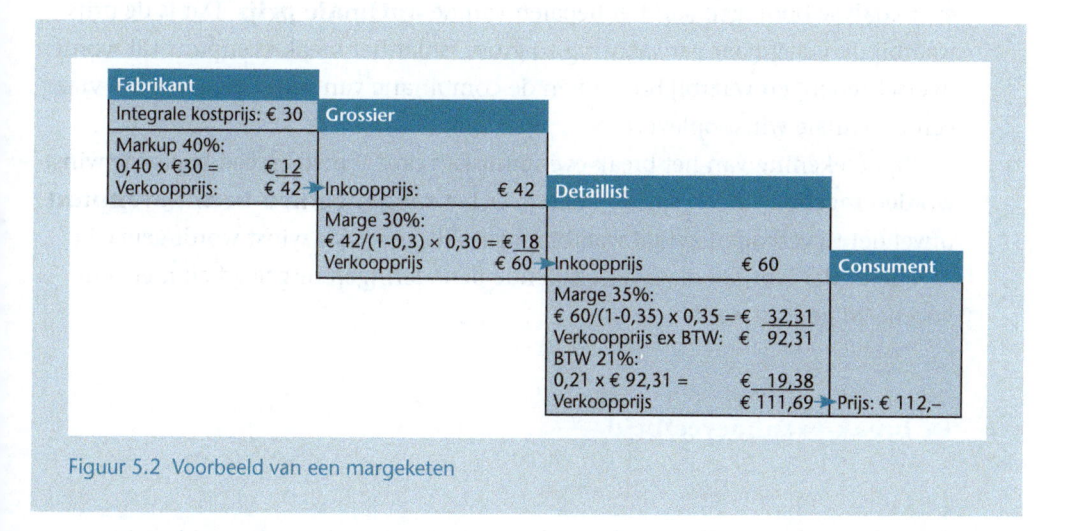

Fabrikant				
Integrale kostprijs: € 30	**Grossier**			
Markup 40%:				
0,40 x €30 = €12				
Verkoopprijs: € 42 →	Inkoopprijs: € 42	**Detaillist**		
	Marge 30%:			
	€ 42/(1-0,3) × 0,30 = € 18			
	Verkoopprijs € 60 →	Inkoopprijs € 60	**Consument**	
		Marge 35%:		
		€ 60/(1-0,35) × 0,35 = € 32,31		
		Verkoopprijs ex BTW: € 92,31		
		BTW 21%:		
		0,21 × € 92,31 = € 19,38		
		Verkoopprijs € 111,69 →	Prijs: € 112,–	

Figuur 5.2 Voorbeeld van een margeketen

Wanneer te gebruiken

De margeketen geeft inzicht in de diverse opslagrondes die uiteindelijk leiden tot vaststelling van de consumentenprijs. Bedrijven die in meerdere landen actief zijn, zullen voor elke markt een aparte berekening moeten maken. Immers, de kostprijs kan in het buitenland hoger zijn door bijvoorbeeld extra transportkosten. En wanneer de hele margeketen in eigen beheer is, zoals bij internationaal opererende retailketens, moet rekening gehouden worden met verschillen in kosten van winkelvoering en btw. Zo variëren de 'normale' btw-tarieven binnen de EU van 15% tot 25% en hebben sommige landen voor enkele producten/diensten verlaagde tarieven. Daarom hebben internationale ketens op hun prijskaartjes voor hetzelfde artikel verschillende consumentenprijzen staan voor de verschillende landen.

5.2.4 Break-evenanalyse

Wanneer te gebruiken

Bij de **break-evenanalyse** bereken je hoeveel stuks van een product verkocht moeten worden om precies quitte te spelen, dus om geen winst en geen verlies te maken. Het nut hiervan is vooral om na te gaan of het break-evenaantal, gegeven de marktvraag, überhaupt haalbaar is. Bij voorkeur worden natuurlijk meer producten verkocht, want met elk product dat boven het break-evenaantal wordt verkocht, wordt winst gemaakt.

Hoofdstuk 5   Prijs

Door het break-evenpunt bij verschillende prijzen uit te rekenen, kan de break-evenanalyse bijdragen aan het bepalen van de **optimale prijs**. Dat is de prijs waarbij de vraag naar verwachting zo groot is dat het break-evenpunt zal worden overschreden, en waarbij bovendien de combinatie van prijs en verwachte vraag een maximale winst oplevert.

Bij berekening van het break-evenpunt kan ook al meteen een bepaalde winst worden ingebouwd. We spreken dan over het **target-return-break-evenpunt**, ofwel het te verkopen aantal waarbij precies de gewenste winst wordt gemaakt.

Hieronder worden deze verschillende benaderingen uitgelegd en met een voorbeeld geïllustreerd.

De break-evenhoeveelheid

Uitleg
Bij de break-evenanalyse ga je na hoeveel eenheden, bij een bepaalde prijs, verkocht moeten worden zodat de totale kosten en de verwachte opbrengsten aan elkaar gelijk zijn en er dus geen winst of verlies gemaakt wordt. De break-evenhoeveelheid kan als volgt worden berekend.

$$\text{break-evenpunt} = \frac{\text{vaste kosten (totaal)}}{\text{prijs} - \text{variabele kosten (per eenheid)}}$$

In figuur 5.3 is de break-evenanalyse grafisch weergegeven. Het snijpunt van de opbrengstlijn en de totalekostenlijn bepaalt het **break-evenpunt**. Rechts van dit punt (dus bij een grotere gevraagde hoeveelheid) overtreffen de opbrengsten de kosten en is er winst. Links van dit punt overtreffen de kosten de opbrengsten en is er verlies.

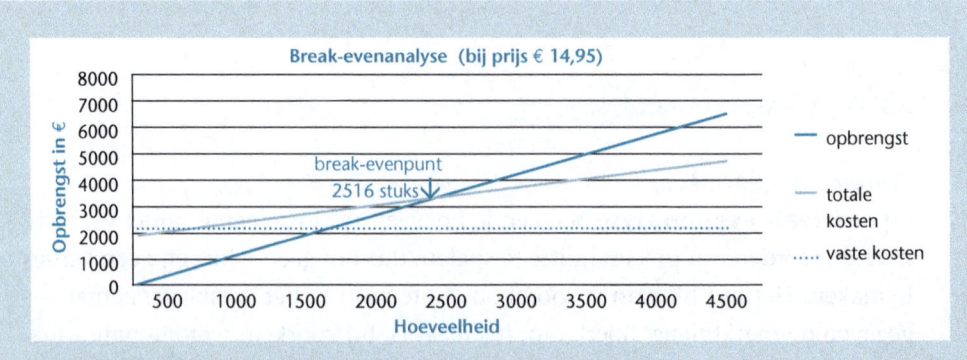

Figuur 5.3 Break-evenanalyse

Voorbeeld
De vaste kosten zijn € 20.000. De variabele kosten bedragen € 7,00 per eenheid. De prijs wordt vastgesteld op € 14,95. Hoeveel eenheden moeten er worden verkocht om break-even te draaien?

Uitwerking
De break-evenhoeveelheid is: € 20.000 / (€ 14,95 − € 7,00) = 2.515,7. Afgerond is dat 2516 eenheden. Controle:
- De totale kosten zijn: € 20.000 + (2.516 × € 7) = € 37.612
- De totale opbrengst is: € 14,95 × 2.516 = € 37.614

Dus als precies 2516 eenheden worden verkocht, zijn de opbrengsten gelijk aan de kosten en wordt er quitte gespeeld (het kleine verschil heeft te maken met de afronding). Wordt er meer verkocht, dan levert dat winst op; wordt er minder verkocht, dan levert dat verlies op. (Zie ook figuur 5.3.)

Optimale prijs met behulp van break-evenanalyses

Uitleg
In het vorige voorbeeld was de prijs vastgesteld op € 14,95. Een fabrikant kan de break-evenhoeveelheid echter bij verschillende prijzen berekenen. Dat is zinvol als hij bovendien kan inschatten wat bij iedere prijs de vraag zal zijn. Dit kan op basis van ervaring en kennis van de markt (zie ook § 5.3 over prijsgevoeligheid). Bij een hoge prijs hoeft de fabrikant relatief weinig producten te verkopen om quitte te spelen, maar dat kleine aantal moet dan wel haalbaar zijn. Bij een lage prijs ligt de break-evenhoeveelheid een stuk hoger, maar zal de vraag naar verwachting ook groter zijn. Echter, de dekkingsbijdrage of **contributiemarge** (gedefinieerd als verkoopprijs − variabele kosten) is dan relatief laag, zodat men veel extra producten moet verkopen om winst te maken.

De **optimale prijs** is die prijs waarbij de break-evenhoeveelheid naar verwachting ruim zal worden overschreden, in combinatie met een redelijke contributiemarge per product, zodat een maximale winst wordt gegenereerd.

Hoofdstuk 5   Prijs

Voorbeeld

Verkoop-prijs in €	Contributiemarge (prijs – variabele kosten)	Break-evenaantal (€ 20.000 / (prijs – variabele kosten))	Geschatte vraag bij deze prijs	Winst ((vraag × contributie-marge) – vaste kosten)
8,95	€ 1,95	10.256	9.000	- € 2.450
9,95	€ 2,95	6.780	8.000	€ 3.600
10,95	€ 3,95	5.063	7.000	€ 7.650
11,95	€ 4,95	4.040	6.000	€ 9.700
12,95	€ 5,95	3.361	5.000	€ 9.750
13,95	€ 6,95	2.878	4.000	€ 7.800
14,95	€ 7,95	2.516	3.000	€ 3.850
15,95	€ 8,95	2.235	2.000	- € 2.100
16,95	€ 9,95	2.010	1.000	- € 10.050

Tabel 5.1 Break-evenpunt bij verschillende prijzen. NB. De vaste kosten zijn € 20.000 en de variabele kosten per eenheid zijn € 7.

Uit de berekeningen in de tabel blijkt dat een prijs van € 15,95 of hoger niet verstandig is, omdat het break-evenaantal daarbij naar verwachting niet gehaald zal worden, waardoor er dus geen winst gemaakt wordt. Bij een prijs van € 9,95 of € 10,95 zal er veel worden verkocht, maar de contributiemarge is vrij laag waardoor de totale opbrengsten niet maximaal zijn. Dat is wel het geval bij een prijs van € 12,95. Dat is in dit geval de optimale prijs. In figuur 5.4 is dat ook nog eens grafisch weergegeven. Daarin is zichtbaar dat de winst bij € 12,95 wordt gemaximaliseerd.

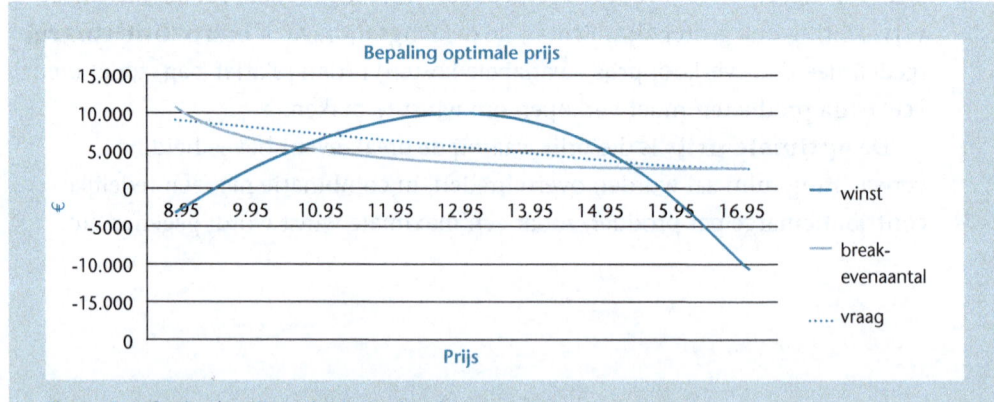

Figuur 5.4 Optimale prijs op basis van break-evenanalyses

Prijsberekeningen met kostprijsoriëntatie

Target-return-break-evenanalyse

Uitleg

Bij de prijszetting kun je ook doelstellingen meenemen die een bepaald rendement nastreven. Het gewenste rendement wordt dan eenvoudig opgeteld bij de vaste kosten. Het **target-return-break-evenpunt** geeft het aantal eenheden aan waarbij niet alleen de vaste kosten gedekt worden, maar ook (precies) het gewenste rendement wordt behaald. In formulevorm:

$$\text{target-return-break-evenpunt} = \frac{\text{vaste kosten + gewenst rendement}}{\text{prijs – variabele kosten (per eenheid)}}$$

Ook hier kun je het target-return-break-evenpunt bij verschillende prijzen berekenen. De **optimale prijs** is dan de prijs waarbij de target-return-break-evenhoeveelheid naar verwachting zal worden overschreden met een maximale winst (boven het gewenste rendement).

Voorbeeld

Stel dat in het vorige voorbeeld een rendement behaald moest worden van 25% op een geïnvesteerd vermogen van € 12.000. Dat is 0,25 × € 12.000 = € 3.000. We gaan uit van de optimale prijs van 12,95.

Het gewone break-evenpunt was: € 20.000 / € 5,95 = 3.361

Het target-return-break-evenpunt is: (€ 20.000 + € 3.000) / € 5,95 = 3.865

In figuur 5.5 zijn beide punten aangegeven.

Dat betekent dat er 3.865 – 3.361 = 504 eenheden meer verkocht moeten worden om het gewenste rendement te halen. De verwachte vraag bij een prijs van € 12,95 is 5000 stuks, dus dat is geen probleem.

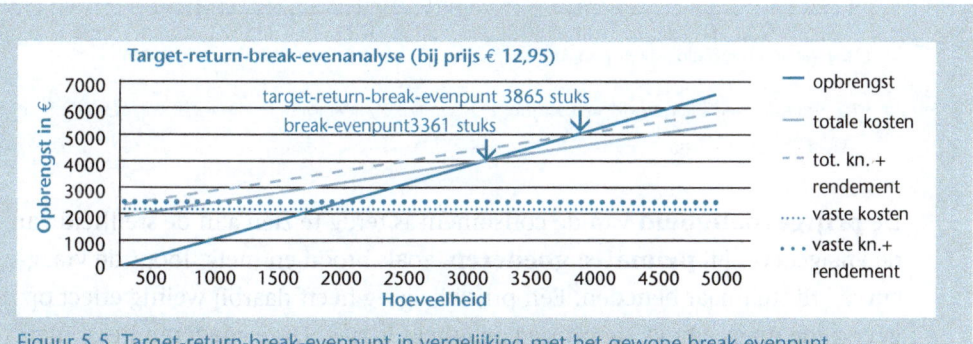

Figuur 5.5 Target-return-break-evenpunt in vergelijking met het gewone break-evenpunt

Van de kostprijsgeoriënteerde benadering stappen we nu over naar de afnemergeoriënteerde benadering. Daarvoor moeten we eerst inzicht krijgen in de prijsgevoeligheid van de consument.

5.3 Prijsgevoeligheid

5.3.1 Vraagcurve

Uitleg

De **vraagcurve** geeft aan hoeveel eenheden van een product er bij verschillende prijzen in de markt gevraagd worden, binnen een bepaalde periode. Normaal gesproken levert een lagere prijs een hogere gevraagde hoeveelheid op: de vraag is omgekeerd evenredig aan de prijs.

Vraagcurven zijn – vereenvoudigd – weer te geven in een lineaire formule, waarbij de gevraagde hoeveelheid afhankelijk is van de prijs, bijvoorbeeld: $Q = 1200 - 100P$. Bij een prijs van € 2 is de gevraagde hoeveelheid dan $1200 - (100 \times 2) = 1000$ stuks. En bij een prijs van € 8 is de gevraagde hoeveelheid $1200 - (100 \times 8) = 400$ stuks. In werkelijkheid is de vraagcurve niet lineair (een rechte lijn), maar licht gebogen, zoals te zien is in de figuren 5.6 a en b.

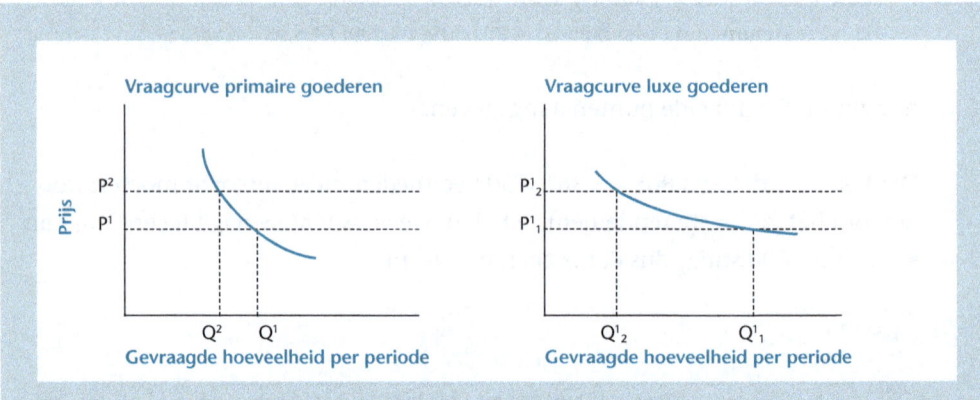

Figuur 5.6a Vraagcurve bij lage prijsgevoeligheid   Figuur 5.6b Vraagcurve bij hoge prijsgevoeligheid

De **prijsgevoeligheid** van de consument is terug te zien aan de steilheid van de vraagcurve. Bij **primaire goederen**, zoals brood en melk, loopt de vraagcurve vrij steil naar beneden. Een prijswijziging heeft daarbij weinig effect op de gevraagde hoeveelheid; de prijsgevoeligheid is laag. Deze goederen heeft men immers altijd nodig, ongeacht de prijs. Bij **luxe goederen** daarentegen loopt

Prijsgevoeligheid

de vraagcurve veel minder steil. Bij een lagere prijs komen dergelijke artikelen al snel binnen het bereik van veel meer mensen en stijgt de vraag aanzienlijk.

Er zijn vraagcurven die afwijken van de aflopende vormen in figuur 5.6. Bij **statusartikelen** loopt de vraagcurve bijvoorbeeld omhoog (we noemen dat een **contraire vraagcurve**): bij een hogere prijs wordt er juist meer gevraagd! Dat komt doordat mensen zulke producten aantrekkelijker gaan vinden, naarmate ze duurder zijn. Dit geldt natuurlijk slechts tot op zekere hoogte.

Normaal gesproken ligt de vraagcurve vast en zien we een beweging *langs* de curve: de gevraagde hoeveelheid reageert op een wijziging in prijs (zie figuur 5.7a). In bijzondere gevallen kan het echter voorkomen dat de hele vraagcurve verschuift (zie figuur 5.7b). Dat kan gebeuren wanneer de voorkeur van de consument sterk wijzigt of als de koopkracht in een land verandert. Door de opkomst van de mobiele telefoon bijvoorbeeld is de vraagcurve voor dit product in de loop der jaren steeds meer naar rechts verschoven. Bij dezelfde prijs is de vraag dus groter geworden. Andersom neemt bij een recessie de vraag naar auto's sterk af en verschuift de vraagcurve naar links.

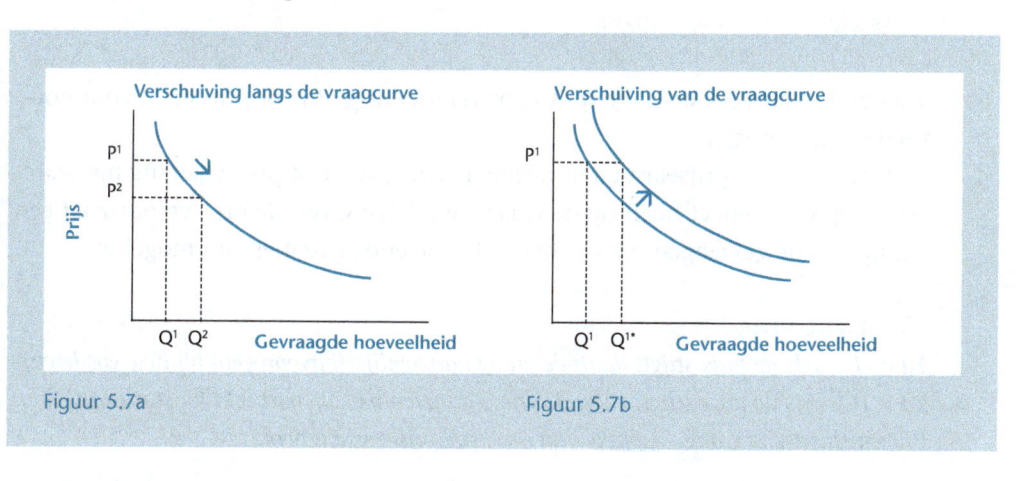

Figuur 5.7a

Figuur 5.7b

Wanneer te gebruiken

Voor het vaststellen van de prijs is het nuttig om inzicht te hebben in de prijsgevoeligheid van de consument, die tot uitdrukking komt in de vraagcurve. Met behulp van de vraagcurve kan worden ingeschat hoe groot de vraag zal zijn bij verschillende prijzen.

De prijsgevoeligheid van de consument zie je terug in de steilheid van de vraagcurve. We kunnen ook een getal toekennen aan het begrip prijsgevoeligheid. Dit doen we met elasticiteitscijfers. In de volgende paragraaf bespreken we de prijselasticiteit van de vraag.

5.3.2 Prijselasticiteit van de vraag

Uitleg

De mate waarin de consument reageert op een prijswijziging kan worden uitgedrukt met de **prijselasticiteit van de vraag**. Dit is een verhoudingsgetal dat weergeeft met welk percentage de van een goed gevraagde hoeveelheid verandert wanneer de prijs van dat goed met één procent stijgt. In formule:

$$\text{prijselasticiteit van de vraag (Eq)} = \frac{\text{procentuele verandering in de gevraagde hoeveelheid van product X}}{\text{procentuele verandering in de prijs van product X}}$$

of:

$$Eq = \frac{\Delta Q_x}{\Delta P_x}$$

waarin:

$$\Delta Q = (Q_{nieuw} - Q_{oud}) / Q_{oud} \times 100\%$$

en:

$$\Delta P = (P_{nieuw} - P_{oud}) / P_{oud} \times 100\%$$

Waarbij E staat voor elasticiteit, Δ voor verandering, P voor prijs en Q voor hoeveelheid (quantity).

Normaal is de prijselasticiteit negatief, aangezien een prijswijziging meestal een omgekeerd effect heeft op de vraag: een stijging van de prijs veroorzaakt een daling van de gevraagde hoeveelheid. De volgende situaties zijn mogelijk:

Elastische vraag:

Eq < -1   Als de prijs stijgt, daalt de vraag aanzienlijk (bijvoorbeeld bij luxe goederen)
Eq > 1   Als de prijs stijgt, stijgt de vraag aanzienlijk (bijvoorbeeld bij statusartikelen)
Bij een elastische vraag is sprake van een hoge prijsgevoeligheid.

Inelastische vraag:

Eq ligt tussen -1 en +1: als de prijs verandert, verandert de gevraagde hoeveelheid slechts zeer weinig. Er is sprake van een lage prijsgevoeligheid. Dat is vaak het geval bij primaire goederen, producten met lage aankoopbedragen of producten die een hoge mate van kwaliteit, prestige of exclusiviteit bezitten en waarbij weinig vergelijkbare goederen te krijgen zijn.

Informatie over de prijsgevoeligheid verkrijg je door marktonderzoek onder consumenten. Je moet je daarbij realiseren dat er bij de definitie van prijselasticiteit van uitgegaan wordt dat alle andere omstandigheden ongewijzigd blijven, wat in de praktijk vaak niet het geval is (denk bijvoorbeeld aan de reactie van concurrenten op een prijswijziging).

Wanneer te gebruiken

Inzicht in de prijsgevoeligheid van de consumenten is van grote waarde voor een juiste inzet van het prijsinstrument. Marketeers zijn vaak geneigd de prijs te verlagen wanneer de omzet stagneert. Of zij hebben strategische overwegingen om de prijs te verlagen, zoals het reageren op de concurrentie of het 'kopen' van marktaandeel. Een prijsverlaging moet echter weloverwogen gebeuren, met kennis van de prijsgevoeligheid in de markt. Is de vraag namelijk niet elastisch, dan kan een prijsverlaging leiden tot een flinke winstdaling. Dat wordt in het tweede voorbeeld geïllustreerd.

Voorbeeld 1 – bepalen prijselasticiteit van de vraag

Wanneer een aanbieder van rugtassen zijn prijs verlaagt van € 45 naar € 39 blijkt de gevraagde hoeveelheid te stijgen van 500 naar 750 stuks. Bereken de prijselasticiteit.

Uitwerking

De procentuele verandering in de prijs is: (39 – 45) / 45 × 100% = -13,3%

De procentuele verandering in de gevraagde hoeveelheid is: (750 – 500) / 500 × 100% = 50%

De prijselasticiteit van de vraag is 50 / -13,3 = -3,8

Dit betekent dat wanneer de prijs van rugtassen met 1% stijgt, de vraag naar rugtassen met 3,8% daalt.

Voorbeeld 2 – verlagen van de prijs

In tabel 5.2 is het effect van een prijsverlaging op de afzet, omzet en winst doorgerekend voor verschillende prijselasticiteiten. Daaruit blijkt dat een prijsverlaging meestal wel leidt tot een hogere afzet, maar lang niet altijd tot een hogere winst. Alleen wanneer de prijsgevoeligheid hoog is (in dit voorbeeld bij een prijselasticiteit lager dan -2), wordt er zo veel meer verkocht dat dit ook leidt tot meer winst.

In de tabel is ook het effect van een prijsverhoging van 10% doorgerekend. Daaruit blijkt dat, in een inelastische markt, een prijsverhoging een goede optie kan zijn om de winst te verhogen. Een prijsverhoging van 10% (van € 50 naar € 55) leidt hieronder tot een stijging van de winst met maar liefst 36% (van € 10.000 naar € 13.600). In een elastische markt leidt een prijsverhoging echter onherroepelijk tot een lagere winst.

		Inelastische vraag Eq = -0,4	Elastische vraag Eq = -1,5	Elastische vraag Eq = -2	Elastische vraag Eq = -3
	Uitgangssituatie	\multicolumn{4}{c}{Prijsverlaging van 10%}
Prijs (P)	€ 50	€ 45	€ 45	€ 45	€ 45
Gevr. Hoeveelheid (Q)	1000	1040	1150	1200	1300
Omzet (P × Q)	€ 50.000	€ 46.800	€ 51.750	€ 54.000	€ 58.500
Winst	€ 10.000	€ 6.800	€ 8.750	€ 10.000	€ 12.500
	Uitgangssituatie	\multicolumn{4}{c}{Prijsverhoging van 10%}
Prijs (P)	€ 50	€ 55	€ 55	€ 55	€ 55
Gevr. hoeveelheid (Q)	1000	960	850	800	700
Omzet (P × Q)	€ 50.000	€ 52.800	€ 46.750	€ 44.000	€ 38.500
Winst	€ 10.000	€ 13.600	€ 9.750	€ 8.000	€ 4.500

Tabel 5.2 Effect van prijswijziging bij verschillende elasticiteiten. Aannames: de variabele kosten zijn € 20 per stuk en de vaste kosten zijn € 20.000

5.3.3 Inkomenselasticiteit

Uitleg

De vraag naar producten wordt niet alleen bepaald door de prijs, maar ook door het inkomen van consumenten. Immers, bij een hoger inkomen heeft men meer te besteden. Dit effect wordt zichtbaar gemaakt door het begrip **inkomenselasticiteit van de vraag**. Dit is een verhoudingsgetal dat weergeeft met welk percentage de gevraagde hoeveelheid van een goed verandert, wanneer het inkomen met één procent stijgt. De formule hiervoor is:

$$\text{inkomenselasticiteit van de vraag (Ey)} = \frac{\text{procentuele verandering in de gevraagde hoeveelheid van product X}}{\text{procentuele verandering in het inkomen}}$$

of:

$$Ey = \frac{\Delta Q_x}{\Delta y}$$

Waarbij E staat voor elasticiteit, y voor inkomen, Δ voor verandering en Q voor hoeveelheid (quantity).

De inkomenselasticiteit is sterk afhankelijk van het type goed. Er wordt onderscheid gemaakt tussen de volgende drie typen goederen:
- **Inferieure goederen**. Ey < 0. Wanneer het inkomen stijgt, gaat men hier minder van kopen. Mensen kopen deze goederen alleen omdat ze zich vanwege een beperkt inkomen geen duurdere alternatieven kunnen veroorloven. Bij een stijgend inkomen worden inferieure goederen

gesubstitueerd door andere. Een kampeervakantie wordt dan bijvoorbeeld vervangen door een vakantie in een huisje. Wat inferieure goederen zijn, verschilt van persoon tot persoon.
- **Noodzakelijke goederen**. $0 < Ey < 1$. Wanneer het inkomen stijgt, stijgen de uitgaven aan deze goederen niet in gelijke mate mee. Men gaat hier dus relatief minder aan besteden. Het gaat dan om primaire levensbehoeften als brood en koffie. Hiervan kun je niet meer nuttigen dan je op kunt.
- **Luxe goederen**. $Ey > 1$. Wanneer het inkomen stijgt, nemen de bestedingen aan deze goederen relatief veel toe. Denk bijvoorbeeld aan vakanties en elektronische apparatuur.

Voorbeeld
Bij een algehele inkomensdaling van 2%, daalt de vraag naar brood met slechts 0,5%. Bereken de inkomenselasticiteit van brood.

Uitwerking
$Ey = \Delta Q_x / \Delta y = -0,5 / -2 = 0,25$

Dit betekent dat wanneer het inkomen met 1% stijgt, de vraag naar brood met slechts 0,25% toeneemt.
De inkomenselasticiteit ligt tussen 0 en 1, wat gebruikelijk is voor noodzakelijke goederen.

5.3.4 Kruisprijselasticiteit

Uitleg
Concurrenten volgen elkaars prijzen nauwgezet. Een prijswijziging van een concurrent kan namelijk effect hebben op de gevraagde hoeveelheid van het eigen product. Dit effect wordt uitgedrukt door de **kruisprijselasticiteit van de vraag**. Dit is een verhoudingsgetal dat weergeeft met welk percentage de gevraagde hoeveelheid van een goed verandert, wanneer de prijs van een ander goed met één procent stijgt. De formule is:

$$\text{kruisprijselasticiteit van de vraag (Ek)} = \frac{\text{procentuele verandering in de gevraagde hoeveelheid van product B}}{\text{procentuele verandering in de prijs van product A}}$$

Of:

$$Ek = \frac{\Delta Q_B}{\Delta P_A}$$

De prijs van het ene product kan de gevraagde hoeveelheid van het andere product beïnvloeden. Voor producten die elkaars **substituten** zijn, is de kruisprijselasticiteit positief. Als de prijs van Philips' lcd-televisies omhoog gaat, stijgt de afzet van Panasonics lcd-televisies. Bij **complementaire goederen** is de kruisprijselasticiteit negatief. Als de prijs van auto's daalt, zal de vraag naar benzine stijgen. Bij **indifferente goederen** – dat zijn goederen die niets met elkaar te maken hebben – is de kruisprijselasticiteit 0. Een prijswijziging van het ene goed heeft geen enkel effect op de gevraagde hoeveelheid van het andere goed. Samengevat:

Bij indifferente goederen (onafhankelijke producten):   Ek = 0
Bij substituten (uitwisselbare producten):   Ek > 0
Bij complementaire goederen (aanvullende producten): Ek < 0

Voorbeeld
De prijs van een A-merkfrisdrank wordt verhoogd van € 1,29 naar € 1,35. Hierdoor stijgt de vraag naar een huismerkfrisdrank van 500 naar 540 flessen per periode. Hoe groot is de kruisprijselasticiteit?

Uitwerking
De procentuele verandering in de prijs van de A-merkfrisdrank is:
(1,35 − 1,29) / 1,29 × 100% = 4,6%

De procentuele verandering in de gevraagde hoeveelheid van het huismerk is:
(540 − 500) / 500 × 100% = 8%

De kruisprijselasticiteit van de vraag naar het huismerk is: 8 / 4,6 = 1,7. Dus wanneer de prijs van de A-merkfrisdrank met 1% stijgt, dan stijgt de gevraagde hoeveelheid naar de huismerkfrisdrank met 1,7%.

De prijsgevoeligheid van consumenten wordt gebruikt bij het vaststellen van een afnemersgeoriënteerde prijs, het onderwerp van de volgende paragraaf. Overigens speelt voor de consument niet alleen de verkoopprijs van het product een rol. Het gaat ook om de inspanningen die hij moet leveren om het product aan te schaffen.

5.4 Prijsberekeningen met afnemersoriëntatie

Bij een afnemersoriëntatie wordt de verkoopprijs vastgesteld op basis van de prijs die de consument bereid is te betalen. Die prijs bepaal je het beste met een beproefde marktonderzoeksmethode: de **prijsgevoeligheidsmeter**. Daarbij geven consumenten aan:
- bij welke prijs ze het product goedkoop vinden;
- bij welke prijs ze het product zo goedkoop vinden dat ze gaan twijfelen aan de kwaliteit;
- bij welke prijs ze het product duur vinden;
- bij welke prijs ze het product zo duur vinden dat ze dat er niet meer voor over hebben.[1]

Een acceptabele verkoopprijs ligt tussen het punt waar consumenten het product als te goedkoop gaan ervaren en het punt waar ze het als te duur gaan ervaren. Voor nieuwe producten is de prijsgevoeligheidsmeter een handig instrument dat helpt om de initiële prijs vast te stellen. Ervaren marketeers met veel inzicht in de markt gaan echter ook vaak af op hun eigen inschattingen.

5.4.1 Totale kosten voor de afnemer

Een marketeer moet er rekening mee houden dat de 'prijs' die een klant betaalt voor de aanschaf van een product of dienst meer is dan alleen een aankoopbedrag in euro's. De consument maakt ook andere financiële kosten, bijvoorbeeld tijdens het zoeken en kopen van het product of tijdens het gebruik van een dienst. Iemand die met zijn gezin naar een theatervoorstelling gaat, zal meer kwijt zijn dan alleen de prijs van de entreetickets. Denk bijvoorbeeld aan reiskosten, parkeergeld, eten en drinken. Ook worden niet-monetaire kosten gemaakt zoals tijd, inspanningen en ongemakken. Soms zijn er ook kosten ná het gebruik. Een kapotte wasmachine moet op een voorgeschreven wijze worden afgevoerd vanwege de recycling ervan. De totale kosten voor de afnemer zijn modelmatig weergegeven in het model in figuur 5.8.[2]

Figuur 5.8 Totale kosten voor de afnemer

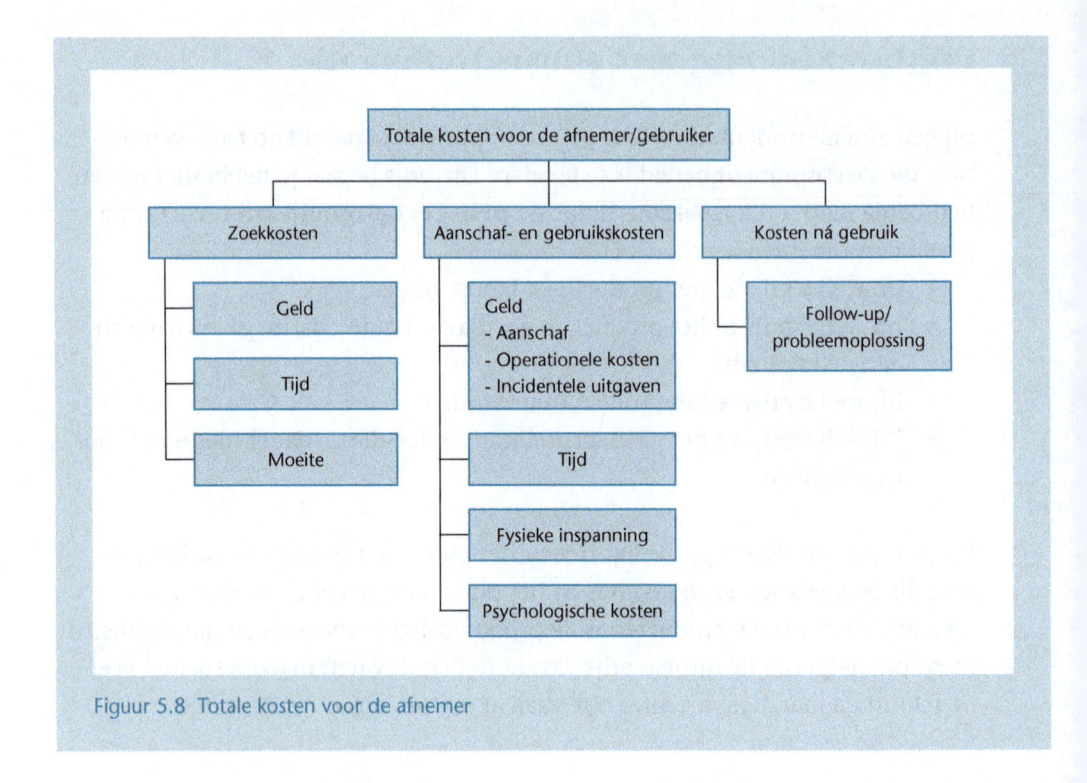

Door het gebruik van internet en webwinkels kunnen de totale kosten voor de afnemer verlaagd worden. Het gebruik van zoekmachines en vergelijkingssites, thuisbezorging van internetaankopen en onlineservice besparen de consument geld, tijd en moeite.

Met alle kosten en inspanningen in het achterhoofd zal de consument bereid zijn een bepaalde aankoopprijs te betalen. Deze prijs wordt als uitgangspunt genomen bij inverse prijszetting.

5.4.2 Inverse prijszetting

Uitleg
Bij **inverse prijszetting** wordt de verkoopprijs bepaald op basis van de prijs die de consument bereid is te betalen voor de geleverde waarde van het product (*perceived-value pricing*). Vaak zijn er voor bepaalde productgroepen prijspunten in de markt, waar ook concurrenten zich aan houden. Zo gelden er voor consumentenelectronica een soort van prijsplafonds per productgroep.

Uitgaande van de prijs die de consument bereid is te betalen en de verschillende marges, wordt vervolgens teruggerekend wat de maximale kostprijs van het product mag zijn. Men probeert het product voor deze prijs te vervaardigen.

Een speciale, veelgebruikte vorm van inverse prijszetting is **value-for-money pricing**. Daarbij wordt ernaar gestreefd om de consument een aantrekkelijke combinatie te bieden van een redelijke prijs en een relatief goede kwaliteit en service, zodat een grote groep consumenten aangesproken kan worden.

Wanneer te gebruiken

Het is altijd aan te bevelen om vooraf na te gaan welke prijs de consument bereid is te betalen, en terug te rekenen welke inkoopprijs of kostprijs daarbij hoort. Blijkt de werkelijke kostprijs veel hoger uit te vallen, dan moet je goed overwegen of de productie nog wel de moeite waard is. Het product wordt dan immers te hoog geprijsd, of er wordt te weinig op verdiend.

Voorbeeld

Uit marktonderzoek is gebleken dat de meest acceptabele prijs voor een nieuw soort vetarme chips € 1,99 is. De btw bedraagt 6% en de marge voor de detaillist 40% van de netto verkoopprijs. De fabrikant levert rechtstreeks aan het distributiecentrum van de detaillisten, dus er is geen grossier. Hoeveel mag de kostprijs maximaal zijn als de fabrikant naar een marge van 30% op de kostprijs streeft?

Uitwerking

Verkoopprijs incl. btw:	€ 1,99
Verkoopprijs excl. btw: € 1,99 / 106 × 100 =	€ 1,88
Inkoopprijs detaillist/verkoopprijs fabrikant: € 1,88 × 0,70 =	€ 1,32
Kostprijs fabrikant: € 1,28 / 130 × 100 =	€ 1,01
De kostprijs mag dus niet hoger zijn dan:	€ 1,01

Een andere vorm van afnemersgeoriënteerde prijszetting gebeurt op basis van yieldmanagement. Door steeds geavanceerdere software kan yieldmanagement steeds effectiever worden ingezet.

5.4.3 Prijsbepaling op basis van yieldmanagement

Uitleg

In de dienstverlening wordt vaak gebruikgemaakt van **yieldmanagement**, ook wel rendementsmanagement genoemd. We zien dit vooral bij luchtvaartmaatschappijen, reisorganisaties en hotels. Bij yieldmanagement wordt de prijs aangepast aan de voorspelde vraag van verschillende marktsegmenten met verschillende prijsgevoeligheid. Met speciale reserveringssoftware wordt het juiste aantal stoelen, kamers, enzovoort, toegewezen aan het juiste aantal klanten, voor de juiste prijs op het juiste moment. Hierbij worden historische en actuele reserveringsgegevens gebruikt om een voorspelling te doen over toekomstige reserveringen. Op basis daarvan wordt steeds de juiste prijs vastgesteld. Door yieldmanagement wordt de opbrengst van een vast aantal producten/diensten geoptimaliseerd.

Wanneer te gebruiken
Yieldmanagement kan goed kan worden toegepast wanneer:
- er sprake is van een vast en gelimiteerd aanbod (bijvoorbeeld het aantal stoelen in een vliegtuig of het aantal kamers in een hotel);
- het aanbod beperkt houdbaar is (na vertrek van de vlucht vervallen de onverkochte stoelen);
- consumenten in verschillende prijsgevoeligheidssegmenten kunnen worden ingedeeld.

Verder is yieldmanagement het meest effectief als de vraag variabel en onzeker is, en er hoge vaste kosten zijn, zodat de bezettingsgraad van groot belang is om de vaste kosten te dekken.[3]

Voorbeeld
De grafiek in figuur 5.9 geeft de verkoop van vliegtickets weer. Het maximale aantal plaatsen is 250. Segment A en B worden als eerste verkocht aan vroegboekers. A tegen een lage prijs van 250 euro (deze boekingen kunnen niet meer gewijzigd of geannuleerd worden) en B tegen een reguliere prijs van 400 euro (met de normale, uitgebreide voorwaarden). Voor A en B zijn 120 stoelen beschikbaar. Wanneer deze verkocht zijn, komen segment C en D in beeld. Als in de laatse dagen voor vertrek nog niet alle plaatsen verkocht zijn, kan er eventueel een lastminutediscount worden gegeven (categorie E), zodat deze plaatsen toch nog verkocht worden, zij het voor een lage prijs. Op deze manier wordt optimaal ingespeeld op de vraagcurve.

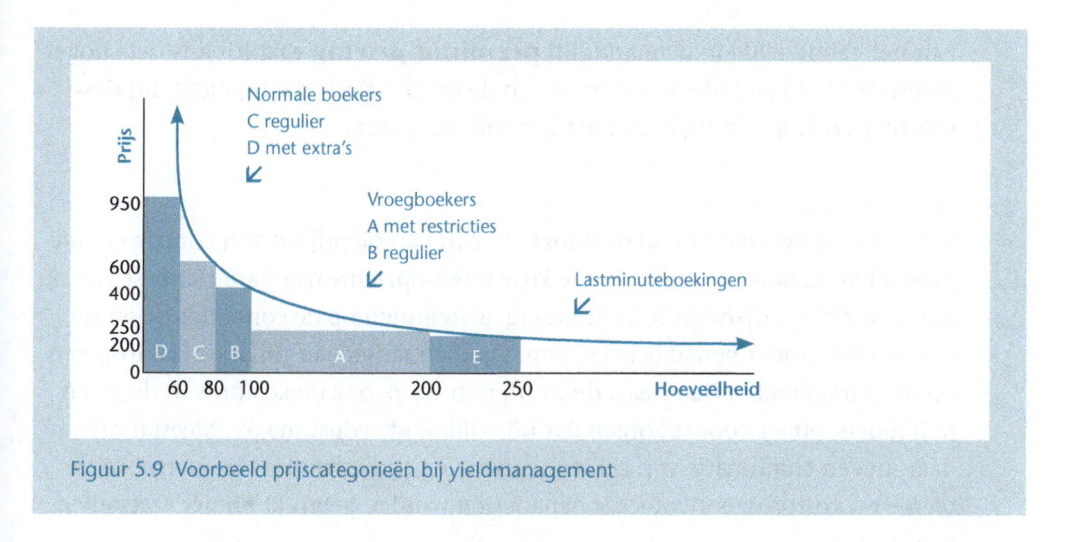

Prijsberekeningen op basis van concurrentieoriëntatie

Figuur 5.9 Voorbeeld prijscategorieën bij yieldmanagement

Na de kostprijsgeöriënteerde en de afnemersgeöriënteerde prijsbepaling, komt nu de concurrentiegeöriënteerde prijsbepaling aan bod. Dit is geen alternatieve prijsbepaling, maar meer een aanvulling op de vorige twee.

5.5 Prijsberekeningen op basis van concurrentieoriëntatie

Uitleg

Prijzen worden steeds transparanter. Consumenten kunnen met behulp van de vele vergelijkingssites op internet zoals www.vergelijk.nl, www.kieskeurig.nl, www.independer.nl of prijsvergelijking.startpagina.nl snel en gemakkelijk de prijzen van verschillende aanbieders vergelijken. Hierdoor kun je als marketeer niet meer om de prijzen van concurrenten heen.

Internet heeft echter ook voordelen voor de prijsstelling. Prijzen op websites kunnen namelijk met een simpele druk op de knop worden aangepast, om op concurrenten of afnemerswensen te reageren. Overigens wordt ook in sommige fysieke winkels al gewerkt met elektronische prijsbordjes. Via internet kunnen consumenten ook zelf bieden, zoals dat gebeurt op veilingsites als eBay en Marktplaats. Verder wordt steeds vaker gewerkt met reviews van klanten. Hierdoor kunnen consumenten niet alleen prijzen vergelijken, maar ook inzicht krijgen in wat er precies geboden wordt voor de gevraagde prijs. De prijs-waardeverhouding wordt op deze manier via internet door klanten aan nieuwe, potentiële klanten gecommuniceerd.

Aanbieders hebben verschillende manieren om hun prijs op de concurrentie af te stemmen. Bij **going rate pricing** kiest een aanbieder zijn prijs in de buurt van het gemiddelde in de markt. Bij **premium pricing** gaat hij juist iets hoger zitten dan het gemiddelde, op basis van de extra waarde die hij biedt. Bij **discount pricing** gaat hij onder het gemiddelde zitten.

Wanneer te gebruiken

Het is aan te bevelen om op de hoogte te zijn van de prijzen van concurrerende producten en bewust een positie te kiezen ten opzichte daarvan. Het best kan de marketeer zijn prijs/waarde-verhouding afstemmen op de concurrentie en op wat de consument bereid is te betalen. Op die manier kan hij optimaal inspelen op de marktsituatie. Daarnaast dient hij natuurlijk ook de kostprijs in de gaten te houden, om er voor te zorgen dat hij voldoende winst maakt. Meestal zal daarom een combinatie van een concurrentie-georiënteerde, afnemergeoriënteerde en kostprijsgeoriënteerde benadering worden gebruikt bij het vaststellen van de prijs.

Voorbeeld

De belangrijkste concurrenten van speeltoestellen hanteren de volgende prijzen voor een vergelijkbaar product:

	Prijs	Marktaandeel
Bedrijf A	€ 395	40%
Bedrijf B	€ 360	25%
Bedrijf C	€ 425	15%
Overige	€ 375	20%

De gemiddelde prijs in de markt is:

(€ 395 × 40 + € 360 × 25 + € 425 × 15 + € 375 × 20) / 100 = € 386,75

Wanneer een aanbieder zijn prijs wil afstemmen op het gemiddelde van de markt (**going rate pricing**), dan zou een prijs van € 389 voor de hand liggen. Heeft hij extra toegevoegde waarde te bieden, dan zou hij **premium pricing** kunnen overwegen, bijvoorbeeld door de prijs 15% boven het marktgemiddelde te kiezen. Dat is:

€ 386,75 × 1,15 = € 444,76 (afgerond € 445)

Bij **discount pricing** gaat hij net onder de laatste prijs zitten, bijvoorbeeld op € 350. Vanzelfsprekend moet de gevraagde prijs wel aansluiten bij de geboden kwaliteit.

Voorbeeld Cyclo

Ook Mark Snel van Cyclo houdt de prijzen van concurrenten nauwgezet in de gaten. Hij zit met zijn prijzen onder het niveau van de A-merken. Bij de gespecialiseerde rijwielhandel is Cyclo een voordelig alternatief voor een echte A-merkfiets, met vergelijkbare kwaliteit. De ketens duiken met hun prijzen nog wel eens onder die van Cyclo, vooral omdat ze veel acties hebben. Het branchevreemde kanaal (doe-het-zelfzaken en warenhuizen) met hun lage prijzen en vaak eenmalige acties ziet Mark niet als gelijkwaardige concurrenten.

Ook bij de introductie van geheel nieuwe producten zijn de hiervoorgenoemde prijsorientaties van belang. Daar komt nog bij dat de marketeer bewust kan kiezen voor een bepaalde introductiestrategie. Bij fast moving consumer goods wordt vaak de penetratieprijsstrategie gebruikt (§ 5.6.1), en bij nieuwe technologische vindingen de afroomprijsstrategie (§ 5.6.2).

5.6 Prijsbepaling bij productintroductie

5.6.1 Penetratieprijsstrategie

Uitleg/wanneer te gebruiken
Bij de **penetratieprijsstrategie** breng je een product voor een zeer lage prijs op de markt om die markt snel te penetreren, merktrouw te genereren en concurrenten vóór te zijn. Op deze manier kun je snel een groot marktaandeel verwerven en schaalvoordelen opbouwen. Deze strategie wordt vooral toegepast bij *fast moving consumer goods* in prijsgevoelige markten. Een variant hierop is beginnen met een lage probeerprijs, om zo veel mogelijk mensen te laten kennismaken met het product, en daarna de prijs iets verhogen.

Voorbeeld
Hieronder is dezelfde tabel weergegeven als in § 5.2.4 (tabel 5.1) bij de breakevenanalyse. Nu zijn echter marktaandelen toegevoegd. In § 5.2.4 stelden we de optimale prijs vast op € 12,95, waarbij de winst maximaal is. Bij een penetratieprijsstrategie kies je echter niet voor maximale winst, maar voor maximaal marktaandeel. Onder de voorwaarde dat je geen verlies maakt, is de prijs bij deze strategie € 9,95.

Verkoopprijs in €	Contributie-marge (prijs – variabele kosten)	Geschatte vraag bij deze prijs	Winst ((vraag × contributiemarge) – vaste kosten)	Marktaandeel*
8,95	€ 1,95	9.000	- € 2.450	18%
9,95	€ 2,95	8.000	€ 3.600	16%
10,95	€ 3,95	7.000	€ 7.650	14%
11,95	€ 4,95	6.000	€ 9.700	12%
12,95	€ 5,95	5.000	€ 9.750	10%
13,95	€ 6,95	4.000	€ 7.800	8%
14,95	€ 7,95	3.000	€ 3.850	6%
15,95	€ 8,95	2.000	- € 2.100	4%
16,95	€ 9,95	1.000	- € 10.050	2%

Tabel 5.2 Voorbeeld vaststellen marktpenetratieprijs. NB. Vaste kosten zijn € 20.000 en variabele kosten per eenheid € 7.

* marktomvang = 50.000 stuks; marktaandeel = geschatte vraag / marktomvang × 100%.

5.6.2 Afroomprijsstrategie

Uitleg/wanneer te gebruiken

Een andere prijsstrategie voor nieuwe producten is het gebruik van een **afroomprijs**, ofwel **price skimming**. Deze strategie wordt vooral toegepast bij de introductie van nieuwe duurzame gebruiksartikelen, zoals een nieuwe iPhone van Apple of Playstation van Sony, zolang er nog weinig concurrenten op de markt zijn en de consument niet erg prijsgevoelig is. Aan het begin van de productlevenscyclus wordt een hoge prijs gevraagd, gericht op de innovators en early adopters (zie de adoptiecategorieën van Rogers in § 2.3.4). Daarna wordt de prijs geleidelijk verlaagd om een groter publiek aan te spreken (de early majority en vervolgens de late majority). Uiteindelijk wordt de laatste groep over de streep getrokken door de prijs extreem te verlagen. Zo zijn er nu videorecorders te koop voor slechts € 50, om ook de groep laggards aan te spreken, terwijl de innovators alweer met nieuwe technologieën bezig zijn. Op deze manier wordt per segment de hoogst mogelijke prijs 'uit de markt gehaald'.

Prijsbepaling bij productintroductie

Voorbeeld

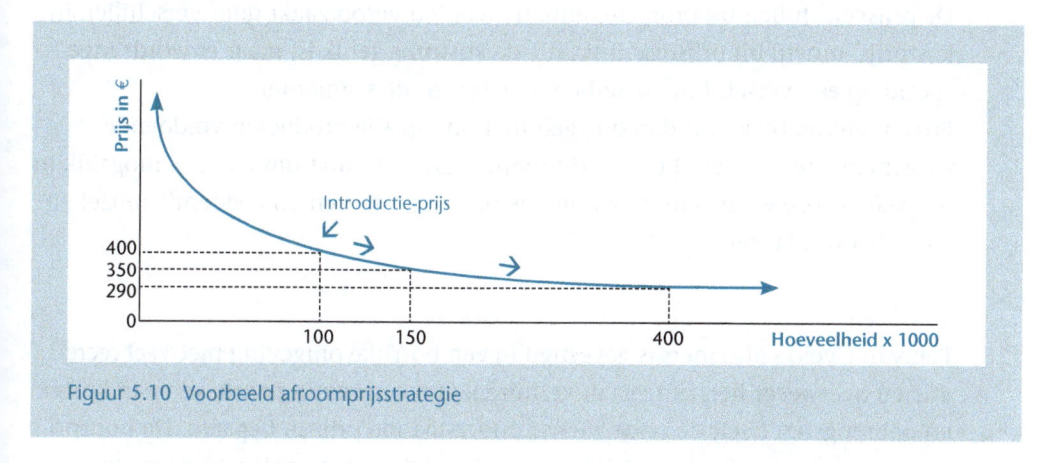

Figuur 5.10 Voorbeeld afroomprijsstrategie

De introductieprijs van een nieuw product is € 400. Voor deze prijs kopen 100.000 mensen het product. Dit zijn de innovators en early adopters, die veel geld willen neertellen om als eersten het product te bezitten. Daarna wordt de prijs verlaagd naar € 350 en in een later stadium naar € 290, waarvoor een grotere groep bereid is het product te kopen. Zie de grafiek in figuur 5.10. De extra omzet die op deze manier wordt gegenereerd, in vergelijking met een constante prijs van € 290, is:

$100.000 \times (€ 400 - € 290) + 50.000 \times (€ 350 - € 290) = € 14$ miljoen

5.7 Prijsdifferentiatie versus prijsdiscriminatie

Uitleg

Bij **prijsdiscriminatie** worden verschillende prijzen gevraagd aan verschillende klantsegmenten voor hetzelfde product. Denk bijvoorbeeld aan een vakantiehuisje dat in het hoogseizoen meer kost dan in het laagseizoen. Prijsbepaling op basis van yield management, waarbij kopers van vliegtickets een verschillende prijs betalen afhankelijk van het moment waarop zij boeken (zie paragraaf 5.4.3) is ook een vorm van prijsdiscriminatie. Evenals prijs skimming, waarbij aan kopers van het eerste uur een hogere prijs wordt gevraagd (zie paragraaf 5.6.2).
Bij **prijsdifferentiatie** worden verschillende prijzen gevraagd aan klanten voor producten die (iets) van elkaar verschillen. Denk bijvoorbeeld aan laptops die hetzelfde ogen, maar een verschillende processor of geheugencapaciteit hebben. Of aan hetzelfde boek dat in paperbackuitgave goedkoper is dan in gebonden uitvoering.

Hoofdstuk 5   Prijs

Wanneer te gebruiken
De prijsverschillen bij prijsdifferentiatie worden veroorzaakt door verschillen in kostprijs, terwijl bij prijsdiscriminatie de kostprijs gelijk is, maar er wordt ingespeeld op een verschil in vraag/behoefte tussen de segmenten.
Prijsdifferentiatie wordt dan ook gebruikt om op alle producten voldoende winstmarge te behalen. Prijsdiscriminatie wordt gebruikt om zo goed mogelijk in te spelen op de vraag van verschillende marktsegmenten en zodoende omzet en winst te optimaliseren.

Voorbeeld Cyclo
Een van Cyclo's afnemers is gevestigd in een bosrijke omgeving met veel recreatie en overweegt fietsen te gaan verhuren. Om een raming te maken van kosten en opbrengsten heeft de ondernemer onderstaande prijzen bepaald. De huurprijs per dag voor de consument heeft hij berekend door een opslag op de kostprijs van 100% en afronding naar boven, op een mooie ronde prijs.
Vraag: In hoeverre past hij prijsdifferentiatie dan wel prijsdiscriminatie toe?

	Kostprijs per dag	Verhuurprijs per fiets		
		Per dag	Per week	Speciaal tarief
Dames/herenfiets zonder versnelling	€ 3,50	€ 7	€ 35	10% korting voor 65+ en voor gasten van het nabijgelegen hotel
Dames/herenfiets met versnelling	€ 3,95	€ 8	€ 40	
E-bike	€ 7,90	€ 16	€ 80	
Mountain bike	€ 5,40	€ 11	€ 55	

Antwoord: Op de verhuurprijs per dag voor de verschillende soorten fietsen is prijsdifferentiatie van toepassing: de prijsverschillen zijn gebaseerd op kostprijsverschillen. Bij het speciale tarief voor 65+'ers en hotelgasten is sprake van prijsdiscriminatie: de kosten zijn gelijk maar de prijs verschilt voor deze segmenten. De lagere weekprijs in vergelijking met de dagprijs betreft een combinatie van prijsdifferentiatie (de kosten zullen nl. iets lager zijn i.v.m. minder handling kosten) en prijsdiscriminatie (een aantrekkelijker prijs voor het segment weekrecreanten).

Hoofdstuk 6

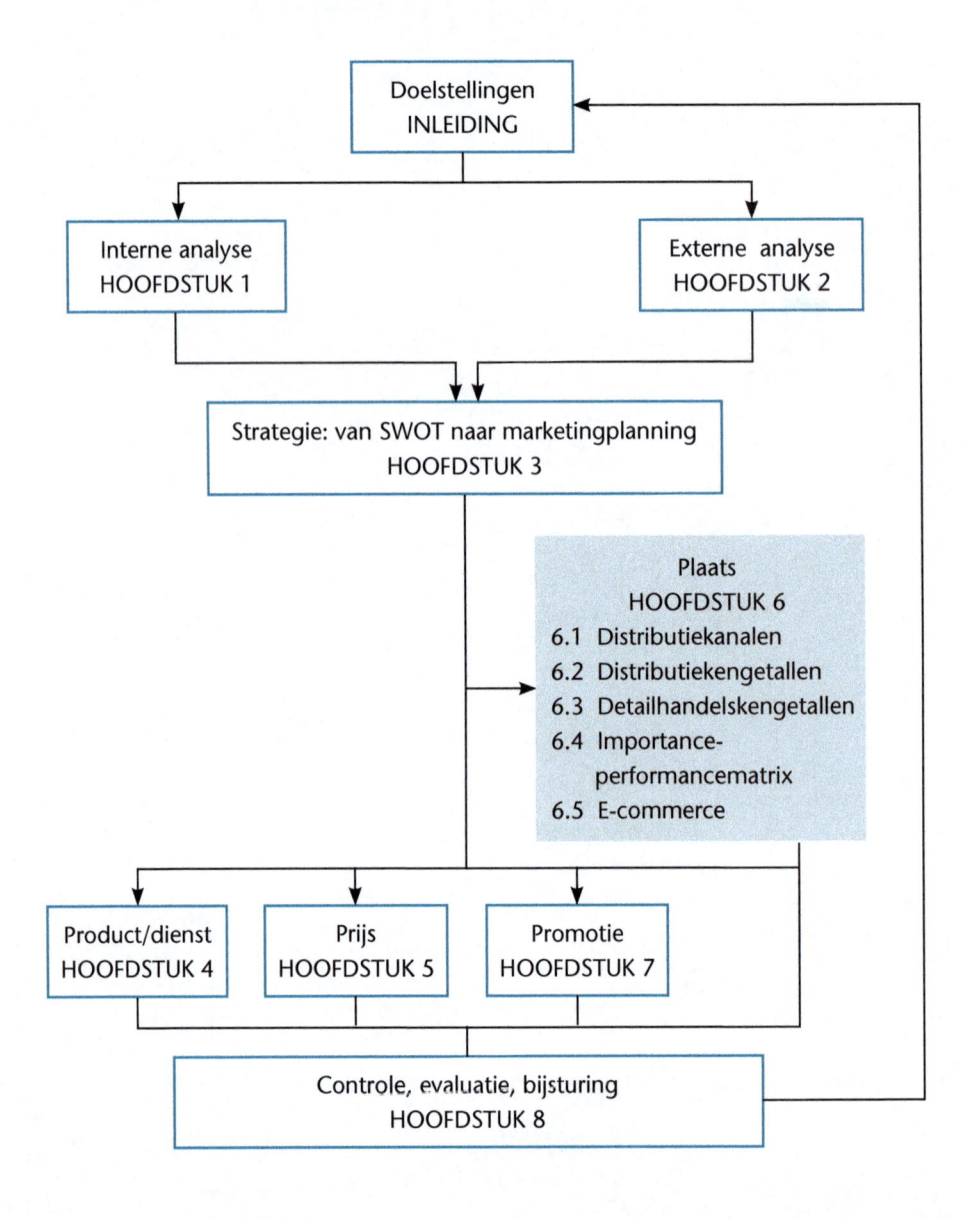

```
                    ┌─────────────────┐
                    │  Doelstellingen │◄─────────────────┐
                    │    INLEIDING    │                  │
                    └─────────────────┘                  │
                     ↓               ↓                   │
        ┌─────────────────┐     ┌─────────────────┐      │
        │ Interne analyse │     │ Externe analyse │      │
        │   HOOFDSTUK 1   │     │   HOOFDSTUK 2   │      │
        └─────────────────┘     └─────────────────┘      │
                 ↓                       ↓               │
              ┌───────────────────────────────────┐      │
              │ Strategie: van SWOT naar          │      │
              │ marketingplanning                 │      │
              │ HOOFDSTUK 3                       │      │
              └───────────────────────────────────┘      │
                         ↓                               │
                    ┌───────────────────────────────┐    │
                    │          Plaats               │    │
                    │       HOOFDSTUK 6             │    │
                    │ 6.1 Distributiekanalen        │    │
                    │ 6.2 Distributiekengetallen    │    │
                    │ 6.3 Detailhandelskengetallen  │    │
                    │ 6.4 Importance-               │    │
                    │     performancematrix         │    │
                    │ 6.5 E-commerce                │    │
                    └───────────────────────────────┘    │
         ↓                    ↓               ↓          │
 ┌───────────────┐  ┌───────────────┐  ┌───────────────┐ │
 │ Product/dienst│  │     Prijs     │  │   Promotie    │ │
 │  HOOFDSTUK 4  │  │  HOOFDSTUK 5  │  │  HOOFDSTUK 7  │ │
 └───────────────┘  └───────────────┘  └───────────────┘ │
                            ↓                            │
              ┌───────────────────────────────┐          │
              │ Controle, evaluatie, bijsturing│─────────┘
              │        HOOFDSTUK 8             │
              └───────────────────────────────┘
```

Distributie

In dit hoofdstuk komen modellen en berekeningen aan de orde die betrekking hebben op de p van plaats. We bespreken eerst distributiekanalen en kengetallen voor de distributie. Daarna behandelen we ook kengetallen die veel in de detailhandel voorkomen. Ten slotte besteden we aandacht aan het internet als distributiekanaal.

Hoofdstuk 6 Distributie

6.1 Distributiekanalen

Uitleg

Distributiekanalen kunnen verschillen in lengte. In een vereenvoudigde weergave zijn er drie hoofdvormen: het **lange distributiekanaal**, met meerdere tussenschakels, het **indirect korte kanaal**, met de detaillist als tussenschakel, en het **directe kanaal**, waarbij de fabrikant direct aan de consument levert. Vaak wordt er van meerdere kanalen tegelijk gebruikgemaakt (**multi-channel-distributie**) Verder zien we door de komst van internet een toename in het gebruik van het directe kanaal.

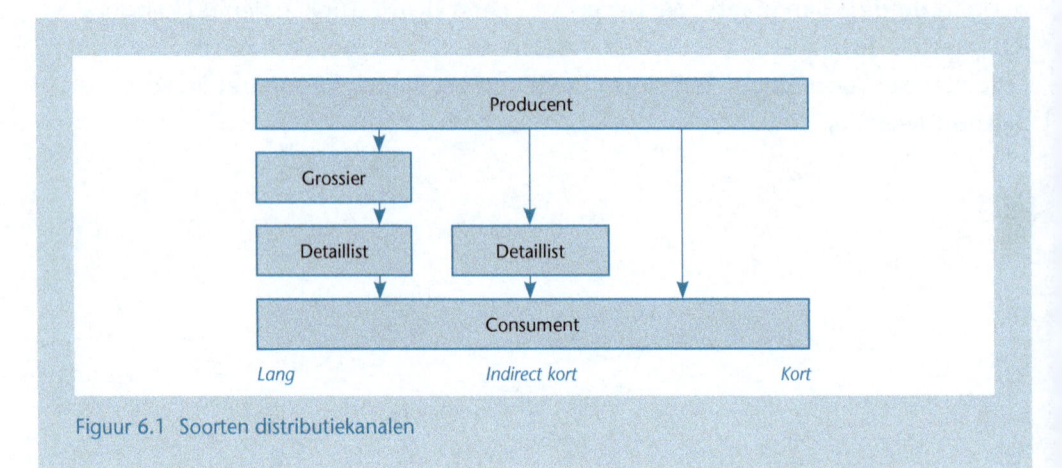

Figuur 6.1 Soorten distributiekanalen

Voorbeeld Cyclo

Fietsenfabrikant Cyclo hanteert het indirect korte kanaal. Cyclo levert aan zelfstandige detaillisten, die hun orders rechtstreeks by Cyclo plaatsen. Cyclo draagt zelf zorg voor het transport van de fietsen en de aflevering bij de rijwielhandelaren, die de producten vervolgens aanbieden aan de consument.

In het geval van het lange en indirect korte kanaal kun je distributiekengetallen berekenen (§ 6.2). Met deze kengetallen kun je de distributiepositie van het merk bij de distributeurs analyseren en vaststellen waar verbeteringen mogelijk zijn.

6.2 Distributiekengetallen

Wanneer te gebruiken

Voor producten die via de tussenhandel worden verkocht kunnen **distributiekengetallen** worden berekend. Een bekende leverancier van deze kengetallen is onderzoeksbureau Nielsen, die de verkopen van producten in onder andere supermarkten, drogisterijen en shops bij benzinestations registreert.[1]

Distributiekengetallen geven inzicht in de distributiepositie van merken. Dat doen zij door een antwoord te geven op de volgende vragen (achter elke vraag is het bijbehorende kengetal vermeld):

Heb ik voldoende distributiepunten voor mijn merk?
→ numerieke distributie
Hebben mijn distributiepunten de juiste omvang?
→ gewogen distributie, selectie-indicator
Wat is de positie van mijn merk binnen de gebruikte distributiepunten?
→ afzet-/omzetaandeel
Hoe ligt mijn prijsniveau in vergelijking met de markt?
→ price factor ratio
Wat is het effect van mijn distributie-inspanningen op mijn marktpositie?
→ marktaandeel

Het uitrekenen van de distributiekengetallen is cijferwerk. Net zo belangrijk is dat je de betekenis van de kengetallen doorgrondt en zo inzicht krijgt in de positie van het merk bij de distributie. Dat geeft je aanknopingspunten voor het formuleren van toekomstig distributiebeleid.

In § 6.2.1 worden eerst de formules van de distributiekengetallen weergegeven. De uitleg van die formules vind je verderop in § 6.2.3 en § 6.2.4.

6.2.1 Formules

Tabel 6.1 geeft een overzicht van distributiekengetallen.

Op afzetbasis	Op omzetbasis
Numerieke distributie (distributiespreiding) – ND $$\frac{\text{aantal winkels met merk X}}{\text{totaal aantal winkels met productcategorie}} \times 100\%$$	
Gewogen distributie (marktbereik) – GDq $$\frac{\text{afzet in productcategorie bij winkels met merk X}}{\text{afzet in productcategorie bij alle winkels}} \times 100\%$$	**Gewogen distributie (marktbereik) – GDp** $$\frac{\text{omzet in productcategorie bij winkels met merk X}}{\text{omzet in productcategorie bij alle winkels}} \times 100\%$$
Selectie-indicator – SIq $$\frac{\text{afzet productcat. bij winkels met merk X} / \text{aantal winkels met merk X}}{\text{afzet productcat. bij alle winkels} / \text{totaal aantal winkels met productcat.}} \times 100\%$$	**Selectie-indicator – SIp** $$\frac{\text{omzet productcat. bij winkels met merk X} / \text{aantal winkels met merk X}}{\text{omzet productcat. bij alle winkels} / \text{totaal aantal winkels met productcat.}} \times 100\%$$
Afzetaandeel – AA $$\frac{\text{afzet merk X}}{\text{afzet productcategorie bij winkels met merk X}} \times 100\%$$	**Omzetaandeel – OA** $$\frac{\text{omzet merk X}}{\text{omzet productcategorie bij winkels met merk X}} \times 100\%$$
Beperkte price factor ratio – BPR $$\frac{\text{gemiddelde prijs van merk X}}{\text{gemiddelde prijs productcategorie bij winkels met merk X}}$$	
Overall price factor ratio – OPR $$\frac{\text{gemiddelde prijs van merk X}}{\text{gemiddelde prijs productcategorie}}$$	
Marktaandeel – MAq $$\frac{\text{afzet merk X}}{\text{afzet productcategorie bij alle winkels}} \times 100\%$$	**Marktaandeel – MAp** $$\frac{\text{omzet merk X}}{\text{omzet productcategorie bij alle winkels}} \times 100\%$$

Tabel 6.1 Formules distributiekengetallen

De volgende paragraaf beschrijft welke relaties er tussen de formules in tabel 6.1 bestaan.

6.2.2 Onderlinge relaties

De formules van de distributiekengetallen uit § 6.2.1 zijn onderling aan elkaar gerelateerd. Die relaties zijn van belang. Door die relaties te analyseren kun je nagaan welke distributieaspecten een negatieve of postieve invloed uitoefenen op het marktaandeel.

Er zijn twee belangrijke relaties tussen de distributiekengetallen, namelijk:

numerieke distributie × selectie-indicator = gewogen distributie

gewogen distributie × omzet- of afzetaandeel / 100 = marktaandeel

Deze relaties gelden zowel op afzet- als op omzetbasis. Verder is de *overall price factor ratio* de verbindende schakel tussen het marktaandeel op afzetbasis en het marktaandeel op omzetbasis, en de *beperkte price factor ratio* de verbindende schakel tussen het afzetaandeel en het omzetaandeel. Schematisch kunnen we de relaties als volgt weergeven:

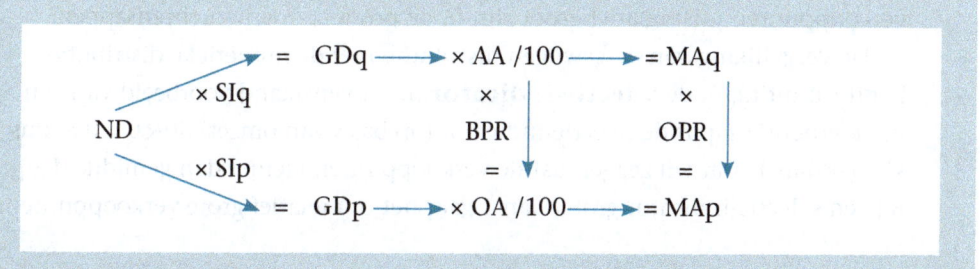

$$
\begin{array}{c}
\text{ND} \begin{array}{l} \times \text{SIq} \\ \times \text{SIp} \end{array} \begin{array}{c} = \text{GDq} \longrightarrow \times \text{AA}/100 \longrightarrow = \text{MAq} \\ \times \quad\quad\quad\quad\quad\quad \times \\ \text{BPR} \quad\quad\quad\quad \text{OPR} \\ = \quad\quad\quad\quad\quad\quad = \\ = \text{GDp} \longrightarrow \times \text{OA}/100 \longrightarrow = \text{MAp} \end{array}
\end{array}
$$

Figuur 6.2 Schematische weergave van de relaties tussen distributiekengetallen

6.2.3 Distributiekengetallen voor de distributiepunten

Uitleg

Wat betekenen nu al deze kengetallen? Het eenvoudigste kengetal is de **numerieke distributie**. Dit getal geeft aan in hoeveel winkels het product wordt verkocht, als percentage van alle winkels die de productcategorie verkopen. De hoogte van dit kengetal hangt af van de gevolgde distributiestrategie. Voor een *fast moving consumer good* zoals hagelslag is vaak sprake van een intensieve distributiestrategie gericht op de supermarkten. De marketingafdeling van een hagelslagfabriek zal daarom naar een zo hoog mogelijke numerieke distributie streven, bijvoorbeeld minimaal 85%. Voor een luxe parfum zullen echter alleen drogisterijen en parfumerieën worden geselecteerd die bij de positionering van het merk passen. In dit geval kan een numerieke distributie van 30% acceptabel zijn.

Er kunnen grote omzetverschillen zijn tussen de distributiepunten waar een bedrijf aan levert. Denk bijvoorbeeld aan een grote Albert Heijn XL in vergelijking met een kleine buurtsupermarkt van Spar. De **gewogen distributie** van een merk geeft inzicht in het omzetniveau van de distributiepunten die men gebruikt. De gewogen distributie van merk X is het aandeel dat de distributiepunten die merk X verkopen, behalen met de betreffende productcategorie, ten opzichte van de landelijke omzet in deze categorie. Als Venz (hagelslag) een gewogen distributie van 90% heeft, dan betekent dat dat de verkooppunten die Venz verkopen, in de categorie hagelslag een gezamenlijk aandeel hebben van 90%.

De gewogen distributie kun je het beste vergelijken met de numerieke distributie. Stel bijvoorbeeld dat een merk vruchtensap wordt verkocht in 60% van

Hoofdstuk 6   Distributie

de supermarkten, die 50% van de omzet in vruchtensappen voor hun rekening nemen. Dan zijn deze supermarkten qua omzet in de productcategorie vruchtensappen dus minder belangrijk dan een gemiddelde supermarkt. Als de gewogen distributie daarentegen hoger was dan de numerieke distributie, zouden de verkooppunten juist relatief groot zijn in de productgroep vruchtensappen.

De vergelijking van de gewogen distributie met de numerieke distributie komt tot uiting in de **selectie-indicator**. In bovenstaand voorbeeld van een merk vruchtensap is de selectie-indicator (op basis van omzet) 50/60 = 0,8, dus kleiner dan 1. Dat wil zeggen dat de verkooppunten kleiner dan gemiddeld zijn. Bij een selectie-indicator groter dan 1 gaat het om relatief grote verkooppunten.

Voorbeeld
Shampoomerk Healthy Hair levert haarproducten via een vrij selectief distributiebeleid aan 1.500 van de 3.000 drogisterijen. Healthy Hair heeft het afgelopen jaar 4 miljoen flesjes shampoo verkocht met een omzetwaarde van € 18 miljoen. De totale shampooafzet in de markt was 60 miljoen flesjes ter waarde van € 200 miljoen. De winkels die Healty Hair verkopen zetten € 130 miljoen (37 miljoen flessen) om in shampoo. Analyseer de distributiepositie van Healthy Hair.

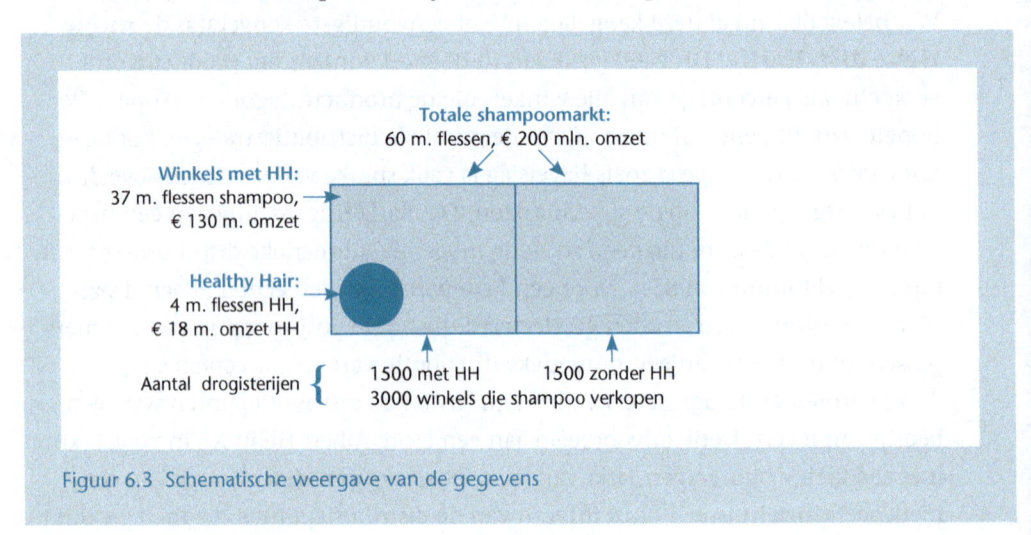

Figuur 6.3 Schematische weergave van de gegevens

Uitwerking
De **numerieke distributie** is 1.500 / 3.000 × 100% = 50%. Dus Healthy Hair wordt verkocht in de helft van alle drogisterijen.

De **gewogen distributie** in volume is 37 / 60 × 100% = 62% en in waarde 130 / 200 × 100% = 65%. De gewogen distributie is dus hoger dan de numerieke distributie, wat erop duidt dat de verkooppunten waar Healthy Hair verkocht wordt, wat betreft shampoo groter zijn dan gemiddeld. Dat blijkt ook uit de **selectie-indicator**, die in volume 62/50 = 1,2 is, en in waarde 65/50 = 1,3 is. Conclusie: Healthy Hair heeft zich kennelijk gericht op distributie via uitsluitend de grotere drogisterijen.

De numerieke distributie, gewogen distributie en selectie-indicator geven inzicht in het aantal en de omvang van de distributiepunten waar het merk verkocht wordt. De distributiekengetallen in de volgende paragraaf gaan een stap verder. Die geven inzicht in de positie van het merk bij de distributiepunten en in de totale markt.

6.2.4 Distributiekengetallen voor de positie van het merk

Uitleg
Het is voor een fabrikant belangrijk dat er in de winkels waaraan hij levert, voldoende aandacht voor zijn product is. Dat komt immers de omzet en afzet ten goede. De positie van het eigen merk binnen de verkooppunten is af te lezen aan het **afzetaandeel** en het **omzetaandeel**. Als Pepsi Cola bijvoorbeeld een afzetaandeel heeft van 10%, dan maakt dit merk 10% uit van alle frisdranken die verkocht worden bij verkooppunten waar Pepsi in het schap ligt. Voor het omzetaandeel geldt hetzelfde, maar dan met betrekking tot de omzet in frisdranken. Wanneer Pepsi's omzetaandeel hoger is dan het afzetaandeel, heeft Pepsi een hogere gemiddelde prijs dan de overige frisdranken. Het afzet- en omzetaandeel kunnen gestimuleerd worden door een betere schappositie, verhoging van het aantal *facings* en promotionele activiteiten op de winkelvloer.

Het **marktaandeel** is de ultieme maatstaf voor de positie van een merk in de markt. Het marktaandeel geeft aan hoeveel het betreffende merk qua afzet (of omzet) uitmaakt van de totale afzet (of omzet) in de markt. Marktleiders kunnen marktaandelen van enkele tientallen procenten behalen. Zo had Samsung in 2013 een marktaandeel in afzet van ca. 33% op de markt voor smartphones,[2] Rabobank een marktaandeel van 26% op de hypotheekmarkt[3], en Volkswagen een marktaandeel van 25% op de Europese automarkt.[4]

Als het marktaandeel in volume verschilt van het marktaandeel in waarde, dan wijkt de prijs van het product af van de gemiddelde prijs in de markt. De verschillen kunnen aanzienlijk zijn. Zo was in de ijsmarkt het marktaandeel van private labels in 2008 35% in volume, terwijl het in waarde slechts 19,6% bedroeg.[5] Dat komt doordat private labels veel goedkoper zijn dan A-merken. In volume hebben zij dus wel een groot aandeel, maar dit vertegenwoordigt relatief weinig waarde.

De **overall price factor ratio** drukt uit hoeveel de prijs van een product afwijkt van de gemiddelde prijs in de markt. In figuur 6.2 zie je dat je dit kengetal aan de hand van de marktaandelen in volume en waarde kunt uitrekenen. Voor het voorbeeld over de ijsmarkt in de vorige alinea bedraagt de *overall price factor ratio* voor de private labels: 19,6 / 35 = 0,56. Deze waarde ligt ver onder de 1, wat aangeeft dat de gemiddelde prijs beduidend lager ligt dan het marktgemiddelde. Dit is waarschijnlijk ook de reden dat de private labels zo'n groot marktaandeel verworven hebben. Bij de **beperkte price factor ratio** vergelijk je de prijs van een product niet met het gemiddelde in de hele markt, maar met het gemiddelde bij de distributiepunten die het betreffende merk verkopen.

Voorbeeld
Het voorbeeld van Healthy Hair uit § 6.2.3 kunnen we verder uitwerken.

Healthy Hair heeft een **afzetaandeel** van 4 / 37 × 100% = 10,8% en een **omzetaandeel** van 18 / 130 × 100% = 13,8%. De omzet in shampoo van de verkooppunten met Healthy Hair wordt dus voor 13,8% behaald met het merk Healthy Hair en voor 86,2% met andere shampoomerken. Dat het omzetaandeel hoger is dan het afzetaandeel duidt op een relatief hoge prijs van Healthy Hair.
En dat klopt: de gemiddelde prijs van Healthy Hair is € 18 / 4 = € 4,50, terwijl de distributiepunten van Healthy Hair al hun shampoo voor gemiddeld € 130 / 37 = € 3,51 verkopen. De **beperkte price factor ratio** is dan ook groter dan 1, namelijk 4,50 / 3,51 = 1,28. De gemiddelde shampooprijs in de hele markt ligt op € 3,33. De **overall price factor ratio** is dus 4,50 / 3,33 = 1,35. De winkels waar Healthy Hair verkocht wordt, hebben dus een wat duurder shampooassortiment dan gemiddeld. En binnen dat shampooassortiment is Healthy Hair ook nog eens een van de duurdere merken.
Omdat de *overall price factor ratio* groter dan 1 is, weten we automatisch dat het **marktaandeel** van Healthy Hair in omzet groter is dan in volume. In omzet bedraagt het 18 / 200 × 100% = 9% en in afzet 4 / 60 × 100% = 6,7%.

Door nu alle distributiekengetallen met elkaar in verband te brengen wordt duidelijk welke aspecten van de distributie aangepakt zouden moeten worden om het marktaandeel te vergroten.

6.2.5 Het marktaandeel vergroten

Uitleg

Elk merk streeft er in principe naar het marktaandeel te vergroten. Door de verschillende componenten die het marktaandeel bepalen te analyseren, wordt duidelijk waar mogelijkheden liggen om dat te bereiken. We kunnen daarbij gebruikmaken van de onderlinge relaties tussen de distributiekengetallen in § 6.2.2:

1. marktaandeel = gewogen distributie × afzet- of omzetaandeel
   Om het marktaandeel te stimuleren kun je enerzijds het afzet- of omzetaandeel verhogen, bijvoorbeeld door de retailers te ondersteunen bij promotionele acties op de winkelvloer, door een betere schappositie te verkrijgen of het aantal facings uit te breiden. Anderzijds kun je proberen de gewogen distributie te verhogen (zie hieronder).

2. gewogen distributie = numerieke distributie × selectie-indicator
   De gewogen distributie kun je verhogen door het aantal verkooppunten uit te breiden. Ook kun je proberen grotere verkooppunten te krijgen, waardoor de selectie-indicator toeneemt.

Schematisch kan dit als volgt worden weergegeven:

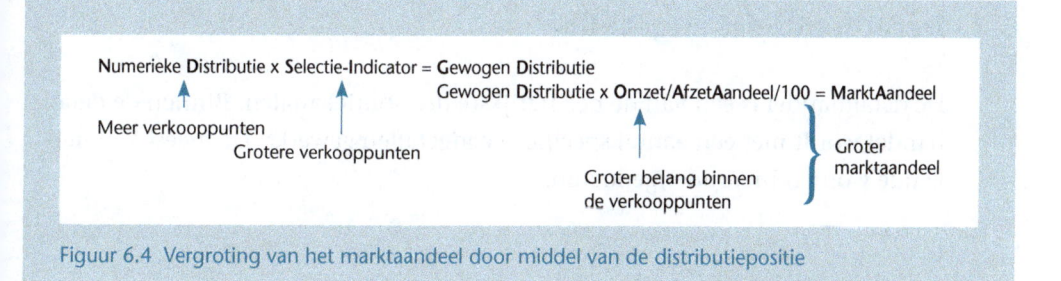

```
Numerieke Distributie x Selectie-Indicator = Gewogen Distributie
         ↑                    ↑              Gewogen Distributie x Omzet/AfzetAandeel/100 = MarktAandeel
   Meer verkooppunten         |                       ↑                                  ⎫
          Grotere verkooppunten                       |                                  ⎬  Groter
                                          Groter belang binnen                          ⎭  marktaandeel
                                          de verkooppunten
```

Figuur 6.4 Vergroting van het marktaandeel door middel van de distributiepositie

Voorbeeld Cyclo

Marketingmanager Mark Snel heeft voor fietsenfabrikant Cyclo de distributiekengetallen berekend. Cyclo verkoopt zijn fietsen via een geselecteerd aantal zelfstandige rijwielhandelaren. Cyclo doet daar al jaren zaken mee en heeft een goede relatie met deze detaillisten. De groep is in de loop der jaren in omvang afgenomen. En hoewel zijn marktaan-

Hoofdstuk 6 Distributie

deel wel wat gestegen is, maakt Mark zich daar zorgen over. Hij brengt de kengetallen volgens bovenstaand schema (zie figuur 6.4) met elkaar in verband.

Op basis van de afzet:

25% (ND) × 0,753 (SI) = 18,8% (GD) en 18,8% (GD) × 31,5(AA)/100% = 5,9% (MA)

En op basis van de omzet:

25% (ND) × 0,843 (SI) = 21,1% (GD) en 21,1% (GD) × 25,3 (OA)/100% = 5,3% (MA)

Mark concludeert dat Cyclo een goede positie heeft bij de vaste detaillisten. 31% van alle fietsen die deze detaillisten verkopen, is van het merk Cyclo. Het totale aantal verkooppunten ligt echter laag. Cylco wordt verkocht bij slechts 25% van alle verkooppunten en dat zijn – gezien de selectie-indicator die lager is dan 1 – ook nog relatief kleine verkooppunten. Cyclo kan zijn marktaandeel dus vergroten door naar meer en grotere detaillisten te zoeken. Hierdoor zullen de numerieke distributie en selectie-indicator stijgen en dat werkt, via de gewogen distributie, door op het marktaandeel.

De distributiekengetallen geven vooral inzicht in de positie van een merk bij de detaillisten. Er zijn ook detailhandelskengetallen, waarmee detaillisten onder andere de omzet en winstgevendheid van hun winkels kunnen analyseren.

6.3 Detailhandelskengetallen

De detailhandel is een van de belangrijkste distributiekanalen. Binnen de detailhandel wordt met een aantal specifieke kengetallen gewerkt. De meest kenmerkende worden hieronder genoemd.

6.3.1 Vloerproductiviteit

Uitleg
Verkoopruimte is duur, vooral op A-locaties (de drukste winkelstraten). In Nederland is de Amsterdamse Kalverstraat de duurste winkelstraat met een tophuur van € 2.900 per m^2 per jaar (2012).[6] Ter vergelijking: in steden als Amersfoort, Hilversum en Nijmegen moet voor de dure straten op zo'n € 600 tot € 700 worden gerekend.[7] Niet voor niets verandert het winkelbeeld in dergelijke straten regelmatig. Om de huur terug te verdienen is immers een constante hoge omzet

noodzakelijk. Een belangrijke maatstaf hiervoor is de **vloerproductiviteit**, ofwel de omzet per vierkante meter. Deze wordt als volgt berekend:

vloerproductiviteit = omzet / verkoopvloeroppervlakte in m²

De **verkoopvloeroppervlakte (vvo)** is de voor het publiek zichtbare en toegankelijke vloeroppervlakte in de winkel. Deze wordt ook wel winkelvloeroppervlakte (wvo) genoemd.

Verhoging van de vloerproductiviteit is mogelijk door efficiënter de ruimte te gebruiken en/of de omzet te verhogen. Factoren die de omzet bepalen komen in de volgende paragrafen aan de orde.

Wanneer te gebruiken
Voor detaillisten is het van belang om de eigen vloerproductiviteit te vergelijken met het branchegemiddelde en te kijken naar de ontwikkeling in de tijd. De omzet per m² is een belangrijke maatstaf voor de winstgevendheid van winkels.

Voorbeeld
De gemiddelde omzet per m² in Nederland verschilt per branche. Onderzoek wees uit dat de omzet per m² in de foodsector over 2012 gemiddeld € 7.100 bedroeg en in de non-foodsector € 2.000.[8] Dit verschil heeft onder andere te maken met de hogere omzetsnelheid van foodartikelen.

In de fietsenbranche werd in 2012 € 1,2 miljard omgezet (incl. BTW), door in totaal 2.730 winkels met een gemiddelde winkelvloeroppervlakte van 183 m².[9] Dit betreft de verkoop van nieuwe fietsen en aanverwante artikelen zoals accessoires, regenkleding, enzovoort. De omzet per winkel bedroeg:

€ 1.200.000.000 / 2.730 = € 443.223

De gemiddelde vloerproductiviteit in de fietsenbranche bedroeg:

€ 443.223 / 183 m² = € 2.422 per m²

De vloerproductiviteit wordt bepaald door de omzet in de winkel. Die omzet wordt door een aantal factoren beïnvloed. We lichten deze factoren toe met behulp van de retailwaterval en de omzetformule.

6.3.2 Retailwaterval

Uitleg

Een groot verzorgingsgebied betekent nog niet automatisch veel kopers in de winkel. Ten eerste behoort een deel van de mensen binnen het verzorgingsgebied niet tot de doelgroep en valt af. Binnen de doelgroep zijn sommigen niet bekend met de winkel. Van degenen die wel bekend zijn met de winkel, zal slechts een deel de winkel ook echt bezoeken. Van de bezoekers blijft een deel kijkers en wordt een deel kopers. En van de kopers zal uiteindelijk slechts een gedeelte terugkomen voor herhalingsaankopen. De retailwaterval in figuur 6.5 illustreert dit verhaal.

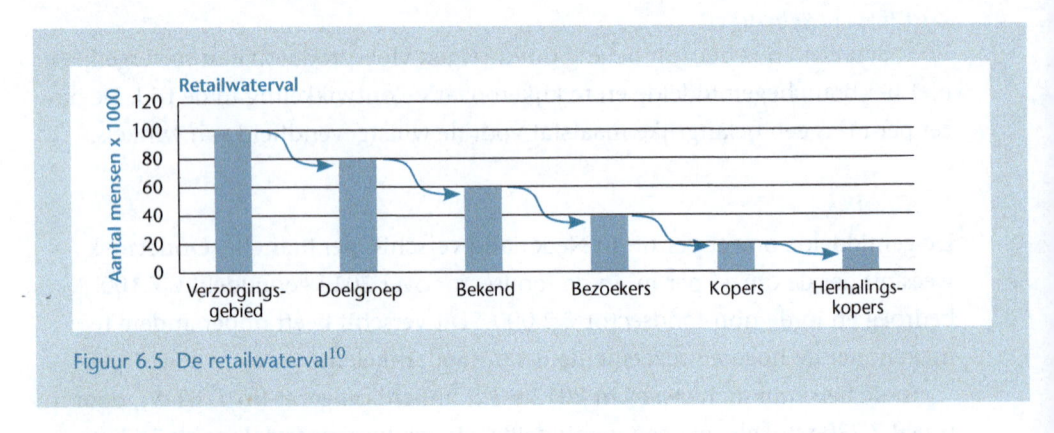

Figuur 6.5 De retailwaterval[10]

Wanneer te gebruiken

De retailwaterval maakt inzichtelijk hoe in enkele stappen het aantal potentiële klanten steeds kleiner wordt. Wil een detaillist meer klanten overhouden, dan kan hij bij elke stap proberen de afval te beperken, bijvoorbeeld door de winkel te promoten, door een voordelig aanbod te doen of door een aantrekkelijke presentatie in de winkel die bezoekers aanzet tot kopen.

De retailwaterval laat het principe zien hoe uit een groot verzorgingsgebied stapsgewijs een veel kleinere kopersgroep overblijft. De omzetformule maakt dit principe concreet met cijfers.

6.3.3 Omzetformule

Uitleg

Er zijn vier omzetbepalende factoren in de detailhandel:

Distributiekengetallen

- de omvang van het **verzorgingsgebied**;
- de **opkomstindex**: het percentage inwoners uit het verzorgingsgebied dat per periode de winkel bezoekt;
- de **conversie**: het percentage van de bezoekers dat daadwerkelijk iets koopt;
- het **bonbedrag**: het bestede bedrag per aankoop.

De samenhang tussen deze vier factoren is weergegeven in onderstaande formule:

omzet = verzorgingsgebied × opkomstindex × conversie × bonbedrag

De factoren kunnen voor verschillende winkels heel verschillend uitpakken. Zo zal een plaatselijke supermarkt weliswaar een klein verzorgingsgebied hebben, maar een aanzienlijk vast klantenbestand dat voor een hoge opkomstindex zorgt en een hoge conversie, met een gemiddeld bonbedrag. Een meubelspeciaalzaak daarentegen heeft een groot verzorgingsgebied nodig, aangezien de opkomstindex en conversie relatief laag zijn. Het bonbedrag is wel weer hoog.

Het eerste deel van de formule (verzorgingsgebied × opkomstindex) geeft het aantal bezoekers in de winkel. Voegen we daar de conversie aan toe, dan vinden we het aantal kopers. Het aantal kopers vermenigvuldigd met het bonbedrag levert de bestedingen of omzet op. In figuur 6.6 is de link gelegd tussen de omzetformule en de retailwaterval uit § 6.3.2.

omzet = verzorgingsgebied × opkomstindex × conversie × bonbedrag
                          aantal bezoekers
                                  aantal kopers
                                            bestedingen

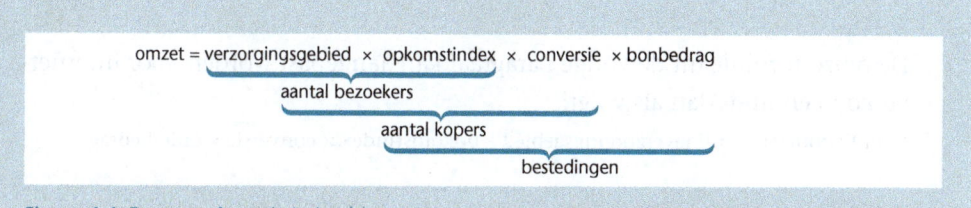

Figuur 6.6 De omzetformule in beeld

Wanneer te gebruiken

De omzetformule kan gebruikt worden om de omzet te verhogen. De formule geeft immers inzicht in een aantal factoren die de omzet bepalen. Volgens Van der Kind[11] valt de formule in twee delen uiteen. Het eerste deel is de combinatie verzorgingsgebied × opkomstindex en staat voor de **attractiewaarde** van de winkel. De attractiewaarde geeft aan in hoeverre de winkel in staat is om bezoekers aan te trekken. Externe marketing kan de attractiewaarde vergroten, bijvoorbeeld door middel van reclame, externe promotie en klantenkaarten. Het tweede deel van de formule, conversie × bonbedrag, staat voor de **transactie-**

waarde van de winkel. Dit geeft aan in hoeverre de winkel in staat is bezoekers tot aankoop te bewegen. De transactiewaarde wordt beïnvloed door interne winkelfactoren en kan vergroot worden door bijvoorbeeld een verlaging van het aantal artikelen dat tijdelijk niet op voorraad is, een betere presentatie in de winkel, point-of-salemateriaal, het verkooppersoneel beter opleiden, het assortiment aanpassen en de prijzen verlagen.

Voorbeeld
Een lokale winkel in huishoudelijke artikelen heeft een verzorgingsgebied van 40.000 huishoudens. Van hen bezoekt 50% de winkel. Gemiddeld vier van de tien bezoekers koopt ook iets. Zij besteden per keer gemiddeld € 20 en doen dat drie keer per jaar. Bereken de jaaromzet van deze winkel.

Uitwerking

$$\begin{aligned} \text{omzet} &= \text{verzorgingsgebied} \times \text{opkomstindex} \times \text{conversie} \times \text{bonbedrag} \\ &= 40.000 \times 50\% \times 40\% \times (3 \times €\,20) = €\,480.000 \end{aligned}$$

De omzetformule kan ook gebruikt worden voor onlinemarketing.

6.3.4 Online omzetformule

Uitleg
De omzetformule uit de vorige paragraaf kan aangepast worden voor internetverkoop en luidt dan als volgt:

onlineomzet = onlineverzorgingsgebied × opkomstindex × conversie × orderbedrag

De vier omzetbepalende factoren kunnen hierbij als volgt worden uitgelegd:
- Het **onlineverzorgingsgebied** is het aantal bezoekers dat je met de website bereikt. Als een webshop gericht is op alle Nederlandse consumenten, dan is het verzorgingsgebied 10,8 miljoen mensen (2013), te weten alle mensen die wel eens onlineaankopen doen.[12] Richt je je alleen op een bepaalde doelgroep, of is je website internationaal gericht, dan zullen deze aantallen lager respectievelijk hoger zijn.
- De **opkomstindex** geeft aan welk percentage van deze mensen in een bepaalde periode, bijvoorbeeld een maand, ook daadwerkelijk de website bezoekt.
- De **conversie** geeft aan welk percentage van de mensen die de website bezoeken, ook daadwerkelijk iets koopt in die periode.

- Het gemiddelde **orderbedrag** spreekt voor zich. Het gemiddelde online-orderbedrag lag in Nederland in 2013 op € 109 per bestelling en men plaatst gemiddeld 9 bestellingen per jaar.

In 2013 werd in Nederland voor 10,6 miljard euro online besteed. Per consument werd gemiddeld 982 euro uitgegeven. Het aandeel van online aankopen in de totale detailhandelsbestedingen groeit snel.

Wanneer te gebruiken

De onlineomzetformule wordt vooral toegepast om te berekenen hoeveel bezoekers er op een website nodig zijn, of welke conversie gehaald moet worden om een bepaalde omzet te realiseren.[13]

Verder gebruik je de onlineomzetformule, net als de omzetformule voor fysieke winkels, om inzicht te krijgen in de factoren die de omzet bepalen. Ook hier geldt dat je extern gerichte instrumenten moet inzetten om het aantal bezoekers te verhogen (verzorgingsgebied × opkomstindex). Dat kan door bijvoorbeeld reclame te maken voor de website (via online- én offlinekanalen) en de vindbaarheid van de website te vergroten door middel van zoekmachineoptimalisatie (*search engine optimization*)). Voor verbetering van de conversie en het bestede bedrag daarentegen zul je intern gerichte instrumenten moeten inzetten. Denk daarbij aan een gebruikersvriendelijke website, goede productinformatie, een duidelijke bestel- en betaalprocedure met betrouwbare betaalmethoden, acties en promoties.

Voorbeeld

Een webshop richt zich op heel Nederland. Het online verzorgingsgebied is dus 10,8 miljoen consumenten (alle consumenten die wel eens online kopen). Stel dat in een maand 350.000 mensen de website bezoeken. De opkomstindex is dus 350.000 / 10.800.000 × 100% = 3,24%. Van hen plaatsen 3.000 mensen een bestelling. De conversie bedraagt dus 3.000 / 350.000 × 100% = 0,86%. Het gemiddelde orderbedrag is € 75. De totale maandomzet bedraagt dan:

onlineomzet = onlineverzorgingsgebied × opkomstindex × conversie × orderbedrag
 = 10.800.000 × 3,24% × 0,86% × € 75 = € 225.698

Men wil de omzet verhogen tot € 300.000. Dit kan door ofwel de opkomstindex te verhogen, ofwel de conversie, ofwel het gemiddelde orderbedrag. Elk van de drie berekeningen volgt hieronder.

Hoofdstuk 6   Distributie

$$\begin{aligned}
\text{opkomstindex} &= \text{onlineomzet} / (\text{onlineverzorgingsgebied} \times \text{conversie} \times \text{orderbedrag}) \times 100\% \\
&= €\,300.000 / (10.800.000 \quad \times \quad 0{,}86\% \times €\,75 \quad) \times 100\% \\
&= 4{,}31\%
\end{aligned}$$

Het aantal bezoekers van de website zal dus moeten toenemen van 350.000 naar 10.800.000 × 4,31% = 465.480.

$$\begin{aligned}
\text{conversie} &= \text{onlineomzet} / (\text{onlineverzorgingsgebied} \times \text{opkomstindex} \times \text{orderbedrag}) \times 100\% = \\
&= €\,300.000 \quad / (10.800.000 \quad \times \quad 3{,}24\% \quad \times \quad €\,75 \quad) \times 100\% \\
&= 1{,}14\%
\end{aligned}$$

Een toename van de conversie, van 0,86% naar 1,14%, zorgt dus voor een omzettoename naar € 300.000.

$$\begin{aligned}
\text{orderbedrag} &= \text{onlineomzet} / (\text{onlineverzorgingsgebied} \times \text{opkomstindex} \times \text{conversie}) \\
&= €\,300.000 \quad / (10.800.000 \quad \times \quad 3{,}24\% \quad \times \quad 0{,}86\% \quad) \\
&= €\,300.000 \quad / 3.500 = €\,99{,}69
\end{aligned}$$

Een toename van het orderbedrag van € 75 tot bijna € 100 is nodig om de omzet te laten stijgen tot € 300.000.

In de voorgaande paragrafen hebben we vooral gekeken naar omzetcijfers. We gaan nu in op wat er van de omzet overblijft als resultaat. In de detailhandel wordt veel gewerkt met de begrippen brutomarge en opslagfactor.

6.3.5   Brutomarge en opslagfactor

Uitleg
De **brutomarge** is als volgt uit te rekenen:
 brutomarge (in euro) = verkoopprijs – btw – inkoopprijs
 brutomarge (in %) = (verkoopprijs – btw – inkoopprijs) / verkoopprijs

Vaak wordt per productgroep een norm voor de brutomarge vastgesteld, die voldoende moet zijn om alle kosten te dekken en de gewenste winst te realiseren. Deze norm kan worden omgerekend tot een **opslagfactor**, die op de inkoopprijs kan worden gezet. Dit rekent namelijk gemakkelijk. De formule hiervoor is:
 opslagfactor = gewenste verkoopprijs / inkoopprijs

Distributiekengetallen

Wanneer te gebruiken
De gewenst brutomarge kan worden omgerekend naar een opslagfactor. Met dit kengetal kun je heel snel en gemakkelijk nagaan welke verkoopprijs bij een bepaalde inkoopprijs hoort. En andersom, welke inkoopprijs tegenover een bepaalde verkoopprijs moet staan, wil je de gewenste brutomarge realiseren.

Voorbeelden

Voorbeeld 1: berekening brutomarge
Een product met een inkoopprijs van € 4,00 wordt verkocht voor een prijs van € 9,95 inclusief BTW. Het btw-percentage bedraagt 21%. Bereken de brutomarge.

Uitwerking

brutomarge (in euro) = verkoopprijs − btw − inkoopprijs

btw = 9,95 / 121 × 21 = € 1,73

brutomarge (in euro) = € 9,95 − € 1,73 − € 4,00 = € 4,22

brutomarge (in %) = € 4,22 / € 9,95 × 100% = 42,4%

Voorbeeld 2: berekening opslagfactor
De gewenste brutomarge is 45% van de verkoopprijs inclusief BTW. Hoe groot moet de opslagfactor zijn? Ga voor de berekening weer uit van een product met een inkoopprijs van € 4,00. en een btw-percentage van 21%.

Uitwerking

We rekenen eerst de verkoopprijs uit bij een brutomarge van 45%. Dat gaat als volgt:

verkoopprijs = brutomarge (in euro) + inkoopprijs + btw

verkoopprijs = 0,45 × verkoopprijs + inkoopprijs + verkoopprijs × 21/121

verkoopprijs = (0,45 + 0,17) × verkoopprijs + inkoopprijs

(1 − 0,62) × verkoopprijs = inkoopprijs

0,38 × verkoopprijs = inkoopprijs

verkoopprijs = € 4,00 / 0,38 = € 10,53

De opslagfactor is:

opslagfactor = gewenste verkoopprijs / inkoopprijs = € 10,53 / € 4,00 = 2,63

Dus door de inkoopprijs met 2,63 te vermenigvuldigen vind je meteen de verkoopprijs die bij de gewenste brutomarge van 45% hoort. Controle: € 4,00 × 2,63 = € 10,53 (door afronding kunnen kleine verschillen ontstaan).

Andersom kun je de opslagfactor ook gebruiken om terug te rekenen naar de inkoopprijs. Stel je wilt het artikel voor € 9,95 verkopen. Bij dezelfde brutomarge van 45% mag de inkoopprijs dan niet hoger zijn dan € 9,95 / 2,63 = € 3,78.

De marge kan verschillen per product(groep). Met behulp van direct product profitability kan de winstgevendheid per product(groep) geanalyseerd worden.

6.3.6 Direct product profitability

Uitleg

Een methode om de winstgevendheid van producten goed met elkaar te kunnen vergelijken is **direct product profitability (DPP)**. Hierbij wordt de brutomarge verminderd met direct toerekenbare kosten (*direct product costs* of DPC) met betrekking tot voorraad, transport en verwerking. Ook worden eventuele kortingen van de fabrikant meegerekend. In formule:

DPP (direct product profitability) =
brutomarge (in euro) + eventuele correcties − DPC (direct product costs)

Wanneer te gebruiken

Het valt niet mee om magazijnkosten en dergelijke aan de verschillende producten toe te rekenen. Bovendien werkt de detailhandel met duizenden goederen, waardoor het bijna ondoenlijk is om deze kosten voor alle artikelen uit te rekenen. Wel kan DPP gebruikt worden voor incidentele analyses, bijvoorbeeld om na te gaan hoe de schapruimte het best benut kan worden. Er wordt dan gekeken naar de totale DPP per ruimte-eenheid. Artikelen met een lage DPP per ruimte-eenheid kunnen in aanmerking komen voor vervanging of een minder goede plaats in het schap.

Voorbeeld

In verband met een herziening van het schappenplan wil een detaillist de winstgevendheid van een aantal producten vergelijken. Hij heeft onderstaande gegevens verzameld over het afgelopen jaar.

Ga na welk product in aanmerking komt voor meer schapruimte en welk voor minder schapruimte.

Importance-performancematrix

Product	A	B	C	D	E
Verkoop in stuks	450	800	300	750	1200
Brutomarge per product (in euro)	1,25	1,30	1,60	0,95	0,80
Direct product cost (in euro)	0,15	0,20	0,15	0,10	0,10
Ruimtebeslag in meter schapruimte	1	0,8	0,5	1	1,5

Tabel 6.2 Gegevens per product

Uitwerking
De DPP per meter schapruimte is voor de producten A t/m E als volgt:

Product A: 450 × (1,25 − 0,15) / 1 = € 495

Product B: 800 × (1,30 − 0,20) / 0,8 = € 1.100

Product C: 300 × (1,60 − 0,15) / 0,5 = € 870

Product D: 750 × (0,95 − 0,10) / 1 = € 638

Product E: 1.200 × (0,80 − 0,10) / 1,5 = € 560

Hoewel product C de hoogste brutomarge heeft, is dit niet het meest winstgevende product. Dat is product B. Product B komt in aanmerking voor uitbreiding van de schapruimte en product A voor inkrimping van de schapruimte.

Van een analyse op productniveau gaan we nu over naar de beoordeling van de winkelformule. Een handig instrument om het oordeel van consumenten van de winkel in kaart te brengen is de importance-performancematrix.

6.4 Importance-performancematrix

Uitleg
Kenmerken van een winkelformule kun je mooi in kaart brengen met behulp van een **importance-performancematrix**. Hiervoor is wel marktonderzoek onder klanten nodig. Daarbij wordt enerzijds gevraagd naar het belang (*importance*) dat de klanten aan bepaalde aspecten van de winkelformule hechten, zoals assortiment, klantvriendelijk personeel, het prijsniveau en service. Anderzijds wordt gevraagd hoe zij de prestatie (*performance*) van de winkelformule op deze aspecten beoordelen. De klanten kunnen hun oordeel geven door middel van een rapportcijfer of op een schaal.

De gegevens worden uitgezet in een grafiek zoals in figuur 6.7. De denkbeeldige diagonale lijn van linksonder naar rechtsboven geeft aan waar belang en waardering in evenwicht zijn. De meeste punten zouden dicht bij deze lijn moeten liggen. Op punten onder de lijn scoort men relatief goed, op punten boven de lijn relatief slecht. Hoe verder de punten bij de rechterbovenhoek komen, hoe meer zij bijdragen aan het succes van de formule.

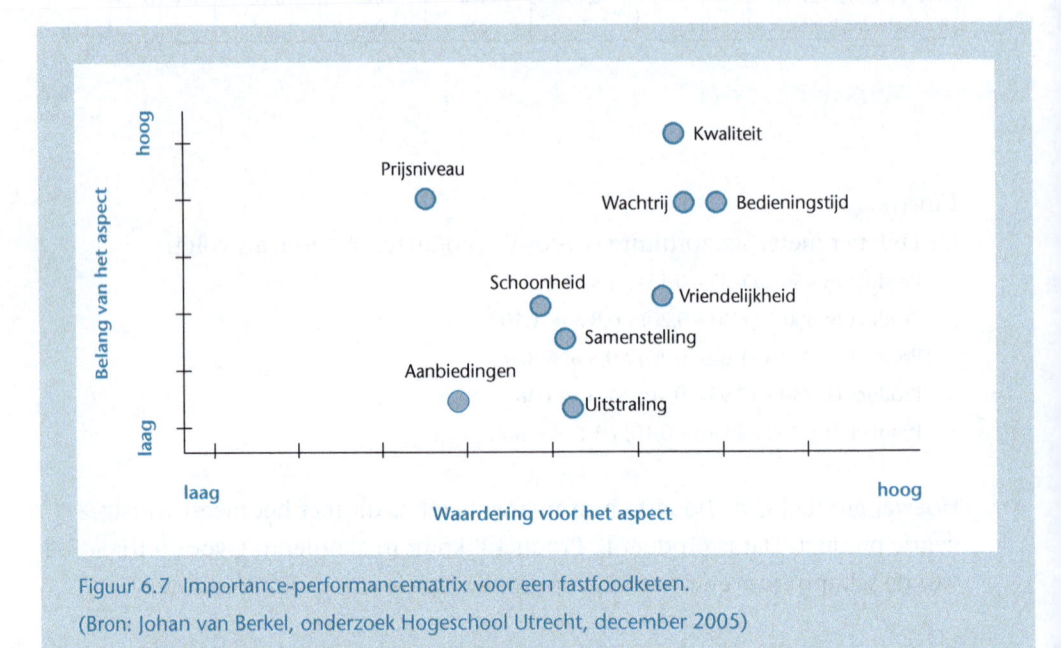

Figuur 6.7 Importance-performancematrix voor een fastfoodketen.
(Bron: Johan van Berkel, onderzoek Hogeschool Utrecht, december 2005)

Wanneer te gebruiken
De importance-performancematrix kun je gebruiken als input voor marketingbeleid. Aspecten rechtsonder in de matrix scoren zeer goed, maar worden door de consumenten minder belangrijk gevonden. Daar hoeft dus weinig aandacht aan geschonken te worden. De aspecten linksboven in de matrix moeten echter dringend verbeterd worden, aangezien ze slecht beoordeeld worden en tegelijkertijd belangrijk zijn voor de klant. In het middengebied ligt een verbeter- dan wel handhaafstrategie het meest voor de hand.

De meeste winkelformules hebben naast fysieke filialen ook een webwinkel, waar de artikelen rechtstreeks via internet kunnen worden besteld. Dit vraagt om een duidelijke internetstrategie.

6.5 E-commerce

6.5.1 Internetstrategie: bricks en/of clicks

Uitleg

Het toenemend belang van internet als distributiekanaal en als basis voor nieuwe businessmodellen noodzaakt bedrijven om een strategische keuze te maken met betrekking tot de rol die internet in hun bedrijfsvoering speelt. De traditionele **bricks-and-mortarbedrijven**, die uitsluitend in fysieke vorm op de markt aanwezig zijn met een bedrijfspand of winkel, beschikken inmiddels bijna allemaal over onlinecommunicatiekanalen en doen vaak ook aan onlineverkoop. Daarmee zijn ze **bricks-and-clicksbedrijven** geworden: een combinatie van fysieke en onlineaanwezigheid. Denk maar aan grote winkelketens als Hema, Bijenkorf en Hennes & Mauritz. Zij hebben het internet als distributiekanaal toegevoegd en daarmee hun omzetmogelijkheden uitgebreid.

De **clicks-onlybedrijven** hebben een andere strategische keuze gemaakt; zij oefenen hun bedrijf uitsluitend via het internet uit. Voorbeelden hiervan zijn Bol.com en Vliegwinkel.nl. Deze keuze vereist een heel andere aanpak van reclame en promotie, distributie en het verdienmodel. In onderstaande figuur zijn de drie internetstrategieën weergegeven.

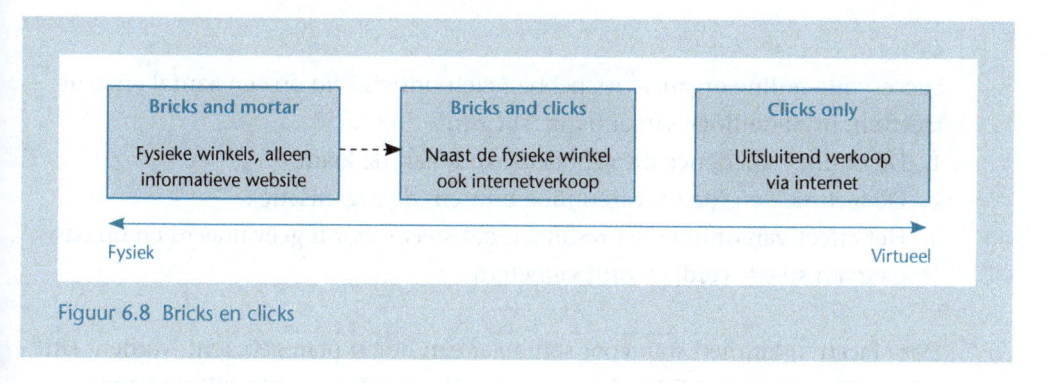

Bricks and mortar	Bricks and clicks	Clicks only
Fysieke winkels, alleen informatieve website	Naast de fysieke winkel ook internetverkoop	Uitsluitend verkoop via internet

Fysiek ←――――――――――――――――――→ Virtueel

Figuur 6.8 Bricks en clicks

Wanneer te gebruiken

Grote detailhandelketens zijn inmiddels allemaal overgestapt van een bricks-and-mortarstrategie naar een bricks-and-clicksstrategie, door ook via hun website artikelen te verkopen. Zij kunnen hiermee extra klanten aan zich binden, maar ook bestaande klanten beter bedienen. Onderzoek heeft uitgewezen dat de fysieke en internetactiviteiten van winkelketens elkaar aanvullen, mits ze goed op elkaar zijn afgestemd.[14]

Clicks-onlybedrijven zullen niet zo snel overstappen naar een fysieke winkelvorm. Zij hebben immers hun gehele bedrijfsvoering ingesteld op de internetverkoop. Wel werken zij in toenemende mate met fysieke afhaalpunten. Verder zoeken zij uitbreidingen vooral in verbreding of verdieping van het internetaanbod.

Voorbeeld Cyclo

Marketingmanager Mark Snel heeft besloten dat Cyclo voorlopig blijft bij een bricks & mortarstrategie, waarbij haar producten uitsluitend via geselecteerde rijwielhandelaars verkocht worden. Wanneer Cyclo via internet ook rechtstreeks aan consumenten gaat verkopen dan zou dat tot een conflict met de detaillisten kunnen leiden, die omzetmogelijkheden weg zien vloeien. Op lange termijn zou dat nadelig kunnen zijn voor Cyclo, die de rijwielhandelaar juist zo nodig heeft. Wel wil Cyclo meer gebruik gaan maken van de website voor informatieverschaffing en image building richting consumenten, en voor het elektronisch plaatsen van bestellingen door detaillisten.

6.5.2   E-business maturity model

Uitleg
Succesvolle online organisaties hebben zich ontwikkeld op een aantal cruciale facetten, in onderlinge samenhang. Dit zijn:
1. De online experience die geboden wordt aan de klant.
2. De techniek en (de rol van online binnen) de organisatie.
3. Het effect van online: het resultaat, dat steeds wordt geëvalueerd en op basis daarvan steeds verder wordt verbeterd.

Deze facetten kunnen stap voor stap naar een hoger plan gebracht worden. Dit is weergegeven in het **E-business maturity model**, waarin vijf stadia van online volwassenheid worden onderscheiden (zie figuur 6.10).

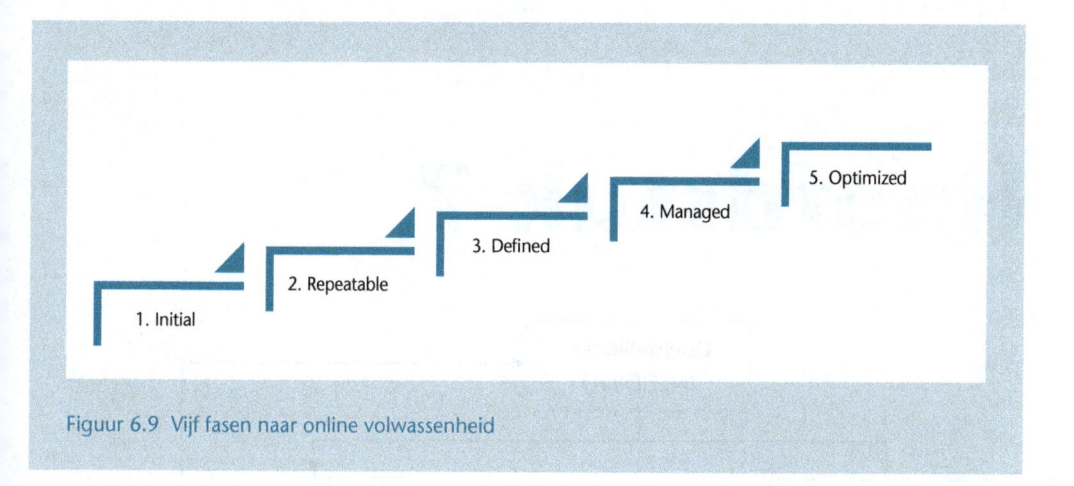

Internetstrategie: bricks en/of clicks

```
                                              5. Optimized
                                    4. Managed
                          3. Defined
               2. Repeatable
    1. Initial
```

Figuur 6.9 Vijf fasen naar online volwassenheid

Deze stadia zijn gebaseerd op de vijf stadia van het Business Development Capability Maturity Model en doorvertaald naar online[15]. Bij de eerste fase *Initial* ligt de focus op het bieden van toegevoegde waarde voor de korte termijn; online activiteiten zijn ad-hoc gedreven, de klantfocus is vooral gericht op zenden. Bij *Repeatable* worden bewezen online activiteiten herhaald en verbeterd; online kanalen worden beter afgestemd op doelgroepbehoeften en klantprocessen worden verbeterd. Bij de *Defined*-fase worden online kanalen afgestemd op belangrijke contactmomenten met de klant; de interne organisatie heeft voldoende online deskundigheid in huis en verantwoordelijkheden zijn duidelijk belegd. Bij *Managed* worden de online activiteiten goed geïntegreerd in de bedrijfsvoering. Dit wordt ondersteund door de technische infrastructuur. Er wordt gericht en pro-actief gestuurd op online resultaten. En bij de laatste fase, *Optimized*, worden de online processen voortdurend geoptimaliseerd op basis van individuele klantwaarde, is er 1-op-1 klantinteractie en online en offline vullen elkaar aan.

Wanneer te gebruiken

Het model geeft organisaties die online activiteiten hebben opgezet en bezig zijn deze verder te ontwikkelen inzicht in de mate van volwassenheid die zij hebben bereikt. Om een hoger niveau in het model te bereiken is het van belang dat alle verschillende facetten van de klantbenadering en de organisatie tegelijk worden verbeterd.

Hoofdstuk 7

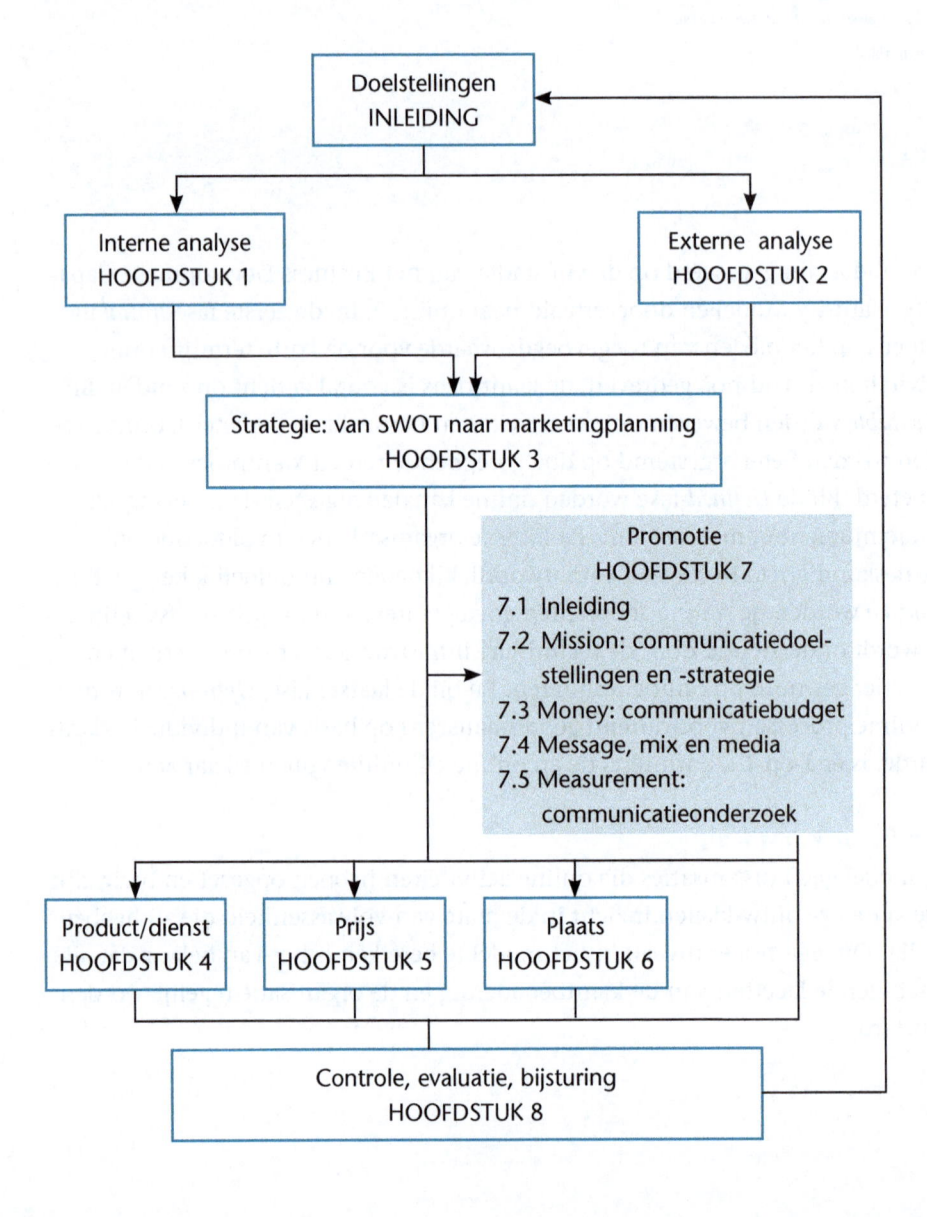

```
                    ┌─────────────────────┐
                    │    Doelstellingen   │◄──────────────┐
                    │      INLEIDING      │               │
                    └─────────────────────┘               │
                       │              │                   │
                       ▼              ▼                   │
         ┌──────────────────┐    ┌──────────────────┐     │
         │  Interne analyse │    │  Externe analyse │     │
         │    HOOFDSTUK 1   │    │    HOOFDSTUK 2   │     │
         └──────────────────┘    └──────────────────┘     │
                       │              │                   │
                       ▼              ▼                   │
              ┌────────────────────────────────────┐      │
              │ Strategie: van SWOT naar           │      │
              │ marketingplanning                  │      │
              │            HOOFDSTUK 3             │      │
              └────────────────────────────────────┘      │
                       │                                  │
                       │      ┌──────────────────────────┐│
                       │      │         Promotie         ││
                       │      │       HOOFDSTUK 7        ││
                       │      │ 7.1 Inleiding            ││
                       └─────►│ 7.2 Mission: communicatie-│
                              │     doelstellingen en    ││
                              │     -strategie           ││
                              │ 7.3 Money: communicatie- ││
                              │     budget               ││
                              │ 7.4 Message, mix en media││
                              │ 7.5 Measurement:         ││
                              │     communicatieonderzoek││
                              └──────────────────────────┘│
        ┌──────────────┬─────────────┬──────────────┐     │
        ▼              ▼             ▼              │     │
┌───────────────┐ ┌──────────┐ ┌──────────┐         │     │
│ Product/dienst│ │   Prijs  │ │  Plaats  │         │     │
│  HOOFDSTUK 4  │ │HOOFDSTUK5│ │HOOFDSTUK6│         │     │
└───────────────┘ └──────────┘ └──────────┘         │     │
        │              │             │                   │
        └──────────────┼─────────────┘                   │
                       ▼                                 │
           ┌────────────────────────────────┐            │
           │ Controle, evaluatie, bijsturing│────────────┘
           │          HOOFDSTUK 8           │
           └────────────────────────────────┘
```

Promotie

In dit hoofdstuk behandelen we promotie met behulp van zowel offline- als onlinemedia. Zoals in de rest van het boek focussen we vooral op de modellen en berekeningen die voor dit onderwerp relevant zijn. Voor promotie is een juiste volgorde van de activiteiten van belang. We hebben dit hoofdstuk daarom opgebouwd volgens de volgorde van een stappenplan, dat we in paragraaf 7.1.2 bespreken. In het stappenplan komen achtereenvolgens aan bod het formuleren van de communicatiestrategie en -doelstellingen, het vaststellen van het budget, de planning van boodschap, de mix en media, en de evaluatie van de effecten.

7.1 Inleiding

De vierde p is die van promotie. Marketingcommunicatie wordt steeds belangrijker door de ontwikkeling van de **expressieve waarde** van producten, de noodzaak om duidelijk te communiceren, ondersteuning van merkwaarde en bevordering van klantentrouw. Doordat het aantal media het afgelopen decennium sterk is toegenomen, is ook het aantal mogelijkheden voor marketingcommunicatie enorm gegroeid. Aan de andere kant reageren doelgroepen daarop met zapgedrag en **selectieve perceptie**: wordt een boodschap niet aantrekkelijk genoeg gecommuniceerd, dan sluit de doelgroep zich af. Daarom is het van belang marketingcommunicatie als een totaalpakket van verschillende onderdelen te benaderen, waarbij zo veel mogelijk gebruik wordt gemaakt van synergie tussen de onderdelen.

7.1.1 Het communicatiemodel

Uitleg
Het **basiscommunicatiemodel**, dat van oudsher wordt gebruikt om het communicatieproces weer te geven, bevat de hoofdelementen zender, boodschap, kanaal en ontvanger. Het wordt ook wel aangeduid als het **SMCR-model** (sender – message – channel – receiver).[1] De zender 'codeert' de boodschap, dat wil zeggen: hij verwoordt zijn gedachten in een boodschap. Vervolgens wordt de boodschap via een kanaal verzonden en moet dan door de ontvanger worden gedecodeerd, ofwel vertaald naar zijn eigen referentiekader. Bij dit proces kunnen verstoringen optreden die de aandacht afleiden, bijvoorbeeld lawaai in de omgeving (ruis).

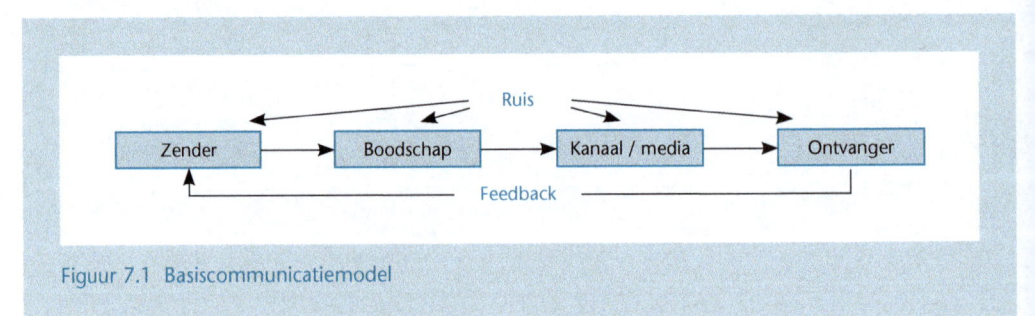

Zender → Boodschap → Kanaal / media → Ontvanger
Ruis
Feedback

Figuur 7.1 Basiscommunicatiemodel

Het principe van het basiscommunicatiemodel gaat nog steeds op, maar de schakel van het kanaal is sterk uitgebreid met de komst van nieuwe media. In

Inleiding

het verleden maakten bedrijven vooral gebruik van massamedia en bereikten daarmee een grote groep consumenten met één en dezelfde boodschap. Daarbij was de feedback minimaal. Tegenwoordig beschikken bedrijven ook over tal van digitale media (websites, e-mail, blogs, social media en dergelijke) waarmee zij kleinere groepen en zelfs individuele consumenten kunnen aanspreken. En dat niet alleen: er vindt veel meer interactie plaats; consumenten praten terug. Met die feedback kunnen producenten hun voordeel doen. Het kan leiden tot reclame-uitingen die door consumenten vorm en inhoud krijgen (customer generated content), of geheel nieuwe productideeën of manieren om de dienstverlening te verbeteren (crowd sourcing, customer involvement). Bovendien staan consumenten ook weer in contact met anderen en kunnen de boodschap ongewijzigd of gewijzigd doorsturen. In figuur 7.2 wordt dit **uitgebreide communicatiemodel** weergegeven.

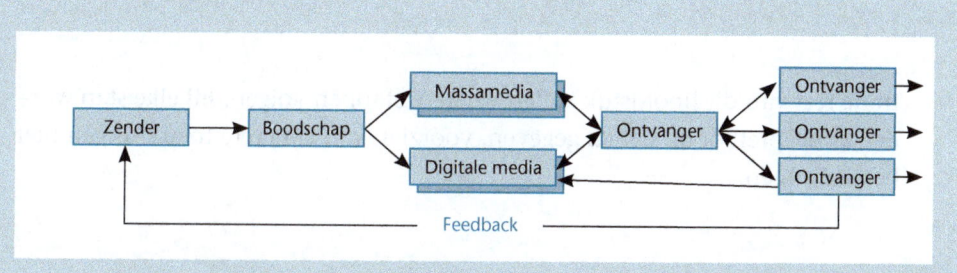

Figuur 7.2 Uitgebreid communicatiemodel met veelvuldig mediagebruik en interactie

Wanneer te gebruiken
Het communicatiemodel kan gebruikt worden bij het opstellen van een communicatieplan. Een goed communicatieplan wordt steeds belangrijker, omdat bedrijven tegenwoordig de grip op de communicatie rond hun merk gemakkelijk kunnen verliezen. Dat komt doordat consumenten dankzij digitale media op steeds meer manieren met elkaar kunnen communiceren over het merk. Een bedrijf moet de informatiestroom over het eigen merk op internet daarom goed in de gaten te houden en, als dat nodig is, daarop inspelen.

7.1.2 Stappen in marketingcommunicatie

Marketingcommunicatie is een planmatige activiteit, waarbij achtereenvolgens de stappen *mission, money, message, mix & media* en *measurement*[2] worden genomen, zoals weergegeven in figuur 7.3.

Hoofdstuk 7 Promotie

Op basis van de doelgroep en gewenste positionering formuleer je de communicatiestrategie. Vervolgens stel je het communicatiebudget vast, formuleer je de boodschap en kies je de bijbehorende communicatiemix en -media. Ten slotte evalueer je de resultaten.

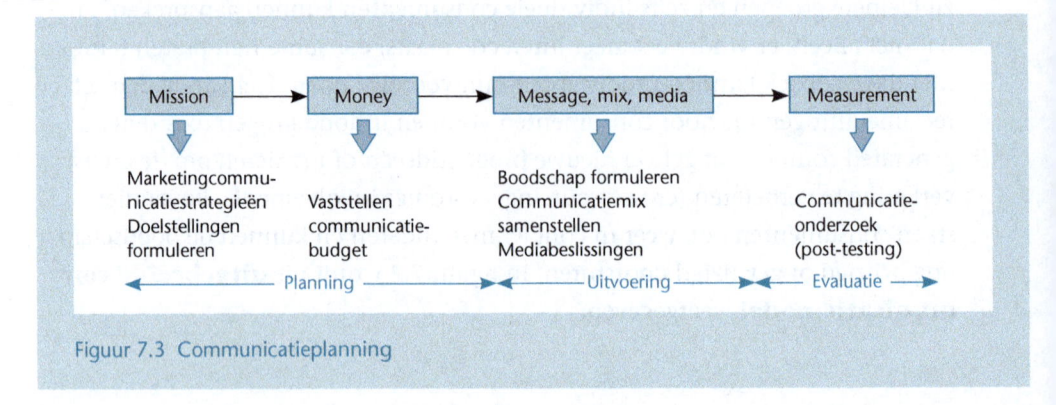

Mission	Money	Message, mix, media	Measurement
Marketingcommunicatiestrategieën Doelstellingen formuleren	Vaststellen communicatiebudget	Boodschap formuleren Communicatiemix samenstellen Mediabeslissingen	Communicatieonderzoek (post-testing)
←—— Planning ——→		←— Uitvoering —→	←— Evaluatie —→

Figuur 7.3 Communicatieplanning

In de rest van dit hoofdstuk zullen we deze stappen volgen. Bij elke stap worden concepten of modellen gegeven, voorzien van concrete toepassingen met berekeningen.

7.2 Mission: communicatiedoelstellingen en -strategie

7.2.1 Doelstellingen

Uitleg
Marketingcommunicatie is een van de marketinginstrumenten. De doelstellingen van een communicatieplan liggen dan ook in het verlengde van het marketingplan. En het marketingplan is weer een verbijzondering van het ondernemingsplan. 'Van hoog niveau naar laag niveau' onderscheiden we dus ondernemingsdoelstellingen (bijvoorbeeld gewenste ROI), marketingdoelstellingen (bijvoorbeeld gewenst marktaandeel, omzetspreiding) en communicatiedoelstellingen. Communicatiedoelstellingen hebben bijvoorbeeld betrekking op het percentage van de doelgroep dat het merk kent, het aantal consumenten dat meedoet aan de promotionele sweepstake, en een verschuiving van de positionering van de organisatie. Ook deze doelstellingen moeten SMART worden geformuleerd.

Mission: communicatiedoelstellingen en -strategie

Voorbeeld Cyclo

Marketingmanager Mark Snel wil in het kader van het merkbeleid van Cyclo de merkbekendheid bij consumenten vergroten. Binnen een jaar moeten de volgende doelwaarden worden bereikt:

	Momenteel	Doel
Top-of-mindawareness	3%	4%
Spontane merkbekendheid	6%	8%
Geholpen merkbekendheid	45%	50%

Voor zijn communicatiestrategie zal hij nu SMART doelstellingen formuleren met betrekking tot bijvoorbeeld bereik (percentage van de doelgroep, binnen een bepaalde periode). Verder kan hij communicatiedoelstellingen formuleren die aansluiten bij het aankoopproces, dus ten aan zien van achtereenvolgens *kennis, waardering, voorkeur, overtuiging* en *aankoop*. (Zie ook § 2.3.3.)

Een consument ziet informatie van een bedrijf via verschillende kanalen op zich afkomen. De communicatiestrategie van het bedrijf moet er dus rekening mee houden dat de verschillende media-uitingen elkaar ondersteunen en versterken.

7.2.2 De strategie van geïntegreerde communicatie

Uitleg

Op het gebied van promotie hebben we de laatste decennia belangrijke ontwikkelingen gezien. Naast de traditionele media als tv, radio en print, zijn de digitale media opgekomen. In eerste instantie werden de reclame-uitingen in de traditionele media eenvoudig 'gekopieerd' en op het internet gezet. Denk aan banners met reclame op sommige websites. Na verloop van tijd ging men echter de specifieke eigenschappen van het internet beter benutten en ontstonden bijvoorbeeld social mediacampagnes en viral marketing.

De online mediabestedingen zijn de afgelopen jaren flink gestegen en maken nu ca. 40% uit van de totale mediabestediingen in Nederland.

Door de toename van het aantal media is het belangrijk geworden om communicatie geïntegreerd te laten plaatsvinden. Bij **geïntegreerde communicatie** is er sprake van synergie tussen de verschillende communicatiemiddelen.[4] De onderdelen van de communicatiemix moeten op elkaar worden afgestemd: reclame, direct marketing, social media, weblogs, salespromotion, sponsoring, experiencemarketing, pr, websites, enzovoort. Samen moeten zij ervoor zorgen dat de boodschappen die zij uitzenden elkaar aanvullen en ondersteunen, waardoor de ontvanger ze ervaart als een samenhangend geheel.

Geïntegreerde communicatie is tegenwoordig de norm geworden. Een andere, populaire term daarvoor is **cross-media**. Figuur 7.4 geeft een indruk van het grote aantal onderdelen waaruit een plan voor geïntegreerde communicatie kan bestaan.

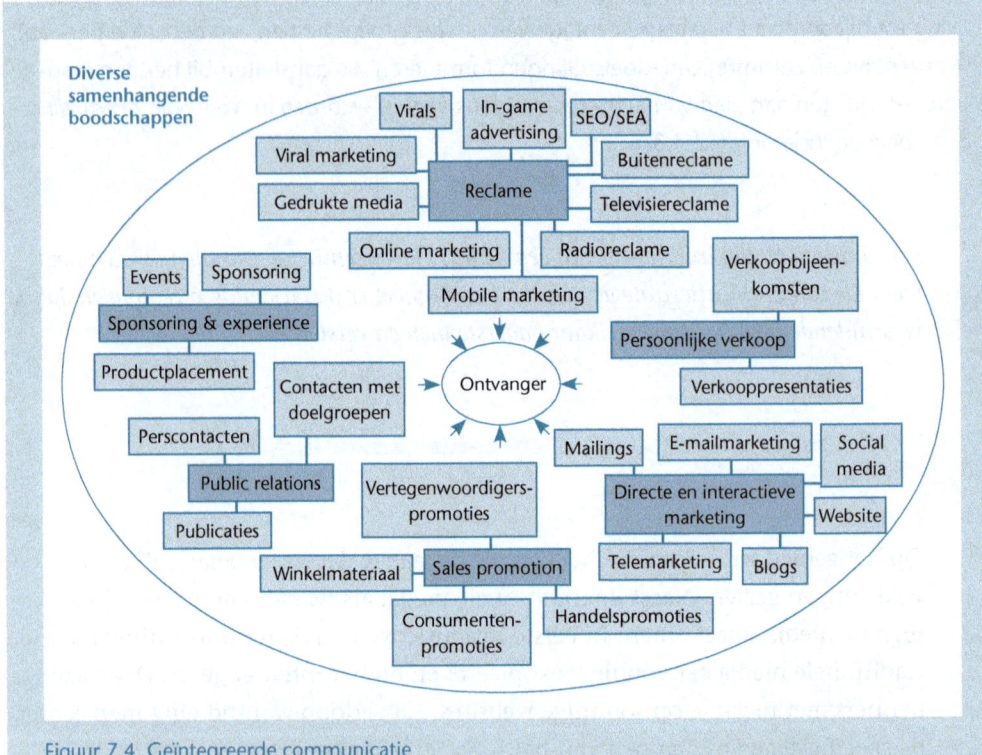

Figuur 7.4 Geïntegreerde communicatie

Voorbeeld

Een nieuw thema van Albert Heijn wordt door tv-reclames massaal naar buiten gebracht, soms gevolgd door dagbladreclame. Tegelijk wordt het thema in de Allerhande vertaald naar recepten. In de winkel wordt er aandacht aan geschonken door middel van decoratie en displays. Ook op de website wordt het thema verder uitgewerkt. Al met al krijgt de consument via verschillende media een compleet en duidelijk beeld.

Zijn de communicatiedoelstellingen eenmaal geformuleerd, dan stelt het bedrijf het communicatiebudget vast ('money' in figuur 7.3). Dat kan op verschillende manieren.

7.3 Money: het communicatiebudget

7.3.1 Budgetmethoden

Uitleg

Er zijn vier gebruikelijke methoden om het totale communicatiebudget vast te stellen. Deze berusten op: het bedrag dat het bedrijf zich kan veroorloven, een percentage van de omzet, concurrentiepariteit of doelstellingen en taken.

Methode 'wat het bedrijf zich kan veroorloven'/sluitpostmethode	Methode 'percentage van de omzet'	Methode van concurrentiepariteit	Taakstellende methode
Kies een communicatiebudget dat het bedrijf zich kan veroorloven.	Kies als communicatiebudget een percentage van de verwachte omzet.	Kies het communicatiebudget ongeveer even hoog als de concurrentie.	1. Formuleer specifieke doelstellingen. 2. Formuleer de taken die je moet uitvoeren om deze doelstellingen te realiseren. 3. Schat welke kosten gemoeid zijn met de uitvoering van deze taken; het totaal van deze kosten is het communicatiebudget.

Tabel 7.1 Vier methoden om het communicatiebudget vast te stellen

Wanneer te gebruiken

De **taakstellende methode** heeft de voorkeur, omdat daarbij eerst wordt nagegaan welke communicatie-invulling nodig is om de doelstellingen te realiseren. In de praktijk wordt echter vaak met een min of meer vast budget gewerkt, dat volgens een van de andere methoden wordt bepaald. De methode van concurrentiepariteit is alleen zinvol als het om concurrenten van vergelijkbare omvang gaat.

Voorbeeld Cyclo

Cyclo zal een methode moeten kiezen waarmee het zijn communicatiebudget vaststelt. Zoals je in onderstaand schema ziet, levert iedere methode een ander bedrag op.

Wat het bedrijf zich kan veroorloven/sluitpost	Percentage van de omzet	Concurrentiepariteit	Doelstellingen en taken
€ 500.000	3% van € 3.0965.000 = € 924.000	Concurrent A : € 2,7 mln Concurrent B : € 2,0 mln Concurrent C: € 1,6 mln Gemiddeld: € 2,1 mln	€ 1.500.000
Dit bedrag vindt de financieel directeur van Cyclo wel mooi passen binnen de exploitatie.	Cyclo heeft dit percentage gekozen, maar in deze branche is het wat aan de lage kant.	Cyclo's concurrenten zijn veel groter en geven gemiddeld dan ook meer uit dan Cyclo zich kan veroorloven.	Als Mark Snel alles op een rij zet, zal hij, om zijn doelstellingen te bereiken, minimaal dit bedrag moeten uitgeven.

De effecten van communicatie-uitgaven zijn niet altijd goed te meten. Dat heeft onder andere te maken met de termijn waarop die effecten optreden. Daarbij spelen drempeleffecten (§ 7.3.2), communicatie-elasticiteit (§ 7.3.3) en het carry-overeffect (§ 7.3.4) een rol.

7.3.2 Drempeleffecten

Uitleg
De relatie tussen communicatie-uitgaven en opbrengsten is niet recht evenredig. In het begin van een campagne duurt het even voordat de markt reageert. Dit noemen we het **drempeleffect**. Later is er sprake van **afnemende meeropbrengsten** (een toename van de cumulatieve communicatieuitgaven leidt tot een steeds kleinere toename van de verkopen). De marginale analysecurve neemt dus eerst toe en vervolgens af (meer promotieuitgaven hebben dan een negatief effect op de winst, zie figuur 7.5).

Wanneer te gebruiken
De marketeer moet zich realiseren dat communicatie-uitingen pas na enige tijd effect gaan sorteren. Een consistent uitgevoerd communicatiebeleid over een langere termijn versterkt het effect. Maximaal nut wordt verkregen als men over het drempeleffect heen is, maar nog niet toe is aan de afnemende meeropbrengsten.

Money: het communicatiebudget

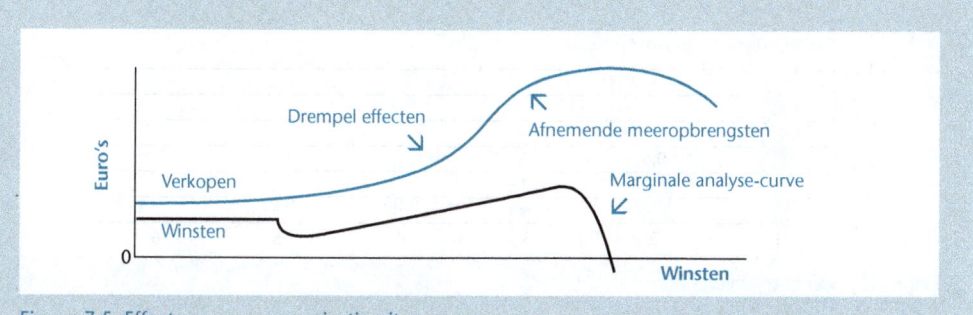

Figuur 7.5 Effecten van communicatie-uitgaven

(Grafiek met assen Euro's; labels: Verkopen, Winsten, Drempel effecten, Afnemende meeropbrengsten, Marginale analyse-curve, Winsten)

7.3.3 Communicatie-elasticiteit

Uitleg

De reactie van de markt op communicatieuitgaven, direct na een campagne en korte tijd later, kan worden uitgedrukt met de **communicatie-elasticiteit**. Dit kengetal geeft weer met hoeveel procent de omzet stijgt bij een verhoging van het communicatiebudget met 1%. De formule is:

$$\text{communicatie-elasticiteit} = \frac{\text{procentuele verandering van de omzet (of afzet) in periode X}}{\text{procentuele verandering van de communicatie-uitgaven in periode X}}$$

Voorbeeld

Stel een onderneming heeft normaal gesproken een omzet van € 100.000 per week. Er wordt een korte extra campagne gehouden, waardoor de communicatie-uitgaven tijdelijk met 50% stijgen tot € 7500 (normaal € 5000). De inkomsten zijn in de navolgende week € 120.000, een stijging van 20%. De communicatie-elasticiteit is dan: 20% / 50% = 0,4.

7.3.4 Carry-overeffect

Uitleg

Ook op langere termijn zal een campagne op de verkoopresultaten doorwerken. Het **carry-overeffect** is een kengetal dat dit naijleffect uitdrukt. In figuur 7.6 is het carry-overeffect 0,4. Dat betekent dat de extra omzet in een periode steeds 40% is van de extra omzet in de daaraan voorafgaande periode.

Hoofdstuk 7   Promotie

Communicatie carry-overeffect

periode	waarde
1	1,0
2	0,4
3	0,16
4	0,06
5	0,02
6	

Figuur 7.6 Het carry-overeffect

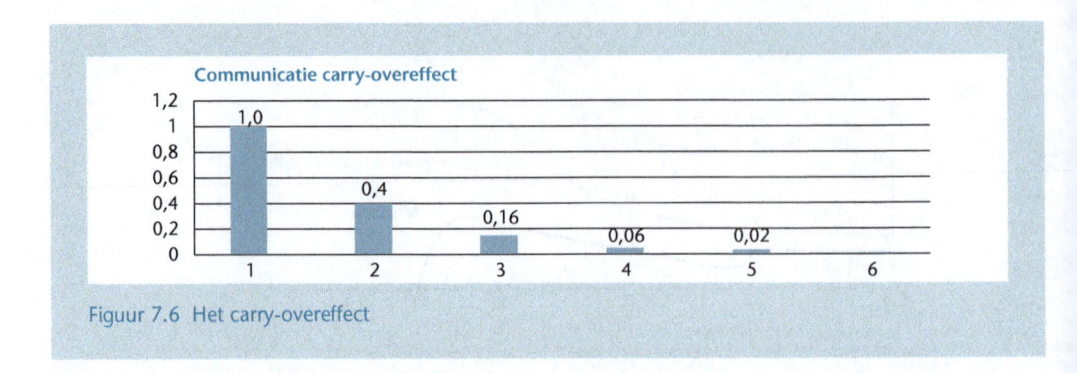

Met de volgende formule kun je de verwachte totale extra verkopen berekenen (dus van alle periodes vanaf de campagne), als de extra omzet in de periode van de campagne en het carry-overeffect zijn gegeven:

$$\text{totale extra omzet} = \frac{\text{extra omzet in de periode van de campagne}}{1 - \text{carry-overeffect}}$$

Voorbeeld

Stel een onderneming heeft een omzet die als gevolg van normaal communicatiebeleid groeit met 5% per jaar. Dit jaar zou de omzet groeien van € 286.000 naar € 300.000. Er wordt een extra communicatiecampagne gehouden die de normale communicatie met 40% overstijgt (de uitgaven van normaal gesproken € 15.000 zijn nu tijdelijk € 21.000). Dankzij deze hogere uitgaven is de omzet gestegen naar € 324.000, een extra omzet van € 24.000. De inkomsten zijn het jaar daarop € 8.000 hoger dan verwacht. Dat is 33,3% van de extra inkomsten in het jaar van de campagne. Dit effect ijlt in de navolgende jaren na. Het totale effect van de campagne op de omzet is dan als volgt te berekenen:

$$\text{totale effect op de omzet} = \frac{€\ 24.000}{1 - 0,33} = €\ 35.821$$

Dit bedrag is uit te splitsen in:
- € 24.000 extra omzet als gevolg van de campagne (korte termijn)
- € 11.821 extra omzet in de navolgende jaren (cumulatief) als gevolg van het carry-over-effect (langere termijn), nl: € 8000 in het tweede jaar (33,3 % van 24.000), 2664 in het derde jaar (33,3% van € 8000), enzovoort.

Nadat het budget is vastgesteld komen we aan bij de stap 'message, mix en media' van het stappenplan in figuur 7.3. Uit het geïntegreerde communicatieschema (figuur 7.4) blijkt wel dat er zeer veel vormen van marketingcommunicatie bestaan. We beperken ons tot de hoofditems, waarbij we relevante rekenvoorbeelden gegeven.

7.4 Message, mix en media

7.4.1 Boodschap

We bevinden ons nu in de fase van de creatieve ontwikkeling. Om de over te brengen boodschap duidelijk te krijgen is het verstandig het communicatiebureau schriftelijk te briefen. We kennen hierbij drie niveaus:
1. **Marketingbriefing:** breed, geeft achtergrondinformatie over de elementen van de marketingmix, en is algemeen van aard.
2. **Communicatiebriefing:** afgeleid van de marketingbriefing, betreft alleen het element communicatie, en is richtinggevend van aard.
3. **Inhoudsbriefing:** geeft aan wat de inhoud van de (geïntegreerde) communicatie moet zijn, en is specifiek van aard.

7.4.2 Reclame

Uitleg
Reclame betreft alle betaalde vormen van niet-persoonlijke presentatie en promotie van producten, diensten of ideeën door een afzender die met naam wordt genoemd. Reclame vind je in audiovisuele media als radio, televisie en film, gedrukte media als dagbladen, tijdschriften en gidsen, en overige gedrukte items als brochures en leaflets. Buitenreclame neemt in belang toe dankzij nieuwe elektronische toepassingsmogelijkheden, zoals elektronische reclameborden en -zuilen. Andere nieuwe vormen van reclame zijn onlinemarketing (marketing door middel van internet applicaties), viral marketing (de internetversie van mond-tot-mondreclame: creëren van entertainment of informatie-uitingen om online of via e-mail door te sturen), Adwords, in-gameadvertising (reclame via games platforms), narrowcasting (reclame door middel van audiovisuele displays en op maat gesneden content) en mobile marketing (marketing op basis van de diverse mogelijkheden van smartphones).

Om reclame te kunnen plannen moet je rekening houden met het bereik, de frequentie en het effect van alle belangrijke typen media. Elk medium heeft zijn voordelen en beperkingen. De mediagewoonten van de doelgroep, de aard van het product en het type boodschap beïnvloeden de mediakeuze. Hieronder behandelen we een aantal berekeningen met betrekking tot reclame. De communicatieplanner (paragraaf 7.4.11) geeft de kosten van het medium weer, en de kosten per exposure om specifieke doelklanten te bereiken.

Bereik, dekking, kosten per duizend

Het aantal personen dat wordt geconfronteerd met een specifiek medium noemen we het **mediumbereik**. Zo kan ook worden gesproken over **paginabereik**. Het aantal personen dat een bepaalde reclameuiting ziet wordt **reclamebereik** genoemd. De bereikte doelgroep als percentage van de totale doelgroep noemen we **dekking**.

De kosten van een advertentie in relatie tot de bereikte doelgroep kunnen worden uitgedrukt als **kosten per 1000**.

Voorbeeld
Stel dat een bedrijf een advertentie plaatst in een dagblad dat wordt gelezen door 300.000 personen. Hiervan behoren 160.000 personen tot de doelgroep van het bedrijf. De totale doelgroep bestaat uit 480.000 personen. Stel dat de advertentie in totaal € 32.000 kost. Dan kunnen we vaststellen c.q. berekenen:
- Het mediumbereik is 300.000.
- De dekking is 33,3% (160.000/480.000)
- De kosten per 1000 zijn € 200 (€ 32.000 / 160)

Bruto-, netto-, gemiddeld en effectief bereik

We onderscheiden **brutobereik**, waarbij personen die meerdere malen worden bereikt ook meerdere malen worden geteld, en **nettobereik**, het totaal aantal personen dat in elk geval één keer is bereikt. Bijvoorbeeld: als iemand zowel de *Margriet* als de *Libelle* leest en daarin dezelfde advertentie ziet, wordt zij bij brutobereik twee keer geteld, bij nettobereik één keer.

Het **gemiddelde bereik** is het aantal personen (veelal uitgedrukt in een percentage van het totaal aantal personen dat bereikt had kunnen worden) dat gemiddeld met een nummer van een blad wordt geconfronteerd, of het aantal personen dat gemiddeld met een programma wordt geconfronteerd.

Het **effectieve bereik** is het aantal doelgroeppersonen dat wordt bereikt met een effectieve frequentie. De **effectieve frequentie** is het aantal keer dat een doelgroeppersoon moet worden bereikt voor een succesvolle overdracht van de boodschap.

Message, mix en media

Voorbeeld
Stel dat een communicatiecampagne 65% van de doelgroep bereikt met onderstaande frequenties:

Frequentie	Bereik
1	22,0%
2	18,0%
3	10,5%
4	6,0%
5	4,5%
6	2,8%
7	1,2%
Totaal	65,0%

Als de effectieve frequentie 3 is, dan is het effectieve bereik:
10,5% + 6,0% + 4,5% + 2,8% + 1,2% = 25,0%

Bij mensen die 1 of 2 maal met de advertentie zijn geconfronteerd is de boodschap (nog) niet aangekomen.

Gross rating points en targeted rating points

Soms wordt gewerkt met **gross rating points (GRP)**. Dat is het percentage van de doelgroep dat wordt geconfronteerd met een reclameboodschap, waarbij mensen die meerdere keren geconfronteerd worden ook meerdere keren meetellen. Zo kun je uitkomen op een percentage groter dan 100%. Als uit dit cijfer de dubbelingen worden weggenomen krijg je de **targeted rating points (TRP)**.

Voorbeeld
Stel dat een medium een brutobereik heeft van 40% (van de doelgroep) en dat het aantal contacten 5 is. Dan heeft dit medium 200 GRP's. Als het nettobereik echter maar 25% is, dan wordt de TRP-score 25/40 × 200 = 125.

7.4.3 Sponsoring en events

Sponsoring en events betreffen activiteiten die gedeeltelijk of geheel worden betaald door een te identificeren bron. Vaak gaat dit gepaard met het creëren van experiences of belevenissen, waardoor de doelgroep zodanig wordt betrokken bij een merk dat een blijvende, positieve indruk achterblijft.

Bij sponsoring moeten de belangen van zowel de sponsor als de te sponsoren publieks- of vakgerichte evenementen goed in het oog worden gehouden. Sponsoring kan behalve met financiële middelen, ook (ten dele) in natura plaatsvinden. Bijvoorbeeld dat de leverancier van audiovisuele diensten deze (deels) gratis aanbiedt als het logo wordt getoond. Bij films en televisie kan dit gedaan worden door bijvoorbeeld product placement (wanneer producten door fabrikanten ter beschikking worden gesteld en duidelijk zichtbaar in beeld verschijnen).

7.4.4 Public relations

Bij public relations gaat het om het bevorderen van het wederzijds begrip tussen een organisatie en haar publieksgroepen. Ook **public affairs** en **lobbying** vallen binnen deze categorie. Hierbij moet onderscheid worden gemaakt tussen interne public relations (gericht op de eigen medewerkers) en externe public relations (gericht alle extere partijen). Dit kan worden geïllustreerd met onderstaande figuur:

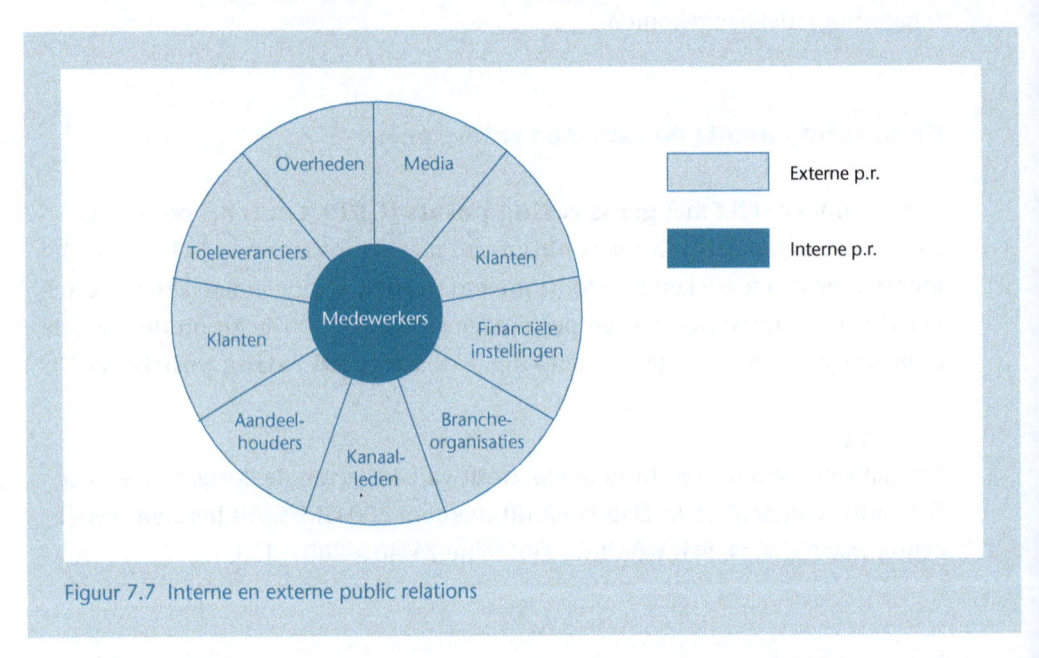

Figuur 7.7 Interne en externe public relations

Met name de media vormen een belangrijke publieksgroep. Het resultaat kan hier ten dele worden gemeten aan de hand van gegenereerde publiciteit in de media.

7.4.5 Sales promotion

Uitleg

Promotionele acties zijn te onderscheiden naar de doelgroep waarop ze zijn gericht. Zo kennen we **consumer promotions**, **dealer promotions** en **sales force promotions**. Ook winkelmateriaal valt onder deze noemer.

Acties gericht op het stimuleren van inkoop door tussenschakels in het distributiekanaal noemen we **selling in promotions**. Promoties om verkoop vanuit de retailer richting de consument te bevorderen noemen we **selling out**.

Pushactiviteiten zijn gericht op het vullen van het distributiekanaal. Door middel van communicatie rechtstreeks naar consumenten, dus over de distributiekanalen heen, kan **pull** worden gegenereerd.

Om te beslissen of je een promotionele actie wel of niet uitvoert, kun je gebruikmaken van berekeningen met betrekking tot de kosten en opbrengsten van acties. We leggen deze berekeningen uit aan de hand van voorbeelden.

Voorbeeld – consumer promotion

Een fabrikant van energydrinks wil een nieuwe smaak onder de aandacht van de doelgroep brengen met behulp van samples. De helft van de blikjes van de huidige productlijn wordt tijdelijk voorzien van een sticker waarmee de actie wordt uitgelegd. De handlingkosten bedragen € 0,02 per sticker. Kopers kunnen op de internetsite het unieke nummer van de sticker invoeren en krijgen dan een proefblikje met de nieuwe smaak toegestuurd. De kostprijs van een blikje is € 0,25; de verzending kost € 0,70. Als in een periode 120.000 blikjes worden verkocht en de respons op de actie 5% is, hoeveel heeft deze promotieactie dan gekost?

Uitwerking

120.000 blikjes × 50% = 60.000 blikjes met sticker	
Handlingkosten stickers = 60.000 × € 0,02 =	€ 1.200
Kosten respons = 5% × 60.000 × (€ 0,25 + € 0,70) =	€ 2.850
Totaal	€ 4.050

Voorbeeld Cyclo – dealer promotion/selling in

Cyclo levert fietsen aan de detailvakhandel tegen een gemiddelde brutoverkoopprijs van € 450. De fietsenhandelaren krijgen een factuurkorting van 10% voor promotie, een korting voor contante betaling van 1,5%, waar in de helft van de gevallen gebruik van wordt gemaakt, en een bonus van 5% over de netto-omzet. Als geen rekening met btw hoeft te worden gehouden, hoeveel bedraagt dan de gemiddelde netto-omzet per fiets?

Uitwerking

Brutoverkoopprijs € 450 – korting 10% = € 405

Nettoverkoopprijs € 405 – bonus 5% = € 384,75

€ 384,75 – korting contante betaling 50% × 1,5% = € 381,87

Voorbeeld Cyclo – selling out

Een van de relaties van Cyclo verkoopt maandelijks 30 Cyclofietsen voor een gemiddelde verkoopprijs van € 605 inclusief 21% BTW. Hij maakt een winst van 28% over de netto verkoopprijs. Als promotionele actie geeft hij tijdelijk 12% korting op de netto verkoopprijs. Hoeveel extra fietsen moet hij gedurende de actieperiode verkopen als hij zijn winst in euro gelijk wil houden?

Uitwerking

De consumentenprijs exclusief btw was aanvankelijk: € 605 / 1,21 = € 500.

De nieuwe consumentenprijs exclusief btw is: € 500 – 12% = € 440.

De brutowinst per fiets vóór de actie was 28% van € 500, ofwel € 140.

Dus de brutowinst per maand was vóór de actie: 30 × € 140 = € 4200.

De nieuwe brutowinst per fiets is: € 140 – € 60 = € 80.

Stel het nieuwe aantal verkochte fietsen is Y, dan: Y × € 80 = € 4200.

Dus Y = 52,5, wat betekent dat er 53 fietsen moeten worden verkocht. Dit is 23 fietsen extra.

7.4.6 Push en pull

Als marketeer kun je kiezen uit twee promotiemixstrategieën: *pushpromotie* en *pullpromotie*.

Bij **push** zijn de marketingcommunicatieactiviteiten gericht op de leden van het distributiekanaal. Er wordt met name gebruik gemaakt van persoonlijke verkoop en handelspromotie. Het doel is de tussenkanaalleden zoveel mogelijk producten te laten afnemen en hen zover te krijgen deze ook actief te promoten. Producten worden dus door het kanaal heen gedrukt.

Bij **pull** richt de marketeer zich rechtstreeks op de eindverbruikers, dus over het hoofd van de kanaalleden heen. Het doel is consumenten ertoe te bewegen het product te kopen, en daartoe detaillisten te benaderen. De vraag vanuit consumenten trekt het product hierbij door de kanalen.

Pushstrategie

Producent → Detaillisten en groothandelaren → Consumenten

Marketingactiviteiten van de producent (persoonlijke verkoop, handelspromotie, overige)

Marketingactiviteiten van de wederverkopers (persoonlijke verkoop, reclame, sales promotion, overig)

Pullstrategie

Producent ← Detaillisten en groothandelaren ← Consumenten
   Vraag   Vraag

Marketingactiviteiten van de producent
(consumentenreclame, sales promotion, overige)

Figuur 7.8 Pushstrategie tegenover pullstrategie

7.4.7 Digitale communicatie

Uitleg

Digitale communicatie is een verzamelterm voor verschillende vormen van communicatie via internet. Twee belangrijke vormen willen we hier noemen:

Social media. De belangrijkste social media in Nederland zijn momenteel Facebook, YouTube, LinkedIn, Twitter en Google+. Er komen regelmatig nieuwe social media op zoals Pinterest, Instagram en Snapchat[5]. Karakteristiek voor social media is de interactiviteit. Middels social media kunnen consumenten met elkaar en met bedrijven communiceren. Social media zijn dan ook vergelijkbaar met word-of-mouth, maar dan online. Mensen kunnen hun ervaringen en meningen delen door middel van posts, blogs, tweets, reacties, foto's, video's enzovoort. Deze kunnen veel impact hebben op een merk. Veel bedrijven laten daarom **sentimentsanalyses** uitvoeren, waarbij de social media gescand worden op uitlatingen over het merk en deze worden geclassificeerd in positieve, neutrale en negatieve uitingen.

SEO/SEA. SEO staat voor **Search Engine Optimization** ofwel **zoekmachineoptimalisatie**. Dit houdt in dat inhoud en structuur van een website worden bewerkt om zo hoog mogelijk te komen in de organische (gratis) resultaten van een zoekmachine. Hoe hoger een merk/bedrijf in de zoekresultaten verschijnt, hoe vaker het wordt gezien. Lukt dat niet dan is SEA een alternatief. SEA staat voor **Search Engine Advertising**. Via Google **Adwords** kan men een (betaalde) online advertentie opstellen met opgave van een aantal zoekwoorden. Zoekt iemand op een van deze woorden, dan verschijnt de advertentie bovenaan in de zoekresultaten. Dit gebeurt steeds totdat het afgesproken budget is opgebruikt.

7.4.8 Direct marketing en e-mail

Uitleg

Voor direct marketing en interactieve marketing kunnen diverse media worden ingezet waarbij directe interactie met de consument plaatsvindt. Vaak wordt de consument daarbij opgeroepen tot directe respons. Opvallend is het toenemende belang van **e-mailmarketing**.

Berekeningen met betrekking tot direct marketing betreffen vaak kosten, respons en orders. Een aantal begrippen in dat verband:

Kosten per duizend (CPM ofwel cost per mille)

Respons per duizend (RPM)

Kosten per respons (CPR)

Kosten per order (CPO)

Onderstaand voorbeeld maakt de samenhang tussen deze begrippen duidelijk.

Voorbeeld

Een producent van medische apparatuur besluit tot een direct-marketingactie op zijn doelgroep. Er wordt een mailing verspreid in een oplage van 8.000 stuks. De kosten van deze actie bedragen € 5.000. Het aantal reacties bedraagt 200. Dit leidt tot 50 orders.

Kosten per duizend: € 5000 / 8 = € 625

Respons per duizend: 200 / 8 = 25

Orders per duizend: 50 / 8 = 6,25

Kosten per respons: € 5000 / 200 = € 25

De respondenten van bovenstaande mailing worden bezocht door een vertegenwoordiger en de totale kosten daarvan bedragen € 4000.

Kosten per order: (€ 5000 + € 4000) / 50 = € 180

7.4.9 Sales funnel

Uitleg

Om inzicht te krijgen in het aantal leads dat gegenereerd moet worden om verkoopdoelstellingen te realiseren is een **sales funnel** een handig hulpmiddel. Deze heeft de vorm van een trechter en maakt inzichtelijk hoe de fasen in het (ver)koopproces uiteindelijk uitmonden in werkelijke orders. In elke fase is er sprake van conversie (omzetting naar een volgende fase). Stel voor dat de ervaring leert dat van benaderde potentiële klanten zich 20% bewust wordt van een probleem, dat 60% daarvan vervolgens komt tot specificatie van gewenste producten, dat 70% een offerte-aanvraag doet enzovoort. In onderstaande illustratie is dan te zien dat van de vijfhonderd benaderde prospects (potentiële klanten) er zeven daadwerkelijk tot aankoop zullen overgaan, dus klant worden.

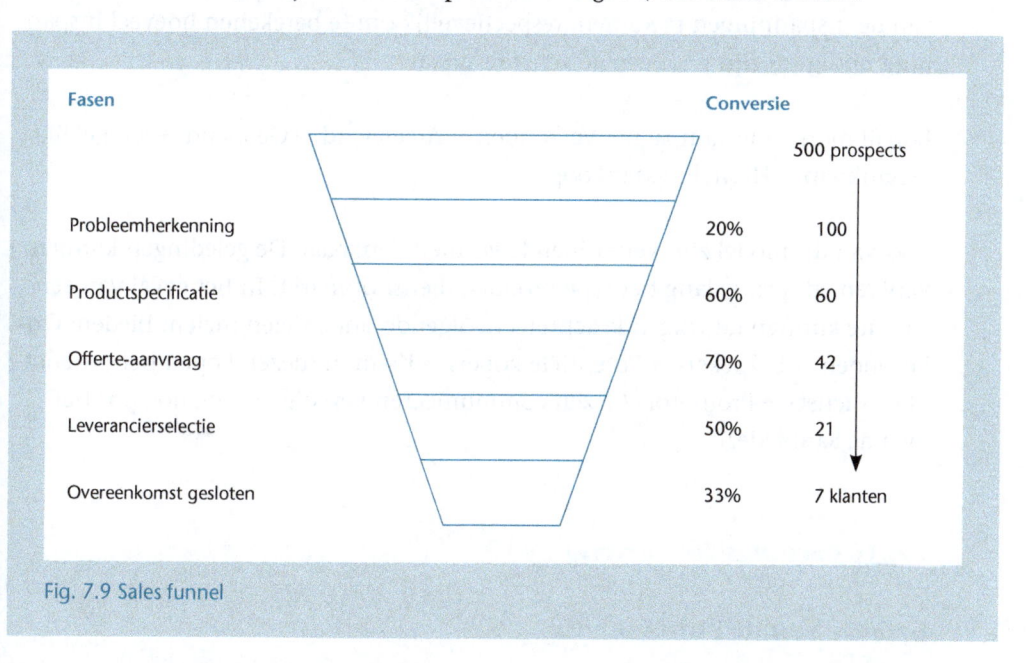

Fasen	Conversie	
		500 prospects
Probleemherkenning	20%	100
Productspecificatie	60%	60
Offerte-aanvraag	70%	42
Leveranciersselectie	50%	21
Overeenkomst gesloten	33%	7 klanten

Fig. 7.9 Sales funnel

Er is dan eveneens te berekenen hoeveel prospects er benaderd moeten worden om vijftig orders af te sluiten, namelijk 3590 (50 → 151 → 302 → 431 → 718 → 3590).

De trechter kan ook worden opgebouwd uit andere geledingen, bijvoorbeeld: markt → doelgroep → suspects → prospects → klanten. Dit hangt af van het koopproces in de desbetreffende markt.

Wanneer te gebruiken
Een sales funnel kan worden gebruikt om betere voorspellingen (sales forecasts) te maken. De verkoopleiding heeft zo een betere grip op de investeringen in geld en tijd die nodig zullen zijn om een bepaald verkoopdoel te behalen. De mate van betrouwbaarheid hangt wel samen met bijvoorbeeld de precisie waarmee behoeften zijn ingeschat, de mate van concurrentie, de wijze waarop besluitvorming tot stand komt en het belang van referenties. Daarnaast speelt klantentrouw een rol, de mate waarin bestaande klanten herhalingsaankopen zullen doen. Al deze zaken zijn in te bouwen in het model.

Bij e-mail marketing kan gebruik worden gemaakt van de **e-mail marketing funnel**, vergelijkbaar met de sales funnel. Hierbij wordt gebruiktgemaakt van door ervaring bekende conversieratio's om tot een berekening van het resultaat van de inspanningen te komen, respectievelijk om te berekenen hoeveel inspanning nodig zal zijn voor een gewenst resultaat.

E-mail marketing campagne: Verzonden → Afgeleverd → Geopend → Aangeklikt → Aankoop → Herhalingsaankoop

Ook van dit model zijn verschillende vormen denkbaar. De geledingen kunnen variëren, al naar gelang het type product, dienst of markt. In het geval van een website kunnen de volgende achtereenvolgende onderdelen inzicht bieden: Onbekenden → Bezoekers → Potentiële kopers → Klanten (dezen kopen het product of de dienst) → Promotors (dezen communiceren vervolgens ook nog positief over de aanbieder).

7.4.10 Persoonlijke verkoop

Grootte van de buitendienst

Uitleg
Het aantal benodigde vertegenwoordigers om een gegeven aantal klanten te bezoeken is van verschillende factoren afhankelijk. Onderstaande formule (Talley) geeft dat weer.

$$N = \frac{K \times B \times (G + W + R)}{U \times D \times 60}$$

Waarbij:

N = aantal vertegenwoordigers

K = aantal klanten

B = aantal bezoeken per klant per jaar

G + W + R = gemiddelde gesprekstijd + gemiddelde wachttijd + gemiddelde rijtijd

= benodigde tijd per bezoek (in minuten)

U = aantal uur per vertegenwoordiger per dag

D = aantal dagen per vertegenwoordiger per jaar

Voorbeeld

Stel G = 30 min, W = 10 min en R = 40 min, en stel dat een vertegenwoordiger per dag 9 uur op pad is. Per dag bedraagt de bezoekcapaciteit van een vertegenwoordiger dan 6,75; dat wil zeggen, er kunnen afgerond 6 klanten worden bezocht.

Stel het aantal dagen dat een vertegenwoordiger jaarlijks effectief op pad is (dus exclusief vakanties, vergaderingen, enzovoort) op 180. Stel dat het aantal klanten 1.600 is en dat klanten per jaar in elk geval 6 maal moeten worden bezocht.

$$N = \frac{1.600 \times 6 \times 80}{9 \times 180 \times 60} = \frac{768.000}{97.200} = 7,9$$

Dat betekent dat er afgerond 8 vertegenwoordigers nodig zijn.

Stel nu eens dat er verschillende klantcategorieën zijn. Er zijn 300 belangrijke klanten, die elf maal per jaar moeten worden bezocht. Verder zijn er 500 klanten die iets minder belangrijk zijn en zes maal bezocht moeten worden. In de laatste categorie zitten 800 klanten. Zij moeten vier maal bezocht worden. Het totaal aantal af te leggen bezoeken is dan:

```
300 × 11   = 3.300
500 × 6    = 3.000
800 × 4    = 3.200
             9.500
```

De totale benodigde bezoektijd is dan 9.500 × 80 min = 760.000 min. In dat geval is het aantal benodigde vertegenwoordigers, afgerond naar boven, eveneens 8.

Kosten per order

Uitleg en voorbeeld

Per jaar kan een vertegenwoordiger 180 × 6 = 1.080 klanten bezoeken. De kosten van een vertegenwoordiger bedragen het totaal van het salaris, de sociale lasten, de bonus, de kosten van vervoer (leaseauto, brandstof, enzovoort) en overige kosten. Stel dat de totale kosten per vertegenwoordiger uitkomen op:

€ 40.000 + € 10.000 + € 15.000 + € 15.000 + € 5.000 = € 85.000

Dan bedragen de kosten per bezoek € 85.000 / 1.080 = € 79. Stel dat een klant ten minste tweemaal moet worden bezocht om een order te kunnen schrijven. Dan zijn de kosten per order dus € 158.

Bij kleinere klanten kan worden overwogen van minder dure contactmethoden gebruik te maken, bijvoorbeeld telefonische verkoop, direct mail of internet.

Totale kosten van de buitendienst en kostendekkingsomzet

Uitleg en voorbeeld
De totale kosten van de buitendienst zijn eenvoudig te berekenen. Met de cijfers uit de vorige twee voorbeelden vinden we:

8 × € 85.000 = € 680.000 (exclusief verkoopleider en commerciële binnendienst)

Je kunt je nu afvragen welke jaaromzet een vertegenwoordiger moet genereren om in elk geval zichzelf terug te verdienen. Stel dat de brutomarge op de verkochte producten 10% is. Dan is de kostendekkingsomzet € 850.000. De gehele buitendienst moet dus minimaal € 6,8 miljoen genereren om quitte te spelen.

Vertegenwoordigers evalueren

Uitleg
De prestaties van vertegenwoordigers moeten natuurlijk in de gaten worden gehouden. Het hangt van de marketing- en salesdoelstellingen af waaraan de meeste prioriteit wordt gegeven. Gaat het puur om omzet, afzet en winst? Of telt het aantal nieuw geworven klanten extra zwaar mee? Of misschien het percentage van de afgesproken productgerelateerde targets dat wordt behaald? Of draait het om de toename ten opzichte van voorgaande jaren? Of wordt het een gewogen mix? In figuur 7.10 zie je een schema met voorbeeldcriteria aan de hand waarvan prestaties kunnen worden geëvalueerd.

Als prestaties input zijn voor eventuele bonussen, moet daarmee rekening gehouden worden in het kostenplaatje van de buitendienst.

	2012	2013	2014	2015
Netto-omzet product A				
Netto-omzet product B				
Totaal netto omzet				
Brutowinst product A				
Brutowinst product B				
Totaal brutowinst				
Verkoopkosten				
Verkoopkosten als % van omzet				
Aantal bezoeken				
Kosten per bezoek				
Gemiddeld aantal klanten				
Aantal nieuwe klanten				
Aantal verloren klanten				
Gemiddelde kosten per klant				
Gemiddelde brutowinst per klant				

Figuur 7.10 Criteria voor prestatiemeting

7.4.11 Communicatieplanner

Uitleg

Is eenmaal een keuze voor de communicatiemiddelen gemaakt, dan is een communicatieplanner een handig hulpmiddel. Hierin kun je de diverse communicatiemiddelen opnemen. De planner geeft een compleet jaaroverzicht van de te ondernemen activiteiten met de kosten en budgetten die daaraan verbonden zijn. Onderstaand een uitgewerkt voorbeeld van Cyclo voor het jaar 2013 en een voorgestelde planner voor 2015.

Voorbeeld Cyclo

Met het oog op zijn doelstellingen voor 2015 stelt Mark Snel een communicatieplanner samen waarin hij zich met name richt op verhoging van de merkbekendheid bij consumenten. Mark wil 'pull' bevorderen. Hij trekt in totaal € 1.500.000 uit voor communicatie.

Bij de reclame-uitingen besluit hij om steviger in te zetten op (consumentengerichte) massamedia en neemt daarvoor radio in de mediamix op. Dagbladen krijgen iets meer accent en er wordt meer budget uitgetrokken voor brochures, buitenreclame en onlinemarketing. Mark voegt de instrumenten sponsoring en experiencemarketing toe in de vorm van sportsponsoring, productplacement (Cyclofietsen die gebruikt worden in een populair televisieprogramma) en events (deelname aan een tweetal consumentenbeurzen). Bij salespromotion zet Mark iets meer in op consumentenpromoties (zowel gericht op awareness als op aankoop). Bij direct en interactieve marketing neemt hij posten op voor een interactieve website en daaraan gerelateerde e-mailmarketing. De post Onvoorzien gaat iets omhoog, gegeven het hogere niveau van de uitgaven.

De uitgaven aan de communicatie richting detaillisten houdt Mark op peil. Hij blijft geloven in de al langer gevolgde strategie van *customer intimacy* met betrekking tot de tussenhandel, in dit geval dus 'push'.

7.5 Measurement: communicatieonderzoek

Voor een gedegen marketingcommunicatiestrategie heb je zowel kwalitatief als kwantitatief onderzoek nodig naar de wijze waarop (potentiële) consumenten het product, de dienst of het merk beleven.

Communicatie-onderzoek is een breed begrip en betreft ook onderzoek met betrekking tot het communicatie-ontwikkelingsproces, bijvoorbeeld:

- **Conceptonderzoek**. Dit kan nuttig zijn op het moment dat beslissingen zijn genomen ten aanzien van de boodschap. Hierbij wordt uit een aantal voorstellen het beste concept gekozen.
- **Pretestonderzoek**. Dit gebruik je om een communicatieuiting te testen voordat deze wordt gecommuniceerd.
- **Mediaonderzoek**. Hierbij wordt gekeken naar de effectiviteit van mediumtypes en -titels versus kostenaspecten.

In de laatste fase van het communicatieproces kunnen de volgende typen communicatieonderzoek gedaan worden, om de communicatieuitingen te evalueren:

- **Posttestonderzoek**. Dit is het onderzoek naar de effecten die een communicatie-uiting heeft gehad, na plaatsing of uitzending. Hierbij kunnen kennis-effecten, attitude-effecten en/of gedragsintentie-effecten worden gemeten (zie ook § 2.3.3 voor uitleg van deze begrippen).
- **Webanalyse**. Hierbij wordt in kaart gebracht hoeveel mensen de webpagina bezoeken, hoe ze op de site komen, welke webpagina's ze bekijken, hoe lang ze op de website blijven, enzovoort. Ook kunnen resultaten van banners of nieuwsbrieven worden geanalyseerd.

Measurement: communicatieonderzoek

Marketingcommunicatieplanner CYCLO 2013		Budget	jan	feb	mrt	apr	mei	jun	jul	aug	sep	okt	nov	dec
Reclame														
dagbladen	productie	60.400	20.400	40.000										
	media	500.000			50.000	50.000	50.000	50.000	50.000	50.000	50.000	50.000	50.000	50.000
vakbladen	productie	16.000	10.000	6.000										
	media	44.000			4.400	4.400	4.400	4.400	4.400	4.400	4.400	4.400	4.400	4.400
drukwerk	brochures	30.000				20.000				10.000				
	leaflets, prijslijsten	6.000				3.200				2.800				
buitenreclame	lichtborden	19.200	1.600	1.600	1.600	1.600	1.600	1.600	1.600	1.600	1.600	1.600	1.600	1.600
		675.600												
Public relations														
regulier		12.000	1.000	1.000	1.000	1.000	1.000	1.000	1.000	1.000	1.000	1.000	1.000	1.000
persconferentie		2.000	1.000									1.000		
publicaties	persberichten	2.000	500	100	100	100	100	100	100	100	100	500	100	100
	advertorials	14.000	4.000	1.200	1.200	1.200	1.200	1.200	1.200	1.200	1.200	400		
		30.000												
Sales promotion														
consumentenpromoties		90.000	20.000	10.000	8.000	8.000	8.000		20.000	8.000	8.000			
handelspromoties		42.000	18.000	2.000	2.000	1.500			14.000	1.500	1.500	1.500		
vertegenwoordigerspromoties		10.000	1.200	800	800	800	800	800	800	800	800	800	800	800
winkelmateriaal		22.000	3.000	1.600	1.600	1.600	1.600	1.600	3.000	1.600	1.600	1.600	1.600	1.600
		164.000												
Direct en interactieve marketing														
mailing		22.000	12.000						10.000					
		22.000												
Digitale communicatie														
social media														
search engine marketing														
Persoonlijke verkoop														
verkooppresentaties/mappen		9.000	2.000	500	500	500	500	500	2.000	500	500	500	500	500
verkoopbijeenkomsten		3.000	1.500						1.500					
		12.000												
Onvoorzien		20.400	1.700	1.700	1.700	1.700	1.700	1.700	1.700	1.700	1.700	1.700	1.700	1.700
		924.000												

Tabel 7.2 Communicatieplanner Cyclo voor 2013

Hoofdstuk 7 Promotie

Marketingcommunicatieplanner CYCLO 2015		Budget	jan	feb	mrt	apr	mei	jun	jul	aug	sep	okt	nov	dec
		974.000												
Reclame														
radio	productie	20.000	10.000	10.000										
	media	230.000			23.000	23.000	23.000	23.000	23.000	23.000	23.000	23.000	23.000	23.000
dagbladen	productie	60.000	20.000	40.000										
	media	524.000			52.400	52.400	52.400	52.400	52.400	52.400	52.400	52.400	52.400	52.400
vakbladen	productie	16.000	10.000	6.000										
	media	44.000			4.400	4.400	4.400	4.400	4.400	4.400	4.400	4.400	4.400	4.400
drukwerk	brochures	40.000				22.000				18.000				
	leaflets, prijslijsten	6.000				3.200				2.800				
online marketing		4.000	1.250	250	250	250	250	250	250	250	250	250	250	250
buitenreclame	lichtborden	30.000	2.500	2.500	2.500	2.500	2.500	2.500	2.500	2.500	2.500	2.500	2.500	2.500
		974.000												
Sponsoring en experience		**230.000**												
sportsponsoring		120.000												
product placement		20.000	3.500	1.500	1.500	1.500	1.500	1.500	1.500	1.500	1.500	1.500	1.500	1.500
events	beurs	90.000	60.000									30.000			
		230.000												
Public relations		**30.000**												
regulier		12.000	1.000	1.000	1.000	1.000	1.000	1.000	1.000	1.000	1.000	1.000	1.000	1.000
persconferentie		2.000	1.000									1.000			
publicaties	persberichten	2.000	500	100	100	100	100	100	100	100	100	500	100	100
	advertorials	14.000	4.000	1.200	1.200	1.200	1.200	1.200	1.200	1.200	1.200	400			
		30.000												
Sales promotion		**184.000**												
consumentenpromoties		110.000	24.000	12.000	12.000	12.000	12.000	12.000	20.000	9.000				
handelspromoties		42.000	18.000	2.000	2.000	1.500			14.000	1.500	1.500			
vertegenwoordigerspromoties		10.000	1.200	800	800	800	800	800	800	800	800	800	800	800
winkelmateriaal		22.000	3.000	1.600	1.600	1.600	1.600	1.600	3.000	1.600	1.600	1.600	1.600	1.600
		184.000												
Direct en interactieve marketing		**40.000**												
mailing		30.000	16.000						14.000					
website (interactief)		5.000	600	400	400	400	400	400	400	400	400	400	400	400
e-mailmarketing		5.000	2.000	180	180	180	180	180	1.200	180	180	180	180	180
		40.000												
Persoonlijke verkoop		**12.000**												
verkooppresentaties/mappen		9.000	2.000	500	500	500	500	500	2.000	500	500	500	500	500
verkoopbijeenkomsten		3.000	1.500						1.500					
		12.000												
Onvoorzien		30.000	2.500	2.500	2.500	2.500	2.500	2.500	2.500	2.500	2.500	2.500	2.500	2.500
		1.500.000												

Tabel 7.3 Voorgestelde communicatieplanner Cyclo voor 2015

7.5.1 Evaluatie digitale communicatiecampagne

Uitleg

Met de trend naar meer verschillende media en een sterker accent op digitale media, is er meer aandacht gekomen voor conversie en meetbaarheid. Digitale communicatiecampagnes kunnen op verschillende manieren gemeten worden, met hele simpele en meer verfijnde maatstaven. In figuur 7.10 staan trapsgewijs zeven maatstaven aangegeven. Met elke trede wordt de maatstaf een stapje verfijnder.

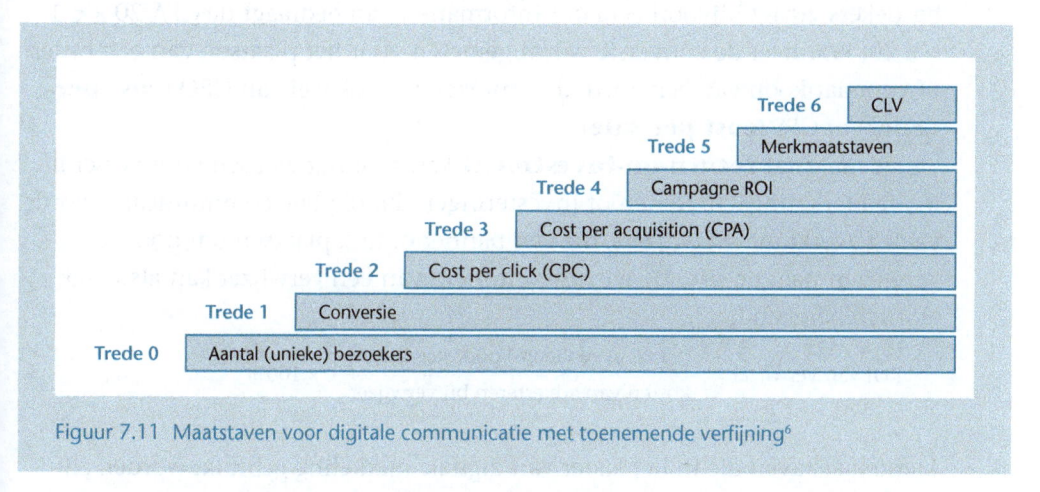

Trede 6	CLV
Trede 5	Merkmaatstaven
Trede 4	Campagne ROI
Trede 3	Cost per acquisition (CPA)
Trede 2	Cost per click (CPC)
Trede 1	Conversie
Trede 0	Aantal (unieke) bezoekers

Figuur 7.11 Maatstaven voor digitale communicatie met toenemende verfijning[6]

Het aantal bezoekers is een maatstaf voor het volume dat de website/digitale activiteit aantrekt. Het **aantal unieke bezoekers** heeft de voorkeur (maar is moeilijker te meten) omdat het aangeeft met hoeveel potentiële klanten gecommuniceerd wordt.

Een goede kwaliteitsmaatstaf is de **conversie**. Je kunt deze meten voor verschillende activiteiten, bijvoorbeeld voor het aanvragen van informatie, het inschrijven voor een event of het plaatsen van een order. Je kunt dit naar keuze afzetten tegen het aantal bezoeken of het aantal unieke bezoekers. De formule is:

$$\text{conversie} = \frac{\text{aantal beoogde acties}}{\text{aantal bezoeken of: aantal unieke bezoekers}} \times 100\%$$

Een conversie van enkele procenten is vaak al een mooi resultaat. Gerelateerde maatstaven zijn de **bounce rate** (% bezoekers dat slechts één webpagina bezoekt en daarna de site verlaat) en het complement daarvan: de **engagement rate** (% bezoekers dat doorklikt naar andere pagina's).

De mediakosten kunnen worden afgemeten aan de **kosten per 1000** (CPM of cost-per-mille, zie ook § 7.4.8), dat wil zeggen de kosten waarvoor de communicatie-uiting aan 1000 bezoekers getoond wordt. De kosten van het verwerven van een (nieuwe) bezoeker worden meestal gemeten met de **cost-per-click** (CPC). Bij Google Adwords bijvoorbeeld wordt een bedrag betaald voor alle bezoekers die doorklikken op de advertentie.

Door de cost-per-click en de conversie te combineren, krijg je inzicht in de **kosten per actie** of **kosten per acquisitie** (CPA). Indien de CPC €1 bedraagt, en de conversie voor het verkrijgen van een lead is 5% (dus 1 op de 20 bezoekers vraagt bijvoorbeeld om informatie), dan bedraagt de CPA 20 × € 1 = € 20. Wanneer de conversie wordt gemeten voor het plaatsen van een order of voor aankoop van een goed, dan spreken we ook wel van CPO (**cost-per-order**) of CPS (**cost-per-sale**).

De maatstaf **return-on-investment** kan gebruikt worden voor verschillende marketingactiviteiten of investeringen. Bij digitale communicatie wordt vaak gewerkt met verwijzers, die een banner of link plaatsen om door te verwijzen naar de site. De winstgevendheid van een verwijzer kan als volgt worden berekend:

$$\text{ROI van verwijzer} = \frac{\text{winst gegenereerd door verwijzer}}{\text{kosten van adverteren bij verwijzer}} \times 100\%$$

Merkmaatstaven die in het kader van digitale marketing gebruikt worden zijn dezelfde als reeds eerder besproken, bijvoorbeeld merkbekendheid (zie § 1.7.2) en merkwaarde (zie § 4.4). Hetzelfde geldt voor Customer Lifetime Value (zie § 1.7.3). Ook van digitale klanten is het interessant om niet alleen te kijken naar de waarde van een enkele transactie, maar naar de totale waarde van een klant gedurende de klantrelatie.

Wanneer te gebruiken
Deze maatstaven kun je gebruiken voor het formuleren van doelstellingen voor digitale communicatiecampagnes en voor het evalueren van de resultaten.

Voorbeeld
In een periode wordt een digitale advertentie 200.000 maal getoond. De kosten voor deze advertentie bedragen € 4000. 1,2% klikt via de advertentie door naar de site. Dit levert 200.000 x 0,012 = 2400 bezoekers op. De kosten per 1000 bedragen € 4000 / 200 = € 20. De kosten per click bedragen € 4000 / 2400 = € 1,67.

Van de 2400 bezoekers kijkt een derde niet verder en verlaat de website. De bounce rate is dus 33%.

Twee derde bekijkt verschillende webpagina's en 40 mensen plaatsen een bestelling. De conversie is 40 / 2400 × 100% = 1,7%. De kosten per bestelling (cost-per-sale) zijn 2400 × €1,67 / 40 = € 100.

Stel nu dat het gemiddelde orderbedrag € 300 is, waarvan € 120 winst is. De ROI op deze campagne bedraagt dan 40 × € 120 / € 4000 × 100% = 120%. Dat betekent dat de kosten van de campagne zijn terugverdiend en daar bovenop 20% winst is gemaakt. Dat is een positief resultaat voor de korte termijn. Voor de lange termijn is het interessant om na te gaan wat het effect van deze campagne is op de merkbekendheid en of deze nieuwe klanten herhalingsaankopen zullen doen.

Hoofdstuk 8

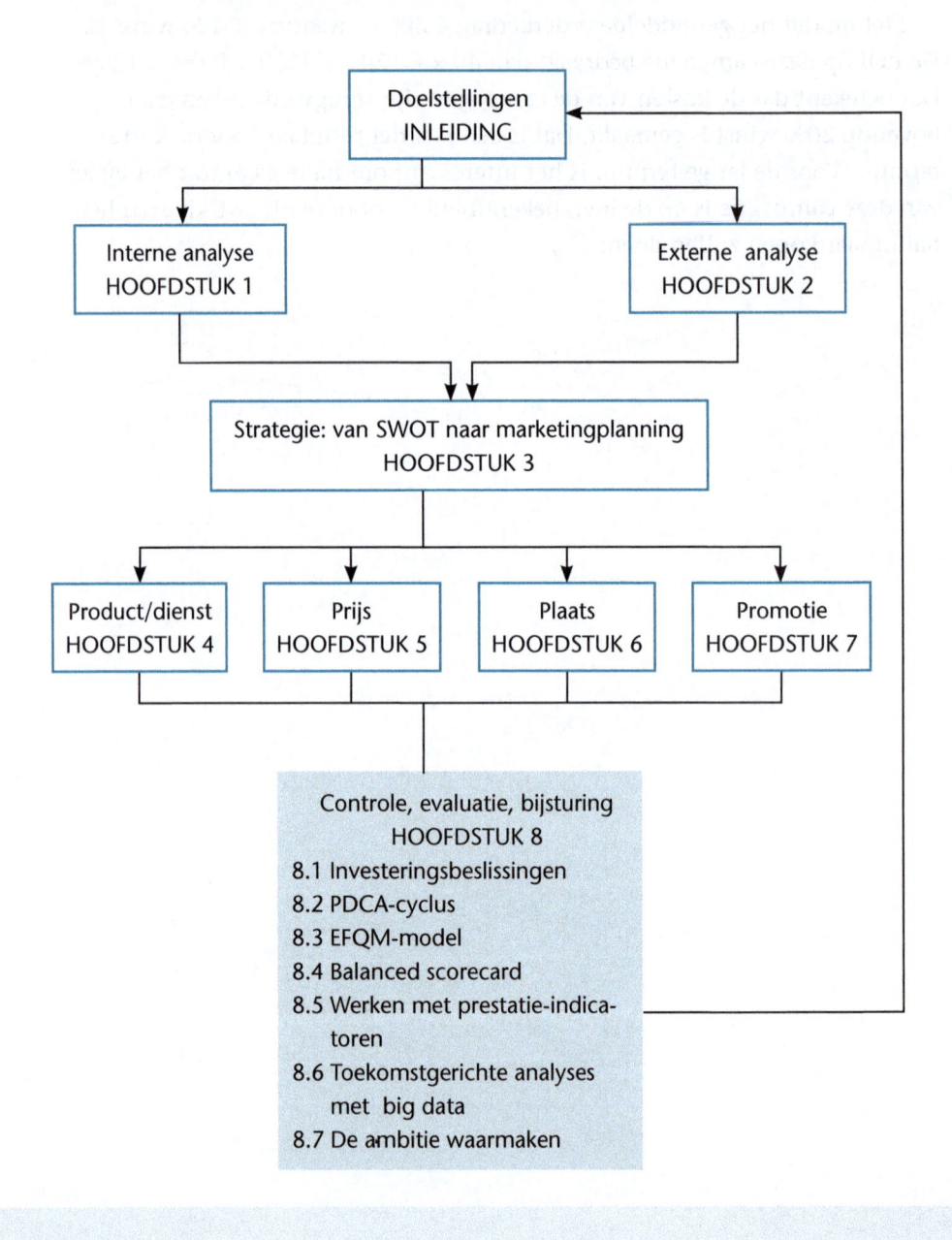

```
                    ┌─────────────────┐
                    │  Doelstellingen │◄─────────────────┐
                    │    INLEIDING    │                  │
                    └────────┬────────┘                  │
              ┌──────────────┴──────────────┐            │
              ▼                             ▼            │
    ┌──────────────────┐          ┌──────────────────┐   │
    │  Interne analyse │          │  Externe analyse │   │
    │   HOOFDSTUK 1    │          │   HOOFDSTUK 2    │   │
    └────────┬─────────┘          └─────────┬────────┘   │
             └────────────┬─────────────────┘            │
                          ▼                              │
        ┌─────────────────────────────────────┐          │
        │ Strategie: van SWOT naar            │          │
        │ marketingplanning                   │          │
        │           HOOFDSTUK 3               │          │
        └─────────────────┬───────────────────┘          │
      ┌──────────┬────────┴────────┬──────────┐          │
      ▼          ▼                 ▼          ▼          │
  ┌────────┐ ┌────────┐        ┌────────┐ ┌────────┐     │
  │Product/│ │ Prijs  │        │ Plaats │ │Promotie│     │
  │ dienst │ │ HOOFD- │        │ HOOFD- │ │ HOOFD- │     │
  │HOOFD-  │ │STUK 5  │        │ STUK 6 │ │ STUK 7 │     │
  │STUK 4  │ │        │        │        │ │        │     │
  └───┬────┘ └───┬────┘        └───┬────┘ └───┬────┘     │
      └──────────┴────────┬────────┴──────────┘          │
                          ▼                              │
        ┌─────────────────────────────────────┐          │
        │ Controle, evaluatie, bijsturing     │          │
        │           HOOFDSTUK 8               │          │
        │ 8.1 Investeringsbeslissingen        │          │
        │ 8.2 PDCA-cyclus                     │          │
        │ 8.3 EFQM-model                      │          │
        │ 8.4 Balanced scorecard              │          │
        │ 8.5 Werken met prestatie-indica-    │──────────┘
        │     toren                           │
        │ 8.6 Toekomstgerichte analyses       │
        │     met big data                    │
        │ 8.7 De ambitie waarmaken            │
        └─────────────────────────────────────┘
```

Controle, evaluatie en bijsturing

In de voorgaande hoofdstukken hebben we laten zien hoe je gestructureerd kunt toewerken naar de totstandkoming van een marketingplan. De gekozen strategie, gebaseerd op een gedegen analyse, kan per instrument (product, prijs, plaats, promotie) en gekoppeld aan doelstellingen nader worden uitgewerkt.

In dit afsluitende hoofdstuk kijken we eerst naar noodzakelijke investeringsbeslissingen in verband met te bereiken doelstellingen. Daarna behandelen we een aantal methodieken om het marketingplan te monitoren, te evalueren en bij te sturen. We bespreken daartoe een algemene benadering voor verbeteringstrajecten, namelijk de PDCA-cyclus. Vervolgens kijken we naar het EFQM-model en naar een specifiek systeem voor controle, evaluatie en bijsturing: de balanced scorecard. We behandelen het werken met prestatie-indicatoren op een hoog en een een wat lager aggregatieniveau. Welke maatstaven daarbij gebruikt moeten worden, hangt deels af van de focus van de organisatie. In het kader van marketing accountability introduceren we een marketingscorecard waarbij op instrumentniveau wordt gekeken naar behaalde resultaten. Ten slotte kijken we naar een model dat aangeeft dat je met complexere analyses van big data nog verder kunt gaan dan het monitoren van gegevens.

Hoofdstuk 8 Controle, evaluatie en bijsturing

8.1 Investeringsbeslissingen

Wanneer te gebruiken

Als een marketeer een voorstel doet voor een investering, moet hij dat voorstel onderbouwen, zodat de directie een gefundeerde beslissing kan nemen. Daarbij kan hij de drie kengetallen in deze paragraaf gebruiken. Aangezien het gaat om toekomstige ontvangsten, leggen we ook uit hoe je de netto contante waarde kunt berekenen.

8.1.1 Geprognosticeerde cashflow

Uitleg

Een investering heeft over het algemeen als doel om extra inkomsten te verkrijgen. De inkomsten die met een investering worden gegenereerd, heten de **geprognosticeerde cashflow**.

Voorbeeld Cyclo

Marketingmanager Mark Snel van Cyclo stelt voor om vanaf 2014 te investeren in een nieuwe assemblagelijn voor elektrische fietsen. Om de productiecapaciteit te verdubbelen van 3.000 naar 6.000 fietsen per jaar is een investering nodig van € 1,5 miljoen.

Op basis van historische gegevens en een marktanalyse verwacht Mark de komende jaren een flinke afzetstijging in elektrische fietsen te kunnen realiseren. Voorwaarde is wel dat de productie wordt ondersteund met een promotiecampagne. Hij verwacht de volgende extra opbrengsten.

Jaar	2009	2010	2011	2012	2013	2014*	2015*	2016*	2017*
Totale afzet	800	1.100	1.400	1.800	2.700	3.500	4.500	5.500	6.000
Extra afzet						500	1.500	2.500	3.000
Geprognosticeerde cashflow in 1000 €						180	540	900	1.080

Tabel 8.1 Geprognosticeerde cashflow. * prognose

De geprognosticeerde cashflow is berekend door de verwachte afzet te vermenigvuldigen met de contributiemarge van een elektrische fiets (€ 360).

Investeringsbeslissingen

8.1.2 Pay-backperiode

Uitleg

Hoe sneller een investering is terugverdiend, hoe sneller hiermee geld verdiend kan worden. De pay-backperiode, ofwel de periode voordat de investering is terugverdiend uit de extra opbrengsten, is daarom een belangrijke beslissingsfactor, die echter niet heel erg zuiver is: de toekomstige opbrengsten worden niet contant gemaakt. Toch wordt de pay-backperiode gezien als een handige maatstaf.

Voorbeeld Cyclo

In bovenstaand voorbeeld van Cyclo ligt de pay-backperiode tussen de twee en drie jaar:

Na twee jaar is de opbrengst (× € 1000): € 180 + € 540 = € 720
Na drie jaar is de opbrengst (× € 1000): € 720 + € 900 = € 1620.

De pay-backperiode is 2 jaar + 780/900 = 2,86 jaar ofwel ongeveer 2 jaar en 10 maanden.

8.1.3 Break-evenanalyse

Uitleg

Met behulp van de break-evenanalyse (zie ook § 5.2.4) kan worden nagegaan hoeveel eenheden (extra) verkocht moeten worden om de investering terug te verdienen. De formule voor het break-evenaantal is:

$$\text{break-evenaantal} = \frac{\text{vaste kosten (totaal)}}{\text{prijs} - \text{variabele kosten (per eenheid)}}$$

Voorbeeld Cyclo

We rekenen verder met de getallen voor Cyclo's investering uit de vorige twee voorbeelden. In de formule voor het break-evenaantal is de noemer (prijs − variabele kosten) gelijk aan de contributiemarge van een elektrische fiets. Voor het break-evenaantal vinden we:

€ 1.500.000 / € 360 = 4.167 stuks

Wanneer er dus 4.167 extra elektrische fietsen worden verkocht, dan dekt de opbrengst daarvan de kosten van de investering. Fietsen die boven op het aantal van 4.167 worden verkocht, leveren winst op voor Cyclo.

Hoofdstuk 8   Controle, evaluatie en bijsturing

8.1.4   Netto contante waarde

Uitleg

De geprognosticeerde cash flow betreft bedragen die in de toekomst ontvangen zullen worden. Die toekomstige bedragen zullen op het moment van ontvangst minder waard zijn dan nu. Daarom kun je hiervan de netto contante waarde berekenen. De formule voor de netto contante waarde is:

$$\text{Netto contante waarde} = \frac{1}{(1+R)^N}$$

Waarbij R de rentevoet is en N het aantal perioden waarna je het bedrag ontvangt.

Voorbeeld

Stel de rentevoet is 9%. De cashflowbedragen uit 8.1.1 kunnen dan als volgt contant worden gemaakt:

	2014	2015	2016	2017
Geprognosticeerde cashflow in 1000 €	180	540	900	1.080
Netto contante waarde in 1000 €	180/(1+0,09) = 165	540/(1+0,09)^2 = 455	900/(1+0,09)^3 = 695	1080/(1+0,09)^4 = 765

Duidelijk is dat het nogal een verschil maakt of je werkt met de gewone bedragen of met contant gemaakte bedragen. De geprognostiseerde cashflow over 2014 tot en met 2017 bedraagt in gewone bedragen € 2.700, terwijl dat in contant gemaakt bedragen slechts € 2.080 is.

Nu we aandacht hebben besteed aan de noodzakelijke investeringsbeslissingen is het tijd om te kijken naar modellen en berekeningen om de uitvoering van voorgenomen plannen te sturen, te monitoren en bij te stellen.

8.2   PDCA-cyclus

Uitleg

Nadat plannen zijn uitgevoerd, moeten ze worden geëvalueerd. Tijdens de evaluatie ga je na in hoeverre de doelstellingen zijn gerealiseerd. In het algemeen is er sprake van een planningscyclus, waarbij elk jaar een planningsronde wordt doorlopen. De resultaten van het ene jaar zijn dan de input voor de planning van het volgende jaar. Op deze manier werk je structureel aan verbeteringen.

PDCA-cyclus

De **PDCA-cyclus** van Deming is een simpel model dat je helpt bij het doorlopen van de planningscyclus. Het wordt onder andere gebruikt voor kwaliteitsverbeteringsprocessen. De cyclus bestaat uit de volgende fasen:
- Plan: doelen vaststellen en plannen maken om deze te realiseren.
- Do: plannen uitvoeren.
- Check: evalueren van de resultaten en nagaan in hoeverre de doelstellingen zijn gehaald.
- Act: nagaan waar en welke verbeteringen nodig zijn en hier actie op ondernemen. Dingen die goed gaan vasthouden c.q. standaardiseren.

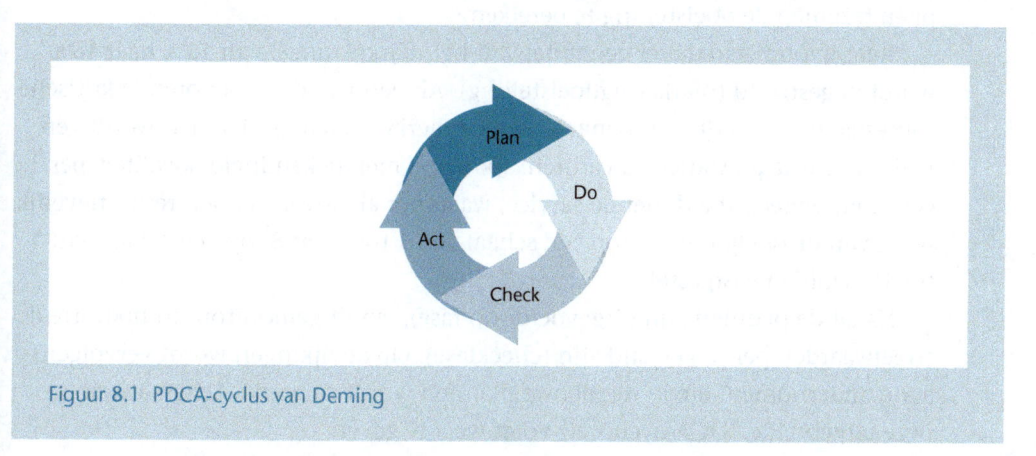

Figuur 8.1 PDCA-cyclus van Deming

Vaak wordt veel tijd en aandacht besteed aan de eerste twee fasen en blijven de derde en vierde fase onderbelicht. Dat wil zeggen: plannen worden wel gemaakt en uitgevoerd, maar niet uitgebreid geëvalueerd. Daardoor wordt bij het opstellen van nieuwe plannen niet optimaal geprofiteerd van leerervaringen.

Wanneer te gebruiken

De PDCA-cyclus is vooral bedoeld voor verbetertrajecten. Door in opeenvolgende cycli de activiteiten te evalueren en op basis daarvan verbeteracties door te voeren, kom je steeds dichter bij de gestelde doelen. Dit gaat ook op voor marketingplanning. Aangezien een (operationeel) marketingplan meestal een periode van een jaar beslaat, waarna nieuwe plannen worden geformuleerd, is de PDCA-cyclus hierbij zeer goed bruikbaar. Het is wel belangrijk dat je van tevoren meetbare maatstaven vaststelt voor de check-fase. Op deze manier kan het best worden vastgesteld in hoeverre de doelstellingen uit de planfase zijn gehaald. Ook is het aan te bevelen om alle betrokkenen bewust te maken van de werking van de PDCA-cyclus, wat hen stimuleert om actief mee te werken aan de verbeteracties.

Hoofdstuk 8 Controle, evaluatie en bijsturing

Voorbeeld
Wanneer de PDCA-cyclus wordt ingezet voor de sturing van de organisatie, kan ook de evaluatie van marketingplannen daarin een plaats krijgen en is het, zoals gezegd, van belang om heldere maatstaven te formuleren. In de planfase kun je dit stapsgewijs doen: de marketingdoelstellingen worden vertaald in **kritische succesfactoren** (ksf). Dit zijn kwalitatieve factoren die van kritisch belang zijn voor de realisatie van de doelstelling waar ze bij horen. Om de ksf meetbaar te maken worden er een of meer (kwantitatieve) **prestatie-indicatoren** (pi) aan gekoppeld. Per pi wordt een **streefwaarde** vastgesteld die nodig is om met alle pi'en tezamen de doelstelling te bereiken.[1]

Stel bijvoorbeeld dat er een groei van het marktaandeel van 15% naar 18% wordt nagestreefd (marketingdoelstelling). Als een van de bijbehorende kritische succesfactoren wordt een toename van de merkvoorkeur gezien. Dit wordt vertaald naar drie prestatie-indicatoren: spontane merkbekendheid, kwaliteitsperceptie en tevredenheid met de service, waarvoor als streefwaarden respectievelijk 60% (van de doelgroep), 4 (op een schaal van 1 tot 5) en 8 (op een schaal van 1 tot 10) worden vastgesteld.

Nadat de plannen zijn uitgevoerd (do-fase), wordt gemonitord in hoeverre de streefwaarden per pi gehaald zijn (checkfase). Op afwijkingen wordt vervolgens actie ondernomen, die in de nieuwe plannen wordt verwerkt. Schematisch is deze uitgebreide PDCA-cyclus als volgt weer te geven.

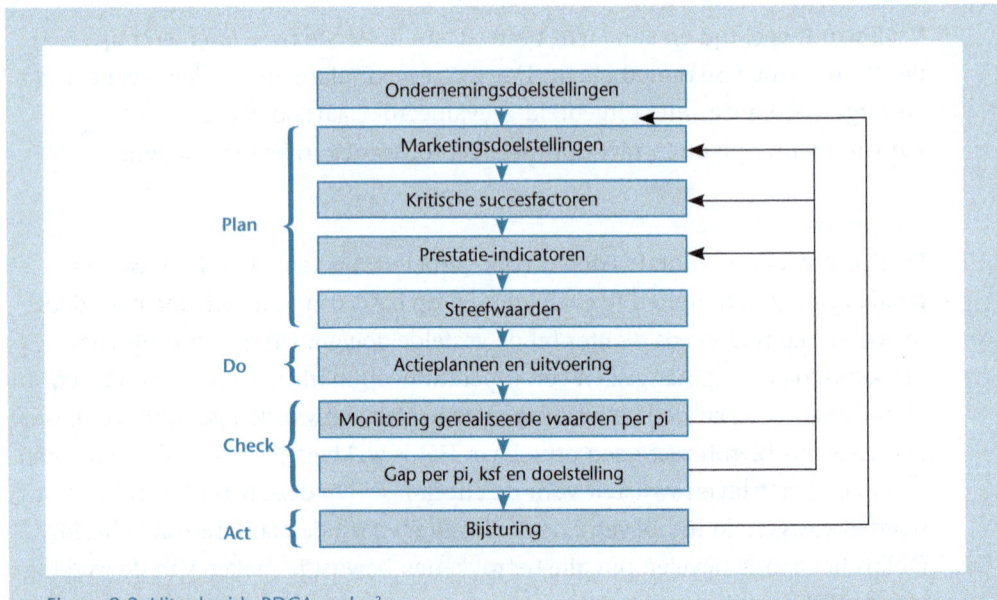

Figuur 8.2 Uitgebreide PDCA-cyclus[2]

De PDCA-cyclus is gericht op het voortdurend evalueren en verbeteren van de resultaten van diverse plannen. De PDCA-cyclus kan ook worden gebruikt bij het volgende model, dat gericht is op kwaliteitsverbeteringen over de gehele breedte van de onderneming.

8.3 EFQM-model

Uitleg

Het **EFQM-model** (van de European Foundation for Quality Management), ook wel aangeduid als het **INK-model** (van het Instituut Nederlandse Kwaliteit), is een breed gebruikt managementmodel, dat helpt om te focussen op gebieden waar verbeteringen mogelijk zijn. Het model is opgebouwd uit vijf organisatiegebieden en vier resultaatgebieden. Volgens het model begint het met goed leiderschap, dat strategie en beleid bepaalt, medewerkers aanstuurt en de middelen en processen beheert. Dit alles leidt, via de waardering van medewerkers, klanten, leveranciers en de maatschappij, tot de (financiële) prestaties van de onderneming. Binnen het model is elk van deze onderwerpen uitgesplitst in deelaspecten. Vanuit de resultaatgebieden is er een feedbackloop terug naar de organisatie om te leren en te verbeteren.

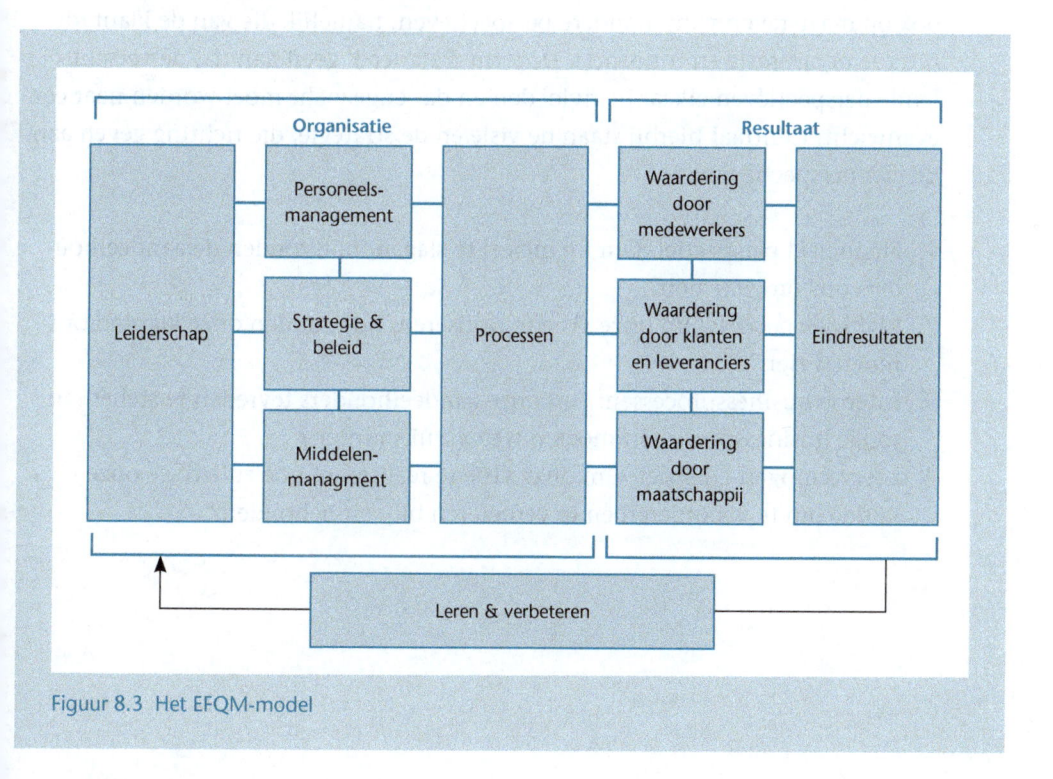

Figuur 8.3 Het EFQM-model

Wanneer te gebruiken
Het EFQM-model is een besturingsmodel om alle deelgebieden van de organisatie te kunnen verbeteren en daardoor als onderneming te kunnen excelleren. Het model kan gebruikt worden voor self-assessment, voor vergelijking met andere, soortgelijke ondernemingen, en om verbetergebieden te identificeren. Kwaliteitsmanagement en procesmanagement zijn belangrijke voorwaarden om van dit model te kunnen profiteren.

Het EFQM-model kan goed gebruikt worden in combinatie met de balanced scorecard.

8.4 Balanced scorecard

Uitleg
De **balanced scorecard** (bsc) is een model dat als evaluatiehulpmiddel en als dashboard gebruikt wordt door het strategisch management. Hierbij worden strategische doelen vertaald in concrete, meetbare prestatie-indicatoren of maatstaven. Het model is beschreven door Kaplan en Norton. Uitgangspunt is dat managers niet alleen worden afgerekend op financiële maatstaven, maar ook op maatstaven vanuit andere perspectieven, namelijk die van de klant, de interne organisatie en innovatie. De term 'balanced' geeft aan dat de verschillende perspectieven elkaar beïnvloeden en dat er gezocht moet worden naar een evenwicht. Centraal hierbij staan de visie en de strategie, die richting geven aan de vier perspectieven.

1. Financieel perspectief: Om financieel te slagen, hoe zouden de aandeelhouders ons moeten zien?
2. Klantperspectief: Om onze visie te realiseren, hoe zouden onze klanten ons moeten zien?
3. Interne businessprocessen: Om onze aandeelhouders tevreden te stellen, in welke businessprocessen moeten we dan uitmunten?
4. Leervermogen en groei: Om onze visie te realiseren, hoe zullen we onze kunde om te veranderen en te verbeteren blijven behouden?

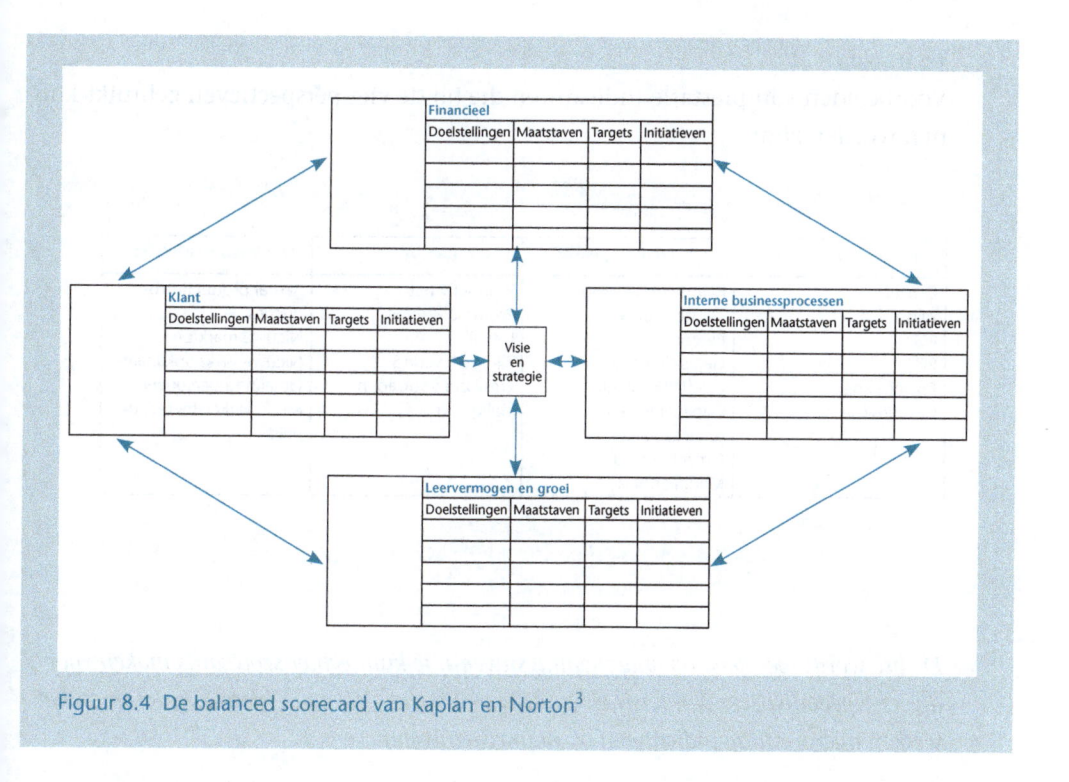

Balanced scorecard

Figuur 8.4 De balanced scorecard van Kaplan en Norton[3]

Bij het gebruik van een bsc is de communicatie tussen management en medewerkers zeer belangrijk. Allereerst moet het management de visie en strategie duidelijk maken en vertalen in ondernemingsdoelstellingen. Deze worden ondergebracht bij de vier perspectieven. Vervolgens worden hier passende prestatie-indicatoren bij gezocht. Aan de prestatie-indicatoren worden concrete streefwaarden (targets) gekoppeld, en er worden activiteiten ondernomen om de targets te realiseren. De eerste doelstellingen zijn dus op hoog aggregatieniveau (ondernemingsniveau) geformuleerd en zijn richtinggevend. De targets zijn veelal op een lager, meer detaillistisch niveau geformuleerd en uitgedrukt in cijfers.

Wanneer te gebruiken
De bsc is vooral een sterk communicatie- en informatiemiddel voor de onderneming. Het dwingt het management om zijn visie en de uitgezette strategie duidelijk te formuleren en te communiceren naar de medewerkers. Er zijn ook nadelen aan de bsc: het kan zijn dat niet alle doelstellingen van een onderneming inpasbaar zijn in de vier perspectieven en dat andere perspectieven van groter belang zijn. Ga in zo'n geval flexibel om met de bsc. Het is slechts een instrument, dat je moet kunnen aanpassen aan de aard en behoeften van de organisatie.

Hoofdstuk 8   Controle, evaluatie en bijsturing

Voorbeeld
Voorbeelden van prestatie-indicatoren die bij de vier perspectieven gebruikt kunnen worden zijn:

Financieel perspectief	Afnemersperspectief	Intern perspectief	Innovatieperspectief
Omzet	Klanttevredenheid	Productiviteit	Aantal productintroducties
Winst	Klantentrouw	Productkwaliteit	Nieuwe markten
ROI	Retentie	Uitval	Nieuwe verkoopkanalen
REV	Gepercipieerde productkwaliteit	Tijdige levering	Opleiding personeel
Brutomarge		Omvang voorraden	Medewerkerstevredenheid
Cashflow	Gepercipieerde servicekwaliteit	Veiligheid	
	Omzet per klant		
	Marktaandeel		

Tabel 8.2 Voorbeeldindicatoren voor de balanced scorecard

De bsc wordt toegepast op ondernemingsniveau. Je kunt echter scorecards maken voor diverse specialistische terreinen en op diverse niveaus. We gaan hierna verder in op het werken met prestatie-indicatoren op marketingniveau.

8.5 Werken met prestatie-indicatoren

Vaak kijkt men voornamelijk naar financiële resultaten zoals omzet, winst en ROI. Dit zijn echter indicatoren op een hoog aggregatieniveau, namelijk dat van de onderneming. De marketingactiviteiten vinden op een lager aggregatieniveau plaats, namelijk op het niveau van product(groep)en, bijbehorende klanten(groepen) en markt(segment)en. De marketinginspanningen komen via de marketinginstrumenten, daarom primair tot uitdrukking op product/marktniveau, maar werken later wel weer door in de resultaten op ondernemingsniveau. Dat is in figuur 8.5 weergegeven.

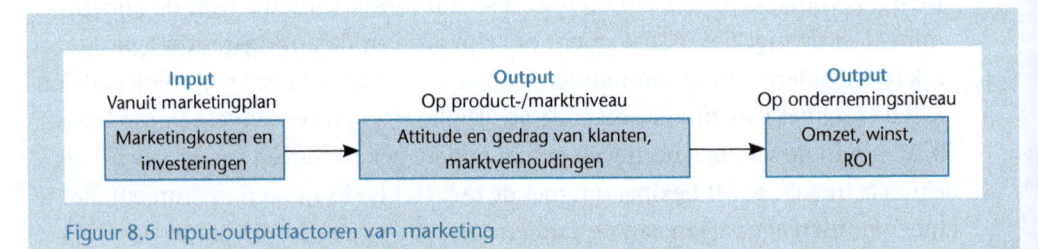

Input Vanuit marketingplan	Output Op product-/marktniveau	Output Op ondernemingsniveau
Marketingkosten en investeringen	Attitude en gedrag van klanten, marktverhoudingen	Omzet, winst, ROI

Figuur 8.5 Input-outputfactoren van marketing

Om inzicht te krijgen in de effectiviteit van marketing moet je daarom ook op klant- en instrumentniveau **prestatie-indicatoren** definiëren. Deze zet je in het marketingplan, met per indicator de nagestreefde doelstelling.

8.5.1 Marketingscorecard

Uitleg

Om de marketingprestatie-indicatoren op overzichtelijke wijze te kunnen volgen hebben wij de **marketingscorecard** ontworpen. Daarin staan de prestatie-indicatoren met betrekking tot de vier marketingmixinstrumenten centraal, gegroepeerd rondom de marketingstrategie, het eerste niveau. Deze marketingprestatie-indicatoren werken door op het merk, en vervolgens op de klant. Hier zijn maatstaven te vinden op een wat hoger aggregatieniveau. Daaromheen bevindt zich het 'hoogste' niveau, waarbij gekeken wordt naar financiële kengetallen op ondernemingsniveau.

Wanneer te gebruiken

Er is in de marketing steeds meer aandacht voor accountability. Dat wil zeggen dat marketeers de inzet van het marketingbudget moeten verantwoorden door de resultaten van hun marketingactiviteiten te meten en te laten zien. Hiervoor heb je meetbare indicatoren nodig. Door consequent relevante indicatoren in kaart te brengen kun je ontwikkelingen zichtbaar maken, die gerelateerd kunnen worden aan de inzet van marketingmiddelen. Het zal moeilijk blijven om directe relaties te leggen en causale verbanden vast te stellen. Echter, door de indicatoren in de tijd te volgen en deze nauwgezet te vergelijken met de aard en omvang van de marketinginspanningen, krijg je in ieder geval enig inzicht in de effecten van marketing.

Welke indicatoren precies gebruikt moeten worden zal per onderneming verschillen. Dat kan onder meer samenhangen met de gevolgde strategie. Zo zal er bij een productleadershipstrategie meer nadruk liggen op productkwaliteit en bij een customerintimacystrategie meer nadruk op afnemerstevredenheid en loyaliteit. Kwalitatieve maatstaven, zoals imago of merkvoorkeur, kun je meetbaar maken door aspecten ervan te laten beoordelen op Likert-schalen.

Hoofdstuk 8   Controle, evaluatie en bijsturing

Financieel
Klant
Merk

Product
- Kwaliteit (objectief en gepercipieerd)
- Afzet/omzet/marge per product

Prijs
- Prijsniveau t.o.v. concurrentie
- Gepercipieerd prijsniveau
- Prijs-waarde-verhouding

Marketingstrategie

Promotie
- Merkbekendheid
- Imago
- Recall van reclames
- Bereik
- Bezoekers website
- Internetstatistieken

Plaats
- Nummerieke/gewogen distributie
- Omzetaandeel
- Vloerproductiviteit
- Conversie website
- Internetverkopen

Omzet, Klanttevredenheid, Brandequity, Bekendheid, Retentiegraad, Afzet, Imago, Aantal klanten, Financiële kengetallen, Omzet per klant, Marktaandeel, Winst, Klantaandeel, ROS, CLV

Toenemend aggregatieniveau

Figuur 8.6 Marketingscorecard

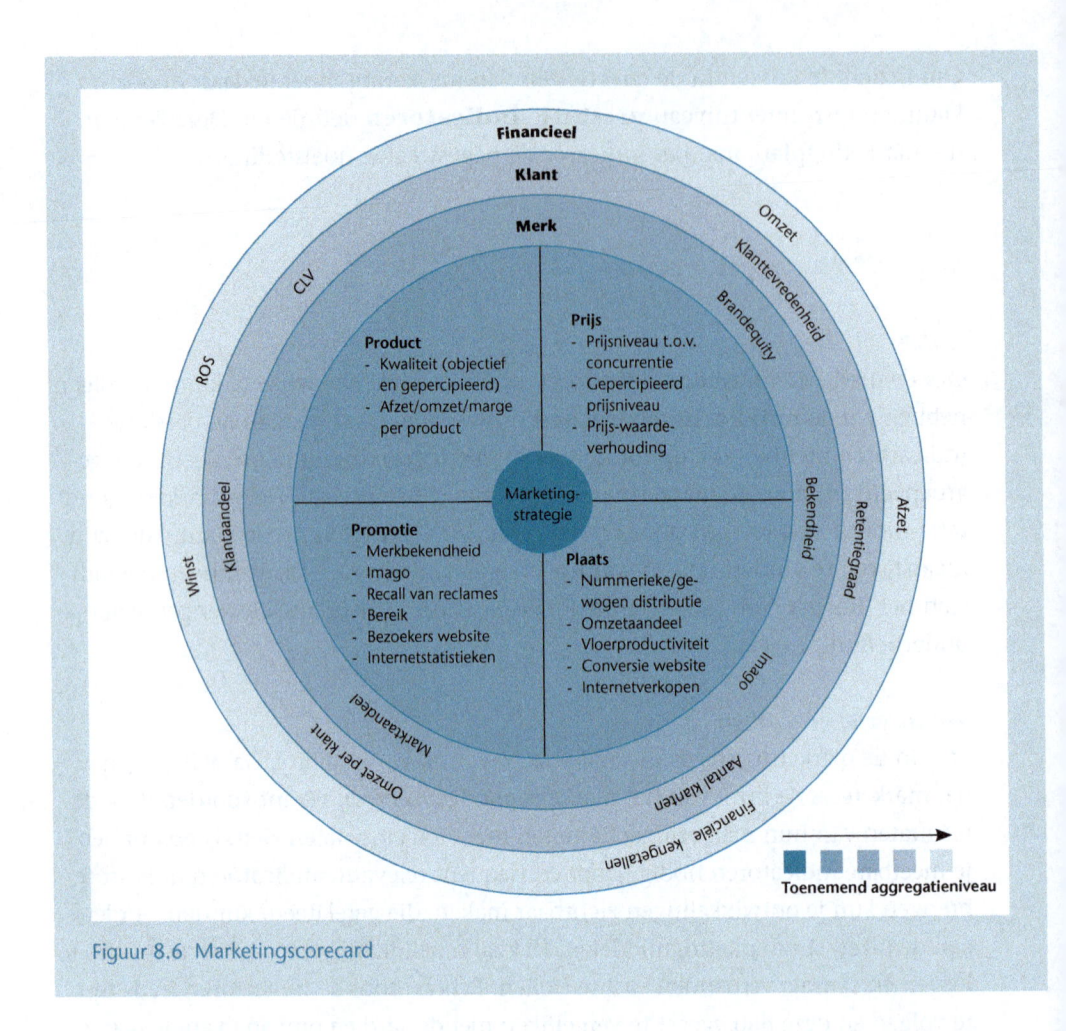

Voorbeeld Cyclo

Mark Snel van Cyclo heeft, op basis van de resultaten van 2013 en de uitgezette strategie, een marketing scorecard opgesteld met een aantal maatstaven op ondernemingsniveau (financiële maatstaven), op marketingniveau (klant- en merkmaatstaven) en op marketingmixniveau (product-, promotie-, plaats- en prijsmaatstaven). Hij heeft voor alle maatstaven doelstellingen geformuleerd voor 2014. Wanneer de resultaten over 2014 bekend zijn kunnen deze met de doelstellingen worden vergeleken.

Werken met prestatie-indicatoren

Financiële maatstaven	2013	Doelst. 2014		2013	Doelst. 2014
Omzet (1000 €)	30.965	33.750	Current ratio	1,3	1,5
Omzetgroei	7,6%	9,0%	Quick ratio	0,6	0,6
Afzet	59.800	62.500	Solvabiliteit	36%	Min. 33%
Afzetgroei	0,2%	4,5%	Rentabiliteit TV	18,3%	18%
Nettowinst	1554	1750	Rentabiliteit EV	43,9%	40%
ROS/netto winstmarge	5,0%	5,2%	Omlooptijd voorraden	99 dagen	85 dagen
Bruto winstmarge	9,5%	9,7%			

Klantmaatstaven (betreft afnemers, dus detaillisten)	2013	Doelst. 2014	Merkmaatstaven	2013	Doelst. 2014
Aantal afnemers	688	750	Merkbekendheid (geholpen)	45%	50%
Aantal nieuwe afnemers	50	100	Marktaandeel (p)	5,1%	5,2%
Retentiegraad	95%	95%	Marktaandeel (q)	4,3%	4,3%
Omzet per klant (€ 1000)	45	45			
Klantaandeel (= omzetaandeel)	21%	21%			
Afnemerstevredenheid (1-10)	n.a.	7,5			

Productmaatstaven	2013	Doelst. 2014	Promotiemaatstaven	2013	Doelst. 2014
Kwaliteitsbeoordeling klant (1-10)	n.a.	7,0	Top of mindbekendheid	3%	4%
% defecten retour	n.a.	< 1%	Spontane bekendheid	6%	8%
Marktaandeel (afzet)	5,9%	6,2%	Geholpen bekendheid	45%	50%
Groei verkoop elektr. fietsen	2,0%	3,0%			

Plaats: distributiemaatstaven	2013	Doelst. 2014	Prijsmaatstaven	2013	Doelst. 2014
Numerieke distributie	25%	29%	Index prijsniveau t.o.v. de 3 grote A-merken	n.a.	90
Gewogen distributie (q)	18,8%	24%			
Gewogen distributie (p)	21,1%	27%			
Afzetaandeel	31,5%	31%			

Tabel 8.3 Marketingscorecard Cyclo (n.a. = niet aanwezig)

Een scorecard dient om prestatie-indicatoren op overzichtelijke wijze te kunnen volgen. Om eventuele verschillen tussen doelstellingen en resultaten te kunnen verklaren is een variantieanalyse een nuttig hulpmiddel.

8.5.2 Variantieanalyse

Uitleg
Bij **variantieanalyse** vergelijk je de geplande marketingprestaties met de werkelijke prestaties.[4] Dit is van belang om erachter te komen welke factoren in welke mate hebben bijgedragen aan het uiteindelijke resultaat. Bij een variantie-

analyse bekijk je afzonderlijk de diverse aspecten die van invloed zijn op de nettomarketingbijdrage. Zo kun je bepalen waar sprake is van over- en ondermaatse prestaties.

Prestatieaspect	Gepland	Werkelijk	Variantie (gepland – werkelijk)
Marktvraag (stuks)			
Marktaandeel (%)			
Afzet			
Prijs per stuk			
Omzet			
Winstmarge per stuk			
Brutowinst (mln)			
Marketingkosten (% omzet)			
Marketingkosten (mln)			
Nettomarketingbijdrage			

Tabel 8.4 Raamwerk voor een variantieanalyse van marketingprestaties

Wanneer te gebruiken
Ook al is de werkelijke nettomarketingbijdrage precies even hoog als de geplande, dan nog kan het voorkomen dat slecht gescoord wordt op bepaalde indicatoren. Het zou bijvoorbeeld zo kunnen zijn dat er een hogere marktgroei bleek te zijn dan waarop was gerekend, en dat deze compenseert voor een onderpresterend marktaandeel. Uiteraard wil je als marketeer al deze effecten kennen. Met de variantieanalyse kun je beter conclusies trekken en gericht variabelen bijsturen.

Voorbeeld Cyclo

Begin 2015 heeft Mark Snel voor Cyclo de volgende variantie-analyse gemaakt over het jaar 2014.

Prestatieaspect	Gepland	Werkelijk	Variantie (gepland – werkelijk)
Marktvraag (stuks)	1.005.000	1.003.000	2000
Marktaandeel (stuks)	6,2%	6,2%	+0,1
Afzet	62.500	62.000	-500
Gemiddelde prijs per stuk	€ 540	€ 540	0
Omzet	€ 33.750.000	€ 33.480.000	-€ 270.000
Winstmarge per stuk	€ 52,40	€ 50,80	-€ 1,60
Brutowinst (mln)	€ 3.275.000	€ 3.150.000	-€ 125.000
Marketingkosten (% omzet)	3%	3%	0
Marketingkosten (mln)	€ 1.000.000	€ 1.000.000	0
Netto marketingbijdrage	€ 2.275.000	€ 2.150.000	-€ 125.000

Tabel 8.5 Variantieanalyse van marketingprestaties Cyclo (fictieve getallen)

Uit tabel 8.5 blijkt het volgende: hoewel de geplande afzet van 62.500 stuks niet is gehaald, is de afzet wel gestegen (in 2013 was die 59.800 stuks). Het marktaandeel is gehandhaafd. De brutowinst is iets achtergebleven bij de doelstelling. Dit is enerzijds toe te schrijven aan de lagere afzet, anderzijds aan een wat lagere winstmarge per stuk.

In de voorgaande paragraaf werd onder andere gekeken naar de netto marketingbijdrage. Het effect van marketinguitgaven kan nog nader worden geanalyseerd met behulp van ROMI.

8.5.3 ROMI – return on marketing investment

Uitleg
Een nuttige ratio om het resultaat van marketinginspanningen te kunnen aantonen is de **return on marketing investment (ROMI)**.[5] Hierbij worden

marketinguitgaven in verband gebracht met extra gegenereerde verkopen of winst. De formule is als volgt:

$$\text{ROMI} = \frac{\text{additionele verkopen toe te schrijven aan marketing} \times \text{contributie (\%)} - \text{marketinguitgaven (€)}}{\text{marketinguitgaven (€)}}$$

Je kunt het resultaat meten zowel van de totale marketinginspanningen als van additionele marketinginspanningen, en zowel met betrekking tot verkopen zonder enige marketinginspanning als ten opzichte van normale marketinginspanningen. In het algemeen zullen marketinguitgaven gerechtvaardigd worden genoemd als de ROMI een waarde boven 100% aanneemt.

Stel: Y_0 = basisverkopen, bij nihil marketinginspanningen X_0
Y_1 = verkopen bij normale marketinginspanningen X_1
Y_2 = verkopen bij hogere marketinginspanningen X_2

Dan geldt het volgende:

1. **revenue return to incremental marketing** = $(Y_2 - Y_1) / (X_2 - X_1) \times 100\%$
   Dit zijn de additionele verkopen als percentage van de marketinginspanning die daartoe heeft geleid.

2. **revenue attributable to marketing** = $Y_2 - Y_0$
   Dit is de toename van de verkopen als resultaat van de totale marketinginspanningen.

3. **revenue return to total marketing** = $(Y_2 - Y_0) / X_2 \times 100\%$
   Dit is de toename van de verkopen als percentage van het totale marketingbudget.

4. **return on marketinginvestment (ROMI)** =
   $((Y_2 - Y_0) \times \text{contributie \%} - X_2) X_2 \times 100\%$
   Dit is de extra netto bijdrage als resultaat van de totale marketinginspanningen als percentage van die totale marketinginspanningen.

5. **return on incremental marketing investment (ROIMI)** =
   $((Y2 - Y1) \times \text{contributie \%} - (X2 - X1))/(X2 - X1) \times 100\%$
   Dit is de extra netto bijdrage als gevolg van extra marketinguitgaven als percentage van die extra uitgaven.

Voorbeeld Cyclo

Voor een van de Cyclo-vakhandelaren bedragen de normale marketinginspanningen € 6.000 per periode. Zijn omzet bedraagt € 45.000, maar zonder de marketinginspanningen zou dit naar schatting slechts € 25.000 zijn. Hij besluit als extra marketinginspanning een mailing te versturen naar zijn doelgroep. Deze marketinginspanning kost € 1.000 en de verwachting is dat tijdens de actieperiode de omzet zal stijgen naar € 50.000. De dekkingsbijdrage (contributie) van de verkopen bedraagt 60%. De vakhandelaar berekent met deze gegevens de bovenstaande indicatoren:

$$\text{revenue return to incremental marketing} = \frac{(€\,50.000 - €\,45.000)}{(€\,7.000 - €\,6.000)} \times 100\% = \frac{€\,5.000}{€\,1.000} \times 100\% = 500\%$$

revenue attributable to marketing = € 50.000 − € 25.000 = € 25.000

revenue return to total marketing = € 25.000 / € 7.000 × 100% = 357%

$$\text{return on marketinginvestment (ROMI)} = \frac{(€\,25.000 \times 60\%) - €\,7.000}{€\,7.000} \times 100\% = 114\%$$

$$\text{return on incremental marketing investment (ROIMI)} = \frac{(€5.000 \times 60\%) - €\,1.000}{€\,1.000} \times 100\% = 200\%$$

Uit bovenstaande berekeningen kan hij afleiden dat een extra investering in marketing zich vijfvoudig terugbetaalt in termen van omzet en leidt tot een verdubbeling van de netto bijdrage.

Wanneer te gebruiken

Marketeers staan onder steeds meer druk om resultaten van hun (marketing) inspanningen te laten zien. Marketing accountability is een actueel item. Bedrijfsresultaten zijn niet eenvoudig geheel aan marketing te relateren en zijn al evenmin gemakkelijk te kwantificeren. Toch kunnen marketinguitgaven worden gezien als investering in de toekomst. ROMI en ROIMI zijn daarbij uiterst nuttige ratio's.

Tot nu toe hebben we vooral gekeken naar de prestaties van de onderneming, uitgedrukt in diverse maatstaven. Met geavanceerdere analyses van allerlei data kunnen we nog een stap verder gaan.

8.6 Toekomstgerichte analyses met big data

Uitleg

Er is een explosieve toename van data, met name uit digitale bronnen, die snel en in grote hoeveelheden beschikbaar komen. Kenmerkend voor **big data** zijn niet alleen de snelheid en de enorme omvang, maar ook de variatie en het ongestructureerde karakter (zoals webdata en tekstdata). Er wordt in dit verband wel gesproken over de drie v's: volume, velocity en variety.

De toename van data is al langer gaande, maar de omvang is nu zo groot en de mogelijke toepassingen zijn zo geavanceerd dat de gewone databases en analysetechnieken niet meer voldoen. Dit vraagt een andere, geavanceerdere aanpak door de organisatie, waarbij marketing intelligence en IT samenwerken. Traditioneel zijn statistische analyses, die vooral beschrijvend zijn of correlaties onderzoeken, bedoeld om inzicht te krijgen in wat er gebeurd is (What happened?) en hoe dat is gekomen (Why did it happen?). Met complexere analyses van grote hoeveelheden data kunnen voorspellingen gedaan worden (What will happen? - predictive analytics) en kunnen zelfs ook acties gegenereerd worden om hier profijt van te trekken (How can we make it happen? - prescriptive analytics).

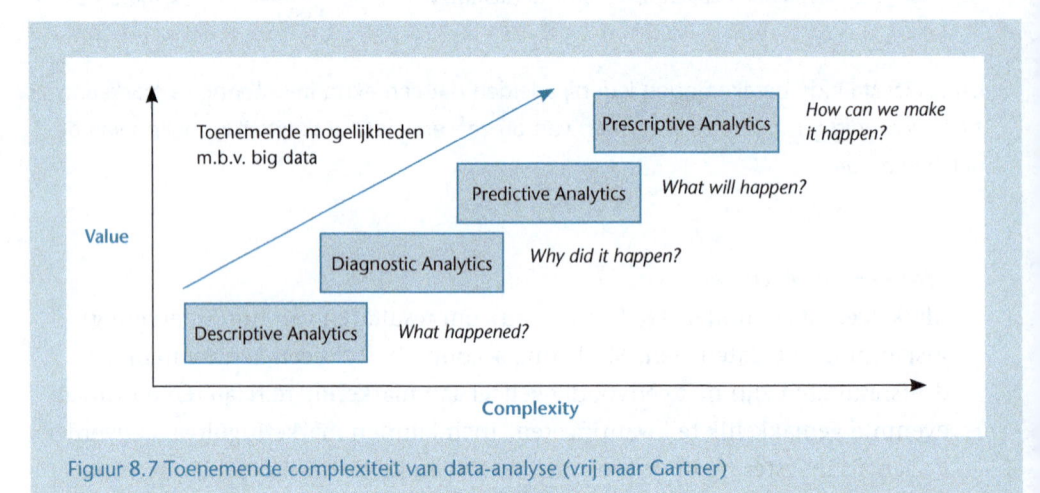

Figuur 8.7 Toenemende complexiteit van data-analyse (vrij naar Gartner)

Wanneer te gebruiken / voorbeelden

Veelal worden bedrijfs- en marktgegevens geanalyseerd om inzicht te verwerven, prestaties te monitoren en om de bedrijfsvoering te optimaliseren. Met het gebruik van big data kunnen bedrijven nog een stap verder gaan: zij proberen nieuwe business te genereren. Denk bijvoorbeeld aan location based marketing (een consument krijgt bijvoorbeeld een aanbieding op zijn mobiele telefoon wanneer hij in de buurt is van een restaurant of winkel), dynamic pricing (prijzen worden voortdurend aangepast aan vraag en aanbod of aan de prijzen van de concurrentie) en behavioral targeting (surfgedrag van klanten wordt vastgelegd waarmee op een later moment relevante advertenties worden getoond).

Met de analyse van big data kan de marketeer van vandaag beter en gerichter zijn aanbod afstemmen op de klant, op het juiste moment en via het juiste kanaal. Belangrijk is daarbij wel om steeds doelgericht aan de slag te gaan met (deel)analyses, die goed bruikbaar kunnen zijn, en niet alle mogelijke gegevens te willen gebruiken.

8.7 De ambitie waarmaken

In de inleiding hebben we het marketingplanningsproces vergeleken met een reis, waarbij je je een doel stelt en een weg uitstippelt om het doel te bereiken. Die weg is de strategie die je volgt met het bijbehorende plan. Meestal is het de bedoeling om recht op je doel af te gaan, zoals in onderstaande figuur is weergegeven met de gestippelde lijn.

Het is van belang om regelmatig zowel de uitgangspunten (missie, visie) als de geplande strategie tegen het licht te houden met het oog op mogelijk gewijzigde omstandigheden. Ook zul je bij het uitvoeren van plannen vaak op onverwachte hindernissen stuiten, kom je tegengestelde belangen tegen en moet je soms concessies doen.

De uiteindelijke uitwerking van een strategie vormt daardoor vaak een grillig proces. Zolang je echter het uiteindelijke doel maar voor ogen houdt, regelmatig meet waar je staat, je activiteiten evalueert en op basis daarvan weer verbeteringen aanbrengt, blijft dat uiteindelijke doel bereikbaar.

We gaan ervan uit dat dit boek je van nut zal zijn bij het succesvol vorm en inhoud geven aan je marketingactiviteiten.

Hoofdstuk 8 Controle, evaluatie en bijsturing

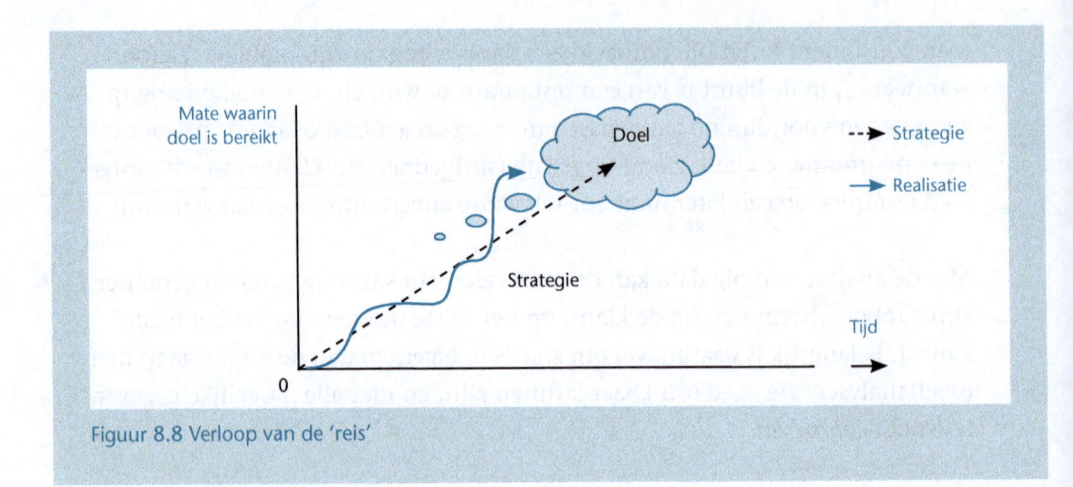

Figuur 8.8 Verloop van de 'reis'

Overzicht van gebruikte modellen/ berekeningen

Hulpmiddel	Fase in strategisch planningsproces/ H./pagina in boek	Wat is het?	Wanneer/waarom gebruik je het?
Missie en visie	Interne analyse/ strategische uitgangspositie H1 pag. 24	Statement dat aangeeft waar een organisatie voor staat en waar zij zich op richt.	Wordt gebruikt aan het begin van het strategisch planningsproces, als uitgangspunt voor en kader waarbinnen strategieontwikkeling plaatsvindt. Geeft de bestaansreden en ambitie van het bedrijf aan en is richtinggevend voor medewerkers.
Model van Abell	Interne analyse/ strategische uitgangspositie H1 pag. 26	Hulpmiddel dat het businessdomein afbakent op basis van drie dimensies: afnemersbehoeften, afnemersgroepen en technologieën.	Goed te gebruiken aan het begin van het planningsproces, na formulering van de missie, om het werkterrein van de organisatie af te bakenen. Fungeert ook als denkraam voor strategische groeimogelijkheden langs (een van) de drie assen (zie ook het model van Ansoff).
Model van Treacy en Wiersema	Interne analyse/ strategische uitgangspositie H1 pag. 28	Drie hoofdrichtingen met betrekking tot de strategische focus: productfocus, klantfocus of kostenfocus.	Handig model om de huidige strategische richting van het bedrijf vast te stellen. Later komt het model terug om een nieuwe strategie mee uit te zetten. Aangezien strategieën betrekking hebben op de langere termijn is het nodig om al bij de interne analyse de tot nu toe gehanteerde strategische focus vast te stellen.
Strategische doelstellingen	Interne analyse/ strategische uitgangspositie H1 pag. 30	Uitgangspunt voor strategische planning. Maatstaf om resultaten tegen af te zetten.	De ondernemingsdoelstellingen vormen het uitgangspunt. Deze worden vertaald naar marketingdoelstellingen en vervolgens naar doelstellingen per instrument. Zonder doelstellingen zijn de activiteiten van een bedrijf doelloos en kan de effectiviteit ervan niet gemeten worden.
BCG-matrix	Interne analyse/ portfolioanalyse H1 pag. 33	Viercellige matrix waarin SBU's of product-marktcombinaties worden gepositioneerd op basis van marktgroei en relatief marktaandeel. Op basis van de posities in de matrix geeft het model aan hoe de cashflowstroom zou moeten lopen.	Wordt gebruikt om inzicht te verkrijgen in de samenstelling van het portfolio. Is een handig en eenvoudig denkraam voor het management ten behoeve van strategische planning. Doel is een uitgebalanceerd portfolio, waarbij winstgevende *cash cows* cashflow opleveren om *question marks* en *stars* te kunnen ondersteunen.
MABA-analyse	Interne analyse/ portfolioanalyse H1 pag. 36	Negencellige matrix waarin SBU's of product-marktcombinaties worden gepositioneerd op basis van marktaantrekkelijkheid en concurrentiekracht. Diverse onderliggende factoren worden daarbij beoordeeld en gewogen. Bij elke positie in de matrix hoort een aanbevolen strategie.	De posities van SBU's kunnen in kaart worden gebracht en met elkaar vergeleken op basis van relevante factoren. Gezamenlijke bepaling en scoring van deze factoren geeft veel inzicht en levert een denkraam op voor strategische planning.
Value chain van Porter	Interne analyse/ organisatie H1 pag. 40	De waardeketen als geheel van samenwerkingsverbanden binnen een organisatie.	Vergroot het inzicht in de onderlinge verbanden binnen de organisatie, wordt gebruikt om waardegenererende activiteiten te coördineren en biedt een mogelijkheid om op basis van benchmarks met de concurrentie te vergelijken.
7S-model	Interne analyse/ organisatie H1 pag. 43	Diagnostisch model om de onderling afhankelijke organisatie-elementen te beschrijven.	Wordt gebruikt als checklist om de belangrijkste elementen van de organisatie te analyseren, waardoor (potentiële) conflicten kunnen worden onderkend.

Overzicht van gebruikte modellen/berekeningen

Hulpmiddel	Fase in strategisch planningsproces/ H./pagina in boek	Wat is het?	Wanneer/waarom gebruik je het?
Kengetallen liquiditeitspositie - current ratio - quick ratio - netto werkkapitaal	Interne analyse/financiële positie H1 pag. 45	Deze kengetallen geven aan in hoeverre een onderneming aan haar kortetermijnverplichtingen kan voldoen met behulp van de vlottende activa.	Met de kengetallen *current ratio*, *quick ratio* en werkkapitaal zie je snel of en in hoeverre een onderneming financiële armslag heeft.
Kengetallen vermogenspositie - solvabiliteit - rentabiliteit TV/EV/VV	Interne analyse/ financiële positie H1 pag. 48	Kengetallen voor de verhouding vreemd/eigen vermogen en de winst in relatie tot het vermogen.	De kengetallen solvabiliteit, RTV, REV en RVV geven inzicht in de wijze waarop de onderneming is gefinancierd en in de winstcapaciteit van de onderneming.
Du Pontmodel	Interne analyse/ financiële positie H1 pag. 50	Geeft de onderlinge samenhang weer tussen de onderliggende factoren van brutomarge en omloopsnelheid met betrekking tot rentabiliteit.	Het Du Pontmodel geeft inzicht in wat de rentabiliteit beïnvloedt. Voor de marketeer is het vooral van belang het model te herkennen en het te kunnen 'lezen' en interpreteren.
Kengetallen werkkapitaalbeheer - winstmarge - omloopsnelheid voorraden - debiteurendagen - crediteurendagen	Interne analyse/ financiële positie H1 pag. 52	Kengetallen die te maken hebben met het gebruik van het werkkapitaal en de invloed daarvan op de winstgevendheid.	Met deze kengetallen zie je waar relevante verbeteringen mogelijk zijn in de bedrijfsvoering.
Liquiditeitenanalyse of kasstroomrekening	Interne analyse/ financiële positie H1 pag. 54	Overzicht van de begrote hoeveelheden geld die periodiek de onderneming in of uit gaan.	Wanneer externe financiering wordt overwogen, is het van belang de hoogte van het te lenen bedrag goed af te stemmen op in- en uitgaande geldstromen.
Productanalyse - omzet - afzet - gemiddelde prijs - marktaandeel - marge - dekkingsbijdrage	Interne analyse/ marketinganalyse H1 pag. 57	Analyse van de prestaties van de lopende producten of merken en hun positie in de markt. Het meest gangbaar is een analyse over een aantal jaren van omzet, afzet, gemiddelde prijs, marktaandeel, marge en dekkingsbijdrage.	Normaal gesproken worden deze gegevens per product(groep) regelmatig berekend en gevolgd. Dit behoort tot de reguliere resultatenanalyse. Aan het eind van de planningscyclus zal een uitgebreide analyse plaatsvinden, waarbij de resultaten worden vergeleken met de doelstellingen. Op basis daarvan kan het marketingbeleid eventueel worden bijgestuurd.
Klantanalyse - aantal klanten - retentiegraad - churn rate - klanttevredenheid - merkbekendheid	Interne analyse/ marketinganalyse H1 pag. 60	Analyse van klantgebonden maatstaven, waaronder klanttevredenheid. Dit is een belangrijke succesfactor. Tevreden klanten blijken trouwer te zijn aan het merk en dit heeft een positief effect op de financiële resultaten.	Het is aan te bevelen om gegevens over klantverloop, klantretentie, klanttevredenheid en merkbekendheid regelmatig, ten minste eenmaal per jaar, in kaart te brengen, zodat deze gebruikt kunnen worden bij de ontwikkeling van toekomstig beleid.
Net Promotor Score (NPS)	Interne analyse / klantanalyse H1 pag. 63	Maatstaf voor klantloyaliteit.	Om na te gaan in welke mate klanten zich verbonden voelen met het merk.

Hulpmiddel	Fase in strategisch planningsproces/ H./pagina in boek	Wat is het?	Wanneer/waarom gebruik je het?
Customer lifetime value, customer equity	Interne analyse/ marketinganalyse H1 pag. 67	De waarde van de totale stroom aankopen die een klant zou doen tijdens de duur van de relatie. Wanneer je de CLV's van alle klanten van het bedrijf optelt, krijg je de customer equity. Terwijl omzet en winst vooral kortetermijnmaatstaven zijn, gericht op het verleden, is *customer equity* een meer op de toekomst gerichte maatstaf.	Door berekening van de *customer lifetime value* wordt de waarde van de relatie met de klant uitgedrukt in geld. Dit is vooral interessant als je dit voor verschillende klant(groep)en doet, zodat het beleid hierop kan worden afgestemd. Klanten met een lage CLV zijn minder interessant voor de onderneming. Hier kun je proberen de kosten te verlagen zodat de CLV stijgt, of de klanten laten gaan. Klanten met een (potentieel) hoge CLV daarentegen moeten gekoesterd worden. Op deze manier kan CLV richting geven aan klantmanagement.
Vijfkrachtenmodel van Porter	Externe analyse/ meso-omgeving H2 pag. 74	Analyse van de aantrekkelijkheid van een markt of bedrijfstak, die beïnvloed wordt door vijf fundamentele factoren, 'krachten' genoemd. Aangezien markten dynamisch zijn, is een analyse met behulp van dit model altijd een momentopname.	Voor ondernemingen die overwegen een bepaalde markt al of niet te betreden, kan het model van Porter helpen om inzicht te krijgen in de winstgevendheid en aantrekkelijkheid van de markt. Maar ook voor ondernemingen die reeds opereren op een bepaalde markt kan het zinvol zijn een bedrijfstakanalyse te doen. Deze kan inzicht geven in mogelijke bedreigingen en helpen om zo goed mogelijk in te spelen op de dynamiek van de bedrijfstak.
Penetratiegraad	Externe analyse/ meso-omgeving H2 pag. 79	Geeft aan welk deel van de potentiële afnemers een bepaald product/merk heeft gekocht. Dit wordt meestal bepaald op basis van marktonderzoekgegevens. De formule is verschillend voor duurzame en voor niet-duurzame goederen.	De penetratiegraad wordt over het algemeen berekend nadat een nieuw product of nieuwe productcategorie op de markt is gebracht, om na te gaan in hoeverre het product/merk is geadopteerd door de consument. Door de penetratiegraad op verschillende momenten in de tijd te meten wordt de ontwikkeling zichtbaar.
Totale effectieve markt	Externe analyse/ meso-omgeving H2 pag. 82	De marktvraag die in een bepaalde periode (meestal een jaar) in een bepaald gebied is uitgeoefend. Voor dcg's is deze uit andere componenten opgebouwd dan voor fmcg's.	De totale effectieve markt (TEM) is een van de belangrijkste gegevens in de externe analyse, die van grote invloed is op de marktaantrekkelijkheid.
Totale potentiële markt	Externe analyse/ meso-omgeving H2 pag. 86	De totale marktvraag indien alle afnemers uit de doelgroep het product zouden kopen.	Het verschil tussen de potentiële en de effectieve markt geeft aan of er nog groeimogelijkheden zijn door het verhogen van de penetratiegraad.
Marktontwikkeling	Externe analyse/ meso-omgeving H2 pag. 88	Analyse van marktcijfers over een aantal jaren met behulp van indexcijfers, groeicijfers en/of grafische weergaven.	Door marktcijfers over meerdere jaren te analyseren krijg je inzicht in de marktgroei over een langere periode. Naast marktomvang is marktgroei van groot belang voor de marktaantrekkelijkheid. Groeimarkten zijn over het algemeen minder gevoelig voor concurrentie en winstgevender dan verzadigde markten.
Marktvraag voorspellen	Externe analyse/ meso-omgeving H2 pag. 92	De toekomstige marktvraag wordt voorspeld met behulp van een of meer technieken zoals extrapolatie, segmentatie of de subjectieve voorspelmethode.	Voor het maken van strategische plannen moet je inzicht hebben in de verwachte vraagontwikkeling.

Overzicht van gebruikte modellen/berekeningen

Hulpmiddel	Fase in strategisch planningsproces/ H./pagina in boek	Wat is het?	Wanneer/waarom gebruik je het?
Marktaandeel	Externe analyse/ meso-omgeving H2 pag. 96	Het marktaandeel geeft aan hoeveel procent de verkopen van een bedrijf uitmaken van de totale verkopen in de totale markt, in volume of in geld. Dit wordt gemeten over een bepaalde periode, meestal een jaar.	Het marktaandeel is een van de bekendste en meest gebruikte maatstaven om de marktpositie van een onderneming, product of merk weer te geven. Door ook het marktaandeel van concurrenten te berekenen kunnen bedrijven zich aan elkaar spiegelen wat betreft marktpositie.
Formule van Parfitt-Collins	Externe analyse/ meso-omgeving H2 pag. 98	Marktaandeelvoorspelling voor *fast moving consumer goods* op basis van cumulatieve penetratie, percentage herhalingsaankopen en verbruiksintensiteit.	Als er onvoldoende cijfers beschikbaar zijn voor het marktaandeel, maar er wel inzicht is in de penetratie en het verbruik, kun je met deze formule een kortetermijnvoorspelling doen.
Relatief marktaandeel	Externe analyse/ meso-omgeving H2 pag. 98	Marktaandeel in verhouding tot de grootste concurrent.	Dit kengetal geeft de verhouding van het eigen marktaandeel weer ten opzichte van de grootste concurrent. Wordt onder andere gebruikt voor de BCG-matrix.
Model van Maslow	Externe analyse/ meso-omgeving H2 pag. 100	Maslow onderscheidt vijf opeenvolgende behoefteniveaus in het menselijk gedrag.	De marketeer kan het model van Maslow zowel bij het benaderen van de consument als bij het benaderen van de werknemer in gedachten houden.
Stimulus-responsmodel	Externe analyse/ meso-omgeving H2 pag. 101	Het klassieke stimulus-responsmodel, ook wel het blackboxmodel genoemd, probeert het gedrag van de consument te verklaren vanuit beïnvloedende stimuli: prikkels die op de consument afkomen.	Het stimulus-responsmodel is vooral inzichtgevend. Marketingbeleid zal niet altijd het beoogde effect hebben. Dezelfde input kan bij verschillende groepen tot verschillend en zelfs onverwacht gedrag leiden, aangezien dat wat zich in de black box afspeelt voor iedereen weer anders is.
Communicatiemodellen - AIDA-model - Lavidge en Steiner - DAGMAR	Externe analyse/ meso-omgeving H2 pag. 102	Volgens deze modellen doorloopt de consument – als reactie op een communicatie-uiting – achtereenvolgens verschillende cognitieve, affectieve en conatieve stappen.	Deze modellen maken de marketeer ervan bewust dat de consument verschillende fasen doorloopt en dat de marketeer daar gericht op kan inspelen. Voor invulling van het onderdeel communicatie in het marketingplan zijn deze modellen daarom zeer bruikbaar als denkraam.
Adoptiemodel van Rogers	Externe analyse/ meso-omgeving H2 pag. 104	Uit onderzoek is gebleken dat de adoptie van nieuwe producten in fasen verloopt. Dit model geeft aan door welke groepen nieuwe producten achtereenvolgens worden geadopteerd: innovators, early adopters, early majority, late majority en laggards.	Dit model is bruikbaar bij het op de markt brengen van nieuwe producten. Voor een marketeer is het belangrijk om in eerste instantie de groep innovators en early adopters aan te spreken. Niet alleen omdat zij als eerste bereid zijn om een nieuw product te kopen, maar ook omdat zij als opinieleiders fungeren voor de volgende groepen. Wanneer zij een product hebben geadopteerd, volgt de early majority meestal 'vanzelf'.
Klantenpiramide van Curry	Externe analyse/ meso-omgeving H2 pag. 106	Geeft inzicht in de bijdragen die groepen zakelijke klanten leveren aan de omzet van een bedrijf. Curry deelt alle (potentiële) klanten van een bedrijf in in een piramide. Hoe hoger een klant(engroep) in de piramide is geplaatst, hoe belangrijker die is voor de onderneming.	Veel bedrijven richten hun marketinginspanningen vooral op niet-klanten en/of op de 80% kleinere klanten, terwijl de 20% grotere klanten veel belangrijker voor hen zijn. Een analyse van het klantenbestand met behulp van dit model kan een eyeopener zijn, op basis waarvan het marketingbudget gerichter kan worden ingezet. Deze gegevens vormen een goede basis voor het ontwikkelen van relatiemarketing.

Hulpmiddel	Fase in strategisch planningsproces/ H./pagina in boek	Wat is het?	Wanneer/waarom gebruik je het?
Benchmark-analyse	Externe analyse/ meso-omgeving H2 pag. 108	Benchmarking is een systematisch proces waarbij de prestaties van verschillende aanbieders in de markt (waaronder de eigen onderneming) op deelaspecten met elkaar worden vergeleken.	Bedrijven moeten hun concurrenten kennen en volgen om hun eigen positie te kunnen bepalen en verbeteren.
Positionerings-schema	Externe analyse/ meso-omgeving H2 pag. 110	Hulpmiddel om visueel duidelijk te maken hoe de onderneming zich onderscheidt van concurrenten op basis van twee dimensies die de consument bij merkkeuze belangrijk vindt.	Met een positioneringsschema kan een organisatie de eigen positie in vergelijking met die van concurrenten in de markt inzichtelijk maken.
Vendorrating	Externe analyse/ meso-omgeving H2 pag. 111	In een schema wordt een aantal leveranciers met elkaar vergeleken op relevante criteria. Het belang van de criteria wordt tot uitdrukking gebracht met wegingsfactoren.	Vendorrating is een methode die gebruikt wordt voor leveranciersselectie.
DESTEP-analyse (macro-omgevingsanalyse)	Externe analyse/ macro-omgeving H2 pag. 112	Demografische, Economische, Sociaal-culturele, Technologische, Ecologische en Politiek-juridische Factoren.	In de macro-omgevingsanalyse analyseer je de trends en ontwikkelingen die vanuit de macro-omgeving op een bedrijf of instelling afkomen. Dit zijn factoren die een individuele onderneming niet kan beïnvloeden, maar waar deze wel degelijk rekening mee moet houden.
SWOT-analyse	Strategie H3 pag. 124	SWOT staat voor de termen *strengths*, *weaknesses*, *opportunities* en *threats*. Deze worden in een matrix bij elkaar gezet.	De SWOT-matrix volgt op de interne en externe analyse. Uit de interne analyse worden de sterke en zwakke punten afgeleid. Uit de externe analyse komen de kansen en bedreigingen naar voren.
Confrontatie-matrix	Strategie H3 pag. 125	Op basis van de SWOT-matrix kan een confrontatiematrix worden opgesteld: elke sterkte en elke zwakte wordt in verband gebracht met elke kans en elke bedreiging.	De confrontatiematrix is het scharnierpunt tussen de uitkomsten van de analysefase enerzijds en de strategieformulering anderzijds en vormt de input voor de nieuw te ontwikkelen strategie, die een antwoord moet zijn op de gesignaleerde kans- en probleemvelden.
Strategische opties	Strategie H3 pag. 127	Alternatieve strategieën, die een oplossing bieden voor de gesignaleerde kans- en probleemvelden c.q. het centrale probleem.	Voordat de te volgen strategie wordt bepaald, is het goed om een aantal mogelijke opties op een rij te zetten. Zo voorkom je dat min of meer automatisch een voor de hand liggende keuze wordt gemaakt en zorg je ervoor dat een goede afweging plaatsvindt.
Porters concurrentiestrategieën	Strategie H3 pag. 129	Volgens Porter moet een onderneming kiezen uit drie generieke (algemene) strategieën: kostenleiderschap, differentiatie en focus.	Porters concurrentiestrategieën zijn te gebruiken als denkmodel bij de keuze voor een eigen concurrentiestrategie.
Waardedisciplinemodel van Treacy en Wiersema	Strategie H3 pag. 131	Volgens dit model kan een organisatie waarde leveren door een keuze te maken uit een van drie algemene waardedisciplines: operational excellence, productleadership en *customer intimacy*.	Dit model is een waardevol hulpmiddel om de strategische richting van het bedrijf te bepalen. De keuze van de focus hangt sterk samen met de kerncompetenties van de organisatie.

Overzicht van gebruikte modellen/berekeningen

Hulpmiddel	Fase in strategisch planningsproces/ H./pagina in boek	Wat is het?	Wanneer/waarom gebruik je het?
Groeistrategieën van Ansoff	Strategie H3 pag. 133	De Ansoffmatrix onderscheidt vier groeistrategieën: marktpenetratie, productontwikkeling, marktontwikkeling en diversificatie.	Door combinaties van nieuwe/bestaande markten en nieuwe/bestaande producten te bekijken kun je strategische opties vinden die aansluiten bij de situatie van het bedrijf.
Model van Doyle	Strategie H3 pag. 135	Volgens Doyle kan er op langere termijn winst worden gegenereerd door hetzij de focus te leggen op het verhogen van het verkoopvolume, hetzij de focus te leggen op het verbeteren van de productiviteit (meer winst bij dezelfde afzet).	Dit model geeft inzicht in twee basisstrategieën om op langere termijn winst te genereren. Valkuil hierbij is dat veel bedrijven beide wegen willen bewandelen.
Blue Ocean Strategy	Strategie H3 pag. 136	Analytische 'out-of-the-box'-benadering om naar strategie te kijken. Bij deze vorm van waardeinnovatie wordt gelijktijdig gestreefd naar waardetoevoeging (differentiatie) én lage kosten.	Deze strategie is vooral te gebruiken op een markt met hevige concurrentie. Door te zoeken naar een blauwe oceaan kun je de concurrentie ontlopen en nieuwe vraag creëren.
Business Model Canvas	Strategie H3 pag. 137	Een hulpmiddel om de organisatie (zelfs letterlijk) in kaart te brengen, waarbij alle facetten beschreven die invloed hebben op het creëren van meerwaarde en als zodanig als het ware een blauwdruk voor een strategie. Bij dit model gaat het om de infrastructuur van de organisatie en haar partners, de waarde propositie (al hetgeen de organisatie te bieden heeft), de diverse klantengroepen en kanalen, en de financiële onderbouwing. Dit geheel wordt beschreven aan de hand van negen bouwstenen.	Met name bedrijven die bij het vermarkten van producten of diensten op diverse vlakken samenwerken met verschillende partners kunnen hun voordeel doen met dit model. Bij het uitwerken van de bouwstenen moeten vragen worden gesteld als: met wie moet ik samenwerken, wie is de doelgroep, is mijn product / dienst uniek, hoe bedien ik mijn klanten, wie is bereid om te betalen voor welke waarde?
Optiekeuzematrix	Strategie H3 pag. 141	In de optiekeuzematrix worden aandachtsgebieden uit de confrontatiematrix vertaald naar opties, inclusief 'niets doen', ofwel ongewijzigd beleid (nul-optie), die gescoord worden op basis van de criteria feasability, suitability en acceptability.	Deze methode is in de praktijk goed te gebruiken wanneer meerdere strategische alternatieven tegen elkaar moeten worden afgewogen, zodat een gefundeerde keuze kan worden gemaakt.
Strategisch marketingplan	Strategie H3 pag. 143	Het strategisch marketingplan bestaat uit een uitvoerige analyse van de actuele marketingsituatie met potentiële bedreigingen en kansen. Daarna worden de belangrijkste doelstellingen geformuleerd en de concrete marketingstrategie om die te bereiken.	Voor het beheersen van het marketingproces zijn de functies analyse, planning, implementatie en controle van belang. Het strategisch marketingplan voorziet in die behoefte.

Hulpmiddel	Fase in strategisch planningsproces/ H./pagina in boek	Wat is het?	Wanneer/waarom gebruik je het?
(Operationeel) marketingplan	Strategie H3 pag. 143	In een marketingplan wordt gedetailleerd uitgewerkt hoe de marketingtools zullen worden ingezet in de vorm van een actieprograma, inclusief details van een marketingbudget en controlemechanismen om de voortgang te bewaken en te kunnen bijsturen.	Om marketingbeleid te kunnen implementeren en later te kunnen evalueren is een gedetailleerd plan nodig waarin onder andere de marketinginstrumenten worden uitgewerkt.
Model digitale marketing	Strategie H3 pag. 144	De komst van het internet heeft een geheel nieuwe dimensie toegevoegd aan de marketing. De focus verschuift langzamerhand van een product- en transactiegerichte benadering naar een meer klant- en relatiegerichte benadering.	Dit model laat zien hoe marketing verandert door de toenemende digitalisering van de maatschappij. Bedrijven moeten bijblijven bij deze ontwikkelingen om ze te kunnen gebruiken in hun marketingbeleid.
Internationaliseringsplan	Strategie H3 pag. 149	In een internationaliseringsplan wordt stapsgewijs een aantal beslissingen voor het marketingmanagement uitgewerkt: of het ertoe wil overgaan de stap naar internationalisatie te zetten, welke markten zullen worden betreden, of de marketingmix kan worden gehandhaafd of moet worden aangepast, en hoe de internationale organisatie zal worden ingericht.	Om het internationale marketingbeleid te kunnen implementeren en later te kunnen evalueren heb je een gedetailleerd internationaliseringsplan nodig waarin onder andere de diverse stappen worden uitgewerkt, geëvalueerd en bijgestuurd.
Productniveaus - core benefit - werkelijk product - uitgebreid product	Producten/diensten H4 pag. 156	Een product kan vanuit drie niveaus worden gezien waarbij elk niveau meerwaarde voor de klant toevoegt: het meest elementaire niveau is de core benefit (wat koopt de afnemer in feite?), daarna volgt het werkelijke (actual) product (hier spelen product- en servicekenmerken, ontwerp, kwaliteitsniveau, merknaam en verpakking een rol) en ten slotte is er het uitgebreide (augmented) product (waarbij extra ondersteunende dienstverlening en benefits worden geboden).	Door een product op verschillende niveaus te benaderen wordt duidelijker op welke elementen men zich kan onderscheiden. Dat zijn met name de expressieve elementen in de tweede en derde ring.
Assortimentsdimensies - breedte - lengte - diepte - consistentie	Producten/diensten H4 pag. 157	Het assortiment van een bedrijf heeft vier belangrijke dimensies: breedte (het aantal verschillende productgroepen of -lijnen dat het bedrijf voert), lengte (het totaal aantal artikelen in alle productgroepen), diepte (het aantal versies of varianten van elk product in de groep) en consistentie (verwantschap van de diverse productlijnen).	Deze dimensies, met name de begrippen breedte en diepte, worden veel gebruikt om asssortimenten te typeren en met elkaar te vergelijken.

Overzicht van gebruikte modellen/berekeningen

Hulpmiddel	Fase in strategisch planningsproces/ H./pagina in boek	Wat is het?	Wanneer/waarom gebruik je het?
De *long tail*	Producten/diensten H4 pag. 159	De *long tail* (de lange staart, verwijzend naar de figuur) staat voor de verkoop van vele niet-populaire artikelen, die mogelijk is geworden door internetverkoop, met zijn lage opslag- en distributiekosten, goede zoekmachines en een wereldwijd bereik.	Dit concept speelt een rol bij internetverkoop. Wanneer een assortiment van producten via internet aangeboden wordt, heeft dit als voordeel dat de producten niet op een dure A-locatie op voorraad hoeven te worden gehouden en er een wereldwijde doelgroep kan worden bereikt. Hierdoor kan een veel breder en dieper assortiment gevoerd worden dan in een fysieke winkel.
Productlevenscyclus - productontwikkeling - introductie - groei - volwassenheid - neergang	Producten/diensten H4 pag. 160	Veel producten hebben een levenscyclus, maar de precieze vorm en de exacte lengte zijn van tevoren niet bekend. In de productlevenscyclus (PLC) kunnen afzet- en winstpatronen zichtbaar worden gemaakt. Er worden vijf fasen onderscheiden: productontwikkeling, introductie, groei, volwassenheid en neergang.	Het PLC-concept kan betrekking hebben op een productcategorie (op benzine rijdende auto's), een productvorm (vervoermiddel voor personen) of een merk. Het PLC-concept verschilt enigszins, naargelang de toepassing. Productcategorieën hebben de langste levenscyclus.
Conjoint analysis	Producten/diensten H4 pag. 165	Bij productontwikkeling worden in het kader van conjoint analysis productkenmerken tegen elkaar afgewogen en consumentenvoorkeuren gemeten. Aan de hand van scores op bruikbaarheidswaarden wordt het meest ideale product voor een bepaald segment van de doelmarkt samengesteld.	Wanneer een product wordt geïntroduceerd, is het belangrijk om precies te weten wat klanten werkelijk wensen en hoeveel ze ervoor zouden willen betalen. Deze methode kan de marketeer helpen te focussen op die (mix van) product-eigenschappen die het meest belangrijk zijn.
Merkwaarde - brand equity - brand valuation	Producten/diensten H4 pag. 167	*Brand equity* is het positieve verschil dat het kennen van een merknaam heeft op de respons van een klant ten opzichte van het product of de dienst vergeleken met het niet kennen van de merknaam. *Brand valuation* is de totale financiële waarde van een merk. Bij deze manier om de financiële waarde van merken te bepalen wordt gekeken naar de waarde van de cashflows die een merk in de toekomst kan genereren.	*Brand equity* is bepalend voor de mate waarin klanten bereid zijn om meer te betalen voor het merk. De *brand valuation* is voor een bedrijf van belang en wordt in sommige landen zelfs in de balans opgenomen. Zo wordt de waarde van Coca-Cola door Interbrand per medio 2009 geschat op $ 69,0 miljard (het tastbare resultaat van decennialang consequent communiceren met de markt).
Merkwaardepiramide	Producten/diensten H4 pag. 168	Een merk kan volgens Keller gefaseerd worden opgebouwd, waarbij impliciet wordt ingespeeld op vier vragen met betrekking tot: - merkidentiteit (wie ben jij?); - merkbetekenis (wat ben jij?); - merkreactie (en hoe zit het met jou?); - merkrelatie (hoe zit het tussen ons?).	De merkwaardepiramide bewijst vooral zijn nut bij het introduceren van een nieuw merk. De stapsgewijze aanpak van algemeen naar specifiek vanuit de beide invalshoeken 'rationeel' en 'emotioneel' helpt de marketeer bij het gestructureerd werken aan merkwaarde. Het kan ook verstandig zijn bestaande merken van tijd tot tijd te toetsen aan de diverse aspecten.

Hulpmiddel	Fase in strategisch planningsproces/ H./pagina in boek	Wat is het?	Wanneer/waarom gebruik je het?
Brand report card	Producten/diensten H4 pag. 170	Hierbij kunnen voor een aantal kenmerken scores worden toegekend, geredeneerd vanuit het perspectief van de consument. Dat geeft een beeld van de sterke en zwakke punten en de samenstelling van het merk (en dat van concurrenten).	Met behulp van de brand report card kan de marketeer periodiek, bijvoorbeeld telkens wanneer een marketingplan wordt geproduceerd (in de regel jaarlijks), vaststellen hoe het merk scoort ten opzichte van eigen criteria of ten opzichte van de concurrentie. Dat is een bruikbare input bij strategisch merkdenken.
Merkwisselmodel	Producten/diensten H4 pag. 171	Dit model rekent op basis van koopintenties door hoeveel aandeel een merk zal winnen of verliezen, en op welk marktaandeel het vervolgens uit zal komen.	Het merkwisselmodel kan gebruikt worden om de ontwikkeling van het eigen marktaandeel en dat van consumenten te voorspellen.
Dienstenconcept	Producten/diensten H4 pag. 173	Diensten onderscheiden zich van producten door de eigenschappen ontastbaarheid, onscheidbaarheid, vergankelijkheid, variabiliteit, en het ontbreken van eigendom. Verder bestaat de dienstenmarketingmix uit zeven p's: productelementen, plaats en tijd, prijs, promotie, proces, physical environment/fysieke omgeving, en people.	Diensten hebben een aantal specifieke kenmerken waar marketeers rekening mee moeten houden in hun marketingaanpak.
Dienstencontinuüm	Producten/diensten H4 pag. 174	Het dienstencontinuüm laat zien of het accent van een dienst meer op de ontastbare of de tastbare elementen ligt.	Het verschil tussen producten en diensten is niet zwart-wit maar verloopt vloeiend. In wezen bestaat elk product ook in zekere mate uit diensten en brengt elke dienst ook tastbare componenten met zich mee.
Dienstencategorieën	Producten/diensten H4 pag. 175	Dienstverleningsprocessen kunnen worden onderverdeeld in vier categorieën: verwerking van personen, verwerking van bezittingen, verwerking van mentale stimuli en verwerking van informatie.	De indeling in de vier dienstencategorieën laat zien dat diensten heel divers kunnen zijn. Of je te maken hebt met personen of bezittingen, tastbare of ontastbare handelingen, heeft invloed op de wijze waarop de marketing moet worden ingericht.
Dienstenmarketingsysteem	Producten/diensten H4 pag. 177	Een dienstverlenende organisatie kan worden beschouwd als een systeem van drie elementen: operations (hier wordt de input verwerkt en de elementen van de dienstverlening gecreëerd), aflevering (de assemblage van de elementen, de levering van de feitelijke dienst aan de klant), en marketing (de communicatieactiviteiten, alle contactmethoden met de klant).	Uit het dienstenmarketingsysteem wordt duidelijk dat de klant centraal staat in het dienstverleningsproces. De frontoffice heeft direct contact met de klant en is in hoge mate bepalend voor klanttevredenheid.
Gap-model	Producten/diensten H4 pag. 178	Bij dit model gaat het om het verschil tussen datgene wat men van een dienst verwacht en de perceptie, of datgene wat uiteindelijk wordt ervaren. Die verschillen worden weergegeven in zogenaamde 'kloven'.	Het Gap-model maakt het eenvoudiger oorzaken en gevolgen te onderscheiden, en problemen op te lossen of de kwaliteit te verbeteren.
Dienstencapaciteitsmodel	Producten/diensten H4 pag. 179	Het dienstencapaciteitsmodel geeft inzicht in de problematiek van het afstemmen van vraag en aanbod bij de marketing van diensten.	Dit is een hulpmiddel om de vraagbeweging af te vlakken, dus minder vraag in de drukke periode en meer vraag in de onderbezettingsperiode.

Overzicht van gebruikte modellen/berekeningen

Hulpmiddel	Fase in strategisch planningsproces/ H./pagina in boek	Wat is het?	Wanneer/waarom gebruik je het?
Factoren bij prijsbepaling	Prijs H5 pag. 184	Prijsbepaling wordt beïnvloed door de kostprijs van het product (ondergrens), de waardeperceptie van de afnemer (bovengrens), interne invloeden (zoals doelstellingen) en externe invloeden (zoals concurrenten).	In de meeste gevallen zal een combinatie gebruikt worden van een kostprijsgeoriënteerde, vraaggeoriënteerde en concurrentie-georiënteerde prijsbepaling, met inachtneming van interne uitgangspunten. Alle vier de invloeden dienen daarom bestudeerd te worden.
Kostprijsberekening	Prijs/berekeningen met kostprijsoriëntatie H5 pag. 185	De kosten voor een product bestaan normaal uit een vaste- en een variabelekostencomponent.	De integrale kostprijs heb je nodig omdat de verkoopprijs in ieder geval boven dit niveau moet worden vastgesteld.
Kostprijs-plus-methode	Prijs/berekeningen met kostprijsoriëntatie H5 pag. 187	Dit is een zuivere kostengeoriënteerde prijszettingsmethode, waarbij de verkoopprijs bepaald wordt door de kostprijs te vermeerderen met de gewenste winstopslag.	De kostprijs-plusmethode geldt vaak als uitgangspunt om de verkoopprijs te bepalen, waarbij vervolgens gekeken wordt of dit haalbaar is gezien de vraag van de consument en de prijzen van concurrenten.
Margeketen	Prijs/berekeningen met kostprijsoriëntatie H5 pag. 188	De prijs van een product wordt verhoogd door de marges van verschillende partijen, zoals fabrikant, grossier en detaillist.	De margeketen geeft inzicht in de diverse opslagrondes die uiteindelijk leiden tot de consumentenprijs. De margeketen kan per land verschillen.
Break-even-analyse - break-even-punt - bepalen optimale prijs - target-return-break-evenanalyse	Prijs/berekeningen met kostprijsoriëntatie H5 pag. 189	Bij de break-evenanalyse wordt nagegaan hoeveel eenheden, bij een bepaalde prijs, verkocht moeten worden zodat de totale kosten en de verwachte opbrengsten gelijk zijn en er dus geen winst of verlies gemaakt wordt. Door een break-evenanalyse te doen bij verschillende prijsniveaus kan de optimale prijs worden bepaald. Bij het target-return-break-evenpunt wordt een gewenst rendement in de analyse meegenomen.	Door berekening van het break-evenpunt weet de marketeer welk aantal hij minimaal moet afzetten om quitte te draaien. Wanneer de verwachte vraag hoger ligt, is er winstpotentieel. Bij het target-return-break-evenpunt wordt berekend hoeveel er afgezet moet worden om de gewenste winst te behalen. Dit kan dienen als target.
Vraagcurve	Prijs/prijsgevoeligheid H5 pag. 194	De vraagcurve geeft aan hoeveel eenheden van een product er bij verschillende prijsniveaus in de markt gevraagd worden.	De vraagcurve is een hulpmiddel bij het vaststellen van de verkoopprijs en inschatting van de bijbehorende vraag. De vraagcurve zegt ook iets over de prijsgevoeligheid van de consument.
Prijselasticiteit van de vraag	Prijs/prijsgevoeligheid H5 pag. 196	Geeft de procentuele verandering in de vraag weer, als gevolg van een verandering in de prijs met 1%.	Als de vraag elastisch is, zal deze sterk reageren op een prijswijziging. Bij een inelastische vraag is het onverstandig om de prijs te verlagen, aangezien dit weinig effect heeft op de gevraagde hoeveelheid, maar wel de winst verlaagt.
Inkomenselasticiteit	Prijs/prijsgevoeligheid H5 pag. 198	Geeft de procentuele verandering in de vraag weer, als gevolg van een verandering in het inkomen met 1%.	Luxe goederen hebben over het algemeen een hoge inkomenselasticiteit, dat wil zeggen dat de vraag sterk reageert op een wijziging in het inkomen.
Kruisprijselasticiteit	Prijs/prijsgevoeligheid H5 pag. 199	Geeft de procentuele verandering in de vraag weer, als gevolg van een verandering in de prijs van een ander goed met 1%.	Wanneer producten uitwisselbaar zijn, is er sprake van een positieve kruisprijselasticiteit en reageert de vraag naar het ene product op een prijswijziging van het andere product.
Totale kosten voor de afnemer	Prijs/berekeningen met afnemersoriëntatie H5 pag. 201	De totale kosten voor de afnemer omvatten meer dan alleen de prijs van het product, maar ook zoekkosten, inspanning, psychologische kosten en kosten na het gebruik.	Aanbieders en consumenten staren zich soms blind op pure prijsvergelijkingen. In de praktijk zijn er echter veel meer factoren die de kosten voor de afnemer bepalen. Aanbieders kunnen zich hiermee onderscheiden.

Hulpmiddel	Fase in strategisch planningsproces/ H./pagina in boek	Wat is het?	Wanneer/waarom gebruik je het?
Inverse prijszetting/backward pricing - perceived value pricing - value-for-money pricing	Prijs/berekeningen met afnemersoriëntatie H5 pag. 202	Hierbij wordt de verkoopprijs vastgesteld op basis van de prijs die de consument bereid is te betalen voor (de gepercipieerde waarde van) het product en wordt van daaruit teruggerekend wat de kostprijs mag zijn. Een vorm van inverse prijszetting is value-for-money pricing, waarbij wordt gestreefd naar een aantrekkelijk prijs-kwaliteitsaanbod om een grote groep consumenten aan te spreken.	In de marketinggedachte wordt de prijs primair afgestemd op wat de consument bereid is te betalen.
Yieldmanagement pricing	Prijs/berekeningen met afnemersoriëntatie H5 pag. 203	Systematiek waarbij de prijs wordt aangepast aan de voorspelde vraag, bij marktsegmenten met verschillende prijsgevoeligheid.	Yieldmanagement wordt vaak gebruikt in de dienstverlening. Het is het meest effectief als de vraag variabel en onzeker is en er hoge vaste kosten zijn, zodat de bezettingsgraad van groot belang is om de vaste kosten te dekken.
Concurrentiegeoriënteerde prijsstelling - going rate pricing - premium pricing - discount pricing	Prijs/berekeningen Met concurrentieoriëntatie H5 pag. 205	De prijs wordt afgestemd op het gemiddelde van de prijzen van concurrenten (going rate pricing), juist daarboven (premium pricing) of daaronder (discount pricing).	Door internet en prijsvergelijkingssites worden prijzen steeds transparanter. De consument oriënteert zich vóór aankoop op prijzen van diverse aanbieders. Het is dan ook verstandig om als aanbieder rekening te houden met de prijzen van concurrenten.
Penetratieprijsstrategie	Prijs/berekeningen bij productintroductie H5 pag. 207	Bij introductie van een nieuw product wordt een lage prijs gevraagd om de markt snel te penetreren.	Prijsstrategie die vaak gebruikt wordt bij de introductie van nieuwe fast moving consumer goods, om de concurrentie een stap voor te zijn en snel een groot marktaandeel te verwerven.
Afroomprijsstrategie/price skimming	Prijs/berekeningen bij productintroductie H5 pag. 208	Bij de introductie van een nieuw product wordt eerst een hoge prijs gevraagd, gericht op innovators en early adopters. Daarna wordt de prijs geleidelijk verlaagd om een groter publiek aan te spreken.	Prijsstrategie die vaak gebruikt wordt bij duurzame consumptiegoederen met een technologische voorsprong. Op deze manier wordt per segment de hoogst mogelijke prijs uit de markt gehaald.
Prijsdifferentiatie versus prijsdiscriminatie	Prijs H5 pag. 209	Het berekenen van verschillende prijzen voor vergelijkbare producten/diensten.	Prijsdifferentiatie gebruik je bij verschillen in kostprijs, prijsdiscriminatie om op de vraag van verschillende segmenten in te spelen.
Distributiekanalen	Distributie H6 pag. 214	Er worden een lang, indirect kort en direct distributiekanaal onderscheiden, afhankelijk van het aantal tussenschakels.	Tegenwoordig zien we een toename van het directe distributiekanaal door internet, en van multi-channeldistributie.
Onderlinge relaties van distributiekengetallen	Distributie/distributiekengetallen H6 pag. 215	De distributiekengetallen zijn onderling gerelateerd. De numerieke distributie en de selectie-indicator bepalen de gewogen distributie. Op zijn beurt leidt deze in combinatie met het omzet-/afzetaandeel tot het marktaandeel.	Door de verschillende componenten die het marktaandeel bepalen te analyseren, wordt duidelijk waar mogelijkheden liggen om het marktaandeel door middel van de distributie te vergroten.

Overzicht van gebruikte modellen/berekeningen

Hulpmiddel	Fase in strategisch planningsproces/ H./pagina in boek	Wat is het?	Wanneer/waarom gebruik je het?
Kengetallen m.b.t. distributiepunten - numerieke distributie - gewogen distributie - selectie-indicator	Distributie/distributie-kengetallen H6 pag. 217	Deze kengetallen geven aan in hoeveel winkels een bepaald merk wordt verkocht (numerieke distributie), welk deel van de markt met deze winkels wordt bereikt (gewogen distributie) en hoe groot die winkels naar verhouding zijn in de productgroep (selectie-indicator)	Deze kengetallen geven inzicht in het aantal en de omvang van de distributiepunten.
Kengetallen m.b.t. positie bij distributie - afzet-/omzetaandeel - price factor ratio - marktaandeel	Distributie/distributie-kengetallen H6 pag. 219	Deze kengetallen geven aan hoe de positie van het merk is in de winkels waar het verkocht wordt en in de totale markt.	Deze kengetallen geven inzicht in de distributiepositie van het merk, de gemiddelde prijs en het marktaandeel.
Vloerproductiviteit	Distributie/detailhandelskengetallen H6 pag. 222	Omzet per vierkante meter winkelvloeroppervlak.	Dit is een belangrijke maatstaf voor de winstgevendheid van winkels.
Retailwaterval	Distributie/detailhandelskengetallen H6 pag. 224	Geeft de stappen aan die tussen het verzorgingsgebied en het aantal kopers in een winkel zit. Door elk van deze stappen worden de afzetmogelijkheden beperkt.	De retailwaterval maakt de elementen inzichtelijk die bepalen hoeveel kopers er in een verzorgingsgebied in een winkel kopen.
Omzetformule	Distributie/detailhandelskengetallen H6 pag. 226	Met deze formule kan de omzet van een winkel(formule) worden berekend op basis van verzorgingsgebied, opkomstindex, conversie en bonbedrag.	De omzetformule geef inzicht in de bestanddelen die de winkelomzet bepalen. Vergroting van een of meer van deze bestanddelen zal verhoging van de omzet tot gevolg hebben.
Brutomarge en opslagfactor	Distributie/detailhandelskengetallen H6 pag. 228	De brutomarge geeft de winstmarge aan als percentage van de verkoopprijs. Door deze om te rekenen tot een opslagfactor kan bij een gegeven inkoopprijs snel de bijbehorende verkoopprijs worden uitgerekend.	Vaak wordt per productgroep een bepaalde norm voor de brutomarge vastgesteld die voldoende moet zijn om alle kosten te dekken en de gewenste winst te realiseren. Met de brutomarge en opslagfactor kan snel en gemakkelijk de benodigde verkoopprijs worden berekend bij een gegeven inkoopprijs en andersom.
Direct product profitability	Distributie/detailhandelskengetallen H6 pag. 230	Hierbij wordt de brutomarge van een product(groep) verminderd met direct toerekenbare kosten voor voorraad, transport en verwerking.	Met deze methode kun je de winstgevendheid van producten goed met elkaar vergelijken, bijvoorbeeld voor het toekennen van schapruimte.
Importance-performance-matrix	Distributie H6 pag. 231	In deze matrix worden het belang dat klanten hechten aan bepaalde aspecten van de winkelformule en hun oordeel over de prestatie van de winkelformule op deze aspecten visueel weergegeven.	Hiermee krijgt de marketeer inzicht in de goed en slecht scorende elementen van een winkelformule, waaraan hij marketingbeleid kan koppelen.
Bricks en/of clicks	Distributie H6 pag. 233	Tegenwoordig wordt onderscheid gemaakt tussen fysieke bedrijven (*bricks and mortar*), bedrijven die ook een webshop hebben (*bricks and clicks*) en bedrijven die uitsluitend via internet verkopen (*clicks only*).	Grote detailhandelsbedrijven zijn veelal overgestapt van een bricks-and-mortar- naar een bricks-and-clicksstrategie. Zij kunnen hiermee extra klanten aan zich binden en bestaande klanten beter bedienen. Clicks-onlybedrijven hebben gekozen voor verkoop uitsluitend via internet en hebben hun hele businessmodel hierop afgestemd.

Hulpmiddel	Fase in strategisch planningsproces/ H./pagina in boek	Wat is het?	Wanneer/waarom gebruik je het?
E-business maturity model	Distributie / e-business H6 pag. 234	Het model geeft de vijf stadia van online volwassenheid aan.	Om inzicht te krijgen in de volwassenheid van online activiteiten.
Communicatiemodel	Promotie H7 pag. 238	Dit model dient om het communicatieproces weer te geven; het bevat de hoofdelementen zender, boodschap en ontvanger en wordt ook wel aangeduid als het SMCR-model (sender – message – channel – receiver).	Bedrijven hebben steeds meer manieren om met hun doelgroep te communiceren. Verder communiceren consumenten ook met elkaar over merken en producten. Met dit model krijgt de marketeer wat meer grip op het communicatieproces.
Communicatieplanning	Promotie H7 pag. 239	Marketingcommunicatie is een planmatige activiteit. De logische volgorde van de te nemen stappen wordt beschreven door de termen *mission, money, message, media* en *measurement*.	Om communicatiebeleid te kunnen implementeren en later te kunnen evalueren heb je een gedetailleerd plan nodig waarin je onder andere de communicatie-instrumenten hebt uitgewerkt.
Communicatiebudgetmethoden	Promotie/communicatiebudget H7 pag. 243	De vier gebruikelijke methoden om het totale budget voor reclame vast te stellen zijn: wat je je kunt veroorloven, percentage van de omzet, concurrentiepariteit, en taakstellende methode (doelstelling en taak).	De taakstellende methode heeft de voorkeur, omdat daarbij eerst wordt nagegaan welke communicatie-invulling nodig is om de doelstellingen te realiseren. In de praktijk wordt er echter vaak gewerkt met een min of meer vast budget, dat volgens een van de andere methoden wordt bepaald. De concurrentiegeoriënteerde methode is alleen zinvol als het gaat om concurrenten van vergelijkbare omvang.
Drempeleffecten	Promotie/communicatiebudget H7 pag. 244	De relatie tussen communicatie-uitgaven en -opbrengsten is niet recht evenredig. Er is sprake van drempeleffecten (in het begin van een campagne duurt het even voordat de markt reageert) en vervolgens van afnemende meeropbrengsten (een toename van de cumulatieve communicatieuitgaven leidt tot een steeds kleinere toename van verkopen).	De marketeer moet zich realiseren dat communicatie-uitingen pas na enige tijd effect sorteren. Een consistent uitgevoerd communicatiebeleid over een langere termijn versterkt het effect. Maximaal nut verkrijg je zodra je over de drempeleffecten heen bent, maar nog niet toe bent aan de afnemende meeropbrengsten.
Communicatie-elasticiteit	Promotie/communicatiebudget H7 pag. 245	De reactie van de markt op communicatieuitgaven, direct volgend op de campagne maar ook in navolgende periodes (kortetermijneffect), kan worden uitgedrukt in communicatie-elasticiteit: de verandering van de omzet in procent als gevolg van een wijziging in de communicatie-uitgaven met 1%.	Voor de marketeer is het van belang in te kunnen schatten welk effect communicatieacties zullen hebben. Communicatie-elasticiteit is daarbij een hulpmiddel.
Carry-over-effect	Promotie/communicatiebudget H7 pag. 245	Het carry-overeffect geeft aan hoezeer een campagne op de langere termijn nog op de verkoopresultaten doorwerkt.	Communicatie-uitgaven in de ene periode kunnen nog doorwerken in latere periodes.

Overzicht van gebruikte modellen/berekeningen

Hulpmiddel	Fase in strategisch planningsproces/ H./pagina in boek	Wat is het?	Wanneer/waarom gebruik je het?
Bereik, dekking, kosten per duizend	Promotie/reclame H7 pag. 248	Het aantal personen dat wordt geconfronteerd met een specifiek medium noemen we het mediumbereik. Het aantal personen dat een bepaalde reclame-uiting ziet, wordt het reclamebereik genoemd. Bereik als percentage van de doelgroep noemen we dekking. De kosten van een advertentie in relatie tot de (bereikte) doelgroep kunnen worden uitgedrukt als kosten per 1000.	Deze ratio's zijn van belang om een verantwoorde keuze te kunnen maken uit diverse media en inschakelingsvariabelen.
Bruto-, netto-, gemiddeld en effectief bereik	Promotie/reclame H7 pag. 248	We onderscheiden bruto bereik, waarbij personen die meerdere malen worden bereikt ook meerdere malen worden geteld, en netto bereik, het totaal aantal personen dat in elk geval een keer is bereikt. Het gemiddeld bereik is het aantal personen dat met een gemiddeld nummer van een blad of met een gemiddeld programma wordt geconfronteerd. Effectief bereik is het aantal doelgroeppersonen dat wordt bereikt met een effectieve frequentie.	Om een verantwoorde keuze te kunnen maken uit diverse media en inschakelingsvariabelen zijn deze ratio's van belang.
Gross rating points en targeted rating points	Promotie/reclame H7 pag. 249	Soms wordt gewerkt met *gross rating points* (GRP). Dit is het percentage van de doelgroep dat wordt geconfronteerd met een reclameboodschap. Als je uit dit cijfer de dubbelingen wegneemt, vind je de *targeted rating points* (TRP).	Deze ratio's zijn van belang om een verantwoorde keuze te kunnen maken uit diverse media en inschakelingsvariabelen.
Berekeningen voor sales promotion	Promotie H7 pag. 251	Het resultaat van promotionele acties kan op diverse manieren worden berekend.	Om te beslissen over het al dan niet uitvoeren van een promotionele actie kun je gebruikmaken van een aantal berekeningen met betrekking tot kosten en opbrengsten van acties.
Social media sentimentsanalyse	Promotie H7 pag. 253	Social media worden gescand op positieve, neutrale en negatieve uitlatingen over een merk	Het bedrijf kan hiermee vinger aan de pols houden over de wijze waarop consumenten zich uitlaten over het merk op social media, en hier eventueel op inspringen.
SEO/SEA	Promotie H7 pag. 253	Search Engine Optimization (SEO) en Search Engine Advertising (SEA).	Om ervoor te zorgen dat je website hoog verschijnt in de zoekresultaten.
Vertegenwoordigersberekeningen	Promotie H7 pag. 256	Met betrekking tot het vertegenwoordigersapparaat kan een aantal berekeningen worden gemaakt, zoals de grootte van de buitendienst, de kosten per order, de totale kosten van de buitendienst en de kostendekkingsomzet.	Voor de marketeer is het belangrijk kosten en opbrengsten van vertegenwoordigers goed in de gaten te houden.

Hulpmiddel	Fase in strategisch planningsproces/ H./pagina in boek	Wat is het?	Wanneer/waarom gebruik je het?
Sales funnel	Promotie H7 pag. 255	Om inzicht te krijgen in het aantal leads dat gegenereerd moet worden om verkoopdoelstellingen te realiseren is een sales funnel een handig hulpmiddel. Deze heeft de vorm van een trechter en maakt inzichtelijk hoe de fasen in het (ver)koopproces uiteindelijk uitmonden in werkelijke orders. In elke fase is er sprake van conversie (omzetting naar een volgende fase).	Een sales funnel kan worden gebruikt om betere voorspellingen (sales forecasts) te maken. De verkoopleiding heeft zo een betere grip op de investeringen in geld en tijd die nodig zullen zijn om een bepaald verkoopdoel te behalen.
Communicatieplanner	Promotie H7 pag. 259	De communicatieplanner geeft een compleet overzicht van te ondernemen activiteiten en daaraan verbonden budgetten c.q. kosten over een heel jaar.	Heb je eenmaal een keuze gemaakt voor de communicatiemiddelen, dan is een communicatieplanner een handig hulpmiddel.
Evaluatie digitale communicatie campagne	Promotie /measurement: communicatieonderzoek H7 pag. 263	Digitale communicatiecampagnes kunnen op verschillende manieren gemeten worden, met hele simpele en meer verfijnde maatstaven.	Voor het formuleren van doelstellingen en het meten van resultaten van digitale communicatiecampagnes kun je gebruik maken van bijv. het aantal (unieke) bezoekers, de conversie, cost-per-click (CPC), cost-per-acquisition (CPA) en campagne-ROI.
Geprognosticeerde cashflow	Controle, evaluatie en bijsturing/investeringsbeslissingen H8 pag. 268	Een investering heeft over het algemeen als doel om extra inkomsten te verkrijgen. De inkomsten die met de investering worden gegenereerd, heten de geprognosticeerde cashflow.	Wanneer de marketeer een voorstel doet met betrekking tot een investering, dan hoort daarbij een onderbouwing, zodat de directie een gefundeerde beslissing kan nemen. De geprognosticeerde cashflow kan daarbij een criterium zijn.
Pay-backperiode	Controle, evaluatie en bijsturing/investeringsbeslissingen H8 pag. 269	De periode dat het duurt voordat de investering is terugverdiend uit de extra opbrensten. Aangezien deze bedragen in de toekomst ontvangen worden, moeten ze verdisconteerd worden naar bedragen van nu.	Wanneer de marketeer een voorstel doet met betrekking tot een investering, dan hoort daarbij een onderbouwing, zodat de directie een gefundeerde beslissing kan nemen. De pay-backperiode kan daarbij een criterium zijn.
Break-evenanalyse	Controle, evaluatie en bijsturing/investeringsbeslissingen H8 pag. 269	Met behulp van de break-evenanalyse kan worden nagegaan hoeveel eenheden (extra) verkocht moeten worden om de investering terug te verdienen.	Wanneer de marketeer een voorstel doet met betrekking tot een investering, dan hoort daarbij een onderbouwing, zodat de directie een gefundeerde beslissing kan nemen. De break-evenanalyse kan daarbij een criterium zijn.
PDCA-cyclus	Controle, evaluatie en bijsturing H8 pag. 270	De PDCA-cyclus of *Deming cycle* is een simpel model dat zeer effectief kan zijn als het consequent wordt toegepast. Het wordt onder andere gebruikt voor kwaliteitsverbeteringsprocessen en bestaat uit de fasen: *plan, do, check* en *act*.	Deze aanpak is vooral bedoeld voor verbeteringstrajecten. Door in opeenvolgende cycli de activiteiten te evalueren en op basis daarvan verbeteracties door te voeren, kom je steeds dichter bij de gestelde doelen. Dit gaat ook op voor marketingplanning.
EFQM-model	Controle, evaluatie en bijsturing H8 pag. 273	Managementmodel dat helpt om te focussen op gebieden waar verbeteringen mogelijk zijn.	Het model kan gebruikt worden voor self-assessment, voor vergelijking met andere, soortgelijke ondernemingen, en om verbetergebieden te identificeren.

Overzicht van gebruikte modellen/berekeningen

Hulpmiddel	Fase in strategisch planningsproces/ H./pagina in boek	Wat is het?	Wanneer/waarom gebruik je het?
Balanced scorecard	Controle, evaluatie en bijsturing H8 pag. 274	De balanced scorecard (bsc) is een model dat als evaluatiehulpmiddel gebruikt wordt door strategisch management, waarbij strategische doelen vertaald worden in concrete, meetbare prestatie-indicatoren. Er wordt gewerkt met vier perspectieven: financieel, klant, interne businessprocessen, leervermogen en groei.	Dit hulpmiddel is vooral een sterk communicatie- en informatiemiddel voor de onderneming. Het dwingt het management om zijn visie en de uitgezette strategie duidelijk te formuleren en te communiceren naar de medewerkers. Doordat de strategie gekoppeld wordt aan kritieke succesfactoren en meetbare indicatoren, wordt de voortgang van de strategie inzichtelijk gemaakt.
Marketingscorecard	Controle, evaluatie en bijsturing H8 pag. 277	De marketingscorecard geeft inzicht in de effecten van marketing. Centraal staan daarbij de marketingprestatie-indicatoren met betrekking tot de vier marketingmixinstrumenten, gegroepeerd rondom de marketingstrategie.	Er is steeds meer aandacht voor accountability in de marketing. Dat wil zeggen dat marketeers de inzet van het marketingbudget moeten verantwoorden door de resultaten van hun marketingactiviteiten te meten en te laten zien. Hiervoor zijn meetbare indicatoren nodig. Door consequent relevante indicatoren in kaart te brengen kunnen ontwikkelingen zichtbaar worden, hetgeen gerelateerd kan worden aan de inzet van marketingmiddelen.
Variantieanalyse	Controle, evaluatie en bijsturing H8 pag. 279	Bij variantieanalyse worden de geplande marketingprestaties vergeleken met de werkelijke prestaties met als doel erachter te komen welke factoren in welke mate hebben bijgedragen aan het uiteindelijke resultaat.	Voor een marketeer is het belangrijk om te weten in hoeverre doelstellingen worden gehaald en er volgens planning wordt gepresteerd. Door evaluatie op details door middel van variantieanalyse kunnen zo de juiste conclusies getrokken worden en kan gericht op variabelen worden bijgestuurd.
Return on marketing investment (ROMI)	Controle, evaluatie en bijsturing H8 pag. 281	De *return on marketing investment* (ROMI) is een nuttige ratio om het resultaat van marketinginspanningen te kunnen aantonen. Hierbij worden marketinguitgaven in verband gebracht met extra gegenereerde verkopen.	Je kunt het resultaat meten zowel van de totale marketinginspanningen als van additionele marketinginspanningen, en zowel met betrekking tot verkopen zonder enige marketinginspanning als ten opzichte van normale marketinginspanningen.
Big data	Controle, evaluatie en bijsturing H8 pag. 284	Data die snel, veelvuldig en in zeer grote hoeveelheden beschikbaar komen, met name uit digitale bronnen.	Met big data kunnen predictieve en zelfs prescriptieve analyses gedaan worden, gericht op het genereren van nieuwe business.

Noten

Inleiding
1. Kotler, 2012.
2. Campbell en Yeung, *The Strategy Reader, 2002*.
3. M.R. Solomon, G.W. Marshall, E.W. Stuart, *Marketing, een reallife-perspectief*, 2008, Pearson Benelux.
4. Abell, 1980.

Hoofdstuk 1
1. http://www.philips.nl/about/company/missionandvisionvaluesandstrategy/index.page, geraadpleegd 22 april 2014
2. http://www.randstad.nl/over-randstad/over-ons-bedrijf/missie-visie-randstad, geraadpleegd 22 april 2014
3. Abell, 1980.
4. Rustenburg, 2007, p. 21.
5. Treacy en Wiersema,1996.
6. http://www.marketingtribune.nl/algemeen/weblog/2014/02/wat-is-het-geheim-van-het-succes-van-lidl/index.xml, geraadpleegd 22 april 20148.   Rowe, 1982.
7. Porter, 1985.
8. Figuur overgenomen uit Kotler, 2012.
9. Peters en Waterman, 1982.
10. http://www.ondernemerschap.nl/index.cfm/1,103,0,0,html/Financile-kengetallen, geraadpleegd 22 april 2014
11. http://www.ondernemerschap.nl/index.cfm/1,103,0,0,html/Financile-kengetallen, geraadpleegd 22 april 2014
12. Hummel, 2007.
13. www.utrecht.nl (8 mei 2009).
14. Kotler, 2013.
15. Farris, 2009, p. 142.

Hoofdstuk 2
1. Porter, 1980, p.4, vrij vertaald in het Nederlands.
2. http://www.besteproduct.nl/inbouw_vaatwassers/artikelen/1648/hoeveel_nederlanders_hebben_een_vaatwasser___ca__61_, geraadpleegd 22 april 2014

3. https://kijkonderzoek.nl/images/TV_in_Nederland/SKOTV_IN_NEDERLAND_2013.pdf, geraadpleegd 22 april 2014
4. Distrifood, 2007.
5. http://www.fws.nl/nieuws/algemeen/stabiele-consumptiecijfers-frisdranken-waters-sappen-en-siropen, geraadpleegd 23 april 2014
6. http://www.bovag.nl/over-bovag/cijfers/verkoopcijfers-auto, geraadpleegd 23 april 2014
7. http://www.cbs.nl/NR/rdonlyres/80401339-69BD-41B0-9ECF-D5DAFDEE9385/0/2012g82pub.pdf, geraadpleegd 23 april 2014
8. http://www.raivereniging.nl/markt-informatie/marktontwikkelingen-fietsen-2013.aspx, geraadpleegd 23 april 2014
9. file:///C:/Users/L.%20Vink/Downloads/Marktcijfers%20Fietsen%202007%20%20%20 2013.pdf, geraadpleegd 23 april 2014
10. http://tweakers.net/nieuws/93438/aantal-klanten-virtuele-providers-blijft-stijgen.html, geraadpleegd 24 april 2014
11. Het model van Lewis, 1989 (AIDA); het model van Lavidge en Steiner, 1961; en het model van Colley, 1961 (DAGMAR).
12. Cendris, 2009.
13. Rooijakkers & Buiten, *CBS Webmagazine* (27 oktober 2003).
14. http://www.gartner.com/newsroom/id/2575515, geraadpleegd 24 april 2014
15. www.gartner.com/it/page.jsp?id=1124212.

Hoofdstuk 3

1. Porter, 1985.
2. Treacy & Wiersema, 1996.
3. Doyle, 1998.
4. www.syntens.nl, 29 januari 2010.
5. www.the-executive.com, 29 januari 2010.
6. A. Osterwalder, Y. Pigneur (2010). *Business Model Generatie*. Deventer: Kluwer. Oorspr. editie 2009 *Business Model Generation*
7. Kotler, 2009.
8. Kotler, 2009.

Hoofdstuk 4

1. www.wired.com/wired/archive/12.10/tail.html.
2. Vernon, 1966.
3. Keller, 2001.
4. Keller, 2000.
5. Keller, 2010.

Noten

6. Best, 2006.
7. Aaker, D. 'Measuring Brand Equity Across Products and Markets', *California Management Review*, 1996.
8. Vrij naar Shostack, 1982.
9. Lovelock, 2004.
10. Lovelock, 2006.
11. Lovelock, 2004.
12. Parasuraman, Zeithaml & Berry, 'A conceptual model of service quality', *Journal of Marketing*, vol. 49, 1985.
13. Lovelock, 2006.

Hoofdstuk 5
1. www.multiscope.nl/download/kennisdocument_prijsmeter.pdf (6 december 2009).
2. Gebaseerd op Lovelock.
3. Lovelock, 2006, p. 160.

Hoofdstuk 6
1. http://nl.nielsen.com/products/rms.shtml
2. http://tweakers.net/nieuws/88751/idc-apple-verliest-marktaandeel-op-wereldwijde-smartphonemarkt.html geraadpleegd, geraadpleegd 27 april 2014
3. http://www.helderhypotheek.nl/weblog/2014/03/rabo/, geraadpleegd 27 april 2014
4. http://www.ikwilvanmijnautoaf.nl/aktueel/autoverkopen-europa-daling-blijft-beperkt/, geraadpleegd 27 april 2014
5. www.retail-pro.be/dossiers/tabid/1172/default.aspx?_vs=0_N&id=ERT0140n01.mth&lang=n (15 november 2009).
6. http://www.vastgoedmarkt.nl/nieuws/2013/11/14/Kalverstraat-opnieuw-duurste-winkellocatie-Nederland geraadpleegd 27 april 2014
7. http://www.dtz.nl/nl/marktinformatie/feiten-en-cijfers/huurprijsoverzichten-winkelruimte, geraadpleegd 27 april 2014
8. http://www.hbd.nl/pages/15/Omzet-en-exploitatie/Detailhandel-totaal/Omzetkengetallen.html?subonderwerp_id=18, geraadpleegd 27 april 2014
9. http://www.hbd.nl/pages/14/Omzet-en-exploitatie/Rijwielhandel.html?branche_id=23&hoofdonderwerp_id=11&displayBrancheDropdown=true, geraadpleegd 27 april 2014
10. Van der Kind, 2008, p. 263.
11. Van der Kind, 2008.
12. http://www.thuiswinkel.org/feiten-cijfers/thuiswinkel-markt-monitor-/infographic-thuiswinkel-markt-monitor-2013-2, geraadpleegd 27 april 2014

13. Marco Flapper, www.ebusinessconsultant.nl/index.php/ecommerce/hoeveel-bezoekers-heb-je-nodig/.
14. www.elsevierretail.nl/1076990/E-Tailers/E-tailers-nieuwsbericht/WebshopWinkelformuleVerkooptMeer.htm (15 november 2009).
15. http://www.frankwatching.com/archive/2012/09/19/online-maturity-model-kompas-voor-online-strategie/, geraadpleegd 26 april 2014

Hoofdstuk 7

1. Vrij naar Shannon & Weaver.
2. Kotler, 2009.
3. http://www.marketingfacts.nl/berichten/facebook-en-google-doen-online-advertentiemarkt-met-84-procent-groeien, geraadpleegd 17 augustus 2014.
4. VEA.
5. http://www.marketingfacts.nl/berichten/nationale-social-media-onderzoek-2014, geraadpleegd 2 mei 2014
6. Chaffey, Dave *et al.*, *Internet Marketing*, 4e ed., 2009.

Hoofdstuk 8

1. Van Dinten, persoonlijke uiteenzetting, 2010.
2. Van Dinten.
3. Vrij naar Kaplan en Norton, in *Havard Business Review*, 2007.
4. Best, 2006.
5. Farris, 2009.

Literatuurlijst

Abell, Derek, *Defining the Business*, 1980, Prentice Hall.
Alsem, K., *Strategische marketingplanning*, 4e ed., 2005, Noordhoff Uitgevers.
Assen, Marcel van, Gerben van den Berg en Paul Pietersma, *Key Management Models; The 60+ models every manager needs to know*, 2e ed., 2009, Pearson Education,
Baccarne, J. en A. Mulder, *Markgericht calculeren; een competentietraining*, 2004, Boom.
Best, Roger J., *Marktgericht management; strategisch werken aan waarde en winst*, 2006, Pearson Education.
Burk Wood, Marian, *Het marketingplan*, 3e ed., 2009, Pearson Education.
Clow, K. en Baack, D., *Geïntegreerde marketingcommunicatie* (bewerking: E. Boot, J. Hendriks, R. Mulder, Th. Zweers) 2009, Pearson Education.
Doyle, P., *Marketing Management and Strategy*, 1998, Prentice Hall.
Farris, Paul W. et al., *Key Marketing Metrics; The 50+ metrics every manager needs to know*, 2009, Pearson Education.
Floor, J. en van Raaij, W., *Marketingcommunicatiestrategie*, 2006, Stenfert Kroese.
Frambach, R. en Leeflang, P., *Marketing aan de top*, 2009, Pearson Education.
Frambach, R. en Nijssen, E., *Marketingstrategie*, 4e ed.. 2009, Noordhoff Uitgevers.
Hamel, G. en Prahalad, C., 'The Core Compentence of the Corporation', 1990, *Harvard Business Review*.
Harris, Lisa en Dennis, Charles, *Marketing the e-business*, 2e ed., 2008, Routledge New York.
Hummel, Rien, *Marketing en accountability*, 2007, SDU Uitgevers.
Kaplan, R.S. en Norton, D.P., 'Using the Balanced Scorecard as a Strategic Management System', *Harvard Business Review* (juli-augustus 2007).
Keller, K.L., 'The Brand Report Card', *Harvard Business Review*, jan-feb 2000
Keller, Kevin Lane, *Building Customer-Based Brand Equity: a blueprint for creating strong brands*, 2001, Pearson Education.
Keller, Kevin Lane, *Strategisch merkenmanagement*, 2010, Pearson Education.
Kind, R. van der, *Retailmarketing*, 2008, Noordhoff Uitgevers.
Kotler, Philip en Armstrong, Gary, *Marketing, de essentie* (bewerking: Paul van der Hoek en Ton Borchert) 10e ed., 2012, Pearson Education.
Kotler, Philip, Armstrong, Gary, Saunders, John en Wong, Veronica, *Principes van marketing* (bewerking: Frank Broere) 6e ed., 2013, Pearson Education.
Kotler, Philip en Keller, Kevin Lane, *Marketing Management*, 13e ed., 2009, Pearson Education.
Lovelock, C. & Wirtz, H., *Four Categories of Services, in Services Marketing, People, Technology, Strategy*, 2004, Pearson Education.
Lovelock, C. en Wirtz, J., *Dienstenmarketing* (bewerking: Bert Put en Wim Verhagen) 2006, Pearson Education.
Mandour, Y., Bekkers, M., Waalewijn, Ph., *Een praktische kijk op marketing- en strategiemodellen*, 2005, Academic Service.

Literatuurlijst

Minnaar, G.H. et al., *Commerciële calculaties, Rekenen op Nima-b niveau 2*, 1996, Educatieve Partners Nederland.

Mulders, M., *75 Management-modellen*, 2007, Wolters Noordhoff.

Peters, T en Waterman, R, *In Search of Excellence*, 1982, Harper & Row.

Porter, Michael, *Competitive Advantage*, 1985, The Free Press.

Porter, Michael, *Competitive Strategy, Techniques for Analyzing Industries and Competitors*, 1980, The Free Press/MacMillan Publishing Co., Inc.

Rooijakkers, B. en C. Buiten, 'Koopgedrag volgt de koopbereidheid', *CBS Webmagazine* (27 oktober 2003). Op basis van de publicatie 'Consumentenvertrouwen als bron voor de toekomstige particuliere consumptie', CBS, 2006.

Rowe, H, Mason, R. en Dickel, K., *Strategic Management and Business Policy: a Methodical Approach*, 1982, Addison-Wesley Publishing Co. Inc.

Rustenburg, Gb. (red.), *Strategische en operationele marketingplanning*; Kernstof-B, 2007, 4e druk, Wolters-Noordhoff.

Shostack, G.L., 'How to Design a Service', *European Journal of Marketing*, 161, 1982, p. 49-63.

Smal, J.C.A., *Commerciële calculaties 1*, 2005, 4e druk, Wolters-Noordhoff.

Smal, J.C.A. et al., *Marketing Kernstof-A*, 6e druk, 2008, Noordhoff Uitgevers.

Smits, Geer-Jan en Steins Bisschop, Joost, *De internetscorecard; verbeter je online resultaten*, 2007, Pearson Education.

Solomon, M., Marshall, G., Stuart, E., *Marketing, een real-life perspectief* (bewerking: T. Borchert, W. Uitslag, K. de Vries) 2008, Pearson Education.

Strong, E.K., 'Theories of Selling', *Journal of Applied Psychology*, volume 9, 1925, pp. 75-86.

Treacy, M. en Wiersema, F., *The Discipline of Market Leaders*, 1996, Addison Wesley.

Vernon, Raymond, *The International Product Lifecycle*, 1966.

Walsh, C., *Key Management Ratios, The 100+ ratios every manager needs to know*, 2008, Pearson Education.

Internetbronnen

http://economie.nieuws.nl/549381 (9 november 2009)

http://statline.cbs.nl (september 2009)

www.abb.com (7 november 2009)

www.ad.nl/ad/nl/1013/Buitenland/article/detail/431898/2009/09/22/Huurprijzen-beroemde-winkelstraten-duikelen-naar-beneden.dhtml (15 november 2009)

www.ad.nl/utrecht/2821371/Elisabethstraat_blijft_topper.html (2008)

www.bovag.nl (september 2009)

www.demorgen.be/dm/nl/3324/Economie/article/detail/615623/2009/01/15/Volkswagen-vergroot-marktaandeel-in-Europa.dhtml (15 november 2009)

www.elsevierretail.nl/1076990/E-Tailers/E-tailers-nieuwsbericht/
   WebshopWinkelformuleVerkooptMeer.htm (15 november 2009)
www.gartner.com (9 november 2009)
www.hbd.nl (september 2009)
www.hbd.nl/view.cfm?page_id=6333 (15 november 2009)
www.ondernemerschap.nl: EIM, Financiering MKB
www.rabobank.nl (15 november 2009)
www.raivereniging.nl (september 2009)
www.retail-pro.be/dossiers/tabid/1172/default.aspx?_vs=0_N&id=ERT0140n01.mth&lang=n (15 november 2009)
www.telecomwereld.nl/n0003146.htm (15 november 2009)
www.unilever.nl (7 november 2009)
www.utrecht.nl/smartsite.dws?id=230596 (15 november 2009)
www.utrecht.nl/smartsite.dws?id=258658 (8 mei 2009)
www.wired.com/wired/archive/12.10/tail.html (11 november 2009)
www.z24.nl/bedrijven/bouw_vastgoed/artikel_94411.z24/Huren_in_dure_Nederlandse_
   winkelstraten_blijven_op_peil.html (15 november 2009)

Index

7S-model, 43, 289

A

Aaker
    brand equity ten van, 170
Abell
    model van, 18, 24, 289
Abelldiagram, 25
absorption costs, 185
acties
    promotionele, 251, 302
activiteiten
    in BCG-matrix, 33
    ondersteunende, 40
    primaire, 40
    push, 251
    pull, 251
    secundaire, 40
    van onderneming, 26
activiteitenportfolio, 32
Adwords, 254
afnemer, 99
    onderhandelingsmacht, 75
    totale kosten voor, 201, 298
afroomprijsstrategie, 208, 299
afzetaandeel, 219
AIDA-model, 102. 292
analyse, 121
    externe, 73
    financiële, 44
    interne, 23, 57
Ansoff
    model van, 27
    groeistrategieën, 133, 294
Ansoffmatrix, 133, 294
    diversificatie, 133
    integratie, 133
assortiment, 156
    breedte, 157, 295
    consistentie, 158, 295
    diepte, 157, 295
    dimensies, 157, 295
    internetwinkel, 158, 159
    lengte, 158, 295
    speciaalzaak, 158
    warenhuis, 158
assortimentsdimensies, 157, 295
attractiewaarde, 225

B

B2B, 42, 106
backward pricing. *Zie* prijszetting, inverse
balanced scorecard, 274, 303
basiscommunicatiemodel, 238
BCG-matrix, 33, 289
    typen SBU's, 32
bedrijf
    bricks-and-clicks, 233, 300
    bricks-and-mortar, 233, 300
    clicks-only, 233, 300
    factoren concurrentiekracht, 37
    groei, 133
benchmarking, 108
benchmarkanalyse, 293
beperkte price factor ratio, 220
berekeningen
    kostprijs, 298
    overzicht, 288
    prijsberekeningen, 185, 201, 205
    sales promotion, 251, 302
    vertegenwoordigers, 302
Best
    methode van, 170
    aspecten van, 170
bevolking, 114
    CBS, 114
    langetermijntrends, 114
    groei, 114

Index

omvang, 114
samenstelling, 114
bezitsgraad. *Zie* penetratiegraad
Big data, 284, 304
black-boxmodel. *Zie* stimulus-responsmodel
Blue Ocean Strategy, 136, 294
brand equity, 167. 296
brand report card, 169, 170, 297
brand valuation, 167, 296
brandswitchingmodel. *Zie* merkwisselmodel
break-evenanalyse, 189, 269, 298, 303
    hoeveelheid, 190, 269
    optimale prijs, 191
break-evenpunt, 190, 298
bricks en/of clicks, 300
bruikbaarheidswaarden, 165
brutomarge, 228
brutomarge en opslagfactor, 228, 300
bsc. *Zie* balanced scorecard
buitendienst
    grootte van, 256
    totale kosten van, 258
business domain, 26
Business Model Canvas, 137, 294
business scope, 26
business-to-business. *Zie* B2B

C

C2C, 40
C4-index, 96
captive audience, 61
carry-overeffect, 245, 301
cashflow
    geprognosticeerde, 268, 303
CLV, 69, 291
    formules, 69
communicatie
    cross-media, 242
    doelstellingen, 240

elasticiteit, 245, 301
geïntegreerde, 241
    onderzoek, 260
    strategie van geïntegreerde, 241
communicatiebudget, 243
communicatiebudgetmethoden, 243, 301
    concurrentiepariteit, 243
    taakstellend, 243
communicatiecampagne
    evaluatie digitale, 263, 303
communicatiemix, 242
communicatiemodel, 19, 102, 238, 292, 301
    consument, 102
    uitgebreid, 239
    vergelijking, 102
communicatieplan, 239
communicatieplanner, 259, 303
communicatieplanning, 240, 301
communicatieuitgaven
    afnemende meeropbrengsten, 244
concurrent, 108
concurrentieanalyse, 108
    benchmark, 108
    positioneringsschema, 110
confrontatiematrix, 125, 293
    centrale probleemstelling, 126
    kansveld, 126
    probleemveld, 126
conjoint analysis, 165, 296
conjunctuurindicatoren, 116
consumentenprijs, 188
consumentenvertrouwen, 116
consumer-to-consumer, 40, *Zie* C2C
contributiemarge, 68, 191
core benefit. *Zie* kernwaarde
crediteurendagen, 52
Curry
    klantenpiramide van, 106, 292
customer equity, 67, 291

customer intimacy. *Zie* klantfocus
customer lifetime value. *Zie* CLV
customerintimacystrategie, 277
customization, 158
Cyclo
    Abelldiagram, 28
    assortiment, 158
    break-evenanalyse, 269
    communicatiebudget vaststellen, 244
    communicatieplanner, 259
    communicatiestrategie, 241
    dealer promotion/selling in, 251
    distributie, 214
    distributiebeleid, 221
    distributiestrategie, 234
    doelstellingen32
    geprognosticeerde cashflow, 268
    interne gegevens, 58
    kasstroomrekening, 54
    kengetallen vermogenspositie, 50
    kengetallen werkkapitaalbeheer, 53
    kostprijs, 188
    langetermijnstrategie, 129
    liquiditeitspositie, 50
    MABA-analyse, 39
    marketing scorecard, 278
    marketingactiviteiten, 129
    marketinganalyse, 91
    merkbekendheid, 67
    pay-backperiode, 269
    penetratiestrategie, 140
    portfolioanalyse, 39
    positioneringsschema, 110
    prijs, 186, 207
    regressieanalyse, 93
    ROMI, 283
    segmentatie, 95
    strategisch marketingplan, 142
    strategische opties, 140
    SWOT-analyse, 126
    TEM, 86
    toetsing strategische opties, 140
    variantie-analyse, 281
    vijfkrachtenmodel van Porter, 77

D

DAGMAR-model, 103
dcg's, 78
    penetratiegraad, 79
    TEM, 84
dekkingsbijdrage, 58
Delphimethode, 95
Deming
    PDCA-cyclus, 279, 303
    uitgebreide PDCA-cyclus, 272
demografische gegevens
    bronnen, 115
DEPEST. *Zie* DESTEP
DESTEP-analyse, 112, 293
detailhandel
    omzetbepalende factoren, 224
detailhandelskengetal, 19, 222
diensten, 78, 173
    eigenschappen, 173
    marktvraag, 78
    vraag en aanbod, 179
dienstencapaciteitsmodel, 297
dienstencategorieën, 175, 297
dienstenconcept, 173, 297
dienstencontinuüm, 174, 297
dienstenmarketingmix, 174
dienstenmarketingsysteem, 177, 297
    elementen, 177
dienstverlening
    indeling, 176
differentiatiestrategie, 130
differentiatiefocusstrategie, 130
digitale marketing

Index

model, 144, 295
direct costing, 185, 186
direct product costs. *Zie* DPC
direct product profitability. *Zie* DPP
discount pricing, 206
distributie, 207
    gewogen, 215
    multi-channel, 214
    numerieke, 215
distributiekanaal, 214, 299
distributiekengetallen, 19, 215, 299, 300
    distributiepunten, 215, 299
    formules, 215
    onderlinge relaties, 216, 300
    positie merk, 219
    selectie-indicator, 218, 219
    distributiepunt, 215
distributiestrategie
    fmcg's, 217
diversificatie, 134, 149
    concentrische, 134
    conglomerate, 134
    horizontale, 134
doelgroepen, 28, 131
    zakelijke, 115
doelstelling
    strategische, 30, 289
Doyle
    model van, 294
    strategische focus, 135
DPC, 230
DPP, 230, 300
drempeleffect, 244, 301
Du Pontmodel, 50, 290
duurzame consumptiegoederen. *Zie* dcg's

E
e-business maturity model, 234, 301
EFQM-model, 273, 303

e-mailmarketing, 254
Eurostat, 115
events, 249
extrapolatie, 93

F
fast moving consumer goods. *Zie* fmcg's
fmcg's, 78
    marktontwikkeling, 88
    merktrouw, 171
    merkwissel, 171
    monitoring, 92
    penegratiegraad, 79
    penetratieprijsstrategie, 207
    TEM, 82
focusstrategie, 130
FOETSIE-concept, 141

G
gap-analyse, 128
Gap-model, 178, 297
gebruiksgoederen, 78
gebruiksintensiteit. *Zie* verbruiksintensiteit
geïntegreerde communicatie, 19
going rate pricing, 205, 299
groei
    intensieve, 133
    integratieve, 133
groeicijfers, 90
    procentuele, 90
groei-marktaandeelmatrix. *Zie* BCG-matrix
groeistrategieën, 133, 294
gross rating point. *Zie* CRP
GRP, 249, 202

H
hiërarchie-van-effectenmodel. *Zie* model van Lavidge en Steiner
hype cycle, 118

I

importance-performancematrix, 231, 300
    strategieën, 232
incassoduur, 52
indexcijfers, 89
inkomenselasticiteit, 198, 298
internationaliseringsplan, 295
internetwinkel
    assortiment, 158, 159
investeringsbeslissing, 268

K

kasstroomrekening. *Zie* liquiditeitenanalyse
Keller
    brand report card, 170, 297
    merkwaardepiramide, 168
kengetal
    brutomarge en opslagfactor, 228, 300
    carry-overeffect, 245, 301
    communicatie-elasticiteit, 245, 301
    current ratio, 45
    debiteurendagen, 52
    detailhandel, 222
    direct product profitability, 300
    distributiepunten, 300
    financiële, 46
    formule brutowinstmarge, 52
    formule crediteurendagen, 52
    formule debiteurendagen, 52
    formule nettowinstmarge, 52
    formule omloopsnelheid voorraad, 52
    formule omlooptijd voorraden, 52
    gewogen distributie, 215, 218, 299
    liquiditeitspositie, 46, 290
    netto werkkapitaal, 46
    numerieke distributie, 217, 211, 299
    omzetformule, 224, 300
    online omzetformule, 226
    positie bij distributie, 300
    quick ratio, 46
    retailwaterval, 224, 300
    selectie-indicator, 215, 218, 300
    vermogenspositie, 48, 280
    vloerproductiviteit, 222, 300
    werkkapitaalbeheer, 52, 290
kernbehoefte
    en product, 156
kernproduct, 156
kernwaarde, 156
klant, 24
    inactieve, 107
    propects, 107
    retentiegraad, 60
    suspects, 107
klantaandeel, 64
klantanalyse, 60, 290
    churn rate, 61
    verloop. *Zie* klantanalyse churn rate
    retentie en verloop, 60
    retentiegraad, 60
klantenpiramide, 292
    voor B2B-markten, 106
klantfocus, 28, 29, 132
klantlevenscyclus, 67
klantloyaliteit, 63, 290
klantrelaties
    managen van, 60
klanttevredenheid, 61
klanttevredenheidsdiagram, 63
klantwaarde, 40
kleine onderneming, 48
    marketingplan voor, 139
kloofanalyse. *Zie* Gap-model
kosten
    constante, 185
    totale voor afnemer, 201, 298
    variabele, 186
    vaste, 185

Index

kostendekkingsomzet, 258
kostenfocus, 28, 131
kostenfocusstrategie, 130
kostenleiderstrategie. *Zie* lagekostenstrategie
kostprijs
    berekening, 185, 298
    integrale, 186
kostprijs-plusmethode, 187, 298
kredietduur, 52
kruisprijselasticiteit, 199, 298
    complementaire goederen, 200
    indifferente goederen, 200
    substituten, 200
    van vraag, 199

L

lagekostenstrategie, 128
Lavidge en Steiner
    model van, 101
leverancier, 110
    onderhandelingsmacht, 73
    selectie, 110
leverancierskrediet, 53
Likertschalen, 38
liquiditeitenanalyse, 55, 280
liquiditeitentekort, 55
liquiditeitspositie, 46
    kengetallen, 47, 280
long tail, 155, 286
loss leader pricing, 180

M

maatschappelijk verantwoord ondernemen, 119
    people, planet, profit, 119
MABA-analyse, 18, 36, 289
    factoren, 37
    matrix, 38
    vs BCG-matrix, 39

macroniveau, 73
macro-omgevingsanalyse, *Zie* STEP-analyse
marge, 58
margeketen, 188, 298
marketeer
    benodigde competenties, 15
marketing
    accountability, 57, 304
    direct, 254
    interactieve, 254
    model digitale, 144, 295
    overgang traditionele naar digitale, 144
    stappenplan internationale, 149
    traditionele vs digitale, 146
marketinganalyse, 18, 57
marketingcommunicatie, 103, 148, 238
    activiteiten, 246
    boodschap, 179, 247
    budget, 243
    doelstellingen, 240
    measurement. *Zie* marketingcommunicatie, onderzoek
    media, 238
    message, 238
    message, mix en media, 247
    mission, 240
    mix, 240
    money, 240
    onderzoek, 260
    planning, 301
    stappen, 239
    strategie, 240, 241, 260
marketingcommunicatieplan, 149
marketingdoelstelling, 31
marketingimplementatie, 155
marketinginstrumenten, 31, 240
marketingmix, 151
    instrumenten, 276
    voor diensten, 174

marketingplan, 123, 295
    bijsturing, 267
    controle, 267
    evaluatie, 267
    implementatie, 155
    internationaal, 152
    internationalisering, 116
    operationeel, 142, 295
    operationele uitwerking, 152
    stappen, 15
    stappenplan internationalisering, 153
    strategie, 123
    strategisch, 139, 294
marketingplanning, 12, 143
    operationele, 139, 143
marketingplanningsproces, 14
    competenties, 15
    stappen, 15
marketingscorecard, 277, 304
marketingstrategie
    en fase van PLC, 163
    internationale, 152
    stappenplan internationale, 153
markt
    buitenlandse, 115
    definitie, 78
    dreiging nieuwe toetreders, 74, 75, 77
    dreiging van substituten, 75
    factoren aantrekkelijkheid, 37
    interne concurrentie, 74, 76, 77
    opbouw potentiële, 86
    potentiële. *Zie* marktpotentieel
    strategieën voor buitenlandse, 149
    totale effectieve. *Zie* TEM
    totale potentiële, 86, 291
    verzadigde, 88
marktaandeel, 57, 96, 219 292
    concentratiegraad, 96
    SBU's, 32

relatief, 34, 98, 292
    van fmcg, 98
    vergroten, 221
marktdefinitie, 78
marktontwikkeling, 88, 291
    dcg's, 88
marktpartijen, 99
    afnemer, 99
    concurrent, 108
    leverancier, 111
marktpotentieel, 86, 149
marktvraag, 78, 82, 88
    diensten, 78
    extrapolatie, 93
    segmentatie, 94
    subjectieve voorspelmethode, 95
    voorspellen, 95, 291
mark-up vs brutowinstmarge, 187
Maslow, 100
    behoefteniveaus, 100
    consument en model van, 101
    model van, 100, 292
    werknemer en model van, 101
maturing product stage, 163
merk, 167
    (marketing)waarde, 167
merkactiva, 170
merkbekendheid, 65
    geholpen, 65
    invloed reclamecampagne, 66
    spontane, 65
    top-of-mindawareness, 65
merkimago, 66
merktrouw
    fmcg's, 171
merkvoorkeur, 66
merkwaarde, 167, 296
merkwaardepiramide, 19, 168, 296
merkwisselmatrix, 172

Index

merkwisselmodel, 171, 297
mesoniveau. *Zie* analyse, externe
microniveau. *Zie* analyse, interne
meso-omgeving, 18
missie, 18, 234
missie en visie, 24, 289
modellen
    overzicht, 288
mvo. *Zie* maatschappelijk verantwoord
    ondernemen

N
Net promotor Score (NPS), 63, 290
netto contante waarde, 270
netto werkkapitaal, 46
New Product Stage, 163
nuloptie, 128, 141

O
omzetaandeel, 215
omzetformule, 224, 300
onderhandelingsmacht
    afnemer, 75
    leverancier, 75
ondernemingsdoelstelling, 31
ondernemingsplan, 147
    deelplannen, 147
online mediabestedingen, 241
online omzetformule, 226
operational excellence. *Zie* kostenfocus
opslagfactor, 228, 300
optiekeuzematrix, 294
opties
    formuleren strategische, 127
    ranking strategische, 141
    strategische, 92, 127, 284
    toetsen van strategische, 141
organisatie, 40
    inrichting internationale, 152

overall price factor ratio, 216, 220

P
Parfitt-Collins
    formule van, 98, 292
pay-backperiode, 269, 303
PDCA-cyclus, 270, 303
penetratie
    cumulatieve, 81
penetratiegraad, 79, 291
    dcg's, 79
    fmcg's, 80
penetratieprijsstrategie, 207, 299
perceived-value pricing, 202
perceptual map. *Zie* positioneringsschema
PLC, 160, 296
    elementen marketingstrategie, 163
    en marketingstrategie, 163
    fasen, 161, 159
PLC-concept, 161
PLC-model, 161
PMT-model. *Zie* Abelldiagram
points of difference, 168
points of parity, 168
Porter
    concurrentiestrategieën, 129, 293
    kostenleiderstrategie van, 130, 185
    value chain van, 18, 40, 289
    vijfkrachtenmodel, 72, 281
portfolioanalyse, 32
positioneringsboodschap, 110
positioneringsschema, 110, 293
premium pricing, 206
prestatie-indicatoren, 272, 274, 276,
    werken met, 276
prijs, 183
    afnemergeoriënteerd, 194
    bovengrens, 184
    concurrentie-georiënteerd, 206, 298

gemiddelde, 57
kostprijs-plus, 187, 298
kostprijsgeoriënteerd, 185
ondergrens, 184
optimale, 190, 191
target-return-break-evenpunt, 193
prijsbepaling
factoren, 184, 298
prijsdifferentiatie, 209, 299
prijsdiscriminatie, 209, 299
prijselasticiteit, 19, 196
bij prijswijziging, 197
van vraag, 196, 298
prijsgevoeligheid, 194
consument, 194
prijsgevoeligheidsmeter, 201
prijs-waardeverhouding, 205
prijszetting, 184
afroomprijs, 208
bij productintroductie, 207
inverse, 202, 299
met break-evenanalyse, 189, 191
op basis yieldmanagement, 203, 299
price skimming, *Zie* prijszetting, afroomprijs
target-return-break-evenpunt, 190, 193
value-for-money pricing, 203
product, 155
actual. *Zie* product, werkelijk
augmented. *Zie* product, uitgebreid
core benefit. *Zie* product, kernwaarde
en assortiment, 156
fasen, 161
kernwaarde, 156
kosten, 185
levenscyclus, 19, 208, 296
uitgebreid, 156
werkelijk, 156
productanalyse, 57, 290

afzet, 57
omzet, 57
producteigenschappen
expressieve, 110, 157
functioneel, 110
instrumentele, 157
productfocus. *Zie* productleadership
productleadership, 28, 132
strategie, 277
productlevenscyclus. *Zie* PLC
productniveaus, 156, 295
productontwikkeling, 134
conjoint analysis, 165, 296
diversificatie, 133
promotie, 237
bereik, 248, 302
briefen communicatiebureau, 247
dekking, 248, 302
kosten per 1000, 248, 302
promotiemixstrategie, 252
public relations, 250
lobbying, 250
public affairs, 250

R
reclame, 247
bereik, 292
brutobereik, 248, 302
dekking, 248, 302
effectief bereik, 248, 302
effectieve frequentie, 248
gemiddeld bereik, 248
kosten per 1000, 248, 302
mediatype kiezen, 248
mediumbereik, 248
nettobereik, 248, 302
reclamebereik, 248
regressieanalyse, 93
rendementsmanagement. *Zie*

Index

yieldmanagement
rentabiliteit, 49
    REV, 49
    RTV, 49
    RVV, 49
rentabiliteit op het eigen vermogen. *Zie* REV
rentabiliteit op het totale vermogen. *Zie* RTV
rentabiliteit op het vreemd vermogen. *Zie* RVV
retailwaterval, 224, 300
return-on-investment, 129, 264
return on marketing investment. *Zie* ROMI
Rogers
    adoptiemodel van, 83, 104, 292
    categorieën in adoptiemodel, 105
ROI. *Zie* return on investment
ROM. *Zie* Return on marketing investment
ROMI, 281, 304
    formules, 282

S

sales funnel, 255
sales promotion, 251
    consumer promotions, 251
    dealer promotions, 251
    push/pull, 252
    sales force promotions, 251
    selling in/selling out, 251
SBU, 32
    levenscyclus, 34
    strategieën, 34
Search Engine Advertising (SEA), 254, 302
Search Engine Optimalization (SEO) 227, 253, 302
selectieve perceptie, 238
sentimentsanalyse, 253, 302
servicekwaliteit, 178
SMART, 30
SMCR-model, 238, 301
social media, 253, 302

speciaalzaak
    assortiment, 158
    meubels, 225
sponsoring, 249
standardized product stage, 163
stimulus-responsmodel, 101, 292
strategic business unit. *Zie* SBU
strategie, 14, 123
strategievorming
    stappen, 123
strategische plannen
    opstellen, 92
stuck-in-the-middle, 130
SWOT-analyse, 124, 293
    en confrontatiematrix, 125
SWOT-matrix, 124

T

targeted rating points. *Zie* TRP
target-return-break-evenpunt, 190, 193
TEM, 82, 291
    dcg's, 82
    fmcg's, 84
    in de praktijk, 85
toetredingsbarrières, 75
totale effectieve markt. *Zie* TEM
transactiewaarde, 226
Treacy en Wiersema
    waardedisciplinemodel, 28, 131, 289, 293
trends
    demografische, 113
    ecologische, 119
    economische, 116
    ethische, 119
    mondiale, 116
    nationale, 116
    politiek-juridische, 120
    sociaal-culturele, 116
    technologische, 116

TRP, 249, 302

U
uitgangspositie
   strategische, 24

V
variabelekostencalculatie. *Zie* direct costing
variantieanalyse, 279, 304
   raamwerk, 280
vendorrating, 111, 293
verbruiksgoederen, 78
verbruiksgraad. *Zie* penetratiegraad
verbruiksintensiteit, 81
verkoop
   kosten per order, 257
   persoonlijke, 256
verkoopprijs
   acceptabele, 201
   bij afnemersoriëntatie, 201
verkoopvloeroppervlakte, 223
vermogenspositie, 48
   eigen vermogen, 48
   formules kengetallen, 46
   kengetallen, 48, 290
   solvabiliteit, 48
   vreemd vermogen, 48
Vernon
   International Product Lifecycle-theorie, 163
vertegenwoordigers, 256
   evalueren, 258
vertegenwoordigersberekeningen, 302
vervangingsvraag, 82
visie, 24
vloerproductiviteit, 222, 300
voorraad
   omloopsnelheid, 52
   omlooptijd, 52
vraag
   additionele, 82
   definitie prijselasticiteit van, 196
   elastische, 196
   inelastische, 196
   initiële, 82
   kruisprijselasticiteit van, 199
   potentiële, 86
   prijselasticiteit van, 196, 288
   prijsgevoeligheid, 196
vraagcurve, 194, 298
   bij hoge prijsgevoeligheid, 195
   contraire, 195
   luxe goederen, 194
   prijsgevoeligheid van consument, 194
   primaire goederen, 194
   statusartikelen, 195
vvo. *Zie* verkoopvloeroppervlakte

W
waardeketen, 40, 289
waardeleveringsnetwerk, 40
werkkapitaalbeheer, 45
   kengetallen, 52, 290
wet- en regelgeving, 120
winkelformule, 231
winkelvloeroppervlakte. *Zie* wvo
wvo. *Zie* verkoopvloeroppervlakte

Y
yieldmanagement, 203
yieldmanagement pricing, 204, 299

Z
Zoekmachineoptimalisatie. *Zie* Search Engine Optimalization